贸大法学学术文库

英国合同法详论

A Treatise on English Contract Law

王秉乾 著

法律出版社
LAW PRESS·CHINA
北京

图书在版编目(CIP)数据

英国合同法详论 / 王秉乾著. -- 北京 : 法律出版社, 2022
(贸大法学学术文库)
ISBN 978-7-5197-4882-1

Ⅰ. ①英… Ⅱ. ①王… Ⅲ. ①合同法-研究-英国 Ⅳ. ①D956.136

中国版本图书馆CIP数据核字(2020)第160648号

英国合同法详论
YINGGUO HETONGFA XIANGLUN

王秉乾 著

策划编辑 陈 妮
责任编辑 陈 妮 黄 筝
装帧设计 马 帅

出版发行 法律出版社
编辑统筹 法治与经济出版分社
责任校对 杨锦华
责任印制 吕亚莉
经　　销 新华书店

开本 710毫米×1000毫米 1/16
印张 27.75 **字数** 547千
版本 2022年1月第1版
印次 2022年1月第1次印刷
印刷 固安华明印业有限公司

地址:北京市丰台区莲花池西里7号(100073)
网址:www.lawpress.com.cn
投稿邮箱:info@lawpress.com.cn
举报盗版邮箱:jbwq@lawpress.com.cn
销售电话:010-83938349
客服电话:010-83938350
咨询电话:010-63939796

书号:ISBN 978-7-5197-4882-1
定价:139.00元
凡购买本社图书,如有印装错误,我社负责退换。电话:010-83938349

序

从我国2001年加入世界贸易组织之后，经济全球化的浪潮要求我国企业在日趋激烈的国际竞争中“走出去”，在“一带一路”倡议的引领下大力拓展国际市场，以我国的劳动力优势和技术力量在国际市场上巩固我国市场地位，继续为推进我国的改革开放提供助力。

然而，国际贸易与投资在国际市场中面临着各种风险，如政治风险、商业风险、金融危机等。我国企业必须在不确定的市场中追求确定性，而法律是维护其自身权益的根本所在。国际贸易与投资法律所具有的专业性和复杂性决定了我国企业在这方面必须下大力气，尽力理解与应用这方面的法律“游戏规则”，在规则方面做到知己知彼、游刃有余，以捍卫自己的合法权益，在竞争中处于主动。事实上，法律制度与规则往往会对市场行为产生巨大影响，甚至是决定性的影响，合同法在此方面起核心作用。由于历史的原因，英国法在国际市场上一直具有一定优势，也是我国企业在海外业务中经常选用的准据法。因此，对英国合同法的跟踪研究具有重要的学术与实务价值。

在此方面，我国已经出现若干相关研究成果。然而，由于法系、规则、语言等方面的巨大差异，英国合同法相关研究工作的难度不容小觑。我欣喜地看到，王秉乾博士这本专著，在跟踪研究英国合同法方面取得了一定的进展。

该著作的主要特点包括：(1)对英国合同法最近几年的发展进行了跟踪。例如，英国《2015年消费者权益法案》对消费者的权益有重大影响，本书对该法案有所涉及。(2)对许多相关著名案例，特别是最近几年的重要判例进行了讨论。(3)对于英国合同法中的一些问题进行了评述并提醒我们需应用得当。

因此，本书对于实务部门和理论研究者来说都有较高的参考价值。我愿意向大家推荐这本专著，并希望作者今后能为我们贡献更多有价值的研究。

*

2021 年 12 月 7 日

---

* 对外经济贸易大学法学院原院长，教授。

前　言

中国是一个拥有几千年文明的大国。古往今来,中国人所创造和表现出的聪明才智,使中国成为文明古国之一,这也是我们一直引以为豪的宝贵财富。可是,在面对经济全球化背景下的当代国际经济贸易往来时,我们却不得不承认这样一个现实,那就是我国国际贸易商事中的各类主体对于国际经贸规则的理解仍然需要大力加强,在国际经济贸易等商务活动中经常吃亏上当的根本原因之一是对规则的理解与应用不透彻。这种情况对我国的对外投资与经贸利益造成了很多不应有的损失,值得深思。在合同法方面,突出表现在对影响双方权利义务的法律问题不够重视,容易过度重视通过个人关系来获取商业利益,而往往忽略了合同本身缺陷可能导致的严重后果。一旦发生争议,又往往对仲裁或者诉讼在认识和准备上有所不足,合同管理与证据保存也容易出现问题,进而陷入"有理说不清"的尴尬境地,面对争议容易被动应对而难以据理力争。因此,我国国际贸易商事中的各类主体在国际商务活动中应认真学习与掌握必要的经济贸易知识,尤其是合同方面的"游戏规则",掌握好国际商务活动中的国际通行做法,并将其熟练地运用到对外投资与贸易的实践中。只有做到知己知彼,才可以从容应对国际经贸中出现的各种争议,并切实维护自己的利益,从而立于不败之地。

在国际商务活动的"游戏规则"中,合同法是基础。其原因在于,当事人的权利义务都是由合同来决定的。因此,掌握、运用好合同法的有关原则、理论、规则以及技巧就成为每一个商事主体有效从事国际经贸活动的必备条件。在这方面,当今国际经贸活动中合同法的普遍原则、具体规则沿用了英美合同法的规则,其中尤以英国为重,原因有以下几点。第一,英国是近代历史上开展国际经贸、航运最早的国家之一,经历了长期的法律与商业实践,形成了一套相对完善、合理、适应性强的合同法理论与判例体系。第二,英国判例法在处理商事合同争议方面有一定的制度优势,那就是灵活性高、针对性强,规则丰富,对具体商业问题的反应速度快。判例法在此方面一定程度上优于大陆法系法典法,后者系统性强、逻辑性强的特点在变化快、问题多、行业差距极大的商业实践方面存在一定劣势。第三,英国法经过数百年的积累已经发展出较完善的法律机制及法律职业共同体,大量从事国际经贸的当事人出于对英国法律、法院、仲裁员、律师等专业团体的熟悉与信心,往往自觉或不自觉地在合同中选择适用英国法,选择英国法院管辖或在英国伦敦、我国香港特别行政区、新加坡等地进行国际仲裁,从而形成了在国际商务活动中英国合同法被广为接受与应用的局面。因此,伦敦、我国香港特别行政区与新加坡也成为世界上具有影响力的国际贸易、海事仲裁中心。而在亚洲,新加坡等国家和地区都已经成为中国企业进行国际商业活动的重要选择。凡此种种,都表明了学习和应用英国合同法的理论、规则与判例有特殊的价值与作用。

本书对英国合同法,尤其是英国合同法的有关理论、原则、规则和判例作了全面、深入、与时俱进的研究,目的不仅在于使读者尽可能对于理论层面的问题有所掌握,更重要的是培养其法律思维方式和能力,使理论与实务贯通,能够对案例进行细致与有意义的分析,最终能应用到生活和业务中去。笔者认为,这一点在中国法律研究与教学之中有特殊意义。受传统路径依赖的影响,我国遵行的是大陆法系的研究方法,教学中更强调的是老师传授与学生记忆,在推理方式上更重视演绎,系统性很强,但对现实商业问题与案例的研究相对偏少,这导致了学生对现实问题认识与分析的能力存在一定欠缺,需进一步加强以满足经济全球化对国际化人才的迫切要求。

鉴于此,笔者希望读者在阅读与学习时有必要确立以下前提:第一,法律学习培养的最重要素质是批判性思维(critical thinking),即对任何法律结论与前提都可以合理质疑,不轻易接受未经证明的法律结论,对权威观点也不必无条件接受;第二,对现实商业问题有所认识,合同法处理的都是非常实际的商业问题,任务是为当事人进行交易提供法律保障,合同涉及的行业与具体的人与事都对其有重大影响,各种背景性知识殊为重要,仅凭合同法原则与规则进行逻辑推理并不足以理解现实问题,根本在于适用法律解决实际商业问题;第三,培养辩论的能力(learn to argue)而不是仅仅学习一些论点(arguments),这要求凡事都从多方面看待,能够在法律对抗中自如运用相关材料,而不是停留在纯粹的逻辑推理层面。笔者认为,商业实践中的合同法原则与规则在大多数情况下并非哲学意义上的普遍真理,而仅是保护各方利益的法律理由与依据,在很多情况下,所谓的是非对错也不一定具有绝对性,而有可能取决于各方的技巧、能力与实力等因素。简言之,不能简单地按照法律逻辑来判断商业问题,法律不能完全独立于实践。

在本书的写作过程中,笔者对于英国法的理解逐步加深。英国著名哲学家埃德蒙·柏克(Edmund Burke,1729~1797年)曾有名言,“法律的价值在于公正与实用”,

这句话十分准确地概括了英国法的精神。这种精神可能没有太多的雄心壮志与远大理想,但对于法律的定位有其道理。按照笔者的理解,所谓公正,其实是一个国家或民族对自己法律的基本认识,任何法律体系若不能产生为社会大众所广泛认同与支持的法律公共产品,再复杂的理论体系也难以取得实际的社会治理效果。因此,法学理论的复杂性并不能等同于法律的实际效果,法律适用的实际结果必然决定法律的命运。所谓实用,即无论法律多么复杂,其基本功能实际上仍旧是定分止争,这是法律作为法学学术与哲学的分界线。若法律成为一种自我繁衍的复杂理论工具,则其真正意义有可能脱离社会大众的经验与认同,以致在精致中脱离现实。因此,法律必须在维护公正的名义下具有实用性,再宏大的理论框架最终都必须表现为成千上万的案例,获得社会的广泛认同与信服,在实践中确立自己的地位与威信,才能让社会大众信仰法治、崇尚法治、服从法治。

当然,本书在这方面仅仅是抛砖引玉。本书的研究重点除抽象的理论讨论以外,还包括对大量案例的讨论以及对比性讨论,以期为在我国普及英美合同法相关知识作出微薄贡献。

需要说明的是,本书是对外经济贸易大学法学院"贸大法学学术文库"研究成果之一,笔者就对外经济贸易大学所提供的良好研究条件,特此致谢。

判例缩略语

AC, App Cas—Law Reports, Appeal Cases, House of Lords
All ER—All England Law Reports
ALJR—Australian Law Journal Reports
ALR—Australian Law Reports
Arn—Arnold's Reports Common Pleas
BCL—Building and Construction Law
BCLC—Butterworth's Company Law Cases
BLM—Building Law Monthly
BLR—Building Law Reports
Bing—Bingham's Reports, King's Bench
Burr—Burrow's King's Bench Reports
CA—Court of Appeal
CB—Common Bench Reports
Ch App—Chancery Appeal Cases
Ch, Ch D—Law Reports, Chancery Cases/ Division
CILL—Construction Industry Law Letter
CLC—Commercial Law Cases
CLD—Construction Law Digest
CLR—Commercial Law Reports(Canada)
Com Cas, Comm—Commercial Cases
Con LR—Construction Law Reports
Const LJ—Construction Law Journal
CP—Common Pleas

Ct CI—Court of Claims Reports

DLR—Dominion Law Reports

EG—Estates Gazette Cases

Ex, Exch, Ex D—Law Reports Exchequer Cases/ Division

FSR—Fleet Street Reports

H & C—Hurlstone and Coltman's Exchequer Reports

H & N—Hurlstone and Norman's Exchequre Reports

HL—House of Lords

JP—Justice of the Peace & Local Government Review

KB—Law Reports, King's Bench

LJCP—Law Journal Reports, Common Pleas

LJQB—Law Journal Queen's Bench

Lloyds Rep—Lloyd's Reports

M & W—Meeson and Welsby's Exchequer Reports

NE—North Eastern Reports

NSWLR—New South Wales Law Reports

NZLR—New Zealand Law Reports

P & CR—Planning and Compensation Reports

PD—Law Reports, Probate Division

QB—Law Reports, Queen's Bench

SCR—Supreme Court Reports

Sc LR—Scots Law Reports

TCLR—Technology and Construction Law Reports

TLR—Times Law Reports

WLR—Weekly Law Reports

WN—Law Reports, Weekly Notes

WR—Weekly Reporter

目录

第四部分　合 同 效 力

第五部分　合同履行与终止

第七部分 其 他

第一部分　英国法简介

第一章　英国法概论

举世公认,英国法是世界法律制度中具有代表性的一员,是众多法律制度的起源国,[1]更是现代法治的起源国,对世界法律的发展和进步曾起到一定的积极作用。因此,理解英国合同法之前仍有必要理解英国法的宏观背景,这对于我国读者来说尤为必要。需要注意的是,英国作为普通法系的代表国家,在历史渊源、法律思想、法律体系、法律规则、法律推理等方面与中国法律存在巨大差异,不了解英国法总体上的特征和背景会对理解与应用英国合同法原则和规则造成巨大的困难,有时还容易出现误解。

第一节　英国法的形成与演变

英国法的源头可以追溯到古老的盎格鲁·撒克逊时代,自公元5世纪中叶起,盎格鲁、撒克逊等日耳曼部落逐渐从欧洲大陆侵入不列颠,其部落原有的习惯逐渐演变为习惯法。各种部落与种群都有自己的习惯法,但这些习惯法并未对后世的法律制度产生根本性影响。英国法的真正历史开端是发生在1066年的诺曼征服(Norman Conquest),该历史事件对于英国法律的发展产生了持久而深远的影响。[2] 诺曼征服产生的诺曼王朝加强了中央集权制,建立并完善了皇家司法机构,大大加速了英国的封建化与中央集权制度的发展,促进了统一的普通法体系的建立与发展。经过长期的历史演变,逐渐形成了英国法目前的三大渊源:普通法(Common Law)、衡平法(Equity Law)和制定法(国会通过的立法,Statutory Law),从而奠定了英国法的基本结构。其后,英国法又随着英帝国的全球殖民扩张而走向英属殖民地国家与地区,形

---

〔1〕 参见何勤华等主编:《西方法律史》,法律出版社2006年版,第18页。

〔2〕 同上书,第2页。

成了以英国法和美国法为代表的英美法系，并与大陆法系鼎足而立。

一、英国法的形成（1066 年至 17 世纪中叶）

（一）普通法的形成

普通法，作为一种法律渊源，指 11 世纪左右由英国普通法院创制并发展起来的适用于全英国的法律。它的形成是英国中世纪政治活动的直接结果。普通法的形成与以下因素具有很大的关系。[1]

第一，中央集权制的建立。在 1066 年诺曼征服之后，威廉征服者（William the Conqueror）承认地方自治权与盎格鲁·撒克逊的习惯法继续有效；同时，也将在法国诺曼底统治时期的行政管理方式引入英国，并对二者进行了改造与融合。为了加强中央王权的权威，威廉一世大批没收了盎格鲁·撒克逊贵族的土地，宣布自己是全国土地的最高所有者，并进行了有条件的分封。国王下令由亲信顾问组成御前会议（*Curia Regis*），协助国王管理行政、司法和财务等事务，对地方事务进行一定程度的干预等。这些措施为英国的封建制度与中央集权制度奠定了基础。[2] 这种控制程度不是很高但也不是很低的中央集权制为法制的统一奠定了制度基础，但也造成了中央王权与地方贵族经常发生冲突与斗争。

第二，统一司法机构的建立。在诺曼征服前，英国没有统一的皇家司法机构，各类诉讼皆由古老的地方部落法院、百户法院以及后来出现的领主法院和教会法院进行管辖。由于各法院之间难以协调，加之适用规则各异，因此法律渊源始终处于原始而混乱的阶段，难以实现统一。在诺曼征服后，威廉一世保留了上述机构，但要求它们根据国王令状并以国王名义进行审判；同时，还引入诺曼底时代的管理机制，一系列司法机构陆续出现，分别行使皇家司法管辖权。其中，理财法院（Court of Exchequer）专门处理涉及皇家财政税收的案件；民事诉讼高等法院（Court of Common Pleas）专门处理有关契约、侵权行为等涉及私人利益的案件；王座法院（Court of King's Bench）专门审理刑事案件和涉及国王利益的民事案件。同时，为扩大皇家法院的管辖权，建立统一的法律秩序，法官开始巡回审判。另外，亨利二世（Henry Ⅱ）1154～1189 年在位时，王室继续实行司法改革，扩大派出专员的审判权，并在这些专员的基础上建立中央巡回法院，进一步削弱各地封建领主和司法审判权；同时，废除神明裁判和决斗解决争议的古老习俗，吸收当地的骑士和精英人士为陪审官参加部分审判活动。被委派定期到各地巡回审判的专员成为代表中央权力的法

---

〔1〕 See Denis Keenan, *Smith and Keenan's English Law*, 15th ed., Pearson Education Ltd., 2007, p. 6.

〔2〕 参见何勤华主编：《英国法律发达史》，法律出版社 1999 年版，第 4 页。

官。一些被广泛引为依据的习惯便转化为以判例法形式出现的普通法,不同于以往的地方习惯,它是国家权力确认的通行于全国的法律。政治背景下的司法改革极大地促进了普通法的产生,普通法的适用范围扩展到整个英格兰,从而为英国法的统一创造了条件。随后,经过历代王朝的加强与调整,普通法作为一种相对统一的法律遂适用于英格兰和威尔士地区。

第三,令状制度的出现与成熟。令状制度(writ)在英国普通法的形成中具有关键性的意义和价值。令状制度源于法国的加洛林王朝,在1066年诺曼征服后,经诺曼人引入英格兰。威廉一世征服初期曾进行全国的土地调查,为明确臣民手中掌握的土地和财产情况使用了这一制度。令状制度在适用的初期以调查和询问为主要方式,是王室进行有效行政管理活动的辅助工具。初期令状的内容明显地体现出行政性的特征,国王多以命令的口吻要求指令对象作为或者不作为,直接设定特定法律关系中臣民的权利义务关系。随着司法权的统一,王室法院以令状作为扩大其管辖权范围的手段。自亨利二世时期,令状引入司法领域,令状的内容也体现了司法的特点,令状中不再直接说明国王对某一争端事实是非曲直的判定,而是指令被告到王室法院出庭应诉。因此,它是诉讼程序的启动文书而不再是判决书,表明王室法院对该类案件具有管辖权。令状由国王下属的秘书处发布。最初,令状的发布是一种恩惠而不是当事人的权利,后来随着王室管辖权的逐步扩张,当事人只要正确申请,交纳必要费用便可以获得令状。令状制度遂在英格兰法院广泛使用。

(二)衡平法的形成[1]

衡平法是英国法渊源中独立于普通法的另一种判例法体系,是14世纪左右由英国大法官的审判实践而发展起来的法律规则,以“正义、良心和公正”为基本原则,以实现和体现自然正义为主要任务,某种程度上而言是道德观念的法律化结果。衡平法的主要功能在于弥补普通法固有的缺陷而非代替普通法,因此二者是一种互补关系。从法理上来说,在普通法与衡平法发生冲突时,应当以后者为准。另外,衡平法也与普通法一样,主要是判例法,是由大法官历年判例形成的法律规范。相比普通法,衡平法的形式更加灵活,在审判中更加注重实际,而不拘泥于普通法日益僵化的诉讼规则。

衡平法产生的原因在于,英国经济社会关系快速发展,新型财产关系和人身关系大量涌现,要求法律作出相应调整,而普通法由于自身的缺陷导致应对乏术,体现了法律技术与社会实际生活的冲突与协调过程。具体来说,普通法自身存在的缺陷包括:第一,普通法保护范围由程式化的令状来确定,内容僵化而难以革新。令状是由

---

〔1〕 参见何勤华等主编:《西方法律史》,法律出版社2006年版,第12~15页。

大法官以国王名义颁发的要求接受令状者必须履行某种行为的命令，普通法院的诉讼必须以诉讼令状为基础，原告只有申请到合法令状才能起诉。但自13世纪后半期以来，令状及其所记载的诉讼形式种类已经严格固定，无法对应在新的社会、经济关系中形成的权利义务关系，导致普通法严重滞后于社会发展和需求。第二，普通法的救济方法有限，仅以损害赔偿（damages）为主，而且只能针对现实损害。对于无法以金钱衡量的损失以及当事人可能遭受的未来损失，以及受害人制止侵权行为的要求，普通法难以提供足够救济。[1] 第三，普通法院一般是地方性法院，往往与王室法院存在管辖权冲突，实质是地方贵族与王权之间始终存在的既合作又斗争的关系问题。王室法院为了扩大其管辖权（也就是王室的管辖权与税源），也有动力提供不同于普通法的救济以吸引诉讼当事人。

在这种背景下，衡平法应运而生，通过弥补普通法的缺陷来增强自己的权威与地位。在中世纪英国人的观念中，国王是公平、正义的源泉，行使最高审判权。于是，依靠普通法得不到保护的当事人依据自古形成的习惯直接向国王请求裁决，国王则转交给大法官。大法官在审理案件时，不受普通法诉讼形式的限制，也不实行陪审，也不引用普通法判例，而是依据“公平”“正义”原则，直接对案件作出判决，回避了很多烦琐的程序问题，从而可以更多地考察实体问题。在15世纪时，大法官及其助手正式形成衡平法院（大法官法院），创制出越来越多的衡平法救济措施和规则，经过长期发展，这些救济措施和规则遂成为独立于普通法的衡平法律体系。衡平法的出现与发展也是英国法的核心贡献之一。[2]

衡平法的主要特征包括以下三点：第一，衡平法是对人诉讼（*in personam*）。衡平法院的命令是指令特定人为特定之作为或不作为。例如，命令被告履行合同或提交文件，如其藐视法庭，命令可将其拘捕。第二，衡平法救济属于法官的自由裁量权（discretionary power，所谓“恩惠”），而非当事人的固有权利。在普通法上，权利受到侵犯就产生损害赔偿权利，即便侵害仅在形式上存在或者损失无法确定，只要原告主张属实，法院就必须提供救济，没有自由裁量余地。而衡平法的救济必须经当事人证明损害确实存在，只有不加救济会有违公平正义，衡平法院才会提供救济。换言之，法院的自由裁量权具有决定性意义。第三，衡平法在诉因管辖上与普通法存在一定的分工，但没有发展出完整系统。在管辖权方面，信托案件一直以来是衡平法的专属地带。在其他的法律部门中衡平法基本上起辅助作用，但其救济往往力度更大，在特定情况下优于普通法救济。

---

〔1〕 参见何勤华主编：《英国法律发达史》，法律出版社1999年版，第31～32页。

〔2〕 参见［美］约翰·亨利·梅利曼：《大陆法系》，顾培东等译，法律出版社2004年版，第52页。

(三)制定法的形成

制定法即成文法,也就是立法体系,是享有立法权的国家机构以明文制定并颁布实施的法律规范,也就是立法机关经过正当程序所创设的法律。制定法作为英国法的渊源之一,地位随着国会的地位加强而逐渐提高,由于国会逐渐取得了立法权,制定法也随之大行其道。英国封建时代享有立法权的主要是国王,13 世纪后作为等级代表机关的国会在成立后也分享了部分立法权。在 14 世纪时,国会获得颁布法律的权力。从 1343 年起,国会分为上下两院,上议院(贵族院,House of Lords)由僧侣与贵族组成,下议院(平民院,House of Commons)由地方骑士和市民代表组成。这样的国会虽然不能与现代议会相比,但对国王的权力形成了一定的制约。在英国历史上,从 1414 年起,法案必须由下议院向国王提出,在征得上议院同意后方可制定为法律,但国王对法案有否决权。从总体来看,在英国资产阶级革命前,国会并未取得至高无上的立法权,立法权很大程度上受制于国王。制定法在法律渊源上是对普通法和衡平法的补充,并不能代替后者。

二、英国法的发展(17 世纪中叶至 19 世纪)

在英国历史上,17 世纪中叶到 19 世纪是一个重要的历史时期。在政治制度上,君主立宪政体逐渐得到确立,权力分立的理念得到实质意义上的落实,议会主权原则确立,国会成为国家的最高立法机关,王权逐渐边缘化,封建制度逐渐没落乃至消失。就经济而言,资本主义经济制度得到确立和发展,工业革命完成。因此,国会立法权得到强化,制定法地位得以提高。同时,内阁成为最高行政机关,首相是最高行政首脑。就法律而言,普通法和衡平法在实体规则和程序规则上都得到极大的革新,为新兴的工商业社会提供了法律规则。在这一时期,出现了大量普通法著作和汇编,其中,威廉·布莱克斯通爵士[1]的《英国法释义》(*Commentaries on the Laws of England*,1765 年首次出版)对普通法的系统化起了很大作用。

在 19 世纪,英国法又发生了重大的改革,以适应英国在工业革命完成后政治、经济、社会等方面出现的重大变化。在法律改革前,选举制度范围有限,保守势力把持国会。同时,普通法院和衡平法院管辖权界限不清,争夺案件管辖权的现象经常出现,陈旧的程序规则非常复杂导致诉讼成本很高。经过改革,英国法革除了很多弊端,制定法数量大增,地位提高,但没有也不可能完全取代判例法。其中,最重要的变

---

[1] 威廉·布莱克斯通(William Blackstone,1723～1780 年)是英国著名法学家、法官。他生于伦敦,曾在牛津大学学习。1746 年从事律师事务,1751 年任陪审员,1753 年辞去律师工作集中精力教学,1758 年在牛津大学任教,成为英国大学教授英国法的第一人。其主要著作《英格兰法律评论》系统地对当时的英国法进行了阐述,对英国和美国的法律界和法律研究影响深远。

化出现在法院组织和程序法的改革,1873 年通过、1875 年生效的《司法法案》(Judicature Acts)将英格兰的所有法院统一在一个法院系统中,废除了令状制度及其诉讼形式,降低了普通法的僵化程度,使法院能够根据不同情况适用普通法和衡平法,对于推进英国法的现代化起到了重要作用。

三、现代英国法(20 世纪以来)

进入 20 世纪以来,英国法在不断改革中适应社会的发展,表现为民主选举制度进一步完善,立法程序简化,委托立法大大增加,行政权进一步扩大,各种准司法机构的数量和重要性大大增加。这方面最重要的变化之一,就是随着英国于 1972 年正式加入欧共体,欧共体以及后来的欧盟法成为英国法的重要渊源之一。据此,英国承认欧共体所有现行或未来的条约、立法和判例的效力,且其效力高于国内法,与之相抵触的法律文件均失去效力。欧盟成立以后,英国法律继续在欧盟法律一体化框架内发展,但最近几年的"脱欧"事件对这一趋势造成了重大影响,"脱欧"完成后英国法如何与欧盟法协调仍难以估量,但完全脱离欧盟法影响的可能性并不大。

英国法律体系的重大变化,是2009 年建立了最高法院(the Supreme Court),该机构依据《2005 年宪制改革法案》第三章设立,并于 2009 年 10 月 1 日起开始运作。该机构的司法权力主要继承自上议院,这些权力过往一直由 12 位同时拥有上议院议员身份的常任上诉法官(Lord of Appeal in Ordinary,通称上议院高等法官)行使。该机构代替了以前作为最高上诉法院的上议院,主要职责是审理来自英格兰、威尔士及北爱尔兰三个司法管辖地区的上诉案件。

第二节 英国法的渊源

从前文可以看出,英国法的法律渊源较为复杂,并不是法学家通过理性设计与逻辑分类产生的产物,而是历史发展的产物,与英国的政治、经济、文化、哲学等方面的发展有非常密切的关系,与大陆法国家截然不同,特点较为明显。下面简述英国法各个法源的特点。

一、普通法

从法源意义上来看,普通法指由英国普通法院创立并发展起来的一套法院规则。所谓普通是相对特殊来说的,具有"共同""普遍""通行全国"的意思。从普通法的这一最初含义出发,又引申出其他四种含义:(1)与制定法相对而言,普通法是指判例法;(2)与衡平法相对而言,普通法是指普通法法院的判例法;(3)与大陆法系相对而言,普通法是指英美法;(4)与教会法相对而言,普通法是指世俗政权或法庭发布的法律。因此,其具体含义需要根据上下文来确定。通过漫长的演化,普通法发展出以下一些特点和基本规则。

(一)遵循先例原则

英国法遵循先例原则(rule of precedent, *stare decisis*)的确立经历了一个漫长的历史过程,尊重其他法官的判决理由并在其后类似案例审判中加以引用是普通法形成的基础条件之一。这一规则最初的目的,是统一法律规则、扩大皇家法院管辖权。至19世纪,随着官方判例集的建立和发展,这一原则才最终确立。〔1〕

在法律方法论上,遵循先例原则就是"以相似方法处理相似案件,并遵循既定的法律规则与实践"(like cases should be treated alike),〔2〕即一个法院先前的判决对以后相应法院处理类似案件具有拘束力。目前,这一原则在英国适用的要点包括:第一,欧盟法院在解释欧洲联盟法时所作的判决对所有英国法院都有拘束力,但这一点在"脱欧"后不再适用;第二,上议院(已经改为最高法院)的判决对所有英国法院有拘束力(1966年以前,上议院也必须遵循自己先前的判决,但现已不再受自己约束);第三,上诉法院(Court of Appeal)的判决对所有下级法院有拘束力,也受自己先前判决的约束;第四,高等法院的判决对所有下级法院均有拘束力,不同法庭之间一般会相互遵循对方作出的判决;第五,所有下级法院均受高级法院判决的约束,它们的判决对其他任何法院及其自身没有拘束力。这里值得注意的是,在一个有拘束力的判决中,只有它的核心部分——判决理由(*ratio decidendi*),才对以后类似的案件有拘束力,法官的附随意见(*obiter dictum*)并无约束力。遵循先例原则是普通法中最重要的原则,其优点是反应快、确定性高、可预见性高,其缺陷是法源庞杂、判例数量庞大、相互矛盾之处不少,这对人们学习和理解英国法造成了很大的困难,法律职业的门槛比较高。

(二)救济先于权利

英国普通法中对整个英国法律体系影响很大的一个特征是"救济先于权利"(remedies precede rights),即一项权利能否得到保护首先要看当事人所选择的程序是否正确,如果程序出现错误,其权利就得不到保护,这种情况的形成与普通法历史上的令状制度有直接关系。令状意味着诉讼形式,诉讼形式意味着救济方法,而救济方法意味着权利的实现,只有存在救济的情况下权利才有实际意义。〔3〕 因此,普通法

---

〔1〕 See J. Evans, "Change in the Doctrine of Precedent during the 19th Century", in L. Goldstein, eds., *Precedent in Law*, Clarendon Press, 1987, p. 65.

〔2〕 D. G. Cracknell, *English Legal System Textbook*, 17th ed., HLT Publications, 1995, p. 88.

〔3〕 参见[日]大木雅夫:《比较法》,范愉译,法律出版社1999年版,第224页。

在早期对程序法的关注远胜过对实体权利的关注。1875 年后，虽然令状制度已被废除，但英国法对程序法非常重视的倾向并未改变，合同法、侵权法、财产法等重要法律部门在很大程度上是以传统的诉讼形式为基础形成并进行划分的。然而，过分关注程序会导致程序烦琐，容易形成形式主义，法庭调查和辩论往往拖沓冗长，证据规则十分复杂，往往导致诉讼成本和时间耗费都非常大，并不利于保护当事人的利益。历经多次司法改革，英国程序法已经大大简化，但历史的影响仍然很大。对此，英国著名法律史学家梅特兰曾评论："我们已经埋葬了诉讼形式，但它们仍在坟墓里统治着我们。"就此而言，英国法还无法摆脱历史遗迹的深远影响。

（三）正当程序

正当程序（due process）是普通法长期发展出的重要概念与原则，其直接起源是普通法的令状制度，这一制度导致实体权利若无相应的程序来操作会导致权利本身就不存在，程序一定程度上制约了实体权利。作为一条重要的法治观念与宪法原则，正当程序源于英国法上传统的"自然正义"（natural justice）观念，"自然正义"强调"任何人不得自己做自己的法官"及"任何人在受到公权力不利行为的影响（特别是刑事处罚或其他制裁）时，有获得告知、说明理由和提出申辩的权利"。1215 年英国国王签署的《自由大宪章》（Magna Carta）对正当法律程原则作了初步规定。《自由大宪章》第 39 条规定："凡自由民，如未经其同级贵族之依法裁判，或经国法判决，皆不得被逮捕、监禁、没收财产、剥夺法律保护权、流放，或加以任何其他损害。"[1]尽管这个法律文件是中古时代英国土地贵族联合起来限制王权的产物，但也是现代法治限制公权力观念的起源之一。

"自然正义"的理念认为：第一，法庭的判决或其他公共机构的决定如果有与相应判决、决定有利害关系的人或其他有成见、偏见的人参与作出，则该判决或决定无法律效力；第二，法庭判决或政府行政行为在作出时如果没有预先为受到相应判决或行为不利影响的人提供辩护和提出异议的机会，该判决或决定亦无效。之后，正当法律程序在实践中得到了巨大的发展，远远超越了这两项规则，推动了一系列现代法律观念与规则的出现与发展。例如，罪刑法定、无罪推定、法不溯及既往、无事前公正补偿不得征收私人财产、实施行政行为必须先取证后裁决等。在现代，正当法律程序不仅是程序性的，而且是实质性的。实质性的正当法律程序强调立法本身的公平正义，非正义的法律为非法。同时，实质性的正当法律程序特别强调执法公正。这也是普通法对世界法制的贡献之一。

---

〔1〕 H. Rothwell, ed., *English Historical Documents*, Vol. 3, 1189 – 1327, Eyre & Sporttiswoodes, 1975, p. 319.

二、衡平法

(一)衡平法的特征

如前所述,由于历史上普通法拘泥于既有的令状及其诉讼形式,无法保护人们在新的社会关系中形成的权益,英国衡平法院便在审判实践中逐渐创制出许多新的权利和救济方法,其中较为重要的包括:第一,“信托”(trust):即甲为乙的利益而获得控制乙财产的法律权利并为之经营,信托是衡平法对英国法的最大贡献之一,也是英国法最富有特色的部分之一。第二,“部分履行”(part performance)原则:在某些情况下,普通法要求有书面契约,如果无书面契约,而其中一方已部分履行了契约义务,衡平法可以强制另一方履行其对应部分义务。第三,“衡平法禁反言”(equity estoppels)原则:如果契约一方通知另一方无意行使某项合法权利,在某些情况下,他不得违背这种诺言。第四,“禁令”(injunction),这是衡平法最重要的救济方法之一,属于行为救济,是对人救济,即禁止某人从事某行为或不行为。第五,“实际履行”(specific performance):法院命令合同一方必须履行其义务,适用于普通法损害赔偿不足以补偿违约损失的情况。第六,“修订”(rectification):当一项书面文件未能反映当事人的真实意图时,衡平法院可以在特定情况下对合同文本进行修订以反映当事人的真实意思。[1]

在诉讼程序上,衡平法诉讼程序的基本特点是简便、灵活,以快速、经济、切实解决当事人的争端为宗旨。衡平法院的诉讼不必以令状为起点,只要有原告的起诉书即可,而且起诉书也不拘形式。审理案件时不采用陪审制,也无须证人出庭作证和法庭辩论,而是由大法官进行书面审理。最初,衡平法不要求严格遵循先例,但后来也需要遵从。

(二)衡平法与普通法的关系

自英国中世纪形成普通法与衡平法并立的法律体系以后,直至 19 世纪末,这两种法律体系的并立一直是英国法的重要特征。两种法律分别由不同的法院创立并加以实施,各自有不同的实施领域、诉讼程序和救济方法。普通法是一种完整的法律制度,而衡平法是一种补偿性制度,其存在以普通法为前提。从实施领域来看,普通法是全方位的,而衡平法只关注那些普通法规则不足以调整的方面。从救济方法来看,只有在普通法的救济方法不足以弥补当事人的损失时,衡平法的救济方法才能充分发挥作用。在 1875 年司法改革以后,普通法院和衡平法院两大系统合二为一,所有法院都可适用英国法的全部规则,衡平法规则一定程度上被普通法或制定法吸收,但是衡平法并没有消失,仍在英国法律体系中发挥重要作用,只是它已不能独立发展,

---

〔1〕 参见何勤华等主编:《西方法律史》,法律出版社 2006 年版,第 12～15 页。

没有单独适用的法院。根据英国《1981 年最高法院法案》第 49 条的规定，当衡平法规则和普通法规则出现冲突时要以前者为准。[1]

但是，普通法和衡平法还有很多相似之处。例如，二者都是判例法，都是法官在判例中逐渐发展起来的，衡平法也采用“遵循先例”原则。与普通法一样，衡平法也是非常庞杂而缺乏严谨逻辑体系的法律。

（三）现代衡平法

现代衡平法所审理的案件，仍旧是民事初审和上诉审，诉讼程序在许多方面与普通法诉讼程序相近，但仍然是以书面、审问式的方式进行审判，陪审团即使参加也只起到顾问作用。现代衡平法对社会起着不可估量的作用。17 ~ 18 世纪某些重要的衡平法领域，在制定法的配合下，许多已成为现代法律的重要组成部分，而且大多有了新的发展，某些部门已经独立，如信托法、公司法等。衡平法的理论和救济手段在现代纷繁复杂的社会生活中，用途更为广泛，且已深入公法领域，例如，在合同法中广泛使用的实际履行、部分履行救济，禁反言原则，“重意图而轻形式”“平等”原则，“不把时间条款作为契约要素”等。在现代侵权法中，当事人与法院大量运用各种衡平禁令，涉及社会公益、无形财产、个人权利等各方面的侵权案件。现代衡平法依旧在司法判例原则的基础上，由司法解释和法定原则的适用组成。衡平法规定新的权利和救济方法，软化、规避普通法中过于僵化之处。在财产法、合同法、继承法等方面，对普通法起着补充与匡正的重要作用。

三、制定法

在英国法律体系中，制定法在古代历史上所占比例较小，但它可以对判例法进行修改和整理。在 19 世纪法律改革以后，制定法数量大增，一些重要法律部门，如社会法、劳动法等几乎完全是在制定法的基础上发展起来的。制定法反映了立法机构对各种社会问题的管制，在法律体系中的重要性越来越高，是立法机构不断增强的作用的体现，与传统的司法机构立法权形成互相配合也互相制约的关系。[2]

（一）制定法的种类

第一，欧盟法。欧盟制定法是欧盟法的一部分，包括各成员国签订的有关欧洲联盟（共同体）根本问题的条约和欧洲联盟立法机构制定的各种法规。自 1973 年英国加入欧共体后，根据欧盟法优先适用和直接适用原则，这些法律不仅是英国法的有机组成部分，而且效力高于英国国会制定的法律，这是欧盟内部一体化的必然要求。但

---

〔1〕 参见何勤华等主编：《西方法律史》，法律出版社 2006 年版，第 15 页。
〔2〕 同上书，第 16 页。

是,随着英国“脱欧”过程的推进与完成,这一法律体系对英国法的影响到底如何仍需要长期考察。英国在完成“脱欧”后,由于欧盟法对英国法的影响犹在,因此英国完全脱离欧盟法影响的可能性较小,毕竟英国不可能完全脱离欧盟的影响而独立发展。

第二,国会立法。国会立法是英国近现代最重要的制定法。根据“议会主权原则”,国会具有最广泛的立法权,无须他人或机构授权,因此国会立法属于“基本立法”。

第三,委托立法(delegated legislation)。委托立法是国会将特定事项的立法权委托给本不享有立法权的政府部门、地方政权或其他团体,由这些机构负责制定成法令、条例、章程、细则等。委托立法以国会授权为前提,并且不得超出授权范围。国会保留对委托立法的监督权,司法部门也可以对其进行司法审查。委托立法中政府法令数量最多,体现了英国政府行政权在现代社会中的扩张趋势。

(二)制定法和判例法的相互关系

制定法的法律效力高于判例法,因为国会通过制定法可以推翻、修改或补充判例法,并可以对某一领域的判例法予以整理、总结或归纳,使其更具有系统性和逻辑性。在社会变革、法律改革等方面,制定法所起的作用更大,在新兴的社会法(如劳动法、消费者权益保护法等)中起到了主要作用。但是,由于司法独立制度的存在,制定法并不能脱离判例法而存在,不仅制定法的内容需要判例法加以补充完整,而且也必须借助法院判例才能够适用,法官也不一定会严格按照制定法文本来处理案件,司法在一定程度上制约了制定法可能存在的弊端。因此,制定法和判例法是一种互相补充、互相促进、互相制衡的关系,判例法在若干领域作为英国法首要渊源的地位并没有发生根本改变。

四、其他法律渊源

(一)习惯

在现代英国法中,习惯(customs)作为法律渊源得以适用的情况很少,要求条件也很严格。原因在于,具有普适性的习惯大部分已经转化为判例或者法条,没有必要以习惯为准进行审判。

(二)学说

从学理上来说,法律学说本身并无法律效力。但是,由于英国的判例法数量庞大,其中矛盾与模糊之处甚多,逻辑性和条理性都难以确保,因此法律学说对于梳理判例和制定法案具有重要作用,在判例中可以作为说服性(persuasive)意见予以引用。因此,在历史上和现代英国都产生了若干具有世界性影响的法律学术著作。例如,在合同法方面具有权威性的著作有《切蒂论合同法》(*Chitty on Contracts*),该书于1826年首次出版,至2018年已经出版了33版,是英国合同法方面最重要的学术著作之一。但与大陆法著作显著不同的是,英国法律著作谈论问题主要以判例为主,重视的是对具体案情与规则的分析,不同于大陆法著作强调的逻辑严密性,往往是探讨判例的合理性,在性质上是描述性而不是规范性的,在某种程度上更像是司法实务操作手册而非纯粹的理论推演。

第三节　英国的司法体制

一、法院组织

受历史的影响,英国的法院组织比较复杂。现行英国法院(主要是指英格兰、威尔士和北爱尔兰地区,苏格兰自成体系)组织从层次上可以分为高级法院和低级法院;从审理案件的性质上可以分为民事法院和刑事法院。[1]

(一)高级法院和低级法院

高级法院(Senior Courts of England and Wales)包括最高法院(the Supreme Court,2009年10月正式开始运作)、高等法院(High Courts)和枢密院司法委员会(the Judicial Committee of the Privy Council)。2009年成立的最高法院是英国本土民、刑事案件的最高审级。高等法院包括上诉法院(Court of Appeal),高等司法法院(High Court of Justice)和皇冠法院(Crown Court)三个部分。枢密院司法委员会是英联邦某些成员国、殖民地、保护国和托管地法院的最高上诉审级。低级法院包括郡法院(County Court)和治安法院(Magistrate Courts)。

(二)民事法院和刑事法院

民事法院系统由郡法院、高等司法法院、上诉法院民事分院和最高法院组成。其中,郡法院是处理民事案件的基层法院;高等法院审理标的超过5万英镑的初审民事案件,而且也有权受理不服郡法院判决的上诉案件;上诉法院民事分院受理来自郡法院、高等法院以及全国劳资关系法院和各种行政裁判所的上诉案件,在一般情况下其判决为终审判决;以前的上议院和目前的最高法院虽为最高审级,但实际仅有极少数的案件可以在这一层级进行审理,但它们的判例最具权威性,参考价值极大。

刑事法院系统由治安法院、皇家刑事法院、上诉法院刑事分院和最高法院组成。其中,治安法院有权审理速决罪和青少年犯罪案件,同时有权对可起诉罪进行预审,并且可以审理某些轻微民事案件,绝大部分的刑事案件都由治安法院通过简易程序

---

〔1〕 参见郑先红、徐前:《英国司法制度概述及启示》,载《中国司法》2011年第12期。

加以审判。皇家刑事法院有权审理可起诉罪，是刑事法院系统中唯一适用陪审制的法院；除初审管辖权外，皇家刑事法院也可以受理不服治安法院判决的上诉案件。上诉法院刑事分院主要受理来自皇家刑事法院的上诉案件。从理论上来说，不服上诉法院刑事分院判决的当事人还可以上诉至最高法院，但这种可能性较小。

二、辩护制度

法庭辩护出现在古希腊、罗马时代，英国法对这项制度进行了继承，被告享有辩护权是英国程序法的基本原则。另外，由于英国普通法的形式主义及其程序的复杂性，职业律师参与诉讼也是必然的。在长期的司法实践中，英国逐渐发展出一套与大陆法系国家存在很大差别的对抗制诉讼方式和律师制度。

（一）对抗制诉讼[1]

对抗制（adversarial system），又称"辩论制"，即民事案件中的原、被告以及刑事案件中的公诉人和被告律师在法庭相互对抗，提出各自的证据，询问己方证人，盘问（cross-examination）对方证人，并在此基础上相互辩论。法官主持庭审，但不主动调查，一般也不参与提问，只充当消极仲裁人的角色，在双方辩论终结的基础上进行裁决。如果陪审团参加，则在陪审团作出事实问题的裁决后，再由法官作出法律判决。对抗制在维护各方权利、查明事实、对抗国家公权力方面具有很多优点，但也容易使诉讼程序久拖不决、消耗过大，降低了诉讼效率，影响公正性，近来的英国民事诉讼改革对此进行了一定的改革，在一定程度上加强了法院的主动性与积极性。

（二）律师制度

英国的民事、刑事案件都采用辩论原则，而且司法制度十分复杂，加之英国实行判例法，使司法审判的难度与弹性很大，因此未受过专业训练的普通人很难自己进行诉讼，律师制度很早就应运而生。英国《1679年人身保护法案》明文规定了被告人的辩护权原则，使英国的律师辩护制度有了法律依据。

英国律师制度的最大特点就是其律师分为两大类：事务律师（solicitor）和出庭律师（barrister）。事务律师主要从事一般的法律事务，如提供法律咨询、制作法律文书、准备诉讼、进行调解等，也可以在低级法院代表当事人进行诉讼。在高级法院出庭辩护的权利则由出庭律师独享。出庭律师的主要职责就是为当事人出庭辩护，他们可以在任何法院出庭辩护，但他们与当事人之间一般不直接发生联系，而由事务律师出面为当事人聘请，事务律师向出庭律师介绍案情、为其准备材料，陪同其出庭辩护。两种律师各有其职业团体、从业规则和专业训练，相比之下，出庭律师的地位较高，因

---

〔1〕 参见程汉大、李培峰：《英国司法制度史》，清华大学出版社2007年版，第255页。

为他们是高级法院法官的主要后备力量。当然,这种制度在世界范围内并非主流,美国等国家就没有采用这一区分,但我国香港特别行政区受英国影响仍然存此区别。

第四节 英国法的特征及其国际影响

一、英国法的特征

英国法具有的种种特征使其具有较高的原发性,其中具有人类经验总结形成的很多智慧,具有一定的独创性与合理性,对许多国家和地区的法律制度都产生了深远影响,并以之为中心发展成为普通法系或英美法系。与大陆法相比,英国法具有自己的特征。[1]

第一,英国法以日耳曼法为历史渊源。英国法是在较为纯粹的日耳曼——盎格鲁·撒克逊习惯法的基础上发展起来的,日耳曼法的一些原则和制度对普通法的影响较大,而罗马法对其的影响相对有限。这与大陆法系以罗马法为主要历史渊源形成了鲜明对比。

第二,英国法以判例法为主要法律渊源。英国法的法律渊源分为普通法、衡平法和制定法。尽管英国法中也有大量立法规则,但大多是对判例法的补充或整理,往往属于就事论事型的立法而缺乏系统性与全局性,不像大陆法系的法典具有高度抽象性、整体性,严密而富逻辑性,而是比较具体、细致,重视可操作性。英国立法内容也较为狭窄,很多领域都存在大量制定法,很少有一部法律涵盖整个法律部门的情况。[2]

第三,司法造法对英国法的发展举足轻重。英国法以判例法为主要法律渊源,而判例法正是法官在长期的审判实践中逐渐创造的,而不是对抽象原则的演绎。制定法往往只是对判例法的整理与修订,对制定法的理解和适用离不开法官的解释,制定法本身作为法律依据的意义并不大,只有在法官依据其作出相应解释和判决之后,人们才能理解并适用它,因此,英国法素有"法官造法"一说。在英国历史上,若干法官对英国的社会和历史产生了极大的影响,远有现代普通法奠基人之一柯克爵士(Sir Edward Coke,1552 ~ 1634 年)、英国商法奠基人曼斯菲尔德勋爵(Lord William Murray Mansfield,1705 ~ 1793 年)等,近有 20 世纪最为著名的阿尔弗雷德·汤普森·丹宁勋爵(Lord Alfred Thompson Denning,1899 ~ 1999 年)等。这与大陆法以立法机构通过的法律作为主要法律依据存在很大区别。

---

〔1〕 See Ray August, *International Business Law: Text, Cases, and Readings*, 6th ed., Pearson, 2013, p. 45.

〔2〕 参见何勤华等主编:《西方法律史》,法律出版社 2006 年版,第 9 页。

第四，英国法注重程序法。在中世纪，由于司法是社会治理的中心之一，因此法律发展奉行诉讼中心主义，采用令状制度，所谓“无令状即无权利”。在程序法和实体法的关系上，程序优先于权利，强调“正当程序”（due process of law），所谓“无救济即无权利”。尽管在现代英国法中实体法的发展也非常迅速，但历史的影响仍然重要。这种注重程序的好处，是通过程序处理了很多实体上难以解决的问题，增强了法律程序的正义性，缺陷是程序复杂往往意味着效率低下、耗费巨大。

第五，英国法以归纳作为主要的法律推理方法。由于以判例法为主要法律渊源，法官和律师在适用法律时必须先对存在于大量判例中的法律原则进行抽象、概括、归纳、比较，然后才能将最适当的法律原则运用到具体案件中去。这一特点深刻影响了英国的法学教育方式，法学院主要运用判例教学法进行授课，注重培养学生的批判性思维与实务技术能力。相比之下，大陆法是以演绎式推理作为主要推理方法。当然，这并不是说英国法就没有演绎。

第六，英国法在法律体系上不严格划分公法和私法，法律体系比较混乱与缺乏逻辑。英国法受罗马法的影响较小，它并不按照法律规范所保护的是公共利益还是私人利益而将法律部门严格划分为公法和私法，而是拥有自己的独特划分方式。所谓普通法、衡平法与制定法的分类并不符合逻辑关系，互相交叉与重合的部分很多，很难说有什么科学体系，往往是历史发展的特定结果。相比之下，大陆法对法律的区别更多是按照逻辑进行区别，从罗马法时代就已经分为公法和私法。但是，这种不强调逻辑分类的做法是否就意味着弊端重重呢？从法律效果主义来看并没有证据证明其存在致命弊端。毕竟，法律的生命不仅在于说什么，更在于做什么、怎么做。

第七，英国的法院系统和诉讼程序拥有自己的特点。英国法院分类更多是受到历史的影响，没有宪法法院，有关宪法问题也受到一般法院的管辖和审理。相比之下，德国和法国都拥有宪法法院和行政法院。在法院的审理方式上，英国法适用的是对抗制，而大陆法适用的是纠问式（inquisitorial）。

第八，英国法拥有自己的语言特点。英国法具有很多独特的概念和用词，难以在大陆法中找到与之对应的概念和词语，其真正含义必须结合英国法的历史和法律来理解。在此意义上，英国法只存在于英语之中，独特性非常明显。这对人们理解和掌握英国法来说造成了很大的困难，也形成了极高的专业壁垒，维护了法律阶层的既得利益。

第九，英国法律教育是一种职业教育，而非大众教育。早期的英国法律教育实际上是一种师徒制与律师公会制，而不是现代通行的大学制。这种职业教育的目标非常清晰，就是为律师职业培养专业人才，最终只有一小部分精英能成为法官，这显然是以实务为核心的。因此，职业教育的定位是培训法律技术，这与很多国家法学教育的定位存在区别。当然，早期的师徒制与律师公会制并不一定适应现代社会的需求，但其优势仍然是存在的。

二、英国法对世界法制的影响

英国法对世界法制的发展拥有重大影响，其主要贡献在于以其为中心发展起来的普通法系。从法系的观点来看，普通法系是指以英国普通法为基础而建立起来的世界性法律体系，它是伴随英国 17 ~ 19 世纪的对外殖民扩张而逐渐形成的。英帝国解体之后英联邦建立，普通法的影响仍然存在。目前，普通法国家和地区，包括英国（不包括苏格兰）、美国（不包括路易斯安那州）、加拿大（不包括魁北克地区）、澳大利亚、新西兰、新加坡、印度、巴基斯坦、斯里兰卡等，与大陆法系形成了鼎足而立的局势。因此，普通法始终是以英国为中心向外传播的：普通法是传播的基础和核心，英语是传播的媒介和工具，殖民统治是传播的动力和保障，英联邦则是维护传播的纽带和桥梁。因此，英国法作为普通法系的起源和核心，深刻影响了普通法的形成和发展进程。

第二章　英国合同法概述

合同法是法律的一个部分,法律是国家与社会在历史大背景下出现的产物,对其的理解与适用并不能完全脱离各国历史和社会的条件而纯粹按照逻辑和体系进行演绎,这是理解很多法律规则的关键所在。易言之,法律是国家与历史的一部分,并不能完全脱离背景而存在。

第一节　英国合同法的历史缘起

一、英国合同法的起源

在古典文明世界里,罗马法是第一个尝试将法律系统化并成功流传下来的法律体系。罗马法中的合同法受到当时社会与经济条件的限制并没有得到全面发展,因此仅认可若干少数特殊合同的合法性,强调合同的特定形式为效力要件。尽管如此,罗马法对现代大陆法系的影响仍然重大。

相比之下,尽管罗马帝国曾经统治英国达 5 个世纪,但对普通法的影响相对有限,远不如其对现代大陆法的影响。如本书第一章所述,英国普通法的发展史与罗马法及大陆法不尽相同,因为普通法着重的是如何在各种不同的诉讼种类中按照诉讼程序提供法律救济,而非创设普适性的法律规则体系,普通法一开始就不是由法学家在学院中通过逻辑推理创制的,也不遵循大陆法致力于发展普遍适用之法律原则继而加以演绎的路径。因此,英国法的母法并不是抽象的法律原则,而是法院诉讼程序所产生的各种法律救济。其中原因,并非理论与逻辑使然,而是历史变迁所致,可以说是偶然性产生的历史现象。

在中古时期的英国,若原告欲从法院获得救济,最重要的要件是其能否将案件按照程序要求提交到法庭审理并获得司法救济。这就要求原告首先取得法院颁发的一纸令状,这里的令状就是加盖国王名号的法律文书指令,指示法院的执法人员

(sheriff)命令被告出庭,并就原告起诉提出抗辩,从而开始诉讼程序。由于各种诉因的存在,各种不同形式的令状因此应运而生。因此,每一诉讼方式能否开始都取决于令状能否签发而不在于实体权利的内容,而且每一诉讼方式都有独特的令状,辅之以特别程序法与实体法规则来规范。[1] 英国中古时代法律的发展路径就此围绕不同令状而形成。随着令状的发展,其数量过多而导致法院将其进行冻结,如此一来,若案件诉因无具体令状可以适用,法院就不会受理,原告也因此无法获得救济。此为英国普通法历史上的一大顽症。换言之,程序性救济对实体性权利构成了实质阻碍。

在众多的令状中,关于土地问题的令状在当时最为重要。在12世纪,英国普通法对保护私人协议并不重视,当时的法学家还认为法院没有习惯保护私人协议。曾有英国古代著名法学家认为,国王法院的习惯不包括保护私人协议。可见,与中国古代一样,法律保护的重点是公共利益与王室利益,而非私人利益,这与时代特点相契合。[2] 这一现象的原因并不在于法律本身,而是在中古封建时代,最重要的权力是王权,而最重要的财产是不动产,不动产的权属关系不仅是整个政治、经济和社会体制的核心问题,也反映了国家的内部结构,在法律上自然就会反映为土地的相关令状最为重要。次之就是关于维持公共治安(the King's Peace)的令状。由于商品经济并不发达,尚处于自然经济阶段,这导致合同法尚未独立成为法律部门,因此也不存在具体的合同令状。例如,1756年英国法学家布莱克斯通(Blackstone)在其巨著《英国法释义》中用380页阐述了不动产法律,而对合同的阐述仅仅是28页。[3] 显然,这种篇幅上的悬殊说明合同争议的重要性在当时与土地争议根本无法比拟,因此也谈不上有独立的合同法,但这并不意味着合同争议不能通过法律解决,而是意味着合同争议只能通过其他令状形式来解决。

在法律对于合同问题并不十分重视的情况下,社会生活中的交易主要是通过盖印合同(contract under seal)与违约保证书(penal bonds)来保证履行:前者强调合同文书的重要性,以书面合同的形式来表明当事人的意图,法院承认的是合同本身的形式,而非当事人的真实意图;后者是当事人在订约时以订立保证书的形式来确保履行,当事人在其中承诺若违约则会支付罚金以确保履行,法院执行的是保证书而非合同本身。现代社会最常见的简式合同(informal contract)不是法律的管制对象。由于

---

〔1〕 See M. P. Furmston, Cheshire, *Fifoot and Furmston's Law of Contract*, 16th ed., Oxford University Press, 2012, p. 2.

〔2〕 In 1180, Glanvill wrote: "It is not the custom of the court of the Lord King to protect private agreements", Glanvill X, 18. 7. M. P. Furmston, Cheshire, *Fifoot and Furmston's Law of Contract*, 16th ed., Oxford University Press, 2012, p. 2.

〔3〕 See J. Beatson, A. Burrows, J. Cartwright, *Anson's Law of Contract*, 29th ed., Oxford University Press, 2010, p. 1.

中古时期的英国是自然经济,在商品经济不发达的情况下交易的数量、频率与复杂性都远不及现代社会,因此对合同法的需求相对较少,这种法律格局并不会造成多大问题,因此维持了很长时间。

二、英国合同法的历史脉络

(一)中古时期令状制度中的合同诉讼

在英国法早期,令状均由国王治下的秘书处(Chancery,其后发展为王室治下的衡平法院)签发,秘书处在原告起诉案由与令状不匹配的情况下,可以在收取诉讼费后设立新令状。但这种情况对当时拥有封地的贵族来说是侵犯地方统治权力的。因此,对于秘书处任意签发新令状,贵族阶层十分不满,认为是王权侵夺贵族司法权力,造成了王室与贵族阶层之间不断的冲突与政治斗争。1258 年通过的《1258 年牛津条例》(The Provisions of Oxford of 1258)试图限制国王秘书处职权,即国王秘书处不能随意设立新令状,防止王权肆意扩张。但这种情况在司法上制造了不少困难,导致在 1285 年制定了《威斯敏斯特第二条例》(The Statute of Westminster Ⅱ),其中规定国王秘书处虽不能签发新令状,但可就现有令状以类推方式适用于新案件(by analogy in like cases)。此后,令状就发展成"案例"(Case),这是现代英国合同法与侵权法的基础。到了 14 世纪与 15 世纪,诉讼方式(forms of action)的重要性开始降低,实体法在这一路径下开始变得越来越重要,但合同法本身仍未独立成为法律部门。下面介绍几种在英国中古时期对合同有影响的重要令状。[1]

第一,返还不法取得动产之诉(*Replevin*)。这是普通法上最古老的对人诉讼之一,属于侵权诉讼,是以救济原告因被告不法占有原告动产为目的而提起的诉讼,在中古时代较为常见。

第二,请求返还扣留物之诉(*Detinue*)。这是原告因动产、契据或其他物品遭被告非法扣留而提起的请求返还之诉。该诉讼方式似乎是对物诉讼,原告起诉请求对方返还后者所占有的扣留物,但诉讼结果却不一定是被告须将扣留的原物返还,还可以折价返还。

第三,清偿债务之诉(Debt)。这是原告要求被告清偿一定金额债务的诉讼方式,其中包含现代债权概念的意思。在 12 世纪至 15 世纪,律师们将这一诉讼格式归纳成两种:一是判决记录之债(debt on the record),即由法院判决原告应得金额并记入法院判决纪录;二是正式债权之债(debt on an obligation),即原告提出一份正式蜡

---

〔1〕 See J. Beatson, A. Burrows, J. Cartwright, *Anson's Law of Contract*, 29th ed., Oxford University Press, 2010, pp. 10 – 16.

封文书要求对方清偿。严格地说,清偿债务之诉在诉讼方式中概念尚不明确。本质上,这种诉讼方式也是一种物的诉讼,即原告起诉请求被告返还原告所出借金钱之诉讼。但这种诉讼方式仅局限于少数情形,包括出借的金钱,物品出售交付后的债务与租金等特定项目,其后范围又进一步扩大,凡原告基于对等给付(*quid pro quo*)的法律关系均可请求被告清偿一定金额,均可提起这种诉讼方式。换言之,原告只要在交付给被告物品后并要求被告返还,这种格式的诉讼就可以成立。因此,这种诉讼方式最后就发展成为合同诉讼中的一种类型。

第四,违反合同之诉(Covenant)。这也是普通法上最古老的令状之一。此诉讼方式最初是用来保护处于劣势的承租人(lessees)或租地人,其后也演变为对支付金钱的诉讼。除清偿债务之诉外,对任何具有拘束力的承诺,均可用此方式提起诉讼。但令状拘束力的基础并非承诺或约定本身,而是符合相关要求的书面契据,即以形式要件为准,而不是现代合同法所重视的当事人意图。显然,若凡诉讼都以书面契据为准,则承诺就难以成为合同法的基础,现代合同法也就难以出现。这种诉讼格式在实践中被采用的并不多。[1]

第五,侵害之诉(Trespass)。普通法上一般性合同之诉的起源是侵害之诉。早期该令状仅针对轻罪及不法行为造成他人受损的诉讼方式,而后逐渐通过"根据先例审理"(action on the case)与援用"类似案件"(*in consimili casu*)原则而进一步发展。侵害之诉始于13世纪中叶,有"准刑事"(quasi criminal)的性质。因此,凡是对原告身体、物品或不动产(土地)发生直接物理侵害或妨害者,原告均可以提起这一诉讼方式。这一诉讼格式的法律救济,是损害赔偿而非返还原物。但到了14世纪,"根据先例的侵害之诉"(trespass on the case)适用于一般性侵害诉讼出现了法律障碍,因为令状本身不能涵盖暴力及武力破坏公共治安等侵害情形。在这种情况下,令状只需说明原告所起诉事实类似"侵害之诉"(Trespass)的情形,诉讼就可成为"特殊案例之侵害之诉"(trespass on his special case)。再到14世纪末,案例(case)之诉就成为具有一定弹性的诉讼方式,只要能以类推方式适用于现有令状,法院就可以提供救济,适用范围因此得以扩充。从此,案例之诉作为一种诉讼方式就得到进一步发展,其中一部分发展成为现代的侵权行为法,例如,文字诽谤(libel)、言词诽谤(slander)、过失之诉(negligence)、欺诈(deceit)、非法占有(conversion and trover)等。另一部分发展成为合同诉讼。显然,合同规则在这一阶段中很大程度上仍包含于侵权规则中。

---

〔1〕 See M. P. Furmston, Cheshire, *Fifoot and Furmston's Law of Contract*, 16th ed., Oxford University Press, 2012, p. 3.

第六,违约赔偿之诉(Assumpsit)。该诉讼格式后来成为关于违反非盖印合同(contract not under seal)的诉讼方式,即针对简式合同。[1] 相比之下,盖印合同则通过前述的违反合同之诉来规制。这两种诉讼格式就构成现代合同法中正式合同(formal contract)与简式或口头合同(simple or parol contract)的区别的源头。此诉讼格式与侵害之诉有一定的相同点,二者均须以被告曾发生积极行为为要件。违约赔偿之诉发展成为现代合同法之诉有两个障碍:一是如何能够使"不履行"(nonfeasance)与"履行不当"(misfeasance)适用于违约赔偿之诉;二是如何能够使"一定金额债务"(a liquidated sum of money)与"一般损害的赔偿金额"(general damages)能够在违约赔偿之诉中获得救济。但诉讼方式上存在的诸多限制导致"一定金额债务"之诉仍以清偿债务之诉进行。这种程序法限制实体法发展的情况在英国法历史上并不鲜见。之后,随着令状可以类推适用,在原告信赖被告言词并以欺诈诉讼(deceit)提起诉讼后,违约赔偿之诉才变得更为常见。

下面介绍英国中世纪对合同有重要影响的几个相关判例。

经典判例　摆渡案[2]

违约赔偿之诉最早的相关判例是发生在1348年的摆渡案。在该案中,原告在英国王座法院(King's Bench)起诉,主张被告(摆渡人)曾承诺把原告马匹安全摆渡过河,但由于被告渡船超载导致翻船并致马匹淹死,因此要求被告赔偿损失。对此,被告抗辩认为,原告诉讼既不是侵害之诉,也不是违反合同之诉(因为无盖印合同),因此以诉讼不符合令状之要求而主张原告诉讼不成立,这一抗辩显然是程序性抗辩。对此,王座法院判决认为,被告渡船超载构成侵害行为,原告胜诉。该案放在现代就是一个很简单的运输合同争议。但当时法官受条件所限没有将其表述为合同之诉,而是用侵权令状来提供救济。该案为日后违约赔偿之诉的发展提供了基础。到15世纪,此类诉讼救济适用于寄托人不当保管受托物造成损失的赔偿,还包括卖方对商品不符合保证品质的赔偿责任等。但此时期的案例在性质上仍属于侵权性质,违约导致赔偿责任的观念尚未在法律中得到明确。

经典判例　道奇案[3]

在该案中,原告欲向被告购买土地并为此支付价金,被告允诺在14日内将该土

[1] See M. P. Furmston, Cheshire, *Fifoot and Furmston's Law of Contract*, 16th ed., Oxford University Press, 2012, p. 5.

[2] Bukton v. Tounesende or the Humber Ferry Case [1348] B & M 358.

[3] Shipton v. Dogge or Doige's Case [1442] B & M 390.

地出售给原告,但被告实际上已将该土地转卖第三人,原告因此提出欺诈之诉。诉讼中被告抗辩应以违反合同方式起诉而不应以欺诈起诉。英国理财法院(Court of Exchequer Chamber)判决原告胜诉。法官对该案的考察集中在两点:一是该案是否应得救济,二是如果应得救济需采用哪种令状?该案主审法官针对第一个问题作出了肯定回答,因为原告已履行义务,那么从道德上来说就存在获得土地的权利。针对该案应采取的适当令状问题,法官排除了清偿债务之诉和返还非法占有的动产之诉的适用,因为前者适用于返还特定款项的情况,后者则适用于返还不当占有动产,而该案的情况显然不符合这些令状的要求。于是,该案最终是以欺诈之诉得到救济。虽然在这一案件中,原告的损害得到了普通法上的救济,但就整个15世纪而言,这只是一个例外情况。如果该案中被告是在占有土地的情况下不履行交付土地义务,那么很可能原告会败诉。此后,该案是不履行(nonfeasance)约定义务之诉、欺诈之诉及侵害权益之诉所融合发展而成违约赔偿之诉的依据之一。到16世纪初,英国法院才明确有关不履行的诉讼可适用违约赔偿之诉。

经典判例　斯雷德案〔1〕

在该案中,原告应被告要求,允诺将一批尚未收获的粮食出售给被告,被告承诺说将在未来支付给原告16英镑作为价金,后来被告没有履行承诺,原告因此蒙受了40英镑的损失。在当时,该案案情既符合清偿债务之诉要求也符合违约赔偿之诉要求。但是,被告在促使合同成立的承诺外并未作出任何其他承诺。法官经审理认为,违反承诺应予赔偿的理念应包含在产生债务的交易中,满足提起清偿债务之诉的条件并不能阻止当事人以违约赔偿之诉提起诉讼。该案虽然最初是在王座法院提起的,但事实上,在案件审理中几乎所有其他法院都参与进来,王座法院并未直接依据自己的意见作出判决,而是在理财法庭的法官们面前进行了充分讨论和辩论。由此,该案的判决虽然与王座法院以往做法并无不同,但由于获得了理财法院的支持,该判决才得到了广泛接受。此判决表明,生效合同自身就含有违约导致损害赔偿诉讼的意思,因为当一方同意付款或交付物品时,他就因此承担承诺付款或交付物品的义务。按此,法律就允许原告为劳务或商品提起诉讼,这意味着法律保护范围从侵犯固有权利扩大到了保护允诺所产生的合理预期利益。在当时程序法控制实体法的背景下,这是在整个英国合同法历史中最重要的问题,要求损害赔偿的诉讼从此能够作为一般合同诉讼来处理,中世纪对文书形式和范围的限制越来越弱,直到英国1875年的司法改革彻底在形式上废除了令状制度。由此,违约赔偿之诉逐步取代清偿债务

〔1〕 Slade v. Morley(1602) or the Slade's Case. Yelv 21,80 ER 15,MooKB 433,72 ER 677.

之诉,得到了英格兰法院的肯定并成为主要的诉讼方式。该案标志着,从对侵害行为的救济方式中发展而来的合同法的新发展。就此,违约赔偿之诉成为对违反简式合同而产生的损害予以补偿的最重要的诉讼形式。

通过上述对历史上令状与案例的阐述,可以得出以下几个结论:第一,英国合同法从违约赔偿之诉发展起来是一个长期积累的过程,这表明英国合同法的发展路径并不是一个理论先行设计的过程,而是根据历史特定情况而不断调整的动态过程。背后最为重要的原因是政治、经济的发展与司法制度的发育,并不具有一贯的逻辑性与规律性。第二,从违约赔偿之诉的发展进程中,可以看到英国合同法和侵权法是同宗同源,或者说二者在早期英国法中并没有区别开来。该令状在最初产生时,是从主要针对各种侵害行为的侵害令状中发展而来的,后者构成了侵权法和契约法的共同母体。第三,在令状制度出现僵化趋势的背景下,违约赔偿之诉表明英国普通法开始脱离程序法的羁绊而承认更多的实体权利,这导致合同诉讼在侵权诉讼方式下开始产生并最终独立。换言之,法官判案的方法之一是"旧瓶装新酒",通过不断填充新的内容而改造、扬弃旧的法律程序,从而使实体权利不断突破程序救济的束缚。第四,违约赔偿之诉揭开了英国合同法发展的崭新篇章,它的出现使合同法的内涵更加丰富,合同诉讼的内容更加广泛,从而为资本主义的兴起提供了法律上的回应,最终演变为独立的法律部门。

(二)19 世纪的英国合同法

19 世纪是资本主义获得空前发展的历史阶段,资本主义在英国各方面都取得了胜利。在此背景下,继续按照诉讼方式与侵权法的路径来对待合同问题就显得不合时宜,也难以处理大量的合同纠纷。因此,独立的合同法诉讼开始在法律上得到确立,〔1〕实体性规则越来越多,这得益于法院的大量判例以及法学家的整理工作。〔2〕19 世纪是合同法的经典时代。合同自由原则大行其道,公权力在政治制度框架与意识形态的影响下对合同条款的干预降到了最低程度。〔3〕合同法开始真正独立,第一部合同法专著于 1790 年出版发行。〔4〕

在合同法中,对价(consideration)原则得到确立,目的是确定何种诺言可以得到

---

〔1〕 See J. Beatson, A. Burrows, J. Cartwright, *Anson's Law of Contract*, 30th ed., Oxford University Press, 2016, p. 18.

〔2〕 单独的合同法著作开始出现,包括 1826 年开始出版的权威著作 *Chitty on Contracts*,此书历经两百年仍然在不断再版之中,2018 年出版第 33 版。

〔3〕 See Atiyah, *the Rise and Fall of Freedom of Contract*, Oxford University Press, 1979, p. 4.

〔4〕 See John Powell, *Essay upon the Law of Contracts and Agreements*, Chamberlaine and Rice, 1790.

法律的承认,表明法律开始重点考察交易的实质性内容,而不是仅以合同形式为准。合同法判案的主要方法是探寻当事人的真实意思表示,法院非常尊重当事人的意思自治,衡平法诸原则对合同法的影响有限。[1] 对此,著名法官鲍温(Bowen)爵士指出:“不能把责任强加于人们的背上。”曾经的侵权责任由于合同相对性原则(privity of contract)而很少适用于合同,而过失导致的纯粹经济损失(pure economic loss through negligence)也难以得到赔偿。

(三)20世纪的英国合同法

在资本主义剧烈变动的20世纪,英国合同法又有了很多新变化。例如,对合同形式的要求大幅度下降,合同实体正义的重要性得到了越来越多的重视。由于垄断资本主义的扩展,社会各个阶层的合同议价能力差距越来越大,坚持表面上的形式正义与合同自由只能导致实质上的不正义。因此,合同法的很多规则不再局限于当事人意思自治的范围之内,而是加入了很多本质上属于公法与侵权法的内容:例如,过失性虚假陈述造成的损害赔偿得到认可,不当得利造成的返还逐渐成立,对价原则受到允诺禁反言原则的限制,经济胁迫作为诉因得到确立等。另外,法院考察合同的重点也不再拘泥于合同当事人意图,而是开始从客观性方面进行考量,尤其重视合同的后果对当事人利益平衡的影响,体现在合同解除与合同落空方面。当然,这种变化囿于英国法的发展逻辑,并不是一蹴而就的,而是逐渐发育的,其中往往存在反复与矛盾,[2]但英国合同法仍然基本上实现了保守与创新的统一,继续为商业发展提供了可靠规则。

但是,英国法通过司法创制规则的传统路径在20世纪也发生了巨大变化,议会制定的立法体系的作用越来越突出,从而与司法造法形成了一种互动关系,既有互相促进,也有互相制衡,以适应越来越复杂的社会生活。英国合同法历来属于普通法范围,受司法判例影响极大;但20世纪很多立法陆续出现,大大补充与发展了合同法规则。[3] 当然,英国制定法的发育与大陆法民法的立法方式仍然有很大差别,背后有很多政治与社会因素,目的并不是创制出具有高度总括性与概括性的合同法体系。因此,英国制定法的方法是就事论事的渐进式立法,即依据政治与社会政策,针对热点问题进行立法,而不是总括性地否定判例法规则,因此立法数量很多,但并没有实

---

〔1〕 See M. P. Furmston, Cheshire, *Fifoot and Furmston's Law of Contract*, 16th ed., Oxford University Press, 2012, p. 14.

〔2〕 例如,经济胁迫的概念出现于1976年,其理论基础在于意思表示受到威胁导致不存在合意,但以后的判例又否定了这一观点,而将重点放在是否存在不合理的威胁。参见本书第十一章。

〔3〕 See J. Beatson, A. Burrows, J. Cartwright, *Anson's Law of Contract*, 30th ed., Oxford University Press, 2016, p. 19.

现体系化。这方面具有重要意义的合同立法包括:英国《1943 年法律改革(合同落空)法案》《1967 年虚假陈述法案》《1978 年民事责任(共同)法案》《1987 年未成年人合同法案》《1999 年合同(第三方权利)法案》等。这表明国家立法权对于合同领域的管制正在增强,往往是针对某一社会阶层或群体(如消费者)进行专项性立法,从而可以弥补司法创法的一系列缺陷,但并没有在总体上替代普通法。

另外,20 世纪英国合同法的一个发展趋势是合同法规则逐渐进入各个商业领域从而产生了很多行业性合同规则,因此合同法的规制范围越来越大,不同行业的特殊问题导致不同领域之间的合同法规则之间差距越来越大。这导致合同法的综合性规则当然可以适用,但很多领域已经发展出特定的行业性合同规则,各自之间并无必然逻辑联系。由于很多行业有自己的其他法律规则,因此难以认为合同法本身是可以自给自足的法律体系,而是在很多领域作为基础与其他渊源的规则发生互动与融合,这在货物买卖、保险、建设工程、运输、劳务、消费合同等领域非常明显,导致很多行业的合同法规则出现了特定化与类型化的趋向,合同法有碎片化的趋势。易言之,熟悉合同法一般规则并不等于对各领域的合同法规则就一定理解。就此而言,本书中所阐述的规则属于合同法的一般性规则,并不包括具体商业领域各自的规则。

第二节 英国合同法概论

一、合同在英国法中的定义

美国法律协会(American Law Institute)在《第二次合同法重述》中对合同所下的定义是:“一个诺言或一系列的诺言,法律对违反这种诺言给予救济,或者在某种情况下,认为履行这种诺言乃是一种义务”,这就是“诺言论”。这一定义是在英国法的影响下出现的,并在整个普通法系国家得到了认同。出现这种现象的原因在于,英国法院并不是像大陆法法学家一样试图通过对事物本质的抽象理解来定义合同,而更注重合同判例中的个体正义,直到 19 世纪才引入以协议为基础的合同观念。[1] 然而,这种理念与普通法的思想体系并不完全吻合,与已经形成了很长时间的对价原则难以对接,而对价原则导致英国法一般不会强制执行无偿诺言,合同关系强调的就是有偿性与相互性。受此影响,当事人要为诺言支付对价而不是为双方协议提供对价的观念仍然存在。因此,英国合同法是以诺言(promise)作为基础而发展起来的判例

〔1〕 参见何宝玉:《合同法原理与判例》,中国法制出版社 2013 年版,第 1 页。

法体系,法院的中心任务是提供法律救济而非提供整体性法律结构。[1] 这与大陆法中合同法是作为债法的一部分、以合意作为起点并以逻辑性和系统性作为特征显然存在明显区别。这也导致了英国合同法的研究与阐述和大陆法合同法著作显著不同。当然,这个定义是否正确一直在学理上存在争议,并无绝对的答案。由于英国法的实用性与历史性,这一定义仍然得到了法学界的普遍认同。

当然,还有不少人认为应当以协议来定义合同,这就是"协议论"。[2] 据此,合同本质就是能够产生法律承认或强制执行义务的协议,双方达成了合意,相互产生权利与义务关系,并为法律所承认与执行。但是,该定义有其缺陷:一是协议显然难以适用于单方合同和契据合同,因为在这两种情况下当然存在诺言,但很难说是协议,还有就是在许多情况下合同成立但其中并无协议,例如,常见的强制保险合同与标准格式合同等;二是很多协议并非合同,如家庭协议、社交安排等,虽然当事人之间存在协议,但在法律上并不具有执行力,也没有救济。因而,"协议论"也不能完美解释合同。这方面的学术争议会持续下去,但对司法实务的影响并不是很大。

二、合同法的作用

在大量的商事交易中,合同与合同法起着基础性作用,体现为以下几点:[3]

第一,合同具有法律执行力。合同最为重要的作用是确保有关未来履行的允诺能够得到法律的承认与执行,一旦违约即产生违约责任。因此,合同一般指向未来的权利与义务,这与财产法和侵权法一般保护现有利益的指向有一定区别。这也是合同能够构成现代经济运行的基本方法之一的原因。合同一经订立,未来的期望就拥有了法律的认可与保障,当事人的正当期待就被纳入了法律救济的范围之内,互相形成了一种约束力,在产生争议时可以寻求法律救济。

第二,合同具有未来性。合同可以促使交易的预定计划付诸实施,并对未来可能发生的意外事件作出规定。因此,越是复杂的交易就越需要计划,规定越详细越好。由此,合同各方通过合同就可以更好地认识与理解合同的内容与可能的后果,对交易的细节做好准备,为各自的履约行为提供标准,以尽可能地防止合同履行出现瑕疵。

第三,合同可以分配权利、义务与风险。全国可以确定当事人双方各自的责任及各自的履行标准,从而能够把交易中存在的经济风险事先在双方当事人之间作出适

---

[1] See J. Beatson, A. Burrows, J. Cartwright, *Anson's Law of Contract*, 30th ed., Oxford University Press, 2016, p. 2.

[2] See Edwin Peel, *Treitel on the Law of Contract*, 14th ed., Sweet & Maxwell, 2015, para. 1 - 001.

[3] See J. Beatson, A. Burrows, J. Cartwright, *Anson's Law of Contract*, 30th ed., Oxford University Press, 2016, p. 3.

当分配,体现了当事人的实力与智慧。

第四,合同可以解决争议。合同能够为履行障碍提供争议解决的依据,如仲裁条款、违约金条款、不可抗力条款等都可以为当事人解决争议提供依据。就此意义而言,合同法是使矛盾的各方利益能够得到协调与统一的法律体系,[1]是现代社会得以正常运行的基本法律规则体系。

三、合同法的基本原则

(一)合同自由原则[2]

1.古典时代的合同自由原则

所谓合同自由,是指订立合同的当事人有可以决定是否订立合同、订立什么内容的合同的自由。这种自由是19世纪流行的自由放任主义(*laisser faire*)的经济基础之一。合同自由正是这一思想的法律体现,它反映了自由竞争时期资本主义发展的必然要求。合同自由原则支持自由贸易,反对政府过多的经济干预政策,因此在古典经济学理论中成为基石之一。1861年亨利·梅因爵士在其巨著《古代法》中指出,进步的社会运动迄今已成为从身份向合同发展的运动,合同自由原则因此得到广泛认同。

合同自由是两个以上当事人意思表达的自由,合同一经完成,合同宣告成立,当事人便受到合同的约束。[3] 具体而言,合同自由包括以下内容:(1)缔结合同的自由;(2)选择相对人的自由;(3)决定合同内容的自由;(4)变更和解除合同的自由;(5)选择合同方式的自由;(6)选择补救方式的自由;(7)选择争议解决方式的自由;等等。

在19世纪的英国合同法中,合同自由得到了最大程度的尊重,法官的主要任务是探寻订立合同各方的真实意思,在确保合同合法的情况下确认各方的真实意思并对违约行为提供法律救济。对此,1875年英国民事上诉法院首席大法官杰塞尔(Jessel)勋爵指出:"若还存在更为重要的公共政策,那就是具备正常理解能力的成年男人应当拥有最大限度的订约自由,自由、自愿订立的合同应当具有神圣性,法院对其应当予以强制执行。"[4]但是,在19世纪合同自由取得历史性胜利以后,合同自由的缺陷也暴露出来。显然,合同自由的意义是保证订立合同的权利,但并不能保证

---

〔1〕 See J. Beatson, A. Burrows, J. Cartwright, *Anson's Law of Contract*, 30th ed., Oxford University Press, 2016, p.4.

〔2〕 See Edwin Peel, *Treitel on the Law of Contract*, 14th ed., Sweet & Maxwell, 2015, para. 1-005.

〔3〕 Ibid., para. 1-004.

〔4〕 Printing & Numerical Registering Co. v. Sampson [1875] Lr 19 Eq 462, 465.

合同的公正性,交易地位不同导致了形式上的合同自由难以落实,合同自由受到诸多限制。在这种情况下,法律就有必要探寻各种合同关系下如何实现当事人之间的公正。因此,实体公正性就变得更为重要与突出,在很多情况下压倒了合同自由的重要性。由此,当代私法的一个发展趋势就是由个人权利本位转为社会本位,对合同自由就必然加以限制,对订立合同加以公法上的监督,注重保护经济上的弱者。合同自由的意识形态开始转为合同正义的新意识形态,这在英国法中也非常明显。

2. 现代的合同自由原则〔1〕

古典的合同自由原则在现代条件下又发生了不少变化。在现代英国法中,以下情形对合同自由形成了重大制约。第一,由立法机关制定的法律在很多方面限制了当事人订立合同的自由。这一点在雇佣合同与消费合同中最常见。合同中的很多权利都是法定权利,雇主或卖方不能随意限制或者修订,与之相违背的条款一律无效。大量社会立法对于合同自由都进行了必要限制,防止以强凌弱、以大欺小的现象在自由之名下走向反面。

第二,一般人订立的合同在很多情况下都不是自由谈判的结果,各种替代性程序广泛使用,合同自治的程度明显下降,很多公共服务机构所收取的产品价格(如水、电、汽等)是强迫性交易(compulsory transaction)的结果。买方在这种情况下往往没有改变合同内容的自由,而仅有接受或不接受(take it or leave it)的自由。在各种强制保险合同中也是如此。

第三,标准格式合同(standard contracts)得到广泛使用。标准格式合同,是一方提前设定的、不能谈判且可以反复使用的合同文本,英国法又称之为附意合同(adhesion contract)。这对节省交易成本、简化谈判过程、确立统一的合同条款有重大意义,是商业中的正常现象,在各行各业中都得到了大量使用。然而,标准格式合同限制了合同双方当事人的自由,法院往往会对其加以干预,如利用"默示条款"(implied terms)、"合理性"(reasonableness)与"公平性"(fairness)等标准来调节各方之间的利益平衡。

尽管如此,合同自由原则仍然受到广泛尊重,合同自由受到的限制毕竟是第二位的,尤其是在一般的商事交易中。因此,合同自由仍然是现代经济制度的基础,合同自由的基础地位并未受到根本动摇。

---

〔1〕 See J. Beatson, A. Burrows, J. Cartwright, *Anson's Law of Contract*, 30th ed., Oxford University Press, 2016, p. 6.

(二)合同神圣原则[1]

与合同自由原则密切相关的还有另一个原则,这就是合同的神圣性(sanctity of contract)。该原则意味着,合同一旦订立即具效力,当事人双方应当遵守契约并保证不逃约。各种各样的法律救济主要也是针对违约而设定的。这一原则不仅是法律原则,也成为一种道德原则或生活习惯,说话算数是基本准则,否则法律就提供救济。

合同神圣原则的内容包括:第一,在订约过程中,当事人应信守自己的承诺。例如,在订约过程中,要约人应受要约约束,承诺人不得变更要约实质内容而随意承诺,当事人不应草率订约,不得弄虚作假、恶意磋商,不得泄露或不正当使用在订立合同中知悉的商业秘密。第二,依法订立的合同必须履行。当事人应当"有约必守",积极、全面履行合同义务,不得擅自变更或者解释合同。第三,依法成立的合同,受法律保护。当事人任何一方违反合同的,都应依法承担违约责任,即"违约必究"。但是,如在订立合同过程中存在欺诈、虚假陈述、错误、胁迫、显失公平等情形,合同法也允许撤销(rescind)合同。

四、合同法保护的法律利益

合同法保护的法律利益无疑是交易所产生的利益,这种利益的正当性是合同法正当性的理论基础。在英美法系中,1936 年美国法学家富勒(L. L. Fuller,1902 ~ 1978 年)所发表的经典论文——《合同损害赔偿中的信赖利益》对此进行了区别,遂成英美合同法的理论通说。[2]

(一)期待利益

期待利益(expectation interests),是指当事人在订立合同时期望从交易中获得的各种利益的总和,包括合同履行后可以获得的利益和因违约而导致的现有财产的减损和费用,通常包括当事人在合同得到履行时本可以获得的利润。对于期待利益的保护可使合同在发生违约的情况下达到假若履行的状态,期待利益受到法律保护从而可以替代合同履行。[3] 按照该理论基础,合同法的损害赔偿一般是补偿性赔偿(compensatory damages),而不是一种惩罚性赔偿(punitive damages),目的是使守约方地位处于合同假若得到履行的状态。

期待利益的特点包括:第一,未来性。期待利益是一种未来利益,是合同当事人基于合同,在订立时希望或预期在未来一段时间内所能够获得的利益,与既得利益方

---

〔1〕 See J. Beatson, A. Burrows, J. Cartwright, *Anson's Law of Contract*, 30th ed., Oxford University Press, 2016, p. 8.

〔2〕 See Fuller, William R. Perdue, "The Reliance Interest in Contract Damages", 46 *Yale Law Journal*, 1936.

〔3〕 See Edwin Peel, *Treitel on the Law of Contract*, 14th ed., Sweet & Maxwell, 2015, para. 1 – 011.

向相反。第二,现实性。期待利益是一种由合同保障的现实利益,只要合同如期履行,期待利益就会被当事人得到。第三,不确定性。当事人在期望通过合同履行来获得利益的同时也应认识到其中存在的风险,但是又往往难以准确预见未来的所有风险,因此期待利益存在一定的不确定性。

(二)信赖利益

所谓信赖利益(reliance interests),是指合同一方基于对对方的信赖而为履行合同做准备而支出的费用。保护信赖利益的目的,是使守约方因信赖合同履行而支付的各种费用能够得到赔偿,从而使当事人能够恢复到合同订立之前的事实状态。富勒对此的描述是:"基于被告之允诺的信赖,原告改变了他的处境。例如,依据土地买卖合同,买方在调查卖方所有权上支付费用或者错过了订立其他合同的机会。我们可判给原告损害赔偿以消除他因信赖被告允诺而遭受的损害。我们的目的是要使他恢复到与允诺作出前一样的处境。在这种场合受保护的利益可称为信赖利益。"信赖利益目的在于保护交易安全,对期待利益起到了补充作用,在有效合同关系不存在的情况下可以提供法律对利益保护的正当理由。在英国法中,针对信赖利益所出现的合同法规则往往是衡平法规则,如允诺禁反言原则。[1]

(三)返还利益

所谓返还利益(restitutionary interests),是指受诺人对允诺发生信赖而使对方获得利益,这种利益没有正当理由,因此有必要返还。这种返还利益类似大陆法上的不当得利制度。相比期待利益与信赖利益,返还利益在英美法上已经发展成为相对独立的法律部门,即返还法(law of restitution),一般通过"恢复原状"之诉来获得赔偿。

需要注意的是,以上的三种利益一般而言不能累加计算,否则就会构成双重赔偿(double compensation)。因此,在司法实践中往往演变为不同种类的赔偿项目,有可能发生不同的赔偿项目相互重叠的情况,需要具体情况具体判断。

五、合同的分类

(一)单方合同与双方合同

将合同分为单方合同(unilateral contract)与双方合同(bilateral contract)对现实问题具有重要性,尤其是在当事人谈判订立合同过程中发生诺言与承诺时,这会导致两类合同适用规则有所区别。[2]

按照诺言的解释路径,在双方合同里,一方诺言是为对方诺言提供的相对物。商

---

〔1〕 详见本书第四章的论述。

〔2〕 参见何宝玉:《合同法原理与判例》,中国法制出版社 2013 年版,第 7 页。

业上的合同一般都是这种情况,如货物买卖合同,在法律上都具有强制约束力。而在单方合同中,一方诺言是对相对方作为或者不作为的对应物。典型的情况是悬赏合同,即一方允诺为归还丢失财物而提供奖赏。对此诺言,无人负有义务。但一旦得知存在奖赏,则拾到丢失财物的一方在交还财物后可以要求对方履行承诺,一方的允诺在法律上具有执行力。可见,双方合同强调的是双方诺言的相对性,而单方合同中仅允诺人有承诺,相对方并不确定,也不承担义务,只有行为(如找到并归还财物)发生后,已经确定的相对方才可以要求允诺人履行诺言。一般而言,商业合同总体上都是双方合同,单方合同的情况比较少见。

(二)盖印合同、简式合同与记录合同

1. 盖印合同

盖印合同(contract under seal)是历史遗产。在罗马以及中世纪时代,合同成立与否在法律上不需要考察当事人的真实意思,而仅以合同形式为准。因此,盖印合同就此产生并成为法律的主要规制对象,作为正式合同,以其形式而具有绝对约束力,通常称为契据(deed)。例如,公司章程、地产权益合同、担保合同、各种无偿许诺或赠予的合同原则上以盖印的形式才能成立,其目的在于通过形式或者仪式来证明合同的存在,可以回避复杂的证据与意图解释问题。

在古代,订立盖印合同必须采取特殊的形式,经过严格程序并通过仪式来证明。首先,由双方当事人协商确定合同条款并达成一致;其次,双方当事人须在没有利害关系的证人面前在合同上签署名字和日期,再密封合同并加盖火漆印记;最后,由当事人亲自将合同文本交付对方当事人,或者手按封印进行宣誓。这种仪式充分证明了当事人的严肃意思表示。目前,签订盖印合同的程序已经大大简化,形式要求也放宽,当事人通常可以在合同生效前签署封印,也可以不用封印,只需在文件上盖印处签字,即具效力。在现代合同法中,盖印合同的重要性已经大为降低,也不再是诉讼中的核心问题。

盖印合同的意义在于:(1)原则上盖印合同自交付受让人时即具有法律约束力,无论当事人是否实际知情,合同成立原因在于盖印行为而不在于意思表示。(2)盖印合同不一定需要对价支持,而简式合同必须要求存在对价才可以。一项没有对价的诺言,如单纯的赠予诺言,如果采取简式合同就没有法律约束力,而采取盖印合同就有效。(3)诉讼时效上盖印合同诉讼时效为 12 年,而简式合同诉讼时效为 6 年。因此,这种形式合同的优点在于正式性、仪式性与绝对约束力,但其缺点在于交易成本过高,不利于交易的快速达成,在日常生活中较为罕见。

2. 简式合同

所谓简式合同(simple contract),则是指以口头或书面形式存在,但未以契据形式存在的合同。目前,国际上与各国国内法所规制的合同均是这种形式。易言之,法律所关注的核心问题并非形式上的合同,而是探求当事人的真实意思,只要当事人有真实意图并达成协议,一般情况下并不需要形式要求,尽管也在某些情况下有例外规则。[1] 这一变化的原因在于,在现代商业社会里交易效率越来越高,要求提高效率以降低交易成本,一味强调合同形式在大多数情况下并没有商业价值,遂成为世界各国的通说。具体而言,简式合同可以分为三种。

一是口头合同(oral contract),即当事人用语言、电话等方式表明内容和条款而订立的合同,绝大多数合同没有必要订立正式的书面合同,当事人双方达成口头协议就可以使合同成立。

二是必须有书面证据证明的合同。书面证据不是合同成立要件,但在法律上获得强制力需要书面证据。英国《1677 年欺诈法案》(Statute of Frauds 1677)就对此提出了法律要求,在《1954 年法律改革(合同强制执行)法案》得到修订。当然,这类型合同数量较少。

三是以书面形式为合同成立要件的合同。这类型合同主要是指地产类合同与商事合同,理由在于地产类合同交易金额巨大而且涉及环节与证据较多。根据英国《1989 年财产法(杂项)条款法案》,凡这类合同必须采取书面形式,书面文件中必须写明双方当事人明示同意的全部条款,且文件必须经双方当事人或其代理人签署才能发生效力。另外,根据其他相关制定法的规定,商业票据(汇票、本票和支票)、海上保险合同、公司股票转让合同、分期付款租购(hire purchase)协议、不动产租约、担保合同等也必须采取书面形式。书面形式有助于厘清合同各方的权利与义务,对诉讼也具有证据意义,因此是重要的实践要求。当然,这类型合同从总体来看也是有限的。

3. 记录合同[2]

记录合同本质上并不是当事人订立的合同,而是通过法院判决、具结和其他强制措施能够确定当事人之间债权债务关系的合同。记录合同包括三种形式:(1)法院判决。在法院判决以前签订的合同可能被合并到法院判决之中,在必要时得以强制执行。(2)具结。具结是当事人在诉讼中具结承诺履行一定的义务而产生的合同。例如,当事人在诉讼中承认债务存在,就可以产生新的合同关系,不履行这种义务就会受到法院的处罚。(3)财产的依法强制转移。例如,破产宣告后破产债务人的财产属于记录合同。由于该种类合同并非当事人的意思表示,英国一般合同法著作对

---

〔1〕 详见本书第七章的相关论述。

〔2〕 参见何宝玉:《合同法原理与判例》,中国法制出版社 2013 年版,第 3 页。

记录合同并不做分析。

(三)无效合同、可撤销合同与不可执行合同

合同一旦成立,在没有违法情况下,一般而言就具有法律效力,当事人应当执行。但在例外情况下,合同的效力可能出现问题,包括无效合同、可撤销合同与不可执行合同。[1] 这与中国法的划分方法存在一定的区别,因为中国法还存在效力待定的情况,但这种分类方法在法律后果上与其他合同并无特别明显的差异。

无效合同(void contract),是指没有法律效力的合同,并不为法律所承认,因此不具有约束力,任何当事人都不能依据此种合同提起诉讼而获得司法救济。需要注意的是,"无效合同"这个词本身有逻辑矛盾,义务无效当然导致合同不成立,因此无效与合同两个词语按逻辑不应当连用,但一般说法历来如此,因此仍然沿用。

可撤销合同(voidable contract),是指法律合同的一方或双方当事人有权要求法院判决合同法律关系丧失约束力,即撤销(rescind)合同。但当事人也可以选择确认(affirm)合同。法律将选择权留给了当事人,而不是像对无效合同一样径行判决合同不具有约束力。为此目的,英国法在司法实践中逐步创制了几种诉因,包括合同能力、虚假陈述(misrepresentation)、错误(mistake)、胁迫(duress)或不正当影响(undue influence)以及仍充满争议的显失公平(unconscionable bargain)等。

无效合同与可撤销合同在法律后果上存在明确区别,主要体现在第三人能否有效取得合同标的的所有权上。在合同无效的情况中,合同属于自始无效,在这种情况下的第三人并不能取得所有权,因为出让方并未丧失所有权,受让方未得到所有权,因此第三人也不能得到所有权。若合同属于可撤销的情况,则第三人的所有权并不当然丧失,转让方即使要求撤销合同,也并不能要求第三人必须返还标的物,因为其撤销权在再次转让发生后已经丧失,第三人并不受原来的撤销权所约束。[2] 但此处的第三人必须是支付对价且对之前情况并不知情的善意第三人。由于第三人利益之影响,英国法中无效合同的诉因要少于可撤销合同的诉因,目的在于保护商业交易的流通性。

不可执行(unenforceable)合同,是指实质上成立的合同因技术性缺陷而不能在法院得到执行。不可执行合同与可撤销合同的区别在于合同实质与合同程序。例如,合同有效,但因为不符合合同形式要求而不能得到执行,但当事人自愿履行,则司法对此不予干预。在不可执行的情况下,法院不能强制执行合同,但还可以通过诉讼

---

〔1〕 See J. Beatson, A. Burrows, J. Cartwright, *Anson's Law of Contract*, 30th ed., Oxford University Press, 2016, p. 24.

〔2〕 英国《1979 年货物买卖法案》第 23 条。

以外的其他方式间接执行。

六、合同法与其他法律的关系

(一)合同法与侵权法的关系

由于英美法中并不存在抽象的民法中“债”的概念,因此合同法与侵权法在英美法中并没有成为一个统一债法下的不同部分,而是各自独立、相互影响。[1] 从二者规制的行为性质来分析,合同行为的目标是合法行为,侵权行为的目标是违法行为。从二者的性质来看,合同义务是意定产生,侵权义务是法定产生。从二者的目的来看,合同法的目的是鼓励交易、增加财富,侵权法的目的是保护现存的人身与财产关系。因此,在法律关系上二者的区别是十分明显的。然而,在司法实践中,二者往往容易发生竞合(merger)问题,即针对同一争议当事人既可以选择合同诉因也可以选择侵权诉因;同时,法院也可能对合同问题科以侵权责任,典型的情况是虚假陈述所引发的竞合问题。凡此种种,都使二者的关系变得比较复杂。

(二)合同法与不当得利法的关系[2]

英国法在历史上一直以默示条款理论(implied terms theory)来解释大陆法中的不当得利(unjust enrichment)问题,因此导致了不当得利作为一个法律问题往往隐藏在合同法之中,是一种救济而非独立的法律问题。随着理论的发展,不当得利与合同之间的关系渐次清晰起来,二者相对独立。但是,二者仍然有密切联系,因为不当得利之诉往往涉及没有正当理由而发生的各种债务,其根由往往是无效合同、合同违约或合同落空等合同发生瑕疵的情况。因此,在一些情况下区别合同与不当得利之诉存在困难,原因在于难以辨别一方是自由接受诺言还是默示接受他方的服务。

(三)合同法与财产法的关系

财产法与合同法的管辖范围当然不同,前者的注意力是财产的取得与持有,包括动产与不动产,在更广的范围内还包括无形财产,包括债权、股权、信托权益以及知识产权等。[3] 在英国法中,法律主体所享有的财产权具有对世性,而合同权利仅具有对人性。为此,英国普通法上发展出了一系列规则保护财产权益,侵权法中的很多诉因都因此而存在。

---

〔1〕 See M. P. Furmston, Cheshire, *Fifoot and Furmston's Law of Contract*, 16th ed., Oxford University Press, 2012, p. 30.

〔2〕 See J. Beatson, A. Burrows, J. Cartwright, *Anson's Law of Contract*, 30th ed., Oxford University Press, 2016, p. 26.

〔3〕 See Lawson, Rudden, *the Law of Property*, 3rd ed., 2003, Ch. 2.

七、国际法对英国合同法的影响

在历史上,英国法本身的发展具有很强的地方性与封闭性,因此,其受其他法律体系的影响较少,世界各地的大陆法系始终不能对英国法产生决定性影响。但是,随着英国加入欧盟,英国法就面临着融入欧洲大陆的压力与挑战。欧盟法的影响越来越明显,英国法中的欧盟因素也随之增加。其他的一些国际合同法规范对英国也产生了一些影响。重要的国际法律文件包括国际统一私法协会制定的《国际商事合同通则》(Principles of International Commercial Contracts)、欧洲合同法委员会颁布的《欧洲合同法原则》(Principles of European Contract Law)等。但这两部法律属于软法,本质上是示范法,并非具有强制性的国际公约。[1]

总体而言,相比同为英美法系的美国法与加拿大法,英国法显得比较保守,不太愿意接纳按照大陆法思维所编写的国际性合同法规则。例如,已经为绝大多数国家接受的《联合国国际货物买卖合同公约》(United Nations Convention on Contracts for the International Sale of Goods,CISG)在比较成功的情况下仍得不到英国的正式加入,原因在于英国法学界对含义抽象而模糊的大陆式法律规则仍然充满疑问,主流观点仍然认为该公约在复杂性上不能与英国国内法相提并论,因此一直不愿意加入。

---

〔1〕 See M. P. Furmston, Cheshire, *Fifoot and Furmston's Law of Contract*, 16th ed., Oxford University Press, 2012, p. 34.

第二部分　合同的成立

第三章 协　议

在合同法中,首要问题是合同的成立。受历史影响,这一问题在英国法中由要约、承诺与对价的相关规则来处理。就法律上而言,合同成立的过程就是考察是否发生了合乎法律要求的要约、承诺及对价的订约结果。本章将集中讨论要约与承诺的问题。

第一节 协　议

一、要约与承诺

为确定是否成立协议,一般需要考察在谈判中双方是否发生了一方提出要约而对方予以承诺接受的情况。[1] 若可以认定要约与承诺都存在,就可以认为双方已达成协议。这一分析方法适用于大多数情况,但是,也存在难以适用这种分析方法的情况,例如,签署已经完成的文件,双方接受第三方提出的合同条件以及多方协议等。若一方当事人主张双方曾发生一系列的连续通信,则法院就会审查通信中是否存在要约与承诺并因此可以认定协议成立。[2]

要约,是要约人对于行为的许诺,是要约人通过语言、行为表明愿意签订合同的一种表示,要约的相对方(受要约人或承诺人)对此表示无条件同意,则合同成立。要约既然是当事人为订立合同而作出的意思表示,要约人的要约一般就要表明要约人的诺言并以此作为交换条件要求对方承诺。显然,要约不是一般意义上的意见陈述或评论,因为人们表达意见或评述时一般并无受约束的意思,也不期望与对方进行交换,因而在法律上没有意义。

---

〔1〕 See Edwin Peel, *Treitel on the Law of Contract*, 14th ed., Sweet & Maxwell, 2015, para. 2 – 002.

〔2〕 Gibson v. Manchester City Council [1979] 1 WLR 294.

一般情况下,要约与承诺会在两种情况下出现:一是以诺言换取行为,典型情况是悬赏合同(reward contract),如常见的寻物启事等。寻物启事中一般会说明返还丢失物品或动物会提供酬谢,该诺言具有约束力。二是以诺言换取诺言,即双方都根据诺言承担了未来履行义务的责任。这两种情况存在区别,在第一种情况下,一方的履行行为使对方的诺言变成法律义务,未履行的债务由允诺人来承担;在第二种情况下,双方都负有履行义务,义务指向未来,双方同时既是允诺人也是受诺人。大部分合同都属于第二种情况,悬赏广告的频率相对较低。

另外,协议是否存在还可以根据合同形式来确定,这是中古时期法律的遗存,也是英国法中比较特殊的合同形式,即契据合同(contract in a deed)。[1] 这种形式的协议不需要考察是否存在要约与承诺,以合同外部表现形式就可以判定存在协议,即便受诺人不知道此协议文件也不影响协议的存在。

在例外情况下,还可以从当事人的行为中推导发现协议,因为行为本身就可以表明存在协议,从当事人的行为中可以发现存在订约的意思,在一般情况下法院会根据具体情况来判定,行为一般是积极行为而非消极行为。日常生活中这种情况较为常见,例如,人们招手拦出租车的行为就可以推定认为其意欲订立运输合同,在自动售货机投币的行为也有同样的推定效果。但是,由于意思表示并未明确以语言为之,因此,以行为推定意思有可能存在模糊之处,所谓当事人的意思实际上是法官根据常识或证据而作出的判断。

经典判例　克拉克诉丹雷文伯爵[2]

在该案中,一条游艇(the Satanita)的船东加入了一个游艇俱乐部协会。该协会的章程规定,所有比赛的参赛者都要负责赔偿游艇事故造成的一切损失。该船进入比赛位置时发生事故并造成另外一艘船沉没,因此受损船东要求被告赔偿。被告抗辩认为他们之间并不存在协议。法院审理后认为合同存在,俱乐部规则构成双方之间的合同,因为他们都同意参赛而且愿意受同一规则约束,尽管他们之间并未发生直接联系。显然,法院裁决的依据并非当事人的意思表示,而是根据当事人的行为来推导认为协议存在,在各种组织中这种情况下较为常见。

这一规则也适用于公司中的股东协议,因为公司与成员间以及成员间都存在协

---

[1] See J. Beatson, A. Burrows, J. Cartwright, *Anson's Law of Contract*, 30th ed., Oxford University Press, 2016, p. 33.

[2] Clarke v. Earl of Dunraven, The Satanita [1897] AC 59.

议,因此他们受同一规则的约束。显然,在各种组织中,当事人很可能并不认识,也没有发生过一对一的协商行为,因此从逻辑上很难认定二者存在合意;但对于组织来说,当事人加入时都对章程表示同意,因此可以推定认为他们都同意受组织章程的约束,在此种情况下二者之间虽然没有协议,但共同的组织章程已经规定了行为规范,因此,可以推导出二者之间也有相同意思,故此认定协议成立。法院是以解释技术来推定认为合意存在。[1]

经典判例　布罗格登诉大都会铁路公司[2]

在该案中,原告与被告存在多年煤炭供应关系,但双方一直没有签订正式合同。后来,双方决定把购销关系进一步落实在合同文件上。因此被告代理人草拟了一份合同,对他们以往的做法作了一些变更,并发送给原告。原告填写了其中的一些空格,并写上"批准"字样,然后送还被告公司,实际上原告并未明确同意合同条款的变更。被告代理人将合同放在办公室两年,在此期间双方根据这份协议进行了交易,原告依约供应煤炭,被告依约付款。后来煤价上涨,双方发生争执,原告拒绝向被告供应煤炭,并且否认双方之间存在有约束力的合同,被告因此起诉,主张合同成立。上议院最终判决认定双方之间已经达成合同,原告修改合同草案相当于一项要约,被告按照协议发出第一份订单时,或者至少在原告根据协议供应第一批煤炭时,说明被告已经对要约作出承诺,合同即告成立,且原告已经同意被告在合同中所作的变更。

二、当事人意图的判定标准

在上述判例中,如何判定当事人的真实意思是关键问题。从司法实践的角度来看,一般采用的方法都是客观主义(objective intention)而非主观主义(subjective intention),原因在于按照主观主义的路径会造成复杂的证据问题与判断问题,当事人的主观意思也有可能本身就不清楚或者表达错误,导致法院难以按照当事人的原意来理解合同,而只能根据常识与证据来判断。因此,法院在实践中倾向采用客观主义,即以一个合理人在类似情况下的通常判断为依据,一定程度上就是法院考察综合情况后进行判定,这样做的好处是,不仅为法院裁量提供了相对客观的依据,还为当事人的行为确定了一定的合理范围,防止当事人以捉摸不定、模糊不清的主观意思来

---

〔1〕 See J. Beatson, A. Burrows, J. Cartwright, *Anson's Law of Contract*, 30th ed., Oxford University Press, 2016, p. 35.

〔2〕 Brogden v. Metropolitan Railway Co. [1877] 2 App. Cas. 666.

随意解释协议。[1] 因此，即使考察当事人的主观意思，司法操作在很大程度上仍属于按照一般交易情况来判定当事人实际意思，以考察当事人在交易中的合理期待，这是一种客观主义。当然，客观主义方法并不意味着法院完全排除审查当事人所说的主观意思，而只是说不能完全按照当事人主观意思来解释行为的意思，实质上是一种平衡双方利益与兼顾社会一般情况的司法操作。

第二节 要 约

所谓要约，是要约人以语言或行为表示具有订立法律约束力协议的意图的表示，该表示明示或默示地表明受要约人一旦以行为或诺言接受，要约人即受要约约束。[2] 要约是合同订立过程中的第一步，也是合同成立过程中的第一个要件。

一、要约与要约邀请

（一）概论

在商业谈判中，当事人往往会进行一系列的意思交换以达成协议，这种意思交换往往反复多次，其中可能既有试探的意思，也有达成协议的意思，在某些情况下当事人所表达的意思并不一定是真实意思，而有可能是礼节、吹嘘乃至于欺诈等情况。因此，准确判断当事人真实意图往往困难重重，有可能出现看似是要约而不是要约的情况。[3] 这种情况非常常见，例如，大量的商业广告、招股说明书、谈判中的信函往来等。因此，有必要区别要约与要约邀请（invitation to treat）。[4] 合同谈判中的要约邀请本身并不具有约束力，原因在于当事人没有受其约束的意思，这种意思交换往往是达成协议过程中的一部分，并无受约束的意思，因此这种意思表示是要约邀请而非要约。[5] 当然，在千变万化的具体情境中判断是要约还是要约邀请需要法院根据具体情况进行解释，即考察当事人的真实意思与商业背景。由于对相同情况往往有不同解释，因此，普通法中有不少判例存在矛盾之处，确定性也非绝对。

---

〔1〕 See J. Beatson, A. Burrows, J. Cartwright, *Anson's Law of Contract*, 30th ed., Oxford University Press, 2016, p. 34.

〔2〕 Ibid., p. 35.

〔3〕 See Edwin Peel, *Treitel on the Law of Contract*, 14th ed., Sweet & Maxwell, 2015, para. 2 – 006.

〔4〕 See M. P. Furmston, Cheshire, *Fifoot and Furmston's Law of Contract*, 16th ed., Oxford University Press, 2012, p. 46.

〔5〕 See J. Beatson, A. Burrows, J. Cartwright, *Anson's Law of Contract*, 30th ed., Oxford University Press, 2016, p. 35.

经典判例 哈维诉费西[1]

在该案中,甲给乙发电报:“你是否要卖那块地?电告最低现金价格,回答付款。”乙电报回复:“该地最低价格 900 英镑。”甲回电答复:“我方同意按照你的价格购买。”其后双方发生争议,甲认为这些电报往来构成合法的要约与承诺,而乙方认为只是谈判过程。对此,英国枢密院司法委员会(the Judicial Committee of the Privy Council)判决认为,甲的第一封电报询问了两个问题:一是乙方是否会出售土地;二是最低价格。这里的“电告”仅指第二个问题。不能据此认为发生了要约与承诺,乙方的回复仅仅是提供价格信息。因此,在该案中存在要约,但并不存在承诺,因此合同没有成立,乙方不承担违约责任。

经典判例 吉布森诉曼彻斯特市议会[2]

在该案中,在保守党控制下的被告(曼彻斯特市议会)于 1970 年实施了一项新政策,将议会所有的房屋出售给当时的承租者。议会将通知散发给承租者,承租者可以将该通知送回议会以获得详细的房租出售信息。该通知中印有如下表述:“请告知我所承租的议会房屋的销售价格,我对按揭购房很感兴趣。”原告将此通知发回议会。1971 年 2 月原告收到了市议会财务人员的回信,信中写明:“市政公司或许已准备好将该房屋以 2725 英镑的 8 折,即 2180 英镑的价格出售于你,无限期产权。市政公司可能给予的按揭最高额为 2177 英镑,20 年还清。”信中还称:“该信件不应当被视为一个对按揭的确定要约……如果你希望正式申请购买议会房屋,请填写信中附上的申请表格并将此表格尽快发回。”于是原告填写了该表格并交给了市议会财务人员,但他没在表格中填写购买价格,因为他对于市政公司的报价并不满意。后来得知市政公司不会降价,原告又发了一封信写明:“我将依据我已经递交给你们的申请来履行。”1971 年 5 月,议会转由工党控制,工党决定除已经达成合同外暂停将议会房屋销售给承租者的政策。原告得知市议会不会把房屋销售给他,于是起诉被告要求实际履行房屋买卖合同。英国上诉法院判决原告胜诉,合同成立,被告违约。丹宁勋爵认为,不能以要约与承诺的形式分析所有合同,而应当将双方的通信往来视为一个整体,用以分析双方是否在实质内容上达成了协议。如果从整体沟通与行为中可以看出他们已经在实质内容上达成了协议,而双方又希望该协议有约束力,那么合同即告成立,被告不能单方面解除合同,即使相关手续没有全部完成也不妨碍违约成立。据此,丹宁勋爵认为该案中双方的通信沟通来往足以表明双方已经订立合同,因

---

[1] Harvey v. Facey [1893] AC 552.

[2] Gibson v. Manchester City Council [1979] 1 WLR 294.

此原告胜诉。可以说,丹宁勋爵的判决具有很高的水平与说服力。但是,英国上议院最终否决了丹宁勋爵的判决,继续遵从传统,不赞成这种比较自由的解释方法,而是认为要约与承诺的方法足以适用于该案,因此判决原告败诉,原因在于被告信件中明确表明其不是要约而是要约邀请,被告没有受约束的意思。上议院否定丹宁勋爵判决的主要司法政策考虑可能是维护法律规则的稳定性,因为丹宁勋爵的判决会将大幅度扩大法官的自由裁量权而缩减既有规则的约束力,这种方法虽然有可能更为合理,但降低了规则的确定性,因此被上议院否定。

法院在判断意思表示是要约还是要约邀请时,不会拘泥于文字,而是考察当事人的真实意思以及交易的背景。因此,当事人将信息标明为"要约",并不能使法院就认为其一定是要约,法院会根据具体情况来判断。下文列举说明在各种情况下如何区别要约还是要约邀请。

(二)商品广告或展示

卖方为销售目的做广告或者展示商品是普通的商业行为,法律上一般是要约邀请。因此,商品目录或价格单一般不能构成要约;[1]在商场窗口展示的商品也是如此,因此,商场所有人并不负有按展示价格出售商品的义务,[2]商品展示仅仅是要约邀请,顾客所提出的购买请求是要约,而商场所有人可以选择接受或拒绝出售,但拒绝出售不能违反有关反歧视的法律。英国法对此的解释是,若将上述情况视为要约,那么广告或目录的发布人或店主必然对所有接受该要约的顾客承担供货义务,即使货物已经售完也是如此,这一定会导致违约。[3] 同理,超市中所展示的商品也是要约邀请而非要约,否则顾客一旦将挑选好的商品放入购物篮中即构成承诺而不能再退货。[4] 还有一种解释认为,一旦商场必须出售展示商品,则即使是其敌人购买他也无权拒绝,导致商场会成为强制交易场所,不符合生活常识。上述解释皆有道理,但显然,前述情况在法律上视为要约邀请符合生活常识与交易习惯,反之则不合理。但是,若商品展示说明商品会按售价出售给有意向的客户,则这种明确的表示可以解释为要约。[5] 易言之,广告与展示一般属于要约邀请性质,但并非绝对。

---

〔1〕 Grainger & Son v. Gough [1896] AC 325.

〔2〕 Timothy v. Simpson [1834] 6 C & P 499.

〔3〕 参见何宝玉:《合同法原理与判例》,中国法制出版社 2013 年版,第 21 页。

〔4〕 See Edwin Peel, *Treitel on the Law of Contract*, 14th ed., Sweet & Maxwell, 2015, para. 2 - 009.

〔5〕 Warwickshire CC v. Johnson [1993] 1 All ER 299, 302.

经典判例 英国药学会诉布斯化学(南部)公司[1]

在该案中,被告是一家药店,按照英国《1933年药房与毒药管理法案》的规定,被告在出售特定有毒药物时必须派出注册药剂师进行监督。原告在暗访时发现被告没有在顾客选购药品时派药剂师进行监督,认为其违法,因此对其发起刑事诉讼。该诉讼的逻辑前提是被告销售行为是否导致合同成立。法院判决认为此种情况下合同并不成立,因为在自助商店或超市中发生药物销售时,展示商品只是要约邀请,而非要约本身。顾客挑选商品放入购物篮中并不当然导致合同成立。合同成立时间是顾客在柜台准备付款的时间,这时候药店能够保证药剂师对交易进行监管就可以满足法律要求。因此,药店的义务是保证在付款时有药剂师监管,而不是任何时候都要有药剂师在场。显然,原告在该案中是故意扩大合同成立的解释,将被告的行为纳入违法范围之中。法院在该案中对行政机关扩大解释的行为进行了纠正。该案是行政案件,但问题焦点是合同是否成立。

(三)机器交易

在现代社会中,各种自动化交易方式已经普及,大量日常交易都是通过机器来完成的,各种自动售货机遍布街头。一般而言,自动售货机中的商品也是展示,法律性质是要约邀请,但如果其受约束的意思表示清晰明确,普通法认为商品展示可以构成要约。[2] 在一个判例中,[3]法院判决摩托车客户的加油行为导致加油站必须以油泵上的价格出售汽油,此价格不是要约邀请而是构成要约。但是,是否所有条款都一定具有约束力呢?请看下面的判例。

经典判例 索顿诉鞋街停车场公司[4]

在该案中,被告停车场的门口有一张告示,上面写明所有停车行为均由停车人自负其责。原告在停车场门口投币买票后进入被告停车场,票上注明此票有若干条件,其中包括免责条款,即免除被告车辆损坏或顾客伤害的法律责任。原告回来取车时发生事故,部分原因是由被告过失引起的。原告起诉被告,被告抗辩认为免责条款有效。法院判决此抗辩并非合同条款,因而无效,原告胜诉。丹宁勋爵在判决中指出,被告所列举的若干判例中都是公共经营场所中雇员将票据发给顾客后顾客没有看票

---

〔1〕 Pharmaceutical Society of Great Britain v. Boots Cash Chemists(Southern)Ltd. [1952] 2 QB 795.

〔2〕 See J. Beatson, A. Burrows, J. Cartwright, *Anson's Law of Contract*, 30th ed., Oxford University Press, 2016, p. 37.

〔3〕 Re Charge Card Services [1989] Ch. 497, 512.

〔4〕 Thornton v. Shoe Lane Parking Ltd. [1971] 2 WLR 585.

上的内容就离开。在这些案件中,发票行为通常解释为要约行为,如果顾客接受了票,则构成承诺。这些先例不能适用于由机器自动发票的情况。在这种情况下,顾客付钱就得到票,无法拒绝也无法返还。这一行为可以分解成要约和承诺:要约在机器所有者安装机器并收费时完成,而承诺则在顾客将钱投入投币口时完成。要约的条款是放在机器上或机器旁的通知,只要这些通知预先能够引起顾客足够的注意,顾客就要受其约束。但如果票上的印刷条款与通知不一致时,则顾客不受约束。在该案中,要约包含在入口告示中,意图为车场免责,由车主承担风险,顾客受此约束的条件是知道票上规定有免责条款,或车场已经尽到合理提醒注意义务。因此,该案中的免责条款过于宽泛且明显有利于一方,解释规则上不利于制定方,原告因此不受其约束。在该案中,法院以解释技术将不利于消费者的条款排除出去,司法政策的取向仍然是保护处于弱势地位的消费者。

(四)招投标

招投标是一种竞争性缔约过程,在基础设施行业、政府采购中最为常见。大型工程项目或者公共投资项目一般必须经过招投标程序,业主往往向符合一定条件的当事人广泛招标(要约邀请),邀请他们投标(提出要约),以便从中选择最佳承包商来订约,由最合适的当事人签订合同。[1] 在招投标过程中,招标书一般不是要约,因为招标书的目的是确定是否有投标人投标。但招标书一旦说明会接受最低或最高价,则也可以成为要约。若招标书中没有说明是与最低还是最高报价人缔约,且其中明确说明招投标程序,招标人则有义务考察所有投标书,但无义务接受特定投标。

经典判例　布莱克普尔飞机俱乐部公司诉布莱克普尔镇委员会[2]

在该案中,被告拥有一个机场,并拥有颁发该机场特许经营权的权力。原告此前得到了该特许经营权并从事一系列相关业务。其后,特许经营权到期,被告邀请原告和其他7家公司对机场经营权进行投标。投标书中被告附加了一项投标条件,即若晚于特定期限收到投标书,该投标书将不再被列入考虑范围。原告投标书在期限届满之前到达,由原告亲自在市政厅邮箱处发出。但是,尽管原告的投标价格远高于其他竞争对手的价格,但邮箱未进行定期处理,导致被告收到原告投标书时期限已过。因此,被告声明原告投标书不再被列入考虑范围。原告因此起诉。法院认为,在招标书发送给特定投标人且规定了提交程序以及期限的情况下,如果投标人遵循提交程

〔1〕 参见何宝玉:《合同法原理与判例》,中国法制出版社2013年版,第26页。
〔2〕 Blackpool and Fylde Aero Club Ltd. v. Blackpool BC [1990] 1 WLR 1195.

序并在最终期限内提交投标书，则招标书应当列入考察范围。尽管招标书仅是要约，但在一定条件下可以产生具有约束力的合同义务，被告的真实意图是给予在期限内提交投标书的投标人同等考虑。因此被告受此约束，而原告的合理期待也成立。因此，原告胜诉。当然，该案的法律意义大于实际意义。

（五）拍卖[1]

拍卖（auction）与招投标一样，也是一种竞争性缔约过程，卖方通过买方之间的竞争来获得最高价格。拍卖可以分为有底价拍卖与无底价拍卖两种：有底价拍卖是指，拍卖人或者拍卖物所有人为拍卖物确定了最低保留价格，若所有报价都低于该保留价格，拍卖人可以拒绝拍卖；无底价拍卖，则是指拍卖前并未对拍卖物确定最低保留价格，拍卖程序开始后只要有人参与竞价，拍卖人就必须出售而不能因为价格低于预期而拒绝交易。按英国法，拍卖人如果未明确表示拍卖性质，则拍卖属于有底价拍卖。若拍卖广告中注明是“无保留”（without reserve），则拍卖人的意思是善意最高竞价者可得，且无理由拒绝出售标的物，这可能构成要约，而不是要约邀请，无保留拍卖中拍卖人拒绝出售会构成违约。

经典判例　巴里诉戴维斯[2]

在该案中，英国一个海关部门以拍卖方式出售两套全新的机械设备，生产商的报价是每套14,521英镑，拍卖为无保留拍卖。原告对两套设备的竞价均是200英镑，距卖方的期望差距很大。拍卖人因此拒绝竞价并撤回设备。原告因此起诉拍卖人违约，理由是原告是善意竞价人，无保留拍卖意味着拍卖人必须出售两套设备。对此，英国上诉法院根据前案的推理认为，无保留拍卖是拍卖人出售给善意最高竞价者的要约，因此拍卖人须承担违约责任，损害赔偿额是27,600英镑。但在该案中买方竞价与货物实际价值差距巨大，买方是否出于善意似乎存疑。

二、受要约人

一般而言，要约不一定必须针对特定对象，但如没有确定承诺人对要约表示承诺，合同不能成立，因为合同关系需要至少两方，没有受要约人的情况下自然谈不上合同。但是，要约发出时并不需要确定的受要约人。因此，以广告形式对公众发出的

---

〔1〕 See J. Beatson, A. Burrows, J. Cartwright, *Anson's Law of Contract*, 30th ed., Oxford University Press, 2016, p. 38.

〔2〕 Barry v. Davies [2000] 1 WLR 1962.

悬赏,可以在表面上(*prima facie*)为所有知晓其的人提供接受的权利。但是,提供悬赏的义务仅在有人履行规定义务之后才可能发生,之前并无这种可能性。这种针对公众的要约可以为一个人所接受,也可以为多人接受。

经典判例 卡利尔诉石炭酸烟丸公司[1]

在该案中,原告与被告就原告是否应得赏金而发生争议。1892 年英国暴发大规模流行性感冒。在这种背景下,被告在报纸上刊登广告声称若有人在特定期间内以特定方式服用他们所生产的石炭酸烟丸(carbolic smoke ball)后仍然感冒,他们会支付 100 英镑。为显郑重,被告声称已经在银行存入 1000 英镑。原告是一个年老妇女,见此广告后信以为真而购买这种产品,结果仍然得了感冒,因此起诉要求被告支付 100 英镑。被告的第一个抗辩是,此广告因缺乏特定人而不能成立合同。法院在审理后认为,该广告明确无误地表明被告明确承诺支付 100 英镑。这里需要区分的是此广告是诺言还是商业上的吹嘘(puffing),后者并不产生法律责任。法院认为此广告是明确诺言,即使并不针对任何特定人,但所使用的言语表明被告受到约束的意思。被告的第二个抗辩是,若有人意图领取,则应当有承诺通知存在,原告没有发出过通知,因此不能得到钱款。法院认为,该广告是一个持续性要约,而且从未被撤回,案情表明被告并没有表明其需要收到承诺通知,履行通知就可以。被告的第三个抗辩是,此广告内容过于模糊而缺乏确定性,使允诺不能产生约束力,法院认为广告的言语确实存在模糊之处,但可以对其进行合理解释而得出正确结论。最终,法院判决被告败诉。该案表明,该广告性质上属于要约,而且多人按其条件履行并获得赏金,原告符合履约条件,因此可以胜诉。当然,也有必要注意该案的社会背景,在大流感袭击的情况下,被告实际上是利用这种情况来实施欺诈,但当时的公法未对此种问题进行规制,因此该案在现代社会当属于消费者权益保护案件,但当时的条件下是普通合同案件。在该案的判决中,法院的公共政策可能是意图惩罚被告,因而为了达到这一目的而对要约进行了比较特殊的解释。这种现象在司法实务中并不罕见,原因在于法院通常在立法或其他法律领域没有发育的情况下,只能通过技术性推理来实现真正的司法政策目的,逻辑推理要服务于公正结果。

由此可见,悬赏广告的性质是一种单方合同,是针对大众发出的信息,但这并不妨碍它成为一项要约,原因是发出悬赏广告的要约人有受要约约束的意思。悬赏广告出现最多的问题是,如果他人在完成广告中所要求行为时并不知道其存在,能否认

[1] Carlill v. Carbolic Smoke Ball Co. [1893] 1 QB 256.

为合同成立?此问题一般需要考察要约人的身份:若要约人为私人目的而提出悬赏,一般要求双方之间须存在协议,若没有一致的意思表示,则难以认为合同成立。这一规则是按照逻辑推理而形成的。但这种规则是否合理有可能存疑,例如,有人悬赏救援落难之人,有人出于公义而救人,但救人时他并不知道有悬赏,则其能否获得赏金呢?依逻辑,似乎不能;但依情理,应当可以。对此,德国法将悬赏广告作为单方行为处理而不是合同,因此即便不知,完成悬赏行为的一方也获得赏金,这种解释似乎更具合理性。

三、要约的通知

一般而言,要约生效的条件是其到达受要约人。因此,若受要约人不知要约存在则不存在接受要约的问题,自然谈不上合同成立。但以下一些情况需要注意。

一是交错要约(cross-offer)。有时候交易双方同时会对对方发出要约,内容完全一致,这种情况就是交错要约。按逻辑推论,在这种情况下不能成立合同,理由在于两方都不知道对方要约的存在,因此并不存在协议。除非在一份要约中提到了另一份要约,表明两份要约之间存在相关性。[1]

经典判例 蒂恩诉霍夫曼公司[2]

在该案中,被告在1871年11月28日向原告发出通知,说明愿意出售800吨货物,价格为每吨69先令,还可以同等价格出售另一批货。11月28日原告也向被告发出通知,愿意购买800吨货物,价格也是每吨69先令,还准备以更低价格购买另一批货。因此,两个要约发生了交错。其后发生争议,原告认为在任何情况下每吨69先令的800吨货物买卖合同已经成立,故而起诉。英国理财法院的多数法官认为此种情况下合同并未成立,被告不负责任。

二是提供服务要约必须予以通知。一般而言,行为可以构成要约,因此提供服务可以构成要约,但若相对方并未得到通知,而又没有机会拒绝服务要约,故而是否接受要约就成为问题。因此,若甲为乙提供服务而后者并未要求或不知情,那么甲起诉乙要求得到付款的条件是证据可以证明乙承认或接受该服务,若证据不足就不能让乙方受此约束。但在一些情况下,若提供的服务是必要服务,有可能原告可以不当得

---

〔1〕 See J. Beatson, A. Burrows, J. Cartwright, *Anson's Law of Contract*, 30th ed., Oxford University Press, 2016, p. 41.

〔2〕 Tinn v. Hoffman Co. [1873] 29 LT 271.

利作为诉因要求返还,这种诉讼不是合同诉讼。

经典判例　泰勒诉莱尔德[1]

在该案中,原告受雇于被告负责指挥一艘船在非洲进行探险。途中,原告放弃了指挥任务,但仍帮助该船返回,但被告对此不知。其后被告拒绝支付工资,原告要求为其服务得到补偿。法院判决原告败诉,因为被告没有选择接受或拒绝原告提供服务的机会,在知道情况后被告拒绝原告的服务。原告的要约因为没有发生通知,因此无法得到承诺,原告也不能获得合同法上的救济。

四、要约的终止

若要约发出后受要约人发回承诺通知,合同即告成立,要约对要约人产生约束力。但在要约获得承诺之前,要约并不能创造任何法律权利,因此随时可以终止,这一点明显不同于德国法的规则。具体包括以下几种方式。[2]

(一)要约遭到拒绝

若受要约人明确拒绝要约,要约自然终止。[3] 这种拒绝不一定需要明确表示,条件是要约人有合理理由相信受要约人无意图接受要约。[4] 因此,拒绝要约的通知必须到达要约人才能生效,否则不能生效。但是,不能因此假定未经通知的拒绝就一定没有效果,在一定情况下,该拒绝通知可以防止投邮规则(承诺一经信件发出合同即告成立)的适用。假设若甲向乙发出要约,乙收到要约后立即回复拒绝,但在拒绝通知到达前,乙又改变主意回信接受该要约,在这种情况下乙不能抗辩认为应当适用投邮规则,承诺只有在拒绝通知到达要约人之前才可以产生约束力。[5]

(二)要约的撤销

有关要约撤销的规则可以总结为两点:一是在承诺发生之前要约可以随时撤销;二是承诺一旦发生则要约不可以撤销,否则发生违约责任。[6]

第一,承诺发生之前要约可以撤销,这一规则与大陆法认为要约一经发出即不能

---

〔1〕 Taylor v. Laird [1856] 25 LJ Ex 329.

〔2〕 See J. Beatson, A. Burrows, J. Cartwright, *Anson's Law of Contract*, 30th ed., Oxford University Press, 2016, p. 55.

〔3〕 Hyde v. Wrench [1840] 3 Beav 334.

〔4〕 *Restatement of the Law of Contracts*, 2nd ed., para. 37.

〔5〕 *Restatement of the Law of Contracts*, 2nd ed., para. 39.

〔6〕 See M. Furmston, Cheshire, *Fifoot and Furmston's Law of Contract*, 16th ed., Oxford University Press, 2012, p. 74.

撤销存在显著区别。[1]

经典判例 奥福德诉戴维斯[2]

在该案中,被告写信给原告,说明若原告能够为另一家公司的票据提供贴现,被告会在600英镑范围内为这些票据的付款提供为期12个月的保证。原告据此贴现处理了若干票据并得到付款。但在到期前,被告停止要约并通知原告不再提供保证。原告仍然继续贴现,其中一些票据没有得到付款,因此对被告起诉。法院判决撤销通知构成有效抗辩,该保证针对贴现提供为期12个月的担保。每一次贴现都使要约变为诺言,但整个诺言都可以随时撤销,除非撤销前已经发生贴现情况。

第二,承诺发生后要约不得撤销。一般而言,承诺一旦到达要约人,则合同成立,此时当然不发生要约撤销之问题,要约人坚持撤销要约就导致发生违约或者毁约责任。

经典判例 大北方铁路公司诉威瑟姆[3]

在该案中,原告发布广告招标购买货物。被告提出投标,准备按原告要求供货,条件与数量根据原告"偶尔订货"需求来定,该投标为原告所接受。后来,原告发出若干订单并得到履行。但最终被告拒绝为一次订货而供货,双方因此发生争议。原告因此起诉,认为被告违约,被告抗辩认为合同并不成立,因此不承担违约责任。在该案中,公司发布广告招标,被告进行投标,原告接受。但需要注意的是,接受投标本身并不成立合同,而仅仅是原告确认被告提出持续性要约的通知,具体合同是订货发生时才成立的。每次订货都会构成对持续性要约的承诺。若被告意图取消要约,并无不可,但仅针对未来订单,已经发生的订货则必须履行,否则就是违约。据此,法院最终判决被告须承担违约责任。

第三,单方合同中要约的撤销会存在一些困难,因为单方合同中是以行为换取诺言,诺言针对的对象是受要约人的履行行为而非诺言。传统的观点认为,只有要约要求的行为完全得到履行才能认为承诺产生,在此之前要约人仍可以自由撤销要约。但这可能带来不利后果,基于诺言已经开始履行但尚未履行完毕的受要约人会因此

---

〔1〕 参见何宝玉:《合同法原理与判例》,中国法制出版社2013年版,第31页。

〔2〕 Offord v. Davies [1862] 12 CBNS 748.

〔3〕 Great Northern Railway Co. v. Witham [1873] LR 9 CP 16.

出现信赖利益受损的后果，而要约人可以此来占有利益。为防止这种不公正的情况，有观点认为，[1]有必要区别接受要约与履行行为，即受要约人明确开始履行时承诺即告完成，要约人在履行开始后就不能再撤销要约，但其履行诺言内容需要等到履行完毕以后。概言之，这种观点保护的是受要约人的信赖利益，即受要约人履行行为应当得到保护，一旦履行完毕，则受要约人的信赖利益就转化为期待利益，否则其利益难以得到保护。

经典判例　埃林顿诉埃林顿[2]

在该案中，父亲对其儿子夫妇作出承诺，他拥有的一套房子可以属于后者，直到他们付清房屋按揭贷款，于是儿子夫妇开始付款清偿债务，父亲对此也知情。其后发生争议。儿子起诉要求实际履行以获得房屋，父亲抗辩认为合同不成立。丹宁勋爵判决认为这种诺言不得撤销，因为父亲的诺言是一个单方诺言，以换取儿子夫妇的清偿行为，因此后者一旦开始履行父亲便不得撤回诺言，但如果他们中途停止履行则父亲仍旧可以撤销。父亲的诺言应当维持约束力，但若对方不能完成规定行为，诺言仍可以撤销。该案的核心问题在于原告有信赖利益，实现该利益需要被告的配合，若否定之则相当于允许被告无偿占有原告已经发生的清偿，显失公平。

第四，不可撤销要约（firm offers）。英国普通法认为要约在承诺发生前可以随时撤销，其原因在于对价原则的影响。因此，使要约保持约束力的诺言必须得到对价的支持才能保持约束力，受要约人在此种情况下实际上是购买了选择权（option），要约人为了得到付款（如象征性的付款）另行订立一个合同允诺不在一定期限内撤销要约，受要约人也可以明示或默示地以行为或不行为来换取要约不撤销的允诺。[3] 例如，受要约人可以允诺一定期间内不与其他人进行业务谈判，这也构成一种对价。当然，双方当事人也可以采用契据（deed）来表达不可撤销的意思。

另外，不可撤销要约在交易属于单方合同时也不能撤销，原因也是受要约人开始履行表明其发生依赖，法律有必要保护信赖利益。尽管如此，英国法目前还没有发展出一般性原则以保护信赖利益，这与美国法相比显得比较保守。除非如前所述可以发现单方合同或要约人的依赖已经产生对价，对不可撤销要约产生依赖的受要约人在合同不成立的情况下不受合同法保护，侵权法也难以对此提供保护，对此可以提供

---

〔1〕 See Pollock, *Principles of Contract*, 13th ed., Stevens & Sons, 1950, p. 19.

〔2〕 Errington v. Errington [1952] 1 KB 290.

〔3〕 See J. Beatson, A. Burrows, J. Cartwright, *Anson's Law of Contract*, 30th ed., Oxford University Press, 2016, p. 59.

保护的是不当得利原则产生的返还救济,发生依赖的受要约人可以就其已经提供的服务或货物要求对方支付合理价格。[1] 在这方面,德国法中的缔约过失责任对此问题的规制就更为合理。当然,英国法缺乏此规则的一个原因是这种案例较为少见。

第五,撤销的通知要求。撤销要约与期限经过并不相同,撤销要约必须以通知为准,否则不生效。[2] 与承诺不同,承诺在若干情况下不需要发生通知即可,如下文会介绍的投邮规则。要约撤销必须经通知才能生效,而且必须是实际到达受要约人,法院一般不会以推定方式判定撤销通知到达。这种性质的规则在一定程度上是保护受要约人的利益。

经典判例 拜恩公司诉里昂公司[3]

在该案中,被告在英国于10月1日写信给位于美国的原告提出要约,要求对方以电报回复。原告于10月11日收到该信件,并按要求立即予以接受。但在同时,被告在10月8日写信撤销要约,撤销通知20日才到达原告。原告认为合同成立,被告认为没有合同,原告因此起诉。对此,法院判决撤销通知到达才能生效,被告寄出信件并不能撤销合同,因此原告10月11日发出的承诺不受对方撤销通知的影响。这一规则不仅考察当事人的情况,更多的是一种公共政策。若判决被告胜诉,则合同的主动权就完全掌握在被告手中,导致原告在这种情况下处于一种不确定的状态之中,他必须等待以确定要约人没有发出撤销通知,这显属荒谬。为了确保双方利益平衡以及交易具有确定性,要约撤销通知必须以实际到达为准,而不是以发出为准。

(三)要约过期

要约一旦超过有效期限则当然终止。[4] 第一,有固定期限的要约。要约可以明文规定要约有效期限。若要约人规定了承诺期限,要约必须在此期限内得到承诺才可能使合同成立,否则要约即告失效。在此期间,除非承诺人作出承诺或提供对价支持,要约可以随时撤销。第二,无固定期限的要约。在很多情况下要约人不会规定期限。若发生这种情况,法院只能对此进行解释以确定要约的合理期限,往往需要视行业情况或交易惯例来确定,没有统一定论。至于何为合理期限,是一个事实问题。

---

〔1〕 Holman Construction Ltd. v. Delta Timber Co. ,Ltd. [1972] NZLR 1081.

〔2〕 See J. Beatson, A. Burrows, J. Cartwright, *Anson's Law of Contract*, 30th ed. , Oxford University Press, 2016, p. 60.

〔3〕 Byrne & Co. v. Leon Van Tienhoven & Co. [1880] 5 CPD 344.

〔4〕 See J. Beatson, A. Burrows, J. Cartwright, *Anson's Law of Contract*, 30th ed. , Oxford University Press, 2016, p. 62.

（四）死亡或丧失行为能力

若要约发出后受要约人得到通知要约人已经死亡，则要约终止。[1] 如受要约人对要约人代理人发出承诺，这种承诺并无效力，除非要约是要约人生前不能撤销的要约。而对于受要约人接受要约时并不知道要约人已经死亡的情况，英国法的规则目前仍不是很明确。[2]

（五）要约规定条件未成立

要约人可以在要约中明确规定终止条件，在规定条件出现或成就时，要约自然随之终止。要约还可能要求承诺必须满足一定条件，未满足者导致承诺无效。[3] 例如，要约可以明确规定承诺方式，则受要约人必须以特定方式作出承诺，否则属于无效情形。即使要约未明确规定条件，法院也可能根据案情推定认为含有条件，未满足条件者导致承诺无效。

经典判例　融资公司诉史汀生[4]

在该案中，被告签订了一个协议，据此他从原告公司分期租购（hire purchase）了一辆汽车。该协议规定，合同具有约束力的条件是有人代表原告签字。在原告签字前，汽车失窃，后来找回时已经发生损毁。原告要求被告履约，被告拒绝，因此原告起诉。上诉法院判决认为，被告要约得到承诺接受的默示条件之一是汽车能够实质性保持要约发出时的状态。由于该案中汽车状态已经发生根本变化，要约已经过期，合同不能成立，原告败诉。

第三节　承　　诺

一、承诺的定义

合同成立的基本要件之二是受要约人或承诺人接受要约。所谓承诺，是以语言或行为[5]对要约作出同意表示，其方式应当与要约人的要求相符合。承诺既可以是明示（express）的，也可以是默示（implied）的，即通过某种行为隐含地表示出来。[6] 当受要约人对要约作出无条件承诺（unconditional acceptance）时，该承诺就会使具有

---

〔1〕 Coulthart v. Clementson [1870] 5 QBD 42.

〔2〕 Reynolds v. Atherton [1921] 125 LT 690, 695.

〔3〕 See M. Furmston, Cheshire, *Fifoot and Furmston's Law of Contract*, 16th ed., Oxford University Press, 2012, p. 81.

〔4〕 Financings Ltd. v. Stimson [1962] 1 WLR 1184.

〔5〕 Brogden v. Metropolitan Railway Co. [1877] 2 App Cas 666.

〔6〕 [1877] 2 App Cas 666.

约束力的合同生效。例如,承诺人提出任何新的条件,就不构成承诺,而是构成新要约或反要约,但询问要约条件具体细节的请求一般不构成反要约。[1]

承诺必须明确才能使合同成立,即不能模糊不清或有所保留,否则会因缺乏确定性而难以成为承诺,因此承诺必须是无条件(unconditional)承诺,而非附条件。[2] 若承诺说明需要准备更为正式的文件或还有需要谈判的条款,协议仍不完整,不能认为合同成立。另外,若承诺所表达的内容附有实质性条件,即属于附条件承诺,如"需合同确认"(subject to contract)或其他类似语言,表明合同订立还需要进一步谈判或者以其他事件为条件,合同因此仍旧不成立。这样,"需合同确认"在法律上来说已经具有确定含义,[3]表明双方尚未准备订立合同,除非合同双方明示或者默示同意其没有效力,这在不动产合同与大额买卖合同中较为常见。因此,此类表述的意思不仅是合同必须以书面订立,而且做此规定一方的意图就是防止在采取相关措施前承担合同责任。

此外,行为可以构成承诺(acceptance by conduct),表明受要约人有接受要约条件的意图,[4]属于意图的解释问题。[5]

经典判例 ERDC 集团诉布鲁内尔大学[6]

在该案中,原告为被告按照标准格式合同建造体育设施。因为需要相关政府部门批复规划许可,因此并未签订正式合同,原告就开工建设,并且按照格式合同条款获得分期部分款项。在开工一段时间后,原告发现工程造价比标准格式合同的估价还要高,便主张双方并未签订合同,因此不受标准格式合同约束,并要求按照工程造价获得相应的报酬。法院驳回原告起诉,认为双方的部分履行已经表明合同成立,原告拒绝履行合同构成违约。

但是,需要将附条件承诺与附条件合同区别开来。所谓附条件合同,是指双方当事人经过协商订立合同,但又为合同附加了条件。这种条件下附条件合同与附条件承诺看起来类似,但附条件承诺是使承诺不成立因此导致合同也不成立,而附条件合

〔1〕 Stevenson v. MeLean [1880] 5 QBD 346.

〔2〕 参见何宝玉:《合同法原理与判例》,中国法制出版社 2013 年版,第 41 页。

〔3〕 Chillingworth v. Esche [1924] Ch. 97, CA.

〔4〕 See M. Furmston, Cheshire, *Fifoot and Furmston's Law of Contract*, 16th ed., Oxford University Press, 2012, p. 50.

〔5〕 See J. Beatson, A. Burrows, J. Cartwright, *Anson's Law of Contract*, 30th ed., Oxford University Press, 2016, p. 43.

〔6〕 ERDC Group v. Brunel University [2006] CILL 2348.

同中合同本身已经订立,只是在条件不成立的情况下不能发生效力,但双方不能撤销已经成立的合同。例如,双方当事人进行土地交易,买方发出要约要求购买,对方同意,但需经相关机构进行登记备案才可能使合同成立,这种情况属于附条件合同,而非附条件承诺。

二、承诺的通知

(一)承诺到达生效

在英国法中,承诺生效的条件之一是到达要约人,仅有承诺之意思而没有到达并不能使承诺有效,承诺到达成为合同成立的基本条件。[1] 例如,若要约是在电话中发生,中间电话掉线导致要约人没有听到承诺的相关言辞,合同不能成立。[2]

这些规则的合理性在于,要约人作为要约的主人有权得知要约是否得到承诺从而导致合同成立。若受要约人没有将承诺通知要约人,但要约人通过其他方式知晓要约已经被接受,合同仍然可以成立。[3] 这意味着受要约人的承诺通知不一定需要亲自发出,受要约人的承诺可以通过各种方式到达要约人并使合同成立。因此,承诺不仅必须送达要约人,而且只能由受要约人或其代理人将承诺的事实通知要约人,才能生效。承诺由第三人送达并无问题,但该第三人必须具有受要约人的授权,否则承诺不成立。

但是,承诺必须通知到要约人的规则也存在一些例外。其一,承诺通知可以弃权。要约人可以明示或默示地放弃承诺通知的要求并同意承诺不经通知就可以使合同成立。[4] 因此,在一定情况下法院可以判决即使承诺没有引起要约人的注意也可以让承诺发生。这需要两个条件:一是要约人必须明示或默示表明某种承诺方式成立;二是受要约人以明确行为表明接受要约的意思且通知方式符合要约人的要求。

其二,诺言换取行为的情况。在一些情况下,要约中规定承诺须以履行行为发生,这会导致单方合同成立。通常的情况包括悬赏广告,如提供信息、返回遗失物等。这种情况下受要约人无须通知,仅凭履行行为就可以使合同成立。有时候,受要约人其实是在不知道悬赏存在的情况下就已经完成了履约行为。

---

〔1〕 See J. Beatson, A. Burrows, J. Cartwright, *Anson's Law of Contract*, 30th ed., Oxford University Press, 2016, p. 44.

〔2〕 Entores v. Miles Far East Corporation [1955] 2 QB 327, 332.

〔3〕 See M. Furmston, Cheshire, *Fifoot and Furmston's Law of Contract*, 16th ed., Oxford University Press, 2012, p. 64.

〔4〕 参见何宝玉:《合同法原理与判例》,中国法制出版社 2013 年版,第 61 页。

其三,投邮规则(posting rule)。[1] 还有一个例外情况是著名的投邮规则,也即发信主义。根据这一特殊规则,如果合同成立的情况表明双方有意认为信件可以成为信函往来的途径,合同在承诺信件发出时即告成立,这当然有利于受要约人,会缩短合同成立的时间,从而降低他的交易风险。这一规则隐含的前提是,要约人已经明示或者默示同意,通过邮局邮寄信件构成充分承诺。换言之,邮局是其代理人,负责接收承诺信件并通知。[2] 既然要约人在对方承诺前可以随意撤回要约,对承诺则可以采取发信主义,受要约人一旦将承诺信投入信筒,承诺即行生效,要约人即应受到约束,这在一定程度上也有利于平衡要约人与承诺人的关系。需要注意的是,这一规则区分即时通信与非即时通信,前者要求承诺必须通知要约人才有效,而后者并无此要求。理解这一规则的背景情况是英国19世纪时的通信条件,法院为了分配信件丢失或延迟所产生的合同责任问题,才提出此规则以利于受要约人并缩短要约人的时间,这是基于商业需求,并非逻辑使然,但在当时的条件下这一规则也有其合理性。[3]

经典判例　亚当斯诉林德赛[4]

在该案中,被告于1817年9月2日写信给原告,准备出售一批羊毛,其中规定可以信件接受回复。如按照一般流程,原告答复本来可以在9月7日就收到,但信件投递过程中发生错误,导致原告9月8日才收到要约,承诺则于9月9日才达到。但在9月8日被告已经将货物另行出售。原告因此起诉,被告抗辩认为合同不成立因此不产生责任。法院判决认为若被告抗辩成立,则信件就不能成为订立合同的选择,最终判决被告败诉。该判决有其历史背景,实际上是将邮递延迟或丢失的风险分配给了要约人而有利于受要约人。

这里需要注意的一个问题是,若信件丢失或延迟的责任属于受要约人,则承诺到达要约人的规则并无变化,典型情况包括信件地址书写错误或信件邮资不足。当然,在这种情况下信件到达要约人必须符合一般的期限要求。因此,为规避这种风险,要约的明示条款可以改变投邮规则。[5]

---

〔1〕 See J. Beatson, A. Burrows, J. Cartwright, *Anson's Law of Contract*, 30th ed., Oxford University Press, 2016, p. 48.

〔2〕 See Edwin Peel, *Treitel on the Law of Contract*, 14th ed., Sweet & Maxwell, 2015, para. 2－030.

〔3〕 Re Imperial Land Co. of Marseilles (Harris' Case) [1872] LR 7 Ch. App 587.

〔4〕 Adams v. Lindsell [1818] 1 B & Ald 681.

〔5〕 See Edwin Peel, *Treitel on the Law of Contract*, 14th ed., Sweet & Maxwell, 2015, para. 2－035.

当然,在当今世界纷纷采用各种快捷通信方式的情况下,投邮规则的适用性已经越来越小。例如,若电传(telex)通信是一种即时通信方式,在承诺由要约人收到的时间和地点可以认为合同成立。在电传通信不是即时通信方式的情况下,或者合同双方没有立即向对方发出通信的意图时,英国法上不存在统一的规则。在近期的一个判例中,[1]高等法院考察了要约与承诺规则适用电子邮件订立合同的情况,明确认为这种情况不适用投邮规则,应当适用类似电报订立合同的规则,承诺到达对方才生效。承诺生效时间从要约人接到承诺人电子邮件时生效,因为理论上收到电子邮件就可以阅读。显然,投邮规则已经随着现代技术的发展而丧失实际意义。

经典判例　选择出版公司诉王星生产公司[2]

在该案中,原告是杂志出版商,为他人提供中介业务以促成签订合同,成功后双方分别向原告支付中介费用。被告通过原告杂志与他人订立买卖合同,原告将长度为3页的合同文本传真给被告,第三页上写有中介费条款。被告在合同的前两页上签字后将合同返还原告,几天后被告又通过邮局收到了传真的合同复印件,但未作出任何表示。其后双方就费用问题发生争议,原告向法院起诉要求被告付款,被告抗辩认为他没有从传真机上收到合同文本的第三页,因此合同并未成立。初审法官判决原告败诉,因为被告有可能因为机器故障而未收到第三页,因此原告不能要求付款。上诉法院推翻初审判决而改判原告胜诉,原因是上诉法院认为若被告没有收到传真合同文本第三页,他在几天后收到合同文本时就应当表示异议,但被告并未如此行事,因此真实情况应当是被告收到文本但拒绝付款,因此不能否定付款义务。

一旦适用投邮规则,还会引发合同成立地的问题,这会产生复杂的冲突法问题。例如,若通信方式是信件或电传,则合同的订立地是信件或电传发出地。[3] 在其他情况下,合同订立地是收到承诺的地方。

(二)沉默不是承诺

一般而言,受要约人收到要约后保持沉默或不作反应不会导致合同成立,[4]原因自然是受要约人并无义务一定要回复或订立合同。即便要约人放弃承诺通知要求以沉默方式接受要约,他也无权要求受要约人必须明确拒绝要约或因不回复而使合

---

〔1〕 Thomas & Anor v. BPE Solicitors [2010] EWHC 306 [Ch].

〔2〕 Alternative Publishing Ltd. v. Kingstar Manufacturing(UK)Ltd. [1996] CLY 1223, CA.

〔3〕 Cowan v. O'Connor [1888] 20 QBD 640.

〔4〕 See J. Beatson, A. Burrows, J. Cartwright, *Anson's Law of Contract*, 30th ed., Oxford University Press, 2016, p. 52.

同成立。[1] 要约人在要约中可以规定承诺的回复方式或期限,但他也无权规定受要约人拒绝要约的方式与时间,也不能强加合同于受要约人。

经典判例 费特豪斯诉宾德利[2]

在该案中,原告对其侄子发出要约,求购他所拥有的一匹马,价格 30 英镑 15 先令,并写明"如我未得知其他消息,我就认为这匹马按照这个价格归我了"。此信件并未得到答复。原告之子将此消息告诉被告(拍卖人),要求被告将此马从拍卖中撤出,并准备将此马保留下来出售给原告。后来,此马匹发生出售错误,原告无法购买,因此起诉被告侵占其财产。法院判决认为,该案中拍卖发生前从未发生原告侄子同意出售马匹给原告的承诺通知,因此不发生马匹所有权转移的问题,因此原告败诉。法官指出,原告并无权利要求其侄子必须出售马匹。

在当代,这方面的例子也存在,例如,目前得到广泛使用的寄送样品的广告宣传,这就是无要约寄售。有些卖方为推销货物,未经买方同意就主动将货物寄给对方,并说明若货物未在规定内退回则视为买方同意购买,买方因此必须付款。由于很多人并不清楚这一规则,因此被迫付款,这种不法营销行为曾经形成一种社会公害。针对此问题,英国《1971 年未要求货物与服务法案》(Unsolicited Goods and Services Act 1971)规定客户未要求的货物与服务在一定情况下可以按照无条件赠送礼物处理,若供应商要求付款或威胁启动诉讼程序还可能承担刑事责任。后来,这一法案被英国《2000 年消费者保护(远程销售)条例》[Consumer Protection (Distance Selling) Regulations 2000]部分修订和取代。

(三)承诺人必须知晓要约

承诺人作出承诺的前提当然包括他知晓要约存在。[3] 若甲发出悬赏,乙在不知情的情况下从事悬赏针对的行为,那么乙在知情后是否有权要求甲履行诺言呢?按照交错要约的规则,一般的情理当然是合同并未成立,二者之间缺乏要约与承诺之间的对应性。[4] 但是,若承诺人知道要约存在,但基于悬赏之外的其他原因做此行为,其后又要求要约人履约,则并不能消除要约人的合同责任。换言之,受要约人履行合同义务的动机(motive)并不是判断依据,而主要是考察其意思或行为。

---

〔1〕 See Edwin Peel, *Treitel on the Law of Contract*, 14th ed., Sweet & Maxwell, 2015, para. 2 - 042.

〔2〕 Felthouse v. Bindley [1862] 11 CBNS 869, af'd [1863] 7 LT 835.

〔3〕 See J. Beatson, A. Burrows, J. Cartwright, *Anson's Law of Contract*, 30th ed., Oxford University Press, 2016, p. 53.

〔4〕 Fitch v. Snedaker [1868] 38 NY 248.

经典判例　威廉姆斯诉卡沃丁[1]

在该案中，原告知道一个悬赏广告，说明凡提供谋杀案通缉罪犯信息的人都会得到奖赏，他提供了信息导致该罪犯被捕，但其动机是减轻良心上的负担并获得宽恕。被告拒绝付款，原告起诉，法院判决原告胜诉，可得20英镑赏金。因此，原告履约行为的动机不是考察合同成立的必要内容，关键问题仍旧是要约与承诺的外在表现。

（四）承诺方式

有效承诺还需要具有特定的方式。其一，承诺必须符合要约的要求。承诺人需要查明要约对承诺的方式有无具体规定和要求。若要约有具体要求，则应当按照要求为之，因为要约是要约人的要约，要约人规定的特定方式应当得到遵守。例如，若要约要求承诺必须采用书面形式，受要约人的口头同意或电话沟通并无意义，如果以口头形式或者电话作出承诺就是无效的。

其二，若要约只建议某种特定方式而非要求，则受要约人只要采用与要约相同或更快速、可靠的方式送达承诺，承诺仍然成立。[2] 例如，要约人以邮寄方式发出要约并注明可用信件回复承诺，则受要约人以信件、电报、电子邮件等方式均为有效，因为后者都比前者要更为快捷与方便，这是从便捷交易的公共政策角度来看的。

其三，若要约对承诺的方式未作规定，则受要约人可自行决定，但承诺方式应当具有合理性。一般而言，承诺应当与要约采用相同或更为快捷与可靠的方式来发送，或者采用交易惯例、商业习惯的一般做法，否则就难以被认为具有合理性。例如，要约人以电报发出要约，受要约人却用信件发出承诺，这明显不合理，因而难以成立。从商业习惯的角度来说，电报是一种快捷方式，信件的速度要慢很多，因此并不合理。

上述判例的规则在英国合同法中也适用，即要约人可以在要约中坚持承诺的方式，若承诺不遵守这种方式的要求，要约人并不受承诺约束。[3] 但是，要约人并不一定必须坚持有关承诺方式要求得到严格遵守，他可以行为或其他方式对此表示弃权，条件是受要约人不会因此受到不利影响。另外，除非通过解释认为规定的承诺方式属于强制要求，那么对于要约人的保护高于或等于规定承诺方式的其他方式也可以成立。

---

〔1〕 Williams v. Carwardine [1833] 4 B & Ad 621.

〔2〕 See J. Beatson, A. Burrows, J. Cartwright, *Anson's Law of Contract*, 30th ed., Oxford University Press, 2016, p. 55.

〔3〕 Manchester Diocesan Council for Education v. Commercial & General Investments Ltd. [1970] 1 WLR 241.

三、要约与承诺的一致性

受要约人接受要约的意图,必须表达明确而不能对承诺事实或承诺的具体条件存有模糊之处。英国法对此的原则是传统的"镜像规则"(mirror rule),这是一种普通法中常见的比喻说法,意思是承诺是对要约绝对一致的反映。[1] 以此推之,承诺必须是绝对的,必须与要约的条件没有矛盾。

(一)反要约与拒绝

反要约即构成对要约的拒绝,因此终止了要约。[2] 但是,在承诺中说明交易隐含的事宜或询问要约人是否可以修订合同条件的表示并不是反要约。

经典判例　海德诉伦奇[3]

在该案中,被告对原告发出要约,以1000英镑价格出售一个农场。原告回复出价950英镑,被告拒绝,原告又说他准备付1000英镑,被告不准备按照原价出售。原告因此认为被告违约,起诉要求实际履行。法院判决合同不成立,原因是原告的回复是拒绝的意思表示,要约因此终止,原告又一次提出要约并未得到对方承诺,合同并不成立。

另外,一项改变、限制或者增减要约内容的承诺要构成反要约,必须具有明确改变要约的意思。不能认为受要约人回答与要约不一致就绝对构成反要约。在有些情况下受要约人的答复虽然与要约并不一致,但也不一定就是反要约。

(二)条款变化

若承诺包含的条款与要约不一致,合同不能成立,这种情况下受要约人实际上拒绝了要约,他所提出的实际上是反要约。[4] 但在例外情况下,法院会判决认为针对要约的回复是订立另一个合同的要约。[5]

经典判例　琼斯诉丹尼尔[6]

在该案中,一方向对方发出要约欲出售不动产,价格为1450英镑。在回复的承

---

〔1〕 参见何宝玉:《合同法原理与判例》,中国法制出版社2013年版,第46页。

〔2〕 See J. Beatson, A. Burrows, J. Cartwright, *Anson's Law of Contract*, 30th ed., Oxford University Press, 2016, p. 61.

〔3〕 Hyde v. Wrench [1840] 3 Beav 334.

〔4〕 See J. Beatson, A. Burrows, J. Cartwright, *Anson's Law of Contract*, 30th ed., Oxford University Press, 2016, p. 43.

〔5〕 Monvia Motorship Corp. v. Keppel Shipyard [Private] Ltd. [1983] 1 Lloyd's Rep 356 [PC].

〔6〕 Jones v. Daniel [1894] 2 Ch. 332.

诺中，对方附加了一份合同，包括预付款条款、交割日期、产权要求等，而要约中并无这些条件。法院判决认为合同不存在。尽管文件的名义是承诺，但该承诺并不是真正意义上的承诺，而是一个反要约，要约人并没有接受，合同并不成立，因此不发生违约。

（三）格式之争

在商业实践中，完全恪守前述的“镜像规则”也会产生不少问题，例如，经典的合同问题——“格式之争”（battle of forms），根据该规则往往就难以解决。[1] 在这种情况中，要约人发出一份标准订单，正面列有拟购货物的品种、价格、数量和交货条件、地点等，背面详细列出各项条款和条件，并且注明合同条款应当以该表格为准。受要约人收到订单后并不直接准确地答复买方，而是将自己制定的标准订单回复要约人，订单正面条款一致，但背面条款却出现差异，但也注明以该订单为准。有时这个过程可能要经过多次反复才最后确定，但背面条款仍然不一致。其后，双方按照订单正面条款履约，但对背面条款发生争议，都认为自己的条款具有约束力。在这种情况下，合同成立本身不再是问题。问题是一旦发生争议，就会产生合同应当按照哪方条款履行的复杂问题，特别是免责条款。[2] 针对这个问题，有不同的观点。按照传统要约与承诺的分析路径，一种解决方法是以“打第一枪”（first shot）来判定，即卖方（受要约人）在接受买方（要约人）的要约时已经放弃了自己的条款，构成弃权，应以买方条件作为合同依据。[3] 但也有另一种解决方法，即“打最后一枪”（last shot），这会导致合同条件应当依据卖方条件判定。但是，“打最后一枪”的方法往往具有随机性，判定中含有专断性。另外，除非反要约得到接受，合同就不能成立，而这时候有可能双方都已经认为合同已经成立。若合同得到履行，可能的方法是认为谈判中未完成的事宜并不重要因而不需要考虑。当然，“打第一枪”的办法也有可能产生问题。

经典判例　巴特勒机械公司诉埃克塞尔公司[4]

在该案中，卖方于 1969 年 5 月 23 日向买方出售机械设备，报价为 75,533 英镑，交货期为 10 个月。卖方的要约是书面形式，并规定其条款效力上优于买方规定的条件，其中包括有价格变动条款。买方于 1969 年 5 月 27 日发出订单，附可撕的回执，

---

〔1〕 See J. Beatson, A. Burrows, J. Cartwright, *Anson's Law of Contract*, 30th ed., Oxford University Press, 2016, p. 45.

〔2〕 See Edwin Peel, *Treitel on the Law of Contract*, 14th ed., Sweet & Maxwell, 2015, para. 2 – 020.

〔3〕 Chas Davis [Metal Brokers] Ltd. v. Gilyott & Scott Ltd. [1975] 2 Lloyd's Rep 422, 425.

〔4〕 Bulter Machine Tool v. Ex-Cell-o Corp. [1979] 1 WLR 401, CA.

其中有"我方接受你方订单并遵守所规定的条款和条件"的字样。卖方签署了回执并返回买方,并附函件说明根据5月23日的报价完成订单,交货期为10~11个月。在货物运送到买方后,卖方提出根据价格变动条款要求增加付款,但遭到买方拒绝,因此起诉要求买方增加付款。法院判决认为买方5月27日的订单为反要约,卖方在完成并返回买方的回执时接受了其条件,因此合同中并没有价格变动条款,卖方无权要求增加付款。另外,法院还认为,若当事人规定"一切照我方条款办理",该条款并无当然效力。这种做法不能避免产生格式之争的后果,法院仍然会按照自己的观点分析问题。

针对这个问题,有观点认为,应当参照商业实践与国际公约的做法进行判定,这种方法并没有完全背离"镜像原则"。[1] 据此,若要约人收到承诺通知,但通知条款增加了或不同于要约原有条款,只要这种变化没有实质性地更改要约条款,要约人也没有及时对此表示反对,则合同条款整体上以承诺的条款为准。按此,要约人承担了及时反对非实质性变更的义务,承诺对要约的非实质性改变基本上保持了按照客观原则认定协议存在的方法。这与《联合国国际货物买卖合同公约》第19(3)条的规定具有一致性,该条规定任何重要事项的变更都有可能成为重大(material)变更,例如,涉及价格、数量、质量、交货时间与地点、合同责任、争议解决方式方面的变化都属于重大变更,会导致承诺不发生效力。若合同不成立但仍发生履约行为,可以按照返还法进行处理,按照不当得利原则支付合理价款,[2]但这种救济并不是合同救济,合同中的期待利益并不会得到保护,而且延迟履行或瑕疵履行不能得到救济。

(四)长期谈判中的承诺

在大量的商业合同中,由于合同所具有的专业性和复杂性,因此合同双方往往要进行长期谈判。一旦发生长期谈判,在正式合同尚未签订的情况下就很难确定合同是否已经成立。英国法院在司法实践中发展出一种方法来确定合同是否成立,包括以下考察因素:第一,在谈判期间,合同各方是否存在缔结合同的意图;[3]第二,在合同一方认为合同成立的时候,合同双方是否明确表示同意合同条款,而且认为这些条款对于订立合同来说必不可少;第三,如果要想使合同能够成立并在商业上具有可行性,这些条款是否包括了所有双方必须同意的合同根本条件,即使合同双方并没有意识到这个问题;第四,当时是否存在受要约人对于承诺的充分表示,而且该表示符合

---

〔1〕 Beale and Dugdale [1975] 2 BJLS 45,49-51.

〔2〕 Peter Lind & Co. v. Mersey Docks & Harbour Board [1972] 2 Lloyd's Rep 234.

〔3〕 在英国合同法中,合同成立的一个要件是合同双方是否存在订立合同的意图(intention to create a legal relationship)。See Edwards v. Skyways Ltd. [1964]1 WLR 349.

要约规定的承诺方式。如果法院对上述问题都能给予肯定回答,合同即告成立。根据这个方法,法院的任务是审查双方的言语和行为,并从中推断各方所表达的客观意图,以判断双方是否订立了有约束力的合同。但是,有法院判决认为,这种方法只能在传统确定要约和承诺的方法不能得出确定结果时才能采用,因此只能有限度地适用。[1] 在适用这一方法时,必须考虑所有的谈判过程和细节。这对于确定双方的意图来说非常重要,尤其是当会议上的口头发言表明某些信函往来中没有提到的根本条款仍需要协议来确定。

另外,如果一个交易已经基本得到履行,即使法律分析表明要约和承诺的严格要求并没有得到满足,法院仍会认定合同成立,其中的司法政策是尽量使合同成立而不是使其不成立,以维护合同的神圣性和各方的权益,因此,按照概念进行的机械分析必须服从商业实践。

四、承诺的撤销

承诺的一般规则是通知到达要约人时合同才成立,因此,在承诺到达之前任何时候都可以被撤销,但撤销通知本身必须是在承诺到达要约人之前到达要约人才可以。这与前述投邮规则显然存在矛盾,由于承诺已经发出即告生效,因此,没有其他方式可以在这种情况下撤销该承诺。有观点认为,这种结果合理公正,它以有效防止承诺人出尔反尔;但还有观点认为,此种撤销不会不利于要约人,因为撤销先于承诺到达意味着要约已经失去意义。对此,英国法还没有出现权威判例来提供规则。但在当今世界,纠缠这一问题的意义已经不大,因为电子化的快捷方式已经使发出承诺后再发出撤销通知变得不太可能,承诺一经发出就会到达对方并使合同生效,自然不会产生受要约人撤销的可能性,若受要约人执意撤销就变成了毁约。

第四节　协议的确定性

合同成立的一个基本条件是协议具有明确性,即协议在内容上具有确定性,而不能是模糊不清或不完整的。即使要约和承诺的要求已经得到满足,但如果在客观上并不能确定协议内容或需要参考未来协议才能确定其内容,合同仍难以成立。[2] 如此一来,协议的确定性也被认为是合同成立的必备条件,这要求合同的重要条款

---

〔1〕 Wartsila France SAS v. Genergy Plc [2003] 92 Con. L. R 113.

〔2〕 See J. Beatson, A. Burrows, J. Cartwright, *Anson's Law of Contract*, 30th ed., Oxford University Press, 2016, p. 65.

(material terms)应当明确无误地表达双方的真实意思。由此,同意未来达成协议的协议(agreement to agree)不是合同,重要条款不明确或本身没有规定确定方法的协议也不构成合同。[1] 若合同本身没有明确规定条款内容,那么合同至少要规定认定违约与救济的方法。[2] 这里的司法政策是尽可能使合同成立,因此往往属于解释问题。[3]

一、不确定协议

按照合同自由原则,各方当事人都有权自由订立合同,因此,合同内容也应当是自由的。对此,英国法院一向尊重传统,在一般情况下不会因为合同条件不清楚、不确定而通过解释为当事人设立合同。[4] 因此,含义模糊或不确定的诺言不会产生法律上可执行的合同。

经典判例 布什维尔地产公司诉旋风地产公司[5]

在该案中,原告与被告同意买卖地产。协议中规定价金应当分期付款,每次付款后土地与付款相适应的份额才发生转让,其后双方对具体份额产生争议。法院判决合同并不成立,因为每次付款后部分土地发生转让的约定缺乏确定性,协议因此整体无效。显然,该案争议金额较大,且双方并未规定份额与付款之间的具体对应关系,导致难以判断合同根本条件,法院又不愿意为双方订立合同,因此才判决合同不成立,当事人在订约时显然存在重大错漏。

但在现实中,当合同规定的履行内容有关未来的权利义务时,合同双方往往不会或不愿意详细规定以避免麻烦。有时候当事人会在合同中规定确定权利义务的方法,而不是具体说明权利义务关系。在这种情况下,根据"可以确定者即为确定"的格言(*id certum est quod certum reddi potest*),合同可以成立。在这种情况下,法院的任务就是对双方的言辞与行为进行解释,有判决指出:[6]"商人经常以模糊与简洁的方式记录最重要的协议;在业务中对他们来说足够清楚的表达方式对外行人士来说并不完整或清楚。因此,法院的任务是对此种文件进行公平与广泛的解释,不能太严

---

[1] Foley v. Classique Coaches Ltd. [1934] 2 KB 1,13.

[2] Restatement of the Law of Contracts,2nd ed. ,para. 33(2).

[3] Hillas v. Arcos [1932] 147 LT 503.

[4] See Edwin Peel,*Treitel on the Law of Contract*,14th ed. ,Sweet & Maxwell,2015,para. 2 – 079.

[5] Bushwell Properties Ltd. v. Vortex Properties Ltd. [1976] 1 WLR 591.

[6] Hillas & Co. v. Arcos Ltd. [1932] 147 LT 503.

格或对错误吹毛求疵;法院应当适用古老的英国法格言——对词语的解释应当使标的物有效而不是无效(*verba ita sunt intelligenda ut res magis valeat quam pereat*)。"但需要注意的是,需要考察的内容包括具体的言辞与行为及其背景,未决事宜的重要性,以及双方是否规定解决模糊性的方法等,下面谈几种常见的解释渊源。

第一,交易过程(course of dealing)与行业习惯(trade usage)。[1] 如双方当事人在系争合同之前有类似的交易或行业惯例,那么法院可以从中获得解释的必要信息以补充合同的完整性,以防止不完整协议不能成为合同。

经典判例　希拉斯诉阿克斯公司[2]

在该案中,原告于1930年给被告发出要约求购俄罗斯产平均规格的软木材。合同中包含一个选择权条款,允许原告选择购买1931年的木材,但其中并未规定木材的具体规格、数量以及运输方式。1932年,原告行使选择权要求被告供货,被告认为合同并不成立因而不同意,因此发生诉讼。被告抗辩认为,该条款不具有确定性表明其受条款约束的意思,因此仅是同意未来进行谈判的协议,而非合同。英国上议院判决认为,从之前的合同来看,双方受约束的意思表示十分明确,合同中没有明确规定的条款可以通过原合同条款与行业惯例来确定。原告胜诉。显然,法院认为该案中未规定的条款完全可以通过解释来明确,这是降低合同成立的确定性标准,目的在于尽可能使合同成立。

第二,合理标准。另外,若订立合同的意图明显存在,则交易的具体细节可以通过合理性标准或法律规则来确定。在上述案例中,有关木材的规格问题,法院认为所谓平均规格,可以通过考察该年度产量来具体判定木材类别、数量、体积等内容,在当事人对此无法达成一致的情况下可以由法院来判定何为合理解释。其他一些判例表明诸如"市场价值"[3]、"公开市场价值"[4]等词语也可以通过这种方法来确定。英国《1979年货物买卖法案》第8条对此也有规定。

第三,已履行交易。法院在考察确定性问题时,还会参考双方已经发生的行为。若一项交易已经全部或部分履行,法院会认为以合同缺乏确定性为由判定无效并不合理。但需要注意的是,已履行交易所产生的责任不一定是合同责任。在一些情况

---

〔1〕 See J. Beatson, A. Burrows, J. Cartwright, *Anson's Law of Contract*, 30th ed., Oxford University Press, 2016, p. 66.

〔2〕 Hillas & Co. v. Arcos Ltd. [1932] 147 LT 503.

〔3〕 Brown v. Gould [1972] Ch. 53.

〔4〕 Gillatt v. Sky Television Ltd. [2000] 1 All ER [Comm] 46.

下判断意图的客观标准意味着合同因履行成立,因此是合同性质的。但若无法适用,法院有可能适用不当得利责任,为已履行的义务提供合理补偿。[1] 在考量是否提供返还救济时,有关交易未能按照合同履行所涉及的“风险”与“过错”会成为考察因素,这会导致承担交易风险或为交易失败负责的一方不得救济。[2]

第四,确定内容的方法。[3] 若合同规定在未来才同意重要条款,合同也不会因为缺乏确定性而导致不成立,条件是合同本身规定获得具体内容的方法。例如,若合同规定双方未来才能同意价格或数量条款,但合同本身又包括仲裁条款,则法院会从中推定认为存在默示条款,即应当支付合理价格且由仲裁来决定。[4] 这很大程度上取决于法院的态度。

第五,关于谈判事宜的协议。有些时候为了锁定谈判事宜,合同双方会订立有关谈判的协议(agreement to negotiate),这种协议的解释往往存在难点。[5]

经典判例 沃尔福德诉米尔斯[6]

在该案中,原告、被告就业务收购事宜展开谈判。原告银行向被告发信确认原告拥有必要的金融资源,可以200万英镑价格购买被告业务,被告因此于3月17日同意终止与其他任何第三方的谈判,不考虑其他任何选择,也不会接受更高的报价,而只会与原告独家进行交易,以便在4月6日后尽快订立合同。但被告与其他第三方进行接触,并于3月27日撤出与原告的谈判,后来将业务出售给第三方。原告因此起诉,诉因是违约与虚假陈述。法院认为,有证据表明被告曾经陈述不会与其他第三方进行接洽,因此原告就虚假陈述的诉因获得了侵权性质的赔偿,但合同诉因不成立,因为合同并未成立。

有关谈判事宜的协议,如锁定协议(lock-in agreement)等类似表示未来协议的协议,之所以不为合同法所保护,盖因其缺乏确定性而不具有执行力,原因有以下两点:第一,法院难以对此类型协议进行规范,难以判定其违约内容;第二,确定损害赔偿具有很大的困难,因为无法确定谈判是否会成功或失败,如果成功会有什么后果也难以

---

〔1〕 British Steel Corp. v. Cleveland Bridge and Engineering Co. Ltd. [1984] 1 All ER 504,511.

〔2〕 Jennings & Chapman Ltd. v. Woodman, Matthews & Co. [1952] 2 TLR 409.

〔3〕 See J. Beatson, A. Burrows, J. Cartwright, *Anson's Law of Contract*, 30th ed., Oxford University Press, 2016, p. 67.

〔4〕 Foley v. Classique Coaches Ltd. [1934] 2 KB 1.

〔5〕 See J. Beatson, A. Burrows, J. Cartwright, *Anson's Law of Contract*, 30th ed., Oxford University Press, 2016, p. 69.

〔6〕 Walford v. Miles [1992] 1 All ER 453.

确定。因此,此种协议因缺乏确定性而难以成立。但是,如完全接受这种规则也会对保护当事人合理期待产生不利影响,而保护合理期待利益是合同法的立法本位所在。在实际操作中,判例表明合同条款一般应当具有更高的确定性以解决模糊之处。另外,在谈判中可以产生一定的道德约束力,法律上完全不保护似乎并不符合当事人的合法利益。尽管在这种情况下计算损害赔偿确实存在困难,但可以依据信赖利益来计算损害赔偿,有判例表明,在交易涉及较大的机会成本时法院会判决合同成立。但英国上议院对上诉法院的判决仍然否定,并坚持认为谈判协议不具有确定性,因而不能认为合同成立。

与此同理,不与第三方谈判的协议,即所谓的锁出协议(lock-out agreement)也被法院判决不具有强制执行力,因为协议中没有规定期限,这就必然要求依照诚信原则来科以谈判责任,而英国法院一直拒绝这种方法。

二、不完整协议

合同双方可能在某些方面达成协议,但在其他方面并未达成协议,会导致协议是否完整成为问题。[1] 在大型商业谈判中,双方可能拉锯式地反复探讨与修订合同条款,最终在某些问题上出现分歧。一方可能认为已经达成协议,而对方可能认为仅仅是讨论而无协议。一旦存在此类通信并产生协议,就有必要考察该协议是否构成完整的协议,或考察在协议明文条款以外是否还有其他合同条款可以否定双方订立合同的意图。[2] 若通信表明双方已经达成协议,即使有些条款还未最终确定,其后继续进行的谈判不能影响已经订立的合同,除非双方同意修改。[3] 以下是几个典型情况。

(一)关于未来协议的协议

在一些判例中,双方在协议中有可能会泛泛而谈,但会规定双方意图并在未来协议中细化规定。[4]

经典判例　冯·哈茨菲尔德诉亚历山大[5]

在该案中,双方在协议中规定未来订立合同。法院判决认为,若一方认为其所依

---

〔1〕 See J. Beatson, A. Burrows, J. Cartwright, *Anson's Law of Contract*, 30th ed., Oxford University Press, 2016, p. 70.

〔2〕 Hussey v. Horne Payne [1879] 4 App Cas 311.

〔3〕 Perry v. Suields Ltd. [1916] 2 Ch. 187.

〔4〕 See Edwin Peel, *Treitel on the Law of Contract*, 14th ed., Sweet & Maxwell, 2015, para. 2 – 098.

〔5〕 Von Hatzfeldt-Wildenburg v. Alexander [1912] 1 Ch. 284, 288.

赖的文件或信件意图会在未来达成协议,那么未来订立合同是属于协议条款,还是属于双方希望已达成合同在未来能够订立协议,属于合同解释问题。若属前者,合同并不成立,因为条件并未满足或法律不承认合同可以成立;若属后者,合同成立,关于订立更为正式的文件规定可以忽略不计。显然,这种情况中的核心问题仍旧是当事人的意图解释问题。

(二)备忘录或意向书

另一种比较难处理的情况是涉及"备忘录"(memorandum of understanding)或意向书(letter of intent)的情况,这往往表明双方就某些问题达成协议,但仍认为未来有必要达成正式协议。[1] 在这种情况下,合同是否成立的问题就又成为解释问题。若此性质文件中包括有关未来行为的明确诺言而导致合同成立,[2]法院有可能不会判决存在推定的默示条款,或因为语言比较模糊或责任是道德责任而判决合同不成立。[3] 若当事人基于非正式协议行事并等待订立正式合同,该问题就会更为复杂。若最终订立正式合同,法院有可能推定认为存在默示条款,尽管非正式协议不具有约束力,但正式协议具有溯及力。因此,该正式协议会适用于订立前发生的工作成果或服务。[4] 若没有订立正式协议,根据意向书而产生的工作成果或服务在意向书不具有约束力的情况下可能会产生不当得利义务,即接受方应当为价值支付合理费用。[5]

经典判例 英国钢铁公司诉克利弗兰桥梁工程公司[6]

在该案中,被告作为分包商在其他国家的工程施工承担部分施工作业。该工程的设计比较特殊,被告没有此类经验,合同谈判复杂而漫长。1979 年 2 月 21 日被告发意向函给原告,准备为其作业而订货,价格在之前谈判中已经告知原告,条款按照被告的标准条款订立,在发生延迟的情况下由原告为附带损失承担无限责任。原告回信不愿意按照被告条件进行生产。尽管如此,他们还是进行了生产,到了 12 月,除其中一个部件外其余订货均已送到,最后的部件直到 1980 年 4 月才到货,延迟原因是罢工。原告起诉被告要求其赔偿该部件的价值,被告反诉要求原告支付延

---

[1] See J. Beatson, A. Burrows, J. Cartwright, *Anson's Law of Contract*, 30th ed., Oxford University Press, 2016, p. 71.

[2] Chemco Leasing SpA v. Redifusion [1987] 1 FTLR 201.

[3] Kleinwort Benson Ltd. v. Malaysia Mining Corp. Bdh [1989] 1 WLR 379.

[4] Trollope & Colls Ltd. v. Atomic Power Construction Ltd. [1963] 1 WLR 333.

[5] British Steel Corp. v. Cleveland Bridge & Engineering Co. Ltd. [1984] 1 All ER 504.

[6] Ibid.

迟赔偿。法院判决合同不成立,因为双方在进度付款与延迟责任等问题上并未达成协议,因此,在没有合同的情况下不发生延迟责任,但法院判决原告可以按照合理价格(*quantum meruit*)来使货物得到付款。

(三)"以合同为准"的协议

在英语国家中,合同当事人为了保留未来订立合同的权利往往会规定"以合同为准"(subject to contract)或"以正式合同为准"(subject to formal contract)的协议,这种情况在土地买卖或租赁合同中经常出现。一般而言,这种协议不产生合同效力。[1]

经典判例　温诉布尔[2]

在该案中,双方订有一份书面协议,据此被告同意定期租赁一套房屋并付款,但其中有"以准备与批准正式合同为准"的规定。其后双方就合同是否成立发生争议,法院判决合同不成立。英国民事上诉法院杰塞尔大法官认为,由于书面合同中明文规定以正式合同为准,此意思明确无误,必须以正式合同为准。

可见,此种规定使协议丧失合同意义。[3] 即便双方已经发生准备履行行为,如订立这种协议时已经发生预付,协议仍旧不成立。不动产合同只有在双方交换正式合同并签字后才可以生效,之前任何一方均可以重新就价格等问题进行谈判,也可以放弃交易。"以合同为准"的规定还使返还法救济不能适用,订约过程中发生的各种费用不能得到补偿,法院在判例中认为,这种规定表明合同各方同意只有订约后才存在法律义务。[4] 但在另外一些土地买卖判例中,[5] 根据未来合同所发生的付款或工作可以根据返还法得到救济。若有关土地出售或租赁的协议中关于未来正式合同的条款已经签订且双方都知晓。也就是说,合同已经超越谈判阶段,那么合同仍可以成立。

(四)附条件协议

在有些情况下有些合同表面上看起来像是不完整协议,但实际上是具有约束力

---

〔1〕 See J. Beatson, A. Burrows, J. Cartwright, *Anson's Law of Contract*, 30th ed., Oxford University Press, 2016, p. 72.

〔2〕 Winn v. Bull [1912] 1 Ch. 284, 288.

〔3〕 See Edwin Peel, *Treitel on the Law of Contract*, 14th ed., Sweet & Maxwell, 2015, para. 2-088.

〔4〕 Regalian Properties Plc v. London Dockland Development Corp. [1995] 1 WLR 212.

〔5〕 Cobbe v. Yeoman's Row Management Ltd. [2008] UKHL 55, [2008] 1 WLR 1752.

的合同,尽管若干权利与义务取决于特定事件的发生,这就是附条件协议(conditional agreement)。[1] 例如,协议可能规定以政府机关批准为准,或以专业人员的认可为准等。一种情况是,在这种认可发生之前,任何一方均不能单方面从合同中撤出,但合同本身也不能履行。另一种情况是,合同可以立即履行,但可以根据规定事件而解除。[2] 因此,这类型规定实际上是附条件协议,与前述的"以合同为准"的协议并不相同,因为在附条件协议的情况下合同已经成立,只是需要条件来履行或解除,而在"以合同为准"的协议的情况下合同并未成立。

经典判例 迈克尔理查德地产公司诉圣救世主教区守护公司[3]

在该案中,被告出售地产,原告向被告发出投标书求购,后来又按要求支付定金。原告的投标书中已经详细说明交易的所有详细情况和条件。被告承诺时因书写错误,在承诺文件写上了"尚待签订正式合同"字样。后来,原告未依约履行购买合同,并起诉被告要求退还定金,理由是承诺中含有"尚待签订正式合同"的规定,因此双方之间不存在合同。法院驳回了原告诉讼请求。法院认为,双方之间已经没有必要再签订正式合同,因为原告的投标书已经包含合同的全部条款,且双方都有受约束的意图,故合同已经成立。被告承诺文件所写的"尚待签订正式合同"实际上没有意义,不能否定合同成立。

第五节 创设法律关系的意图

在19世纪,英国合同法中为了进一步规范合同的成立,创制出一个规则,[4] 即只有在合同双方存在创设法律关系的意图时(intention to create legal relations)才可能认定合同成立。[5] 按照这一原则,订立协议必须考虑法律后果才可能使协议成为合同,仅在对话中说明意图并不能使诺言产生约束力,即使相对方据此发生依赖。[6] 因此,即使是经过谈判的协议也不一定就能够产生法律义务。例如,雇主与工会之间的集体协议必须书面订立并写明各方意图,才能使其成为具有法律约束力的合同,各

---

[1] Smith v. Butler [1900] 1 QB 694.

[2] Head v. Tattersall [1871] LR 7 Ex 7.

[3] Michael Richards Properties Ltd. v. Corporation of Wardens of St Saviour's Parish [1975] 3 All ER 416.

[4] Simpson [1975] 91 LQR 247,263 – 5.

[5] See J. Beatson, A. Burrows, J. Cartwright, *Anson's Law of Contract*, 30th ed., Oxford University Press, 2016, p. 73.

[6] Weeks v. Tybald [1605] Noy 11.

方有订约意图并不足以使其成为合同。[1] 因此,英国合同法将各种协议分为商业协议与社会性协议或家庭安排两大类,并提出两个基本推定规则:在商业协议中,当事人具有建立法律关系的意图,因此是法律管制的重点;而在社会性协议及家庭安排中,当事人一般没有建立法律关系的意图,但可用相反证据推翻。下面针对几种典型情况进行论述。

一、商业协议

(一)创设法律关系的判断标准

商业协议一般而言都属于双方为了满足各自需求而进行交换的情形,因此,法律推定认为双方都有建立法律关系的意图,至于是否存在真实的交易意思则在所不问,这符合商业与社会生活的一般常识。[2] 但该推定可以用相反证据来推翻,具体情况需要由法院审查。

经典判例　埃索石油公司诉海关委员会[3]

在该案中,原告公司为提升汽油销量而推出电视广告,宣传购买汽油 4 加仑就可以获赠一枚纪念币。税务部门认为,加油站此种行为构成出售纪念币,因而应当缴纳消费零售税。原告起诉,认为并未出售纪念币,因此无须纳税。该案显然是一个税务案件,但在技术上表现为合同法问题,核心问题是原告行为是否构成出售行为。一审法院判决认为,原告行为构成出售纪念币,因而需要纳税。上诉法院改判,认为这是免费赠与,因此不需要纳税。上议院判决改判,认为原告与加油顾客之间存在建立法律关系的意图,从商业环境来考察,原告知道纪念币虽然价值不大,但具有吸引顾客加油的后果,从而有利于提高销量。原告公司的广告实际上构成允诺,因此受其约束。显然,上议院的看法,是并不能因为出售物品的价值微不足道就否定其商业性质,必须结合整体商业交易情况来判断,而不是拘泥于物品的本身价值。

按照法律推定规则,商业协议一般自然表明双方具有创设法律关系的意图,因此不需要证明这种意图的存在。相反,认为商业协议不创设法律关系的一方应当承担举证责任证明双方没有意图创设法律关系,这种证明责任比较沉重,往往难以实现。另外,若双方之间并未订立合同,而一方声称可以从双方行为中推定出默示合同,因

---

〔1〕 Trade Union and Labour Relations(Consolidation)Act 1992, s. 179.

〔2〕 See J. Beatson, A. Burrows, J. Cartwright, *Anson's Law of Contract*, 30th ed., Oxford University Press, 2016, p. 75.

〔3〕 Esso Petroleum Co. v. Commissioners of Customs [1976] 1 All ER 117.

此可以创设法律关系,那么双方是否创设有法律关系就可能成为解释问题。这里的问题是法院在多大程度上可以为双方拟制并未明确订立的合同,法院的解释往往较为微妙。

经典判例 贝尔德纺织控股公司诉马克斯 & 斯宾塞公司[1]

在该案中,原告多年来一直向被告超市供货,但从未订立有书面或默示的长期供货协议。其后,被告决定终止与原告的供货关系,对原告利益造成重大损害,因为被告是原告的唯一客户,原告因此起诉被告违反长期供货协议,并请求损害赔偿。原告主张双方长期供货、购货的事实可以推定认为存在此协议。上诉法院判决认为,并不能从长期供货的事实中推定认为双方订立协议,被告因其优越交易地位而一直想保持灵活的交易关系而不愿意订立书面合同,因此不能从中推定认为明示或默示合同存在。

显然,法院在确定当事人是否有创设法律关系的意图时不会以当事人的主观意思作为判断依据,而是采用客观标准来判断。

(二)创设法律关系的排除

法律推定认为,商业协议的当事人具有建立法律关系的意图,并不意味着一定存在这种意图。因此,该推定规则应当从属于当事人的真实意思。若当事人没有这种意图,可以明示或默示地排除推定规则,从而不为双方创设法律关系。[2] 为防止歧义或解释的困难,当事人可以在协议中明确规定协议并不具有法律效力。

经典判例 罗斯·弗兰克公司诉克朗普顿兄弟公司[3]

在该案中,原告与被告订立代理协议,原告成为被告在美国的独家销售商。双方在协议中规定了该协议并不是正式协议,因此不受法院的司法管辖,其目的仅在于表述与记录双方的目的与意图,表明双方意图通过信任与合作来保障协议。据此,原告向被告发出订单,被告表示承诺,但在发货前却单方终止代理协议并拒绝供货。原告起诉被告违约。上议院判决认为,协议条款表明双方没有创设法律关系的意图,其效力只限于协议本身。但双方后来的订单和承诺已经订立合同,被告拒绝供货构成违约,但违反的并不是之前的协议而是后来成立的合同。因此,不创设法律关系的协议

---

〔1〕 Baird Textile Holdings v. Marks & Spencer Plc [2001] EWCA Civ 274.

〔2〕 See M. Furmston, Cheshire, *Fifoot and Furmston's Law of Contract*, 16th ed., Oxford University Press, 2012, p. 152.

〔3〕 Rose & Frank Co. v. JR Crompton & Bros Ltd. [1924] UKHL 2.

并不意味着双方当事人以后的行为就一直受其约束，双方之后发生的交易仍然可以构成有效合同，没有法律约束力的协议并不妨碍法院从双方的交易行为中推定认为订立新合同。当事人当然可以明确规定协议不创设法律关系，但一旦利用该协议达成具有法律约束力的合同，则该协议实际上丧失价值。

（三）不创设法律关系的协议

在有些情况下，有些协议是看起来具有创设法律关系的意图，但根据实际情况法院往往会判定协议不具有创设法律关系的意图，因此并不成立合同，例如，集体协议、广告宣传、安慰信、意向书等。法院这样处理的原因往往是公共政策，并非纯粹的法律推理。[1]

第一，集体协议。依普通法，雇主与工会通过谈判达成的雇佣集体协议一般不具有法律约束力。[2] 这一点为英国《1974 年工会与劳资关系法案》所确认。这一规则是英国劳资双方长期博弈的产物，因此是公共政策。

第二，广告宣传。广告宣传是商业活动中的常见情况，当事人进行广告宣传时往往会采用夸张或吹嘘的手法以吸引顾客，一般社会观念也不认为其是对真实情况的陈述。因此，广告中的一般性夸大说法并不构成日后买卖合同中的有效条款，意思含糊的承诺往往也不具有法律意义。但若广告中出现明确与特定的承诺或担保，则其仍可能具有法律约束力，从而引发合同是否成立的争议。

第三，安慰信（letter of comfort）。在英美商业中，比较常见的一种做法是安慰信，第三方以这种信件向债权人表明清偿债务的意向，常用于缺少担保人时通过安慰信来提高债务人信誉以获得贷款。[3] 但第三方在措辞中可能故意含糊其词以避免承担确定的法律义务，有时候就会造成复杂的解释问题。

经典判例　佳活宾信诉马来西亚矿业公司[4]

在该案中，原告为被告子公司提供贷款，金额最多为 1000 万英镑，目的是帮助该子公司进行金融交易。原告要求被告也为其子公司提供贷款，被告拒绝，但发出了一份安慰信，信中说明其信任被告子公司可以偿还债务，也不会减少子公司的权益。最终，被告子公司破产，原告因此起诉要求被告承担担保责任，但被告抗辩认为没有担

〔1〕 参见何宝玉：《合同法原理与判例》，中国法制出版社 2013 年版，第 129 页。

〔2〕 Ford Motor Co. v. Amalgamated Union of Engineering and Foundry Workers [1969] 2 QB 303.

〔3〕 See M. Furmston, Cheshire, *Fifoot and Furmston's Law of Contract*, 16th ed., Oxford University Press, 2012, p. 156.

〔4〕 Kleinwort Benson v. Malaysian Mining Co. [1989] 1 WLR 379.

保合同。一审法院判决被告胜诉,原告上诉。上诉法院维持原判,认为从交易性质上可以推定双方有创设建立法律关系的意图,但安慰信表明的是被告的商业政策,而非合同义务,因此不构成担保。信件表述的内容是事实陈述,而非承担担保责任,因为被告已经明确拒绝提供担保,双方都理解被告承担的是道义责任,而非担保责任。因此,如原告能够证明信件中的陈述存在不真实,则诉因当为虚假陈述,为侵权诉讼,而非合同诉因。

第四,公共机构与政策声明。政府机构经常发布各种公共政策与声明,以告知公众相关方面政府的政策取向,公共机构与其服务对象之间不因此发生合同关系,服务对象不具有合同法上的诉权。

二、社会性协议

在有些情况下,可以发现一些协议并不具有创设具有约束力合同的意图,典型情况就是社会性协议(social engagement),这种协议往往没有严肃的法律意义,也难以用利益来衡量,所涉及的也大多是琐事,即便发生争议也不宜提交法院来判决,所谓"法律不理琐事"。[1] 例如,生活中大量出现的各种社交协议,包括各种聚餐、参赛等,尽管也经常涉及金钱,若发生争议也可以计算损害赔偿,但英国法院一般推定认为这种诉讼并不成立,因为双方不会合理地考虑其法律后果的问题,因此也没有严肃的订约意图。

三、家庭安排

家庭安排(family arrangement)中往往包含着协议,但法律推定认为其中不存在具有约束力的合同。[2]

经典判例 贝尔福诉贝尔福[3]

在该案中,被告(丈夫)是英国政府外派官员,夫妻婚后在外国生活了15年。1915年夫妻回国休假,妻子因病留在英国治疗。丈夫出国前给了妻子一张24英镑的支票,作为当月的生活费,并许诺夫妻团聚前,每月给妻子30英镑。1918年3月双

---

[1] See J. Beatson, A. Burrows, J. Cartwright, *Anson's Law of Contract*, 30th ed., Oxford University Press, 2016, p. 74.

[2] See M. Furmston, Cheshire, *Fifoot and Furmston's Law of Contract*, 16th ed., Oxford University Press, 2012, p. 149.

[3] Balfour v. Balfour [1919] 2 KB 571.

方因故离婚,妻子得到法定抚养费后起诉丈夫违约,要求支付剩余款项。一审法院支持其诉讼请求。上诉法院判决,该案的夫妻协议虽有对价,但当事人没有创设合同的意图,故原告请求不成立,法律不能为这种家庭关系提供救济。英国著名法官阿特金(Atkin)勋爵在该案中指出,若干社会协议并不能产生合同,如双方同意一起散步或聚餐等。这些生活中的协议不构成法律上的合同。

四、意图的确定

如何判断协议双方是否有创设法律关系的意图要依据客观原则(objective principle),这意味着法院可以根据证据与背景认定存在设立法律关系的客观情况。有观点认为,允诺人从未期望诺言会产生法律义务,但如果合理人(reasonable man)认为确实存在订立合同的意图,那么诺言仍具有约束力。因此,英国普通法并不一定以创设法律义务的积极意图作为合同订立的基本要素,含有订约意图的诺言在法律上具有约束力以客观标准为准,并不需要考察允诺人的主观看法。[1] 但是,也有观点认为,不考虑允诺人的主观意思并不合适,反对将客观情况作为考察合同成立的唯一标准。这种争论旷日持久,各有各的道理,往往由角度的问题导致,只能依具体情况处理,往往需要综合考察。

因此,创设法律关系的意图对于英国合同法中合同成立问题仍具有基础意义,但在理论上能否构成合同成立的一个基础要件仍然存疑。目前,主流的学说仍以要约、承诺、对价作为合同成立的要件。[2]

---

〔1〕 See Williston, Contracts, para 21.

〔2〕 See J. Beatson, A. Burrows, J. Cartwright, *Anson's Law of Contract*, 30th ed., Oxford University Press, 2016, p. 76.

第四章 对价与禁反言

除了上文所述的要约与承诺,英国合同法上合同成立的另一个要件是对价(consideration),是判断当事人双方之间有无法律上的权利与义务的主要依据之一。对价的功能,在于判断何种诺言能够为法律所承认与执行。对价问题属于英国合同法的特色内容,其内容庞杂而存在一定的内在矛盾性,因此,对其的评价历来不一。英国法院对这一规则历来采取实用主义的态度,在以对价来限制诺言具有执行性的同时,还通过各种解释方法来确认对价存在,以实现司法政策中尽可能使合同成立的一般倾向,这是导致该原则较为复杂的基本原因。

第一节 对 价

一、对价的概念

对价制度(consideration)源于17世纪。权威判例对对价的定义是"按照法律一方得到某种权利、利益、利润或好处,或者是另一方作出某种克制、忍受某种损害与损失,或者承担某种责任"。[1] 按照英国合同法权威著作的解释,所谓对价是"合同一方的行为、不行为或者诺言,构成合同另一方诺言的代价",[2]这证明对价的重要特征是相对性(reciprocity),这意味着赠与性诺言(gratuitous promise)在英国法中不具有强制执行力。但需要指出的是,对价的定义到底是什么一直存在争论,很难得出一个统一的定义。

对价原则的背后是一系列司法政策,并服务于一些法律功能。[3] 其一,对价使

---

〔1〕 Currie v. Misa [1875] L. R. 10 Ex 153.

〔2〕 Pollock, *Principles of Contract*, 13th ed., Stevens & Sons, 1950, p. 130.

〔3〕 See J. Beatson, A. Burrows, J. Cartwright, *Anson's Law of Contract*, 30th ed., Oxford University Press, 2016, p. 97.

诺言的执行力取决于诺言作出时的内容与环境。因此,若允诺人承诺去履行他已经承担的义务,特别是合同已经反复谈判过之后,合同并不成立。[1] 其二,对价可以用来识别允诺人意图所具有的法律可执行性,因此提供了证据作用,证明了双方发生交易的真实目的,表明双方意图具有正式性。其三,对价可以保证允诺人决定订立合同,而不是一时心血来潮为之。[2]

二、对价的特征

(一)对价表现为利益或损害

如前文所述,对价可以由允诺人所得利益或受诺人所受损害(benefit or detriment)构成,这是一个问题的两个方面。该定义虽然经常得到引用,但实践中完全按照这一思路来定义对价往往存在不少困难。例如,有些许诺并没有发生真实利益或损害,但却可以构成对价,如为比赛优胜者颁发奖品;有些许诺在常识意义上包含真实利益或损害,却不可能构成有效对价,如以较少金额偿还债务。因此,这一问题又成为如何解释利益与损害的复杂问题,由于情况的千差万别而变得更为复杂。为解决这个问题,英国法律认为,所谓利益与损害,是指法律上的利益与损害,而非一般意义上的利益与损害。显然,这是法律概念与事实互相混杂的领域。

(二)对价的目的是交换诺言

对价应当为交换诺言而提供,一般是应允诺人的要求而提供的,但有时候也不一定。[3] 因此,受诺人必须为交换诺言而自己提供诺言或行为(包括不行为)作为交换。[4] 据此,若利益或损害并非为交换对方诺言,对价就不能成立。特别是如受诺人仅基于对诺言的依赖而不是为交换诺言之目的而承受损害,对价仍不成立。易言之,二者必须具有对应性与交换性。

经典判例　库姆诉库姆[5]

在该案中,夫妻离婚时丈夫对妻子允诺每年100英镑的终身补贴。其后,丈夫拒付,妻子起诉。英国上诉法院判决认为,妻子没有要求抚养费的损害事实不能构成良好对价,原因在于丈夫没有要求妻子做什么,她的行为与丈夫的付款诺言之间没有交

---

〔1〕 Llewellyn [1941] 41 Col L Rev 777,778,863;Simpson [1975] 9 LQR 247,263.

〔2〕 Pillans v. Van Mierop [1765] 3 Burr 1663,1670 [Wilmot J].

〔3〕 Ball v. National and Grindlays Bank Ltd. [1973] Ch. 127.

〔4〕 See J. Beatson, A. Burrows, J. Cartwright, *Anson's Law of Contract*, 30th ed., Oxford University Press, 2016, p. 97.

〔5〕 Combe v. Combe [1951] 2 KB 215.

换关系。据此,原告败诉。该案表明,英国合同法在对待家庭关系上有时候也用交易关系来理解,这种理解是否合理值得商榷。该案在大陆法与中国法中应当是亲属法范畴,不应当适用合同法规则。就此角度而言,该案判决是否合理值得讨论。

(三)对价不是条件

对价是使允诺人诺言产生约束力的代价,因此不是合同中常见的条件(condition)。例如,如甲对乙说若后者找到丢失动物就会支付赏金,则针对诺言的对价存在。但如果甲对乙说,若后者会驾驶汽车甲就会支付1000元,则这属于附条件的赠与(conditional gift),这种赠与在英国法中不具有合同强制力,因为乙会驾驶汽车对甲而言并无发生利益交换,甲并未因此受益。[1] 另外,如甲对乙说若后者搬入前者的房屋并负责照顾甲,则乙会得到甲的房屋,则这种情况仍属于附条件的赠与,除非双方认为履行行为是诺言相对的代价。

经典判例 查普尔公司诉雀巢公司[2]

在该案中,原告拥有很多乐曲的著作权,被告则是巧克力生产商。被告对公众提供原告拥有著作权的唱片以促销,任何人都可以一定价格获得录音带,并需要附加上三张被告生产的巧克力产品的包装纸,人们一般都是在购买录音带之后就扔掉这些包装纸。根据当时的立法规定,任何人都可以自动使用唱片的著作权产品,条件是对著作权人支付一定比例的普通零售价格。原告后来对此起诉,认为被告不能依赖立法规定,因为这里的价格仅包括金钱,而该案中唱片的对价还包括三张包装纸,这些包装纸本身一文不值。此案引发三次诉讼,上议院最终判决原告胜诉。在对价问题上,上议院认为包装纸构成对价,原因在于出售产品的目的是提高巧克力销量,包装纸作为销售的证据因此也构成对价,获得包装纸不是一个限制可以获得巧克力的顾客的条件,而是对价的一部分。该案表明,对价的价值并不以实际价值为限,而是法律价值,实际上一文不值的东西也可以解释为对价。当然,这种解释的目的在于认定交易存在,因此法院是扩大解释的路径,原本一文不值的包装纸因为是促销的一部分,因此也具有了法律价值。在某种程度上,法院是在通过裁剪事实来套用对价原则,目的是在法律上可以合理解释符合生活常识但不符合法律逻辑的交易,这也是法院经常使用的方法。

---

〔1〕 Shadwell v. Shadwell [1860] 9 CBNS 159.

〔2〕 Chappell & Co. Ltd. v. Nestlé Co. Ltd. [1960] AC 87.

三、对价的作用

在英国合同法中,对价对于所有简式合同的成立都是必要条件,诺言若无对价支持则不具有可诉性。这一要求有很强的历史背景,并不是一个理论推演的结果。如第一章所述,英国合同法并不是从实体法发展而来的,而是从诉讼格式发展而来的。以程序法为路径发展导致早期英国合同法没有出现过完整的理论框架,各种形式的诉讼格式不可避免地出现混乱与矛盾,大量非契据合同不能在法律上得到承认,因此英国法院要对何种合同能够得到法律承认进行确认,继而通过考察诺言代价的方法来实现这一目的,表明法院的注意力从程序问题逐步过渡到考察合同的实质问题,对价原则因此应运而生。

对价原理的演变及建立为法官处理各类合同争议提供了一个相对统一的考察标准。经过几个世纪的发展,对价原理到 18 世纪终于成为英国合同法的基础原则,使形式散乱无序的古典合同法拥有一个统一的理论基础,并大大纠正了古典英国法重程序而轻实体的传统做法,程序法对实体法的限制就此逐渐消失,诸多实体合同法问题可以得到法院的处理。从此,具有现代意义的"理论化的契约法体系"(doctrinalized system of contract law)开始逐渐取代古典时代的"程序化契约法体系"(formulary system of contract law)。[1]

具体而言,在古典的违约赔偿之诉中,原告若不能提供盖印文件则就必须证明他为诉争交易提供了某种有价值的对价,这就表明早期英国法已经开始使用对价来衡量合同的成立问题。但 1756 年英国著名法官曼斯菲尔德勋爵在担任王座法庭首席法官时,针对对价原则提出了批评意见。其一,他认为对价仅是证明合同成立允诺人因此受约束的几种方法之一,若因商业习惯而将合同写成书面文件或使其具有立法要求的形式(如地契),则对价原则就没有什么作用。[2] 但上议院在一个判决中否定了此种观点,[3]坚持认为英国法中所有合同分为两类:一是契据合同,二是口头合同,不存在所谓的第三种书面合同。口头合同必须由对价支持才有法律意义。其二,他认为之前存在的道德义务可以成为明示赠与性诺言的有效对价,[4]但这一点又为上议院所否定,[5]上议院仍坚持认为过去的对价不能支持诺言,原因在于承认这一规则会导致对价原则完全失去意义,诺言仅凭道义义务而成立,导致法律义务与道义

---

〔1〕 See J. Beatson, A. Burrows, J. Cartwright, *Anson's Law of Contract*, 30th ed., Oxford University Press, 2016, p. 99.

〔2〕 Pillans v. Van Mierop [1765] 3 Burr 1663.

〔3〕 Rann v. Hughes [1778] 7 TR 350n.

〔4〕 Lee v. Muggeridge [1813] 5 Taunt 36.

〔5〕 Eastwood v. Kenyon [1840] 11 A & E 438.

义务发生混淆,使法律的确定性受到损害。自此之后,非契据形式的合同中的诺言都必须依照可诉性规则来判定是否成立,即审查允诺人是否得到任何利益或受诺人是否为诺言而承受任何现在或未来的损害。若没有发现利益交换或损害,则可以认为诺言是赠与性的,因此不具有合同的约束力。

按此逻辑,很多情况在只有单方诺言的情况下法院无法判决认定存在合同,即使当事人有此意图也不可以;或者法院在仅存在微小利益或损害的情况下也会认为对价存在。这一结果明显与现实生活不符合,在很多情况下会导致法院判断具有一定的随机性与专断性,导致规则的逻辑结果存在荒谬。为了纠正法律规则与实际生活的偏差,法院在实践中一般不愿意认为商业环境下产生的诺言是赠与性的,在一般情况下以缺乏对价作为抗辩很难成功,[1]因为法院可以通过各种解释技术来认定存在对价,有些情况下甚至会牵强附会,以与商业现实相符合。结果是,对价原则受到了很多批评,实际中的作用并不是很大,与其理论地位并不相称。

四、对价的分类

就对价与诺言的对应时间而言,对价可以分为待履行(executory)对价与已履行(executed)对价,前者一般是诺言对诺言,后者一般是行为或不行为对诺言。[2] 待履行对价在商业中较为常见,是指为换取类似诺言而从事行为或不行为的诺言。[3] 这种双方诺言可以附加条件限制,但并不影响它们互为对价的作用。相比之下,已履行对价是指在诺言与对价具有对应性的情况下,一方已经完成构成要约或承诺的行为,即一方已经履行完毕,未履行的另一方需要完成合同义务。前者的例证是甲向乙提供服务,其目的是能够得到乙付款,乙一旦接受则合同即告成立。乙方不得拒付,否则即违约。后者的主要例证是悬赏广告,即受要约人所提供悬赏后果的行为本身既是承诺也是对价。[4]

五、过去的对价

过去的对价(past consideration),是指一方当事人在对方当事人作出许诺前已经履行的对价。按照英国法,过去的对价不构成对价,因为过去完成的对价往往属于自

---

〔1〕 Thorensen Car Ferries Ltd. v. Weymouth Portland BC [1977] 2 Lloyd's Rep 614,619.

〔2〕 See J. Beatson, A. Burrows, J. Cartwright, *Anson's Law of Contract*, 30th ed., Oxford University Press, 2016, p. 100.

〔3〕 See M. Furmston, Cheshire, *Fifoot and Furmston's Law of Contract*, 16th ed., Oxford University Press, 2012, p. 102.

〔4〕 Carlill v. Carbolic Smoke Ball Co. [1893] 1 QB 256.

愿行为,与诺言并无对应关系,也不构成交易关系。[1] 当事人在对方作出许诺前已经完成行为表明其当时并不打算要求对方当事人作出许诺,因此也不能要求对方履行后来作出的许诺。[2] 显然,前述的已履行对价不同于过去的对价,过去的对价所涉及的问题一般是道德或感情问题,因此往往是道德义务,而非法律义务。已履行的对价并非道德问题,而是诺言与行为之间具有对应性,其本质为交易而非其他。[3] 从时间顺序来看,已执行的对价是对方当事人许诺在前、自己行动在后;而过去的对价则是对方当事人许诺在后,自己行动在前。

过去的对价所涉及的问题一般是行为在作出时并无诺言相对应,诺言是在行为作出后才发生的,因此二者没有互相对应,而是互相独立,本质也不为交易。[4] 因此,过去的对价根本就不是对价,该词从本质上来说不符合逻辑,对允诺人没有提供利益,受诺人也没有为换取诺言而受到损害。发生的情况仅仅是一方获得利益但不承担任何法律责任而已,受益方在其后出于感情或其他动机而对相对方行为表示感谢的诺言并无约束力,其性质是赠与性的,这种诺言在英国合同法上不具有强制执行力,法院不提供任何救济。这里发生的区分实质是合同的定性问题,英国合同法将合同本质定性为交易而非抽象的合意,因此,不承认没有交易的合同。换言之,过去的对价所涉及的问题属于感情、道德或关系问题,而非法律问题。

过去的对价不是对价作为规则早已确立,但其适用却可能造成很多与现实不符合的情况,这是司法造法时顾此失彼的一个例证。因此,法院在判例中又发展出一系列例外情况,实际上增大了法律规则适用的复杂性,这也是普通法发展中经常出现的问题。

(一)允诺人之前提出要求

过去的对价可以支持其后发生的诺言,前提是对价是应允诺人要求而提供的。这在早期判例中就已经得到确认,在当时是一种无限制使用的例外情况。在 19 世纪,在对价原则得到严格解释之后,该例外情况受到限制。其后,根据允诺人要求所为之的过去行为可以构成对价,条件是在行为作出时双方存在发生交易的假定。

---

〔1〕 See Edwin Peel, *Treitel on the Law of Contract*, 14th ed., Sweet & Maxwell, 2015, para. 3-018.

〔2〕 See J. Beatson, A. Burrows, J. Cartwright, *Anson's Law of Contract*, 30th ed., Oxford University Press, 2016, p. 101.

〔3〕 Westminster CC v. Duke of Westminster [1991] 4 All ER 136, 145.

〔4〕 参见何宝玉:《合同法原理与判例》,中国法制出版社 2013 年版,第 79 页。

经典判例　保昂诉刘氏[1]

在该案中,原告与被告签订了股权收购合同,其中的一个条件是被告要求原告承诺一年内不得出售股票,其后还允诺在股票跌价时为原告提供补偿。其后双方发生争议,原告要求被告付款。被告的一个抗辩是补偿的对价是过去的对价,这导致合同并不成立。法院判决认为被告败诉。英国枢密院司法委员会在判决中认为,在诺言作出前的行为可以构成该诺言的对价,限制条件包括:其一,受诺人必须是在许诺人的要求下完成最初行为,而不是自己主动完成;其二,双方当事人都知道受诺人行为需要支付报酬;其三,许诺人的付款诺言若是在受诺人行为完成前作出就必须具有强制执行性。

由此可见,该例外情况并非完全背离了前述过去对价的基本规则,只是扩大了这一规则的适用范围,而不是否定对价的基本原理。这一例外规则实质上仅放宽了诺言与对价在时间对应性上的要求,而非彻底否定了它们之间的对应性。这一规则意味着,实质上属于要约的请求是后来才发生的,而行为是为这一诺言而发生,后来的付款或提供其他利益的诺言仍旧是同一交易的一部分,诺言的具体内容仍旧得到对价支持。

从现代商业角度来看,过去的服务应当可以构成有效对价,因为在商业关系中服务必然对应的是报酬,无论当事人是否这样表达,一般而言,当事人都有这样的合理期待。如此,所谓的过去的对价只是看起来没有对应关系,但对应关系其实是隐藏在其中的,因而应当成立。

(二)之前的债务

既存的债务在一般情况下可以成为之后诺言的足够对价,[2]但并不总是如此。英国法要求必须存在不作为形式的现存对价来支持诺言,债权人放弃诉讼就属于这种情况。[3]

(三)票据

根据英国《1882 年汇票法案》第 27 条第 1 款的规定,票据中过去的对价不是对价的规则不适用,因为票据法重视的并非当事人的意思,而是以票据本身作为考察重点,本质上是票据法律关系。

---

〔1〕 Pao On v. Lau Yiu Long [1980] AC 614.

〔2〕 Slade's Case [1602] 4 Co. Rep 91a, above, p. 15.

〔3〕 Wigan v. English and Scottish Law Life Assurance Association [1909] 1 Ch. 291.

六、对价与诺言的对应性

对价与诺言互为交易对象，对价与诺言因此具有对应性，这必然要求对价必须是由受诺人提供的。这一规则包含三重含义。[1]

第一层含义，是诺言即使有受诺人提供的对价支持，对价也必须由原告提供，即提起诉讼要求执行合同的一方必须自己提供了对价，而不能依赖于他人提供的对价，否则就丧失了对应性。这导致对价与另一个规则——合同的相对性（privity of contract）在某些方面并无区别，后者的要求也是这样，即非合同相对方不能要求合同救济，[2]除非有例外情况，如保险合同或立法的例外规定。[3]

第二层含义，是若对价是由其他人提供的，那么受诺人不能要求允诺人执行合同。若甲对乙允诺，为换取丙为甲工作，甲会对乙付款，则乙不能要求执行合同，因为乙尽管是受诺人，但其并没有提供对价，提供对价的是丙。由于诺言或对价二者之间没有相对性，乙也没有承担任何损害，因此，尽管甲已经收到利益，由于丙提供了该利益，但乙并无权利可言。但此规则可以适用的情况很少，因此并无太多实际意义，更常见的情况是乙与丙承担连带责任。如甲方对乙与丙允诺，若丙负责一些工作，甲会给乙付款。在这种情况下若甲拒绝付款，乙是否可以起诉呢？从逻辑出发，有人认为乙不能起诉。但也有判例认为，连带责任人可以起诉，[4]这更多的是出于实务考虑，即不纠缠于意义不大的逻辑推理问题。

第三层含义，是诺言必须拥有对价才可以具有约束力，这一含义并不是特别重要，因为这一规则仅是强调了对价的固有要求。

七、对价的充足性

对价作为诺言的代价，当然应当有价值。但这里的价值不是一般社会意义或常识意义上的利益，而是指法律上认可的价值，其范围较一般意义上的利益范围更大，包括没有实际价值的抽象价值。[5] 因此，对价的价值往往是主观判断的结果，并非法律所考察的重点。法院的职责不是要保证双方当事人达成客观上的公平交易，只要不存在胁迫和不正当影响，当事人主观上承认交易即可以使对价成立，这是尊重当

[1] See J. Beatson, A. Burrows, J. Cartwright, *Anson's Law of Contract*, 30th ed., Oxford University Press, 2016, p. 103.

[2] Tweddle v. Atkinson [1861] 1 B & S 393.

[3] Contracts (Rights of Third Parties) Act 1999.

[4] Coulls v. Bagot's Executor & Trustee Co., Ltd. [1967] 119 CLR 461.

[5] See J. Beatson, A. Burrows, J. Cartwright, *Anson's Law of Contract*, 30th ed., Oxford University Press, 2016, p. 105.

事人意思自治的结果,也是司法干预当事人私人交易的边界。[1]

因此,合同法要求对价必须"足够"(sufficient),但不必"充足"(adequate),这种表述只有在英语语境中才能准确地理解。这两个词语是近义词,但不是同义词。两个词语意味着诺言与对价之间无须具有一般意义上的价值对应性,只要存在法律上可以认可的价值即可,这意味着没有实际价值的东西也可以构成对价。[2] 对价因此有可能只具有形式性而没有实际内容。对此,英国法中的谚语有一个形象的比喻说法,"一个胡桃夹子也是对价"(a peppercorn does not cease to be a good consideration),[3]这一规则意味着,法律判定对价的标准是寻求其法律的抽象意义,而非探究诺言或对价在实质上是否存在及其价值到底是多少。

经典判例　黑格诉布鲁克斯[4]

在该案中,有关若干票据付款的诺言所对应的对价是一份据信是担保的文件,其后双方发现该文件的合法性存疑,因此产生争议。法院判决认为,文件毫无价值的事实并不能对抗针对诺言提出的诉讼,法院的任务并非探究所支付的价格是否足够,只要被告转移一些他本来可以保有的东西的诺言而换取原告订立合同,被告就提供了对价,合同因此成立。

由于法院考察的重点不是对价是否充足而是对价是否存在,因此就出现了名义对价(nominal consideration)的说法,即形式上存在但并无实际意义的诺言或行为,其目的在于制造一个可以约束诺言的对价,这种对价也是合法而合理的,某种程度上实际是规避法律规则的变通做法。因此,在普通法上,合同当事人可以自由选择对价,原则上与法院无关。

但是,若完全不考察对价的充足性,也可能在特定领域造成双方利益不平衡,因此若干立法对对价的充足性进行了规制。在英国财产法上,仅有名义对价的交易与具有实际价值的对价在立法规则上存在区别,[5]但这并不能全盘否定普通法上的规则。另外,在衡平法上,在考察合同中的不正当影响(undue influence)或显失公平(unconscionability)的问题时,对价的充足性可以成为相关要件之一,这两个诉因可

---

[1] See Edwin Peel, *Treitel on the Law of Contract*, 14th ed., Sweet & Maxwell, 2015, para. 3 – 013.

[2] See M. Furmston, Cheshire, *Fifoot and Furmston's Law of Contract*, 16th ed., Oxford University Press, 2012, p. 110.

[3] Chappell & Co. Ltd. v. Nestle Co. Ltd. [1960] AC 87.

[4] Haigh v. Brooks [1839] 10 A & E 309.

[5] Land Charges Act 1972, s. 17(1); Law of Property Act 1925, ss. 84(7) and 205(1).

以导致合同撤销,但对价不充足不是衡平法判决合同撤销的唯一基础,往往还需要考察订约程序中是否存在其他情况。[1]

八、对价的真实性

普通法不要求对价必须足够,但要求对价必须是真实的,即必须具有法律所认可的价值。换言之,对价若不真实就不存在,若受诺人无真实意图提供对价会导致对价不成立。[2] 法院对于虚假对价予以严格审查,防止不合法的对价约束允诺人,从而排除为某些交易提供司法救济。这也是对价原则创设的基本目的之一。[3]

(一)动机不能构成对价

当事人订立合同当然会基于具体动机(motive),但动机本身不是诺言的对价,因为动机不具有法律上可以认定的真实价值。但这并不意味着动机在判断对价时毫无作用,动机的作用在于确定受诺人意图为诺言提供对价,但允诺人的动机必须是获得法律上可以认可的回报,而不是法律上毫无意义之物。这是法律与道德逐步分离的结果。

经典判例　托马斯诉托马斯[4]

在该案中,丈夫去世后,遗产管理人允诺其遗孀可以占有丈夫所有的一栋房屋,条件是遗孀允诺负责维修该房屋,并支付每年1英镑的房租。遗产管理人在协议中写明是出于对死者遗愿(遗孀终身居住)的尊重而订立的。其后发生争议。法院判决认为,执行死者遗愿不能构成对价,遗愿是动机,并不能构成对价,对价必须有法律价值并由原告提供。

(二)对价必须具有现实性

对价必须是真实的要求,意味着对价不能存在物理或法律上的明显不可能情况,[5]否则对价就不具有现实可能性,因此不能成立。在这种情况下判断对价是否真实与现实就应当具体分析,根据订约情况来考察对价是否存疑,导致合同不能成立。在此方面,英国法院审查标准相对较为宽松,对价只要存在合理性就无须作此审

---

〔1〕 Coles v. Trecothick [1804] 9 Ves Jun 234.

〔2〕 Arrale v. Costain Civil Engineering Ltd. [1976] 1 Lloyd's Rep 98.

〔3〕 See J. Beatson, A. Burrows, J. Cartwright, *Anson's Law of Contract*, 30th ed., Oxford University Press, 2016, p. 107.

〔4〕 Thomas v. Thomas [1842] 2 QB 851.

〔5〕 See Edwin Peel, *Treitel on the Law of Contract*, 14th ed., Sweet & Maxwell, 2015, para. 3-028.

查,防止司法审查的范围过大而对合同当事人意思自治造成不利影响。

(三)对价必须具有确定性

若对价本身内容并不确定,是空洞的诺言,自然不应当约束诺言。因此,若受诺人提供的诺言使其对履行诺言拥有完全的决定权,表明该对价缺乏对受诺人的约束。换言之,并不存在真实的订约意图,这属于虚幻(illusory)或空洞的对价,往往是一个主观判断问题。有观点认为,这类型案件的判断标准不应当是主观性较强的对价确定性标准,而应当是创设法律关系的意图(intention to create legal relations)的标准,以对价作为判断标准并不合适。

(四)诉讼协议的对价

从公共政策角度出发,避免诉讼显然符合社会利益,因此鼓励当事人之间通过谈判或其他非诉讼方式解决问题以减轻司法负担,因此,通过非诉讼方式解决纠纷是英国法上的公共政策之一。[1] 当然,通过私人之间的妥协避免诉讼也有其限制,即必须存在真实的争议,[2]而不是欺诈、胁迫等情形产生的瑕疵意思。对此,公权力仍然保留着必要的介入权。[3]

经典判例 联合银行公司诉布如姆[4]

在该案中,原告、被告之间存在金融业务。原告要求被告为欠款提供担保,为此被告允诺转让一批货物的所有权文件。其后,被告没有履行其义务,原告因此起诉,被告以诺言缺乏对价作为抗辩。法院判决原告胜诉,理由是尽管原告没有提供诺言允诺未来一段时间不起诉,但本案的情况表明原告确实没有起诉,而且被告也确实因此受益。因此,被告因此协议而获取了利益,这就是对价。从该案可以发现,英国法院在对价的解释方面,保持了一贯的灵活性,以与商业实践相符合,这导致对价的概念不断扩展,其抽象概念到底如何理解需要视情况而定。

另外,争议妥协(compromise of a dispute)中有可能发生对价。争议妥协与上述的放弃诉讼有所区别,在争议妥协中债务人并不承认诉讼成立,而债权人决定放弃诉讼。因此,上述放弃诉讼的实质是债务人承认诉讼,若债权人放弃则会提供行为或诺言;争议妥协的意思则是债务人并不承认诉讼成立,若债权人放弃则会提供行为或诺

---

〔1〕 See J. Beatson, A. Burrows, J. Cartwright, *Anson's Law of Contract*, 30th ed., Oxford University Press, 2016, p. 108.

〔2〕 See Edwin Peel, *Treitel on the Law of Contract*, 14th ed., Sweet & Maxwell, 2015, para. 3 – 034.

〔3〕 Wade v. Simeon [1846] 2 CB 548, 564.

〔4〕 Alliance Bank Ltd. v. Broom [1864] 2 Dr & Sm 289.

言，如债务人同意部分付款以换取对方放弃诉讼。由于这两种情况都会导致诉讼不再继续，有利于节省公共资源，因此为法律所承认，都可以成立有效对价。当然，达成妥协的前提仍旧是就争议达成妥协须为当事人的真实意思，当事人达成的协议必须不存在欺诈、胁迫等情形。

经典判例　卡利舍诉布舍海姆〔1〕

在该案中，被告同意向原告提供若干证券，目的是换取原告放弃对其提起的诉讼。该诉讼本身毫无价值，但无证据表明原告知道这一问题。原告、被告达成一个妥协协议，其后发生争议。法院判决认为对价存在，妥协协议有约束力。但法院同时指出，达成妥协协议的基础是提出妥协的一方拥有胜诉的可能性，他真实相信胜诉的机会，并有合理理由起诉，如此才能使他的对价具有约束力。达成妥协协议意味着一方放弃了他所认为正确的诉讼，对方由此省去诉累而获益。但是，若诉讼本身并无合理依据而妥协方仍旧提出并从中获益，实际上构成欺诈，妥协协议因此不具约束力。该案的意义在于，法院提出了审查妥协协议合法性的方法，以剔除诉累或虚假诉讼产生的妥协协议。

九、既存义务与对价

若行为或诺言是受诺人本来就应按照法律而为之的行为或诺言，则在缺乏其他诺言或行为的情况下，不能构成对价。因此，既存义务(pre-existing duty)通常意义上不构成对价，因为受诺人已经负有义务从事该行为。〔2〕 此规则目的在于，防止本已存在的公共义务成为诺言的有效对价，公职人员据此不能依据合同法要求相对方为本来就应当由其承担的责任作出允诺。〔3〕 因此，在这种情况下并未发生真实交易。下文将分析三种情况。

(一)既存的法定义务

如前所述，受诺人履行或允诺既存的法定义务不能构成对价，原因在于这种情况下允诺人并无受益，受诺人当然也无损失。例如，允诺人在亲人走失的情况下悬赏巨额酬金，警察因此投入巨大精力找到失踪者，但警察并无权利索取酬金，因为寻找失踪者本身就属于其义务范围之内，警察不能用法定义务来换取酬金。但是，需要注意的是公共义务有其范围，超过公共义务的履行或允诺也可以构成有效对价。

---

〔1〕 Callisher v. Bischofsheim [1870] LR 5 QB 449,452.

〔2〕 See J. Beatson, A. Burrows, J. Cartwright, *Anson's Law of Contract*, 30th ed., Oxford University Press, 2016, p. 110.

〔3〕 See Edwin Peel, *Treitel on the Law of Contract*, 14th ed., Sweet & Maxwell, 2015, para. 3 – 034.

经典判例　科林斯诉戈德夫罗伊[1]

在该案中，原告收到法院传票要求其作为证人出庭为被告作证。被告为此允诺支付一定费用。原告在出庭后要求付款，被告拒绝付款，原告因此起诉。法院判决被告的付款诺言不存在对价支持，因此原告败诉。该案中原告的作证义务是法定义务，出庭作证是履行法定义务，法律明确要求其不能因此接受被告付款，否则就是作伪证(perjury)而破坏司法公正。在这种情况下，被告并无义务付款。

经典判例　哥拉斯布罗克兄弟公司诉格拉摩根郡委员会[2]

在该案中，原告是一家煤矿，被告是政府机构。在一次罢工事件中，被告为原告提供了额外的警卫服务，原告因此同意付款2200英镑，后又拒付，被告因此起诉要求原告付款，一审法院判决原告败诉。原告因此提起上诉。上诉法院判决仍认为原告败诉，原因是被告所提供的警卫服务超过了一般的必要程度，额外提供的警卫服务可以收费。该案件的背景是英国当时的国情，在其他国家是否成立难以确定。

(二)对第三人的既存义务

并不是所有的既存义务都不能成为有效对价。对第三人既存义务的履行或诺言可以构成有效对价，因为受诺人因此获得了直接义务带来的利益。[3]

经典判例　斯科特诉佩吉[4]

在该案中，原告作为承运人允诺送货给第三方或依其指令送给他人。第三方指令由被告来收货。被告与原告达成协议同意原告送货，条件是被告按照一定费率在船能够卸货时负责卸货。其后发生违约情况，被告抗辩认为，原告的送货仅是履行其与第三方已经订立的合同，因此被告卸货诺言没有对价支持，当然不承担违约责任。法院判决被告败诉，指出若一方选择付款诱使对方履行其已经与第三人达成的协议，那么该诺言有效，合同成立。该案表明，该案并未按照诺言与对价的严格逻辑关系来分析，而是根据商业交易的实际关系来判断对价存在，体现了法院以事实解释概念的灵活做法。

---

〔1〕 Collins v. Godefroy [1831] 1 B & Ad 950.

〔2〕 Glasbrook Brothers Ltd. v. Glamorgan County Council [1925] AC 270.

〔3〕 See J. Beatson, A. Burrows, J. Cartwright, *Anson's Law of Contract*, 30th ed., Oxford University Press, 2016, p. 112.

〔4〕 Scotson v. Pegg [1861] 6 H & N 295.

(三)对允诺人的既存义务

若受诺人仅承诺履行与允诺人的既存合同,那么一般认为不存在对价,因为这种情况下并未发生利益与损害的交换关系。[1] 但既存义务规则难以区别正当与不正当威胁的情况,[2] 因此这一问题可以由衡平法上的允诺禁反言原则(promissory estoppel)来规制,另外经济胁迫(economic duress)也有同样作用。因此,履行对允诺人的既存义务一般不能构成对价。

经典判例 斯迪克诉麦瑞克[3]

在该案中,一艘船从伦敦出发往返波罗的海港口。其间,两名船员弃船逃逸,船长在无法找到其他人补缺的情况下对剩余的船员允诺,若他们能够继续开船返回,会将两名船员的工资平分给他们。回到伦敦后,船员未得到付款因而起诉。法院判决船员不能得到付款,指出付款诺言没有对价支持,因为船员在起航前已经承诺任何紧急情况下都会履行职责。船员弃船逃逸属于紧急情况之一,剩余船员履行义务理所应当,无理由要求加薪。该案的判决背景之一可能是司法机构在当时情况下更愿意维护船东以及管理层的利益,因为当时的海上运输条件十分艰苦,船员逃逸事件十分常见,若判决加薪诺言有效,无疑会鼓励船员以各种方式威胁船长,因此以对价为由判决合同不成立,但可能还有公共政策考量。

但是,如既存合同得到解除,当事人同意更多付款的新合同就可以成立,这也适用于前述的妥协协议或出现了合同未曾规定的紧急情况。若法院按照此思路判断,则上述判例的结果就有可能完全不同。

经典判例 哈特雷诉庞森比[4]

在该案中,一艘船从英国起航时有多名船员,航行中多名船员陆续离开,只余19人,其中只有5人能够驾驶船舶。为了能继续航行到达目的地,船长同意多支付给每位剩下的船员40英镑。但在轮船安全抵达港口后,船长只支付了正常工资,拒绝支付承诺的40英镑。原告因此起诉船长违约,被告船长抗辩认为,船员们的既有义务是到达目的港,因此不存在对价支持其支付40英镑的诺言。法院判决原告获胜,航

---

[1] See J. Beatson, A. Burrows, J. Cartwright, *Anson's Law of Contract*, 30th ed., Oxford University Press, 2016, p. 114.

[2] See Edwin Peel, *Treitel on the Law of Contract*, 14th ed., Sweet & Maxwell, 2015, para. 3 – 048.

[3] Stilk v. Myrick [1809] 2 Camp 317.

[4] Hartley v. Ponsonby [1857] 7 E & B 872.

行中多名成员离开导致剩余的成员承担了多于其原合同义务的义务,剩余船员在航行已经变得比较危险的情况下有权拒绝履行合同,原合同已经发生落空,因此承担额外义务构成船长额外付款诺言的对价,新合同已经因此订立,船东应当付款。显然,该案的事实与前案实际上类似,但法院的判决完全不同,似乎与时代背景有关。

由此可见,过去的义务不构成有效对价的规则,实际运用可能造成不公,因此这一规则一直存在争论。[1] 支持者认为,这一规则虽然有可能造成问题,但最大的好处是防止胁迫发生。这种情况在商业合同中比较常见,例如,当事人在工程合同中往往在低价竞标成功后以种种理由提价,迫使对方支付额外金额。若法院放弃该规则,也会造成不公,造成胁迫合法化。反对者认为,当事人履行既存合同义务是要付出成本的,会发生实际损害,对方必然会因此受益,这种实际利益比法律上的债权更具有实际意义,因此这一规则不应当继续存在。为了解决这种困难,法院在下面的判例中作了扩大解释,从而使这一规则尽可能地与当事人的合理期待与商业实际情况相适应。

经典判例　威廉姆斯诉罗菲兄弟尼克勒斯(承包)公司[2]

在该案中,被告订约为一批公寓提供重新装修服务。为此,被告将部分木工分包给原告,价格是2万英镑。原告完成了其中的部分施工后发生资金困难,因为价格过低以及劳力不足,导致继续按约施工存在困难。被告对此造成的延迟非常担心,因为主合同中还包括罚金条款,为此同意为已经完工的公寓每栋支付575英镑,共计额外支付10,300英镑。其后,原告又完成部分施工,但被告仅支付了1500英镑。原告停止施工并要求支付剩余金额。被告抗辩认为原告没有为付款诺言提供对价,因此不存在付款义务。法院判决认为此抗辩不成立,被告应当付款。法院在判决中总结出了其中的典型情况,即(1)甲乙订立合同由甲负责工作或提供货物或服务,而由乙付款;(2)在甲完成义务前乙有理由怀疑甲有可能完不成合同;(3)乙为此允诺额外付款以换取甲能按时履约;(4)因此诺言,乙获得了实际利益或消除了不利益;(5)乙的诺言不存在经济胁迫或甲方欺诈的情形。在此情况下,乙的利益可以构成对价,诺言因此具有约束力。本案中,法院认为被告因原告履行而得到了几种实际利益,包括避免主合同规定的罚金,避免雇用其他分包商的费用与麻烦,替换了风险更高的付款方

---

〔1〕 See J. Beatson, A. Burrows, J. Cartwright, *Anson's Law of Contract*, 30th ed., Oxford University Press, 2016, p. 116.

〔2〕 Williams v. Rofey Bros & Nicholls (Contractors) Ltd. [1991] 1 QB 1.

法，以及被告可以将其各种资源用于完成该施工而无须因原告停工而发生各种费用。这些额外的实际利益都构成额外付款的对价，因此被告必须付款。

在该案中，法院实际上是从交易过程中引申发现了多种实际利益（practical benefit），并将其解释为使诺言产生约束力的对价，从而为原本没有对价支持的诺言找到了对价。这种方法的背景是经济胁迫诉因的出现为控制不正当威胁提供了更为灵活的选择，导致法院对对价采取更切合实际与灵活的方法来处理。换言之，法院更愿意在交易中找到对价以使判决符合当事人的合理真实意图与商业实践，而不在意对价本身的价值，体现了法院试图规避对价原则造成判决不符合现实生活的态度。这也是英国法一贯采用实用主义处理问题的体现。在这种情况下，实际利益的扩大解释表明，法院认为所有为履行或允诺履行对允诺人的既存义务的诺言（额外付款或接受更少付款），在不存在胁迫的情况下都可以导致合同成立。〔1〕 这导致威廉姆斯诉罗菲兄弟尼克勒斯（承包）公司案与前述斯迪克诉麦瑞克案〔2〕之间存在矛盾，已经不需要对价来规制合同变更中的问题，后一问题应当由经济胁迫的规则来解决。但需要注意的是，斯迪克诉麦瑞克案的规则仍未失效，在不存在实际利益的情况下仍可以发现对价的存在。这是普通法发育过程中的常见情况，在一定程度上造成了规则本身存在的内在矛盾。

十、免除债务与对价

按照对价的逻辑继续推理，对允诺人履行既存义务不能构成真正的对价，这一点不仅适用于创设新的义务，还适用于免除既存义务的诺言。〔3〕 因此，债权人对债务人免除部分债务的诺言因缺乏对价而对其没有约束力，债务人即使履行了部分债务也不能以债权人诺言来对抗债权人再次要求全部清偿的请求，债权人仍然可以起诉，因为部分清偿债务仅是债务人应当完成的义务，债务人不能以其应当完成的债务作为全部清偿。〔4〕

---

〔1〕 Adam Opel GmbH v. Mitras Automotive [UK] Ltd. [2007] EWHC 3481 [QB].

〔2〕 [1809] 2 Camp 317.

〔3〕 See J. Beatson, A. Burrows, J. Cartwright, *Anson's Law of Contract*, 30th ed., Oxford University Press, 2016, p. 117.

〔4〕 See Edwin Peel, *Treitel on the Law of Contract*, 14th ed., Sweet & Maxwell, 2015, para. 3 – 102.

经典判例 平内尔案[1]

在该案中,1600 年 11 月 11 日原告平内尔(Pinnel)依清偿债务之诉对被告的担保起诉,要求其清偿。被告抗辩认为,他已经在 10 月提供了部分清偿,原告对此按全部清偿接受,因此不能再次起诉。英国普通诉讼法院(the Court of Common Pleas)指出,部分清偿不能构成全部清偿。上议院则认为,债务本身就包括应付利息,原告偿还债务只是履行既存义务,被告虽然许诺不再采取进一步诉讼行动,但这一许诺没有相应的对价支持,因而没有约束力。最终原告获胜。按现代观点,该案明显不符合常识与商业实践,但符合对价的逻辑,法院仍受到约束。

经典判例 福克斯诉比尔[2]

在该案中,经法院判决原告对被告负有债务,金额为 2090 英镑。被告同意若原告支付他 500 英镑现金且余款分期付清,被告就会放弃起诉。原告按约付款,但被告又提起诉讼要求原告支付利息。原告抗辩认为,支付利息的义务已经为被告所解除。法院判决原告抗辩不成立,被告诺言没有对价支持,原告付款义务不发生解除。

显然,这一规则与商业实践存在一些冲突,在某种程度上不符合常识。但囿于传统与逻辑,上议院认为此种情况下不能适用前述的实际利益(practical benefit)规则来减轻或规避对价原则的适用。[3] 因此,福克斯诉比尔案的规则目前仍旧有效。但英国法院对其给予限制,方法是从实际情况中发现对价,也就是制造对价以适应案情与常识,发挥法院擅长的规则解释功能。[4] 据此,若双方对债务金额有争议或受诺人提供的履行与相对方受领的标的有差别,无论这种差别有多小,则允诺人的免除债务诺言就有约束力;或者第三方支付部分清偿,若债权人同意第三人代替债务人提供部分清偿并免除其余债务,那么债权人其后不能要求债务人再次清偿,否则就是对第三人的欺诈。但这两个例外仍旧未能圆满解决问题。因此,这一规则的不合理性显而易见,但实际弊端由于很多判例已经减轻,而英国法对此仍然没有发生根本变化。

十一、放弃诉权构成对价

在商业实务中,合同当事人往往用起诉作为交换条件来换取一定的利益,这是因为诉讼对当事人而言本身就是负担,在很多情况下避免诉讼、达成和解对双方都有

---

[1] Pinnel's Case [1602] 5 Co. Rep 117a.

[2] Foakes v. Beer [1884] 9 App Cas 605.

[3] Re Selectmove Ltd. [1995] 1 WLR 474,481.

[4] See Edwin Peel, *Treitel on the Law of Contract*, 14th ed., Sweet & Maxwell, 2015, para. 3 - 111.

利。因此,债权人承诺不起诉以强制执行合同产生的请求就可以构成有效对价。[1] 当事人放弃诉权可以通过三种方式表达:一是明确放弃诉权,即口头或书面表明放弃诉权的意思;二是默示放弃诉权,债权人未明确说明但在一段时间内并未起诉,可以解释为许诺容忍对方不履行义务;三是和解(composition)放弃,即双方当事人对一项诉权协商达成和解表明放弃诉权。从公共政策角度出发,英国法院承认和解协议具有约束力,以鼓励当事人自行解决争议,防止诉累与司法负担,[2] 这有利于提高司法效率。

经典判例 库克诉怀特[3]

在该案中,被告受人之托为他人管理房产,当地政府依法兴建道路,费用由相关受益房东分担。政府要求被告支付分摊费用,遭到被告拒绝,被告说明自己不是房东。原告善意认为被告负有义务支付费用,因此告诉被告会被起诉。被告否认付款义务,但为避免发生诉讼,经协商后同意降低支付金额并分三期付款。被告后来向原告签发三张本票,有两张无效。原告因此起诉被告,被告抗辩认为合同不成立,因为其诺言没有对价支持。法院判决认为,原告同意不起诉构成有效对价,因此被告负有义务付款。需要注意的是,该案被告并非房东,因此实际上并没有付款义务,政府机构发生了善意认识错误。另外,被告明知没有付款义务,但为了避免诉讼,因此同意降低金额并支付。原告因此放弃诉权,由于这一放弃是善意的,因此构成有效对价。

十二、对价原则的评述

前述关于对价的论述表明,对价原则是英国合同法的一大特色,内容庞杂而不乏矛盾与冲突之处,与商业常识和日常生活存在一定的不和谐之处,因此陆陆续续又衍生出来很多例外规则。[4] 这样,对价原则引发了很多争议,支持方与反对方进行了长期的论战,虽对价原则遭到废除的可能性仍然很小,但其实际作用也没有那么突出,地位已经大大弱化。[5] 对价虽然是英国合同法富有特色的代表性原则,但有些名不副实。具体原因体现在:其一,新规则替代了对价的作用。这方面的新规则集中在非法合同、违反公共政策合同、胁迫、不正当影响等诉因之中,这些规则更为清晰、

---

〔1〕 See Edwin Peel, *Treitel on the Law of Contract*, 14th ed., Sweet & Maxwell, 2015, para. 3 – 040.

〔2〕 Scammell v. Dicker [2005] EWCA Civ 405.

〔3〕 Cook v. Wright [1861] 30 LJQB 321.

〔4〕 See Edwin Peel, *Treitel on the Law of Contract*, 14th ed., Sweet & Maxwell, 2015, para. 3 – 175.

〔5〕 See J. Beatson, A. Burrows, J. Cartwright, *Anson's Law of Contract*, 30th ed., Oxford University Press, 2016, p. 136.

明确,是合同效力方面的规则,比合同成立方面的规则更为合理。特别是前述的创设法律关系的意图(intent to create legal relations)的相关规则,可以合理地将家庭与社会交往中的诺言与对价排除出合同法范围,从而减少了对价原则的适用性。其二,不少无对价支持的诺言也可以产生法定义务。这方面的典型例证是弃权(waver),弃权不需要对价支持,没有对价也有效,因此在此方面导致对价原则不再重要。

尽管如此,学术界关于对价的正反两方意见仍然长期存在,支持对价原则的主要方面包括:[1]第一,对价对合同的形式与内容都有重要意义,其作用主要是确定允诺人意图受到法律约束的情况,以区别于并不严肃的意图。但这一点似乎并不完全成立,前述的"创设法律关系的意图"(intent to create legal relations)的规则可以解决这一问题,对价可以为创设法律关系的意图提供证据,但并非绝对的最终证据。[2] 以此观之,即便完全废除对价原则似乎也不会对合同成立规则造成重大影响。

第二,有观点认为,对价原则中的既存义务规则对于确定既存义务具有重要意义。但需要指出的是,已经逐渐成熟的胁迫规则(主要是经济胁迫规则)可以按照合同效力的思路来应对相关情况,因此并不需要对价原则来解决这一问题。

第三,还有观点认为,英国合同法的目的是执行交易或交换而不是诺言。由此,要约、承诺与对价三位一体,都指向交易关系,在逻辑上是自洽的。但是,为什么要执行交易或交换本身就是问题,执行诺言似乎更为合理,法院在判例中会使用拟制技术来创造交易,即便事实上并不存在交易。如此一来,对价原则的真正作用似乎是一个形式问题,类似盖印合同(contract under seal)中的印章,前述所谓的实际利益规则表明真正的问题在于执行诺言而非执行交易。反之,对价原则的存在有时候又可以使允诺人不遵守已经作出的诺言,这并不利于法院审判商业案件。

易言之,对价原则具有一定的内在缺陷,关键问题在于其构成要件过于复杂而缺乏逻辑一致性,导致实用性不高,反而是例外情况众多,解释更为庞杂与无序。在大多数情况下,对价原则似乎仅是一种技术性要求,与常识与商业需求并不完全符合,法院可以通过解释技术对其进行弹性很大的认定,很多情况下完全可以拟制产生。因此,对价原则的实际意义就比较小。对比之下,大陆法系上的合同成立没有对价原则,仅需要考察要约与承诺,通过客观表现探究当事人的真意,规则相对更为清晰与简洁,更具合理性。[3] 那么,英国合同法是否可以完全废除对价原则并建立类似大陆法的规则体系呢?答案是否定的!原因在于对价原则已经存在300多年,在大量

---

〔1〕 何宝玉:《合同法原理与判例》,中国法制出版社2013年版,第77页。

〔2〕 Balfour v. Balfour [1919] 2 KB 571.

〔3〕 See Lando and Beale, *Principles of European Contract Law*, Kluwer Law International, 2000, Parts Ⅰ and Ⅱ, p. 140.

判例中反复出现,在注重法律规则连续性与尊重传统的英国法中,很难设想最高法院或上诉法院会彻底否定对价原则,而立法机构对这种司法中的问题又往往缺乏关注。因此,对价原则尽管不尽合理,但拥有一席之地却没有什么问题,其也是英国法的特点之一。实践中对价原则的实用性并不是很强,更多表现为理论问题,某种意义上是法学家所关心的理论问题,对实务界而言并不是很重要。

第二节 允诺禁反言

一、禁反言概述

如前所述,对价原则在英国法上历史悠久、判例众多,但也存在不合理之处,因此产生了不少例外规定。在前述的各种例外规则之外,最重要的例外就是契据合同(contract in deed)与衡平法上的允诺禁反言(promissory estoppel),这二者都不需要对价就可以使合同成立,从而进一步削弱对价的意义与作用。本节集中论述后者,该例外可以代替对价,在既存义务发生免除或修订时可以使诺言具有约束力,因而对合同成立有一定的影响。

禁反言是英国衡平法规则,不属于普通法救济,是否给予禁反言救济由法院依据衡平法管辖权控制,并不属于当事人的当然权利,即使原告举证成功法院也不必然如此裁判。[1] 据此,禁反言的目的,主要是保护依赖利益(reliance interests),是在期待利益难以得到保护的情况下适用的,是英国衡平法院历史上发展的一种原则,用以补充或匡正普通法救济不足所产生的弊端与漏洞,因此是一种相对罕见的救济方法。[2] 由此,禁反言是一个内容庞杂的原则,指交易中如一方在当前、过去或未来作出诺言或陈述并使对方发生依赖,该方不得否认该假设、诺言或陈述,以防止对方因此受损而产生不公。[3] 若有此情况,法院会行使自由裁量权防止对假设、诺言或陈述发生依赖的相对方蒙受不公。允诺禁反言是一系列禁反言中的一种,应用于合同法领域。允诺禁反言类似普通法中的弃权原则,据后者,如一方允诺不再严格按合同要求履行则按照弃权处理,而无须对价支持。

二、允诺禁反言的历史沿革

允诺禁反言作为禁反言的一种,与英国丹宁勋爵有密切的关系,在某种程度上是

---

〔1〕 参见何宝玉:《合同法原理与判例》,中国法制出版社 2013 年版,第 103 页。

〔2〕 See J. Beatson, A. Burrows, J. Cartwright, *Anson's Law of Contract*, 30th ed., Oxford University Press, 2016, p. 123.

〔3〕 Baird Textiles Holdings Ltd. v. Marks & Spencer Plc [2001] EWCA Civ 274, [2002] 1 All ER.

丹宁勋爵所创设的代表性判例，在英美合同法领域享有盛誉。[1]

经典判例　休斯诉大都市铁路公司[2]

在该案中，原被告订立房屋租赁协议。之后，原告对被告发出通知，要求后者在6个月内修理房屋，若不遵守原告就会收回租赁房屋。双方随后进行谈判，原告意图购买被告的租赁，谈判近6个月。在通知期满前，原告终止谈判并在期满后起诉要求收回租赁物。上议院对此判决认为，原告进入谈判后默示允诺在中止之前发出通知，被告对此发生依赖因此没有修理房屋，这导致原告不得要求回收房屋，通知的6个月期限要从谈判终止时起算。主审法官认为，判决目的仍旧是保护对诺言发生信赖的一方以防止不公。显然，若允许原告按约收回房屋，则被告会立即处于困窘境地，而被告是因为原告诺言才发生这种情况，因此法院才会判决存在默示诺言，从而为原告设立一个合同中没有规定的义务，以阻止原告收回房屋，导致被告的信赖利益受损。

经典判例　伦敦中城地产信托公司诉高树房屋公司[3]

在该案中，原告于1937年将其公寓整幢租给被告，租期99年，每年租金2500英镑；被告再将此公寓向外分租。1939年第二次世界大战爆发，大部分伦敦的公寓无人问津，因此，原告同意被告的请求，允诺将租金减至一半即1250英镑，并具有溯及力。1945年第二次世界大战结束，伦敦租赁市场再次火爆，被告承租的公寓恢复生机，原告因此要求租金仍以每年2500英镑计算，被告拒绝支付，原告因此起诉。法院判决原告胜诉，因为战争结束后之前的临时安排理应结束。本判决并无问题，但丹宁勋爵认为，如原告就1939～1945年的减少租金起诉，则不能胜诉，因为其诺言虽然缺乏对价但仍旧具有约束力，原告不得反悔承诺。在判决中，丹宁勋爵指出："如债权人对债务人已表示接受较少金额以清偿较大数目之债务，若债务人业已依约履行，即使债务人未给予债权人其他的酬劳或对价，此项约定仍有效力，禁止债权人再违反之前之允诺。"由此可见，此规则目的是保护对其他人诺言产生信赖的一方，即使不存在对价也不能否定诺言的约束力。

前述两个判例，一个发生在1877年，另一个发生在1947年。丹宁勋爵在后者的判决中引用了前案，并以之为基础推理出上议院的判决逻辑上会导致接受较少金额

---

〔1〕 See J. Beatson, A. Burrows, J. Cartwright, *Anson's Law of Contract*, 30th ed., Oxford University Press, 2016, p. 123.

〔2〕 Hughes v. Metropolitan Railway Co. [1877] 2 App Cas 439.

〔3〕 Central London Property Trust Ltd. v. High Trees House Ltd. [1947] KB 130.

的免除债务诺言,如引起对方发生依赖,则在无对价支持的情况下仍具有约束力。这在英国法上引发了长期的争论,[1]最终这一规则仍旧得到了广泛接受,遂成为英国合同法的一大特色规则,构成对价原则的重大例外。

根据丹宁勋爵以及其后的判例,允诺禁反言规则的适用有其范围。适用的典型情况是:(1)双方当事人意图建立法律关系,导致双方之间存在权利与义务关系。(2)一方对对方允诺不会针对其强制执行法定权利。(3)允诺人意图通过诺言使对方发生依赖。(4)对方信赖诺言并发生依赖;在此情况下允诺人不能再主张其法定权利。第一项一般不存在争议,其他三项容易发生争议。

三、允诺禁反言的要件

允诺禁反言作为对价的替代规则,实际上承担了对价的作用,使无对价支持的诺言也产生约束力。下文是允诺禁反言的具体要件。[2]

(一)明确的诺言

允诺禁反言适用的前提当然是存在明确的诺言,诺言可以是明示的,也可以是从言语或行为推理出来的。但如果允诺人的诺言并不明确或存在模糊之处,那么当然不发生对方对不明确诺言产生依赖的问题,因为对方不能产生合理依赖。一般而言,当事人不作为、沉默或者延迟行使权利,通常不能认为是允诺对方可以不强制执行其法定权利,除非另有披露义务。[3] 一旦发生依赖,那么允诺人是否知情则在所不问。判断诺言是否存在需采用客观标准,只要允诺人使受诺人合理相信,就足以成立。

(二)允诺人主张权利造成不公

作为衡平法规则,公平与否是允诺禁反言的核心评价标准,即相对方发生合理依赖后允诺人不得坚持普通法权利而自食其言,导致对方信赖利益受损。但是,若允诺因对方恐吓而发生,则不能适用允诺禁反言,这种情况在现代属于合同效力中的胁迫诉因。

经典判例　D&C 建设公司诉瑞斯[4]

在该案中,原告为被告进行施工,被告发生欠款并一直未能清偿。其后,被告对原告提议付款300英镑以彻底解决该债务,并说明若原告不接受则一分不付。由于

---

〔1〕 Jorden v. Money [1854] 5 HLC 185.

〔2〕 See Edwin Peel, *Treitel on the Law of Contract*, 14th ed., Sweet & Maxwell, 2015, para. 3 – 124.

〔3〕 See J. Beatson, A. Burrows, J. Cartwright, *Anson's Law of Contract*, 30th ed., Oxford University Press, 2016, p. 125.

〔4〕 D & C Builders Ltd. v. Rees [1966] 2 QB 617.

原告公司处于极度的资金困难之中，因此不得不接受。后来，原告起诉要求得到剩余付款。上诉法院判决原告胜诉，丹宁勋爵认为原告食言并非不公平的典型情况，双方之前达成的和解协议并非出于自愿，被告不当利用了原告的资金困难。尽管此案是按照对价与允诺禁反言的规则来裁判的，但案情似乎更多的是指向胁迫，当代英国法更可能以胁迫规则来处理这一案件。

至于何为不公，往往难以准确界定。一般的说法是受诺人因诺言而发生依赖并导致地位发生改变，且不能恢复原状，这种情况下允诺人坚持法定权利必然导致不公。如果受诺人的状况并未发生改变，或者虽有改变但能够恢复原状，那么不存在不公。

（三）因果关系

允诺禁反言适用的第三个要件是受诺人因为依赖诺言而改变其地位，即二者之间存在因果关系。[1] 有观点认为，以允诺禁反言作为抗辩的一方必须负责证明受陈述人（representee）必须发生不利依赖（detrimental reliance），即诺言若被撤销，相比诺言不存在而言受诺人处于更为不利的地位（worse-off），正因为受诺人地位发生不利变化故而允许允诺人食言不公平。但对这一问题仍存在不同观点。前述休斯诉大都市铁路公司案中显然存在这一情况；而伦敦中城地产信托公司诉高树房屋公司案似乎不存在这一情况，即存在依赖但并无不利影响。因此，丹宁勋爵认为核心问题是受诺人发生依赖，但不要求存在不利依赖。[2] 相比之下，丹宁勋爵的看法更为宽松一点。总体来看，此情况的判断标准属于法院自由裁量权。

（四）允诺禁反言的法律后果

关于允诺禁反言适用的法律后果一直存在争议。有观点认为，该规则适用的后果是暂时中止既存权利，而不是消灭既存权利，即允诺人暂时不得行使权利，但并非丧失既存权利。允诺人在发出合适通知后可以继续享有已经弃权的权利并恢复原合同。[3] 有观点认为，允诺禁反言具有的临时效果是该规则的一个特征，因此该规则也可以被称为准禁反言（quasi-estoppel）原则，而非衡平法上的完全禁反言。也有观点认为，允诺禁反言不仅可以中止权利，还可以消灭权利，局限于前者并无益处。允诺禁反言的效果应当视诺言的内容与当事人的目的而定，若受诺人据此不能恢复其

---

〔1〕 J. Beatson, A. Burrows, J. Cartwright, *Anson's Law of Contract*, 30th ed., Oxford University Press, 2016, p. 127.

〔2〕 W. J. Alan & Co. Ltd. v. El Nasr Export and Import Co. [1972] 2 QB 189.

〔3〕 Birmingham and District Land Co. v. L & NW Ry [1888] 40 Ch. D 268, 286.

地位,则诺言就具有终局性与不可撤销性,而不应当仅是中止。[1] 总体而言,认为允诺禁反言具有消灭权利的观点相对占优势,但尚无定论。

(五)允诺禁反言不是诉因

允诺禁反言的主要作用,是消除对价缺失导致诺言不具有约束力的情况,即在当事人已经订立合同的情况下一方允诺放弃、修订或中止其合同权利,在对方因此发生合理依赖的情况下前者不得反悔。在前述的判例中,这一规则总体上是作为抗辩使用。这提出了另外一个问题,即允诺禁反言是否可以像对价一样作为合同成立的要件而使用,即不仅是抗辩理由(defense),还可以是诉因(cause of action)。这样一来,合同成立就既可以按照诺言—对价的思路来判定,也可以按照诺言—依赖的思路来判定。对此,美国法已经在一些情况下认为允诺禁反言可以作为诉因来适用。但相对保守的英国法至今仍未承认这一规则,不能绕开对价原则按照依赖的路径认定合同成立,对价与允诺禁反言的关系原则上不能并存,允诺禁反言不能作为诉因。[2] 这就是将允诺禁反言称为“盾”(shield)而不是“剑”(sword)的原因。换言之,允诺禁反言可以帮助解决或匡正对价原则所带来的问题,但不能完全代替对价,普通法的约束力仍然存在。从大原则上来看,这也是衡平法与普通法之间的关系。英国法在这一点上恪守了传统,对价原则因此根深蒂固,难以为允诺禁反言所规避与替代。因此,合同成立中对价必不可少,但合同成立后的变更或解除中允诺禁反言可以代替对价。[3] 显然,英国法中的允诺禁反言与其他英美法国家的禁反言在此点上并不一致,凸显了英国法的保守性。

另外,允诺禁反言仍然可以帮助原告在确立诉因时以独立于诺言的诉因进行诉讼,还可以适用于制定法中保护的法律关系。总之,关于这一问题,英国法上的争论仍未停止,也有若干判例与上述规则并不完全一致。但总体上而言,英国法仍然坚持传统,没有将允诺禁反言的规则扩大到足以代替对价的程度。

四、禁反言的其他类型

如前所述,禁反言不仅在合同法领域存在,在财产法等其他领域也存在,从而形成了一系列禁反言规则。丹宁勋爵曾指出有必要把各种禁反言融合在一起,形成一

---

〔1〕 See Edwin Peel, *Treitel on the Law of Contract*, 14th ed., Sweet & Maxwell, 2015, para. 3 - 126.

〔2〕 See J. Beatson, A. Burrows, J. Cartwright, *Anson's Law of Contract*, 30th ed., Oxford University Press, 2016, p. 129.

〔3〕 Baird Textile Holdings Ltd. v. Marks & Spencer Plc [2001] EWCA Civ 274, [2002] 1 All ER [Comm] 737.

个统一的禁反言规则,[1]即以陈述禁反言(estoppel by representation)统一各种禁反言,而不是目前这种相对散乱的格局。但这一观点没有得到广泛接受,英国法律界对这种高度抽象与总括性质的规则仍存疑虑。[2] 英国上诉法院认为禁反言规则比较灵活,可以在不同领域采取不同形式。下文简要介绍三种。

(一)财产禁反言

财产禁反言(proprietary estoppel)在财产法领域内适用,是指若一方相信会获得对方财产的权利,并因此发生合理依赖与损害,在存在不公的情况下,财产所有人不能否定此权利的存在。财产禁反言的判例一般发生在财产发生增益的情况下,例如,一方错误认为其提供增益导致已经拥有或未来会得到所有权,对方或积极鼓励此种损害性依赖或默许之,则对方不得否认。[3] 或者依赖方错误相信会得到诉争财产所有权而提供某种服务,则对方不得否认。相比允诺禁反言,一方面,财产禁反言的适用范围更加狭窄,后者所要求的不仅是损害性依赖,还要求依赖方相信其拥有财产权;另一方面,财产禁反言的适用范围也更为宽泛,因为其不要求明确的陈述,而且还可以作为诉因提起。允许原告以财产禁反言起诉的原因是,不如此判决则会导致财产的普通法所有人因财产增益而发生不当得利。

(二)协议禁反言

协议禁反言(Estoppel by convention or agreement),是指双方对于一个交易基于共同的错误假设(事实或法律)发生依赖行为,为防止不公正的结果,任何一方都不得对事实或法律的真实性提出异议。这意味着共同的错误假设在公正范围内构成协议的基础,不允许一方以此为理由否认协议的真实性。[4]

(三)合同禁反言

合同禁反言(contractual estoppel)针对的是合同中的虚假陈述排除责任条款(exclusion of liability for misrepresentation by contractal provisions),这种条款规定的是合同对方不应当依赖一方所作的任何陈述,目的是阻止合同一方为其陈述而承担责任,因而有此名称。这种禁反言与前述的允诺禁反言的主要区别是前者不需要发生依赖(包括损害性依赖)就可以成立。

---

〔1〕 Amalgamated Investment & Property Co. Ltd. v. Texas Commerce International Bank Ltd. [1982] QB 84, 122.

〔2〕 See J. Beatson, A. Burrows, J. Cartwright, *Anson's Law of Contract*, 30th ed., Oxford University Press, 2016, p. 132.

〔3〕 Taylors Fashions Ltd. v. Liverpool Victoria Trustee Co. Ltd. [1982] QB 133.

〔4〕 See J. Beatson, A. Burrows, J. Cartwright, *Anson's Law of Contract*, 30th ed., Oxford University Press, 2016, p. 134.

第三部分　合 同 内 容

第五章　合同条款

无论是口头合同还是书面合同,当事人在合同中规定的条款是确定权利义务的基础所在,因此如何定性、理解与解释合同条款就具有重要价值与基础性作用,往往也是很多案例的核心问题或难点所在。[1]

第一节　合同条款与陈述

一、合同条款与陈述的区别

(一)当事人真实意思的确定

合同条款是合同具体内容的体现,是合同谈判的结果,表明当事人已经同意订立合同并以合同条款来确定他们之间的权利与义务关系。[2] 在谈判过程中,当事人为了达成协议一般都会作出各种事关合同成立的相关说明(statements)或保证(assurance),以最终达成协议并订立合同,其中的一部分往往会被纳入合同之中,而另一部分并未体现在合同之中。[3] 这种说明或保证在争议出现后往往成为焦点问题,法院需要确定其是否构成陈述或引诱(inducement),若定性为陈述或引诱,则不属于作出一方的履行范围,因此不属于违约救济。所谓违约责任,针对的情况必然是未得到履行的合同条款,而陈述往往涉及合同的效力问题。因此,区别合同条款与陈述具有重要意义,而且实务中往往成为复杂的解释问题,这方面的判例虽然数量很大,但难以形成完全统一的规则。

---

〔1〕 参见何宝玉:《合同法原理与判例》,中国法制出版社 2013 年版,第 261 页。

〔2〕 See M. Furmston, Cheshire, *Fifoot and Furmston's Law of Contract*, 16th ed., Oxford University Press, 2012, p. 162.

〔3〕 See J. Beatson, A. Burrows, J. Cartwright, *Anson's Law of Contract*, 30th ed., Oxford University Press, 2016, p. 142.

区分合同条款与陈述的首要标准当然是合同当事人的意图，但这必然涉及如何判断当事人的真实意图，按照客观标准，这意味着是否有证据证明当事人存有意图从而使说明成为合同条款。[1] 在英国法中，这一问题的实质是根据总体证据（totality of evidence）情况来判断声明方是否为说明的准确性提出担保（warranty），即允诺准备履行该义务。若可以肯定这一点，法院会将最终协议前发生的说明解释为合同条款。[2] 当然，合同事实与当事人表述的千差万别导致不可能有绝对标准来判断这一问题，往往是以法院或陪审团对证据问题的判定为准。因此，很难说某个单独因素可以起到决定性作用，裁判是对各个因素的综合考察，这也是总体证据的含义。

（二）口头合同

口头合同是日常生活中最为常见的情况。达成口头合同过程中当事人往往要进行诸多交流与沟通，其中可能进行的相关陈述是否构成条款容易成为难题，这不仅是证据问题，也往往是解释问题。如上所述，法院往往从客观角度来看待这一问题，需要考察整体情况，很难说某一项因素是决定性的。

一般而言，法律确定意思时要考察双方的知识状况，若当事人具有大致相同的知识背景，则陈述就不太可能是条款，因为这种情况下当事人是基于自己判断作出交易决定的，因而不太可能依赖对方的陈述。反之，若双方知识背景相差很大，则陈述构成条款的可能性就增大。由此可见，当事人在合同谈判阶段作出相关说明与保证（assurances）的真实意思到底是什么，自己也不一定非常确定，因此，从中发现当事人的真实意图并不容易，很大程度上是角度问题，可能有一定的偶然性。[3]

经典判例　奥斯卡象棋公司诉威廉姆斯[4]

在该案中，被告将一辆汽车出售给原告，并说明该车是 1948 年的型号，汽车的档案显示该车的第一次登记时间是 1948 年。但实际上该车是 1939 年的型号，档案已经修改，但修改人是谁并不清楚。英国上诉法院判决认为，卖方的说明属于陈述而不是合同条款，因此不产生违约责任。但该案判决是否合理值得商榷，若认为买方是依据 1948 年型号来作出购买决定，则判决并不一定正确。

---

〔1〕 Heilbut, Symons & Co. v. Buckleton [1913] AC 30, 51.

〔2〕 See J. Beatson, A. Burrows, J. Cartwright, *Anson's Law of Contract*, 30th ed., Oxford University Press, 2016, p. 143.

〔3〕 Ibid., p. 145.

〔4〕 Oscar Chess Ltd. v. Williams [1957] 1 WLR 370.

经典判例 迪克·宾利生产公司诉哈罗德·史密斯(汽车)公司[1]

在该案中,汽车经销商对一名消费者说明,他想购买的一辆二手汽车的行驶里程是2万英里,该说明的基础是汽车本身的里程表。实际上该汽车的行驶里程是10万英里,因此发生争议。法院判决该说明构成合同条款,因此违约成立。

这两个判例显然存在一定的矛盾之处。有观点认为,前者不构成合同条款的原因是卖方诚信而基于合理理由认为说明仍为真实,后者构成条款的原因是经销商地位可以使其知道实情,作出此说明表明经销商存在过失。换言之,法院判决是以卖方是否存在过失为标准。但真实的原因可能是法院认为消费者与商人因为交易地位不同而有必要区分,因而让后者承担更重的注意义务,在经销商可以发现汽车瑕疵而未发现的情况下判决其承担责任。

(三)书面合同

书面合同是复杂交易中的主要形式。为证据等作用,双方当事人以书面形式记录整个协议形成一个文件,表面上整个合同体现为一份合同。出于对当事人意思自治的尊重,任何附加、改变书面协议或者与书面协议相矛盾的证据往往难以为法院所采纳。因此,若协商时双方的陈述没有予以记录而导致书面合同中缺乏相关条款,则陈述一般不能成为合同条款。当事人为保护自己利益,可以选择以虚假陈述为诉因起诉,也可以平行担保(collateral warranty)作为诉因,但举证责任较重。[2]

因此,若谈判阶段中的说明或保证(assurance)难以构成合同条款,法院为了缓解其中的不合理性有可能会将说明或保证解释为与主合同平行(parallel)存在的合同或合同担保(warranty,不是担保法意义)。过去这一司法技术经常被用在书面合同情况之中,因为口头证据规则一般会阻止保证成为合同条款。为了补充合同所需要的必要意图,法院有可能将保证解释为平行合同或平行担保,同样产生合同责任。特别是,若合同一方要求对方提供保证才会订立合同,法院就很可能认为说明构成合同担保(warranty)。当然,这一司法技术会造成书面合同存在一定的不确定性,因此有观点认为这一理由必须慎用,但英国法院出于各种目的越来越愿意接受这一理论,即将订约前的说明视为平行担保(collateral warranties)而让说明方承担责任。换言之,法院在合同之外又制造了一个合同来对合同中的权利与义务关系进行解释,以更清晰地界定双方的权利义务范围。

---

〔1〕 Dick Bentley Productions Ltd. v. Harold Smith(Motors)Ltd. [1965] 1 WLR 623.

〔2〕 See J. Beatson, A. Burrows, J. Cartwright, *Anson's Law of Contract*, 30th ed., Oxford University Press, 2016, p. 146.

经典判例　埃索石油公司诉马顿〔1〕

在该案中,原告在一条主街上设立了一个场地,目的是建设与经营加油站。原告的一名有经验员工估算认为加油站在第三年运营时的加油量会达到20万加仑。其后,规划部门不同意发出许可证,并要求加油站设在街区后部,这导致汽车无法直接从主街驶入加油站,而只能通过侧道进入加油站。被告申请承租该加油站,原告雇员向其说明了估算值,但并没有说明加油站位置已经发生变化。基于原告雇员的说明,被告订立合同承租加油站3年。尽管被告十分努力,但加油站的位置导致其加油量每年只有几万加仑,因此经营不善。原告起诉要求被告退回加油站以及为已供货汽油付款,被告反诉要求原告赔偿,理由是原告违反了平行担保。英国上诉法院判决认为,该估值不是毫无意义的预测或意见,而是平行担保(collateral warranty),估值并无过失可言,而是原告没有以合理注意与技巧来计算估值。由于原告过失性地在估值中存在重大错误并导致被告经营不善,原告的违约责任成立。该案的核心问题实际上是被告订约是否受原告雇员说明的影响,即二者之间是否有因果关系,法院显然认为因果关系成立,原告具有明显的优势交易地位,因此让其承担更重的责任。

二、外部证据的适用

在上述判例中,一个关键问题是外部证据(extrinsic)是否可以用来证明书面合同相关条款的存在。英美法中存在的一个传统规则就是"口头证据规则"(parol evidence rule),〔2〕这一规则要求口头证据不得用来增加、修改或抵触契据或书面合同,〔3〕其目的是保证书面文件的确定性并节省审判时间成本,但这一规则的适用情况已经减少,并存在一系列的例外情况,导致确定性下降。外部证据有时候可以用来证明存在平行协议(collateral agreement)与默示条款,特别是当书面合同不是当事人真实意图的全部表现时。〔4〕 该规则还可以被用于证明合同不成立或效力存疑等情况,例如,合同非法、虚假陈述、错误与胁迫等情况。由于该规则存在过多的例外情况,因此法律界对这一规则有很多不赞同的声音,很多人认为不能仅仅因为存在整体性合同(contract in entirety)就认为外部证据不能作为证据。〔5〕 因此,一份文件构成全部合同仅是一个推论,除非该文件本身规定它构成合同全部内容,合同不太可能阻

---

〔1〕 Esso Petroleum Co., Ltd. v. Mardon [1976] QB 801.

〔2〕 See J. Beatson, A. Burrows, J. Cartwright, *Anson's Law of Contract*, 30th ed., Oxford University Press, 2016, p. 147.

〔3〕 Jacobs v. Batavia and General Plantations Trust [1924] 1 Ch. 287.

〔4〕 Mercantile Bank of Sydney v. Taylor [1893] AC 317, 321.

〔5〕 Law Com No. 154 [1986], para. 2.7.

止其他未规定的证据由法院来考察。总体而言,口头证据规则的重要性已经大不如前,法院在合同本身未明文规定的情况下一般都会允许外部证据作为解释合同条款的渊源或构成平行担保,外部证据的适用可能性因而大为增加。

第二节　合同条款的分类

一、概述

英国法对合同条款重要性的判断与违约救济直接相关,这是司法造法路径所导致的现象。若违约导致合同解除,那么发生违约的条款就是合同条件(condition);违约导致合同不能解除但守约方可得损害赔偿,那么发生违约的条款就属于合同担保(warranty,不是大陆法中的担保责任)。这表明,所谓合同条件与合同担保之间的区别在于合同条款的重要性以及违约的严重程度。[1] 第三种条款则为中间条款(intermediate terms),由法院根据客观情况自由裁量。这种分类方法是从结果反推而来的,目的是既要确保当事人可以解除合同,又要限制当事人的解除权,防止当事人在交易对己不利的情况下以微小违约而解除合同。但即使解除也维护守约方的损害求偿权。

据此,当事人在订立合同时可以对合同条款进行分类,即主观认定何种条款为合同条件,何种条款为合同担保。若属于前者,即合同根本条件,违反之即赋予守约方选择解除合同的权利,其还可以为所受损失要求损害赔偿;若属于后者,即合同非根本条件,违反之即赋予守约方要求损害赔偿的权利,但其不得解除合同。此处由于受传统判例法的影响,需要注意英文用词存在一定的混乱,此处的"condition"意为合同根本条件,但该词更普通的用法为一般的合同条款或是附条件的意思。[2] 此处的"warranty"意为合同非根本条件,翻译为合同担保,但毫无大陆法上担保法的意思,是指一般的合同条款。至于其具体含义,需要结合上下文与当事人真实意思来判断。对此,读者务必注意,防止产生混淆。

经典判例　联合领土信托公司诉飞鹰公司[3]

在该案中,原告是一家金融公司,被告是一家飞机制造公司,原告为被告出售飞机提供飞机融资租赁服务。据此,被告首先将飞机出售给原告,再由航空公司从原告

---

〔1〕 See J. Beatson, A. Burrows, J. Cartwright, *Anson's Law of Contract*, 30th ed., Oxford University Press, 2016, p. 148.

〔2〕 LG Schuler AG v. Wickman Machine Tool Sales Ltd. [1974] AC 235.

〔3〕 United Dominion Trust v. Eagle [1966] 2 QB 431.

处租购飞机。原告坚持订立一个合同条件,若航空公司没有按期支付分期付款,被告必须回购飞机。协议还规定,若航空公司未能如期付款,原告应在7日内告知被告。后来航空公司发生欠款,原告未能在7日内通知被告,也没有要求被告合理时间内回购飞机。其后,被告拒绝回购飞机,原告因此起诉。一审法官判决原告未履行通知义务与要求回购的行为构成违约,但并不根本影响合同履行,因此被告不得要求终止回购义务。枢密院最终维持原判,因为原告未履行通知义务构成违约,但没要求回购则并不属于违约,因为原告没有义务如此行事,未能在要约规定时间内承诺并非违约。

在合同条件与合同担保之外,还存在中间条款,这是新近出现的一种判断方法,目的是避免完全以当事人主观意思来判断合同条款性质的做法,而采取以违约性质与后果作为判断条款性质的方法,其决定权基本上在法院的解释范围之内。

二、合同条件

(一)允诺性合同条件

如前所述,合同条件是当事人设置的合同根本性条款,本质是有关事实或未来行为的允诺,即允诺性合同条件(promissory conditions)。若履行发生出入或允诺并未实现,那么就发生违约,可以被作为毁约(repudiation)处理而导致守约方解除合同并不再承担履行责任。[1]

经典判例　格拉霍姆诉海斯[2]

在该案中,船东在合同中规定轮船从甲地航行到乙地并在乙地装货,时间是在第二年2月4日或之前,该日期后该轮船并未航行,在到达乙地后承租人拒绝装货并撤销合同。英国普通诉讼法院判决认为,租船合同条款是合同条件还是合同担保取决于当事人的意图,这需要考察合同文本本身以及标的物情况等,该案中特定日期到达装货港是合同条件,承租人解除合同并无不妥。法院如此判决的可能理由是认为履行日期为海运合同的核心条款。

该案表明,合同条件背后的逻辑之一是,该合同条件对于合同如此重要,以致一方履行该合同条件是对方履行的前提,一方不履行因此导致对方也无须履行。另一

---

[1] See J. Beatson, A. Burrows, J. Cartwright, *Anson's Law of Contract*, 30th ed., Oxford University Press, 2016, p. 149.

[2] Glaholm v. Hays [1841] 2 M & G 257.

个逻辑是,一方在合同中提供基本义务的允诺并准备履行,若未实现,则对方有权认为合同已经解除并要求损害赔偿。由此,合同条件属于允诺性条件,可以产生解除权与损害求偿权。

(二)非允诺性合同条件

前述所讲的合同条件本意是根本性合同条款,但有时候合同条件可能并非此意,而是附条件(conditional contract)的意思,即合同履行以某事为条件,条件成立则导致合同发生履行或解除。这导致该合同条件不是允诺性合同条件(non-promissory conditions),而是偶然性(contingent)条件。[1] 在此意义上的合同条件实际上是指当事人约定的不确定情况,该情况不一定出现,出现后可以导致合同丧失约束力。因此,必然会出现的情况并非偶然性条件,而是期限。

经典判例　SPRL 信托诉多瑙河贸易公司[2]

在该案中,双方订立了一个货物买卖合同,合同条款规定买方须开设一份以卖方为受益人的信用证,表述为"取决于开设信用证"。其后双方发生争议,核心问题之一是该条款的性质问题。丹宁勋爵在判决中指出,该条款可以是合同订立前的条件,即合同能否成立要视其能否实现,这种情况下该条款类似"取决于合同"(subject to contract)条款。若没有开设信用证,那么双方之间不存在合同。在合同已经订立的情况下,开设信用证属于合同条件,是根本性条款之一,因此该合同条件是卖方送货的前提条件而不是合同成立的前提条件。若买方这种情况下未开设信用证,那么卖方可以解除合同并要求买方承担损害赔偿责任。

因此,若合同条件属于"偶然性条件",那么法律后果与性质为根本性合同条款的合同条件有所不同。第一,偶然性的合同条件可以阻止合同成立。第二,合同一方立即承担单方义务,但取决于一项条件。这意味着从一开始就存在合同,其中一方承担单方义务因而不能撤出,但直到条件成就后才产生双方义务。[3] 这种情况在租赁合同与租购合同中比较常见,这类型合同中往往包含选择权条款,条件成就一般都取决于选择权人的意志。第三,当事人可以订立合同并立即生效,合同履行暂时中止以待合同成就。

无论在前述任何情况下,条件不成就不发生合同责任问题。但是,法院在审理中

---

〔1〕 See J. Beatson, A. Burrows, J. Cartwright, *Anson's Law of Contract*, 30th ed., Oxford University Press, 2016, p. 151.

〔2〕 Trans Trust SPRL v. Danubian Trading Co., Ltd. [1952] 2 QB 297.

〔3〕 United Dominions Trust [Commercial] Ltd. v. Eagle Aircraft Services Ltd. [1968] 1 WLR 74.

一般往往会认为存在一个默示义务,即合同一方有义务以合理注意来确保条件成就,这意味着当事人不得积极地破坏条件成就或消极等待条件不成就。例如,在政府审批程序中,负责获得政府许可的一方应当尽到注意义务,例如,获得规划许可证或者是获得进出口许可证,偶然性条件在这种情况下不是允诺性的,在负责条件成就的一方尽到合理注意义务后仍未成功的情况下任何一方均不承担责任,但在条件不成就的情况下,任何一方均可以视其为合同终止。[1] 此外,另一种偶然性条件是非允诺性消灭条件,即双方订立合同并立即具有约束力,在条件成就的情况下合同丧失约束力,或一方拥有取消合同的选择权。

三、合同担保

如前所述,合同担保(warranty)是合同的非根本性条款,违反合同担保使守约方可以要求损害赔偿,但不得解除合同。[2]

经典判例 庞萨德诉斯皮尔与庞德公司[3]

在该案中,原告是歌剧演员,与被告订立合同进行演出,每周 11 英镑工资,11 月 14 日开始履行合同,被告在合同期满后还拥有选择权以续约。在演出开始前,原告发生严重疾病,导致三日内无法上台演出。原告康复后要求继续履行合同,被告拒绝。原告因此起诉,诉因是错误解雇(wrongful dismissal)。一审法院判决被告胜诉。原告上诉,上诉法院判决原告违反合同条件,因此被告有权解除合同。

上述判例因其特殊案情而成立,但很多情况下损害赔偿并不足以为看起来并不重要的条款提供救济。对这种条款的违约后果有可能严重到影响合同根本的程度,除非合同中明确规定若干条款为合同担保或立法有此规定,否则法院一般不会认为任何违约都仅是损害赔偿的责任问题,这一问题往往是解释与权衡利弊的结果。

上述将合同条款从一开始就分为合同条件与合同担保的方法肇始于著名的英国《1893 年货物买卖法案》,适用持续时间约为 70 年。这种方法具有确定性的优点,[4] 可以使当事人一开始就明白他们各自权利义务关系以及违约后果,并在此基础上作

---

〔1〕 Total Gas Marketing Ltd. v. Arco British Ltd. [1998] 2 Lloyd's Rep 209.

〔2〕 See J. Beatson, A. Burrows, J. Cartwright, *Anson's Law of Contract*, 30th ed., Oxford University Press, 2016, p. 152.

〔3〕 Poussard v. Spiers and Pond [1876] 1 QBD 410.

〔4〕 See J. Beatson, A. Burrows, J. Cartwright, *Anson's Law of Contract*, 30th ed., Oxford University Press, 2016, p. 153.

出合理决定以分配各自风险,在对方违反合同条件的情况下一方可以解除合同并要求损害赔偿。这在一系列合同形成交易链条的情况下非常重要,交易关系越复杂越需要当事人能够准确预测合同的权利义务内容以及违约责任。[1] 另外,规则确定性的优势还需要平衡个案中的公平与正义。由于违反合同条件就赋予守约方拥有解约权,即使违约性质上非常微小或损失很微小也会使守约方有可能选择行使解约权,这对违约方而言并不一定公平,有可能让守约方得以根据市场行情进行投机。[2] 因此,有观点认为这种后果并不符合公平正义,过度不利于违约方,因此法院应当对此严格控制,在存在两种解释的情况下,法院应当选择使合同能够继续履行的解释,而不是轻易允许守约方解除合同。

经典判例 塞海姆诉布莱姆尔公司[3]

在该案中,原告向被告订购动物饲料,合同价款10万英镑,货物到达后发现部分货物受损,因此拒收货物并要求返还预付款。被告在拒收的情况下不得不将货物以原价1/3的价格转售给第三人,第三人按该价格将货物又转售给原告,货物此时价格是8.6万英镑。双方因此发生诉讼。上诉法院终审判决原告原本无权拒绝接收货物,只有货物存在严重缺陷时买方才能拒绝接收,该案中被告违约情况并不严重,原告的合理救济是要求减价而非拒收货物。

四、中间条款

随着判例法的发展,前述有关合同条件与合同担保的区别已经不能适应复杂合同条款的定性与救济问题,因此英国法院在实践中又发展出第三种条款来确定合同条款的性质与救济问题,即更具灵活性的中间条款(intermediate clause),法院根据违约后果的严重性来判断守约方是否享有解约权。[4] 这一方法曾经出现,目前又成为主流方法之一。

经典判例 香港冷杉运输公司诉川崎汽船株式会社[5]

在该案中,被告作为船东和原告(承租人)签订了一份租期为2年的期租合同,

---

〔1〕 Bunge Corp. v. Tradax Export SA [1981] 1 WLR 711.

〔2〕 Arcos Ltd. v. Ronaasen & Son Ltd. [1933] AC 470.

〔3〕 Cehave NV v. Bremer Handelsgesellschaft GmbH [1976] QB 44.

〔4〕 See J. Beatson, A. Burrows, J. Cartwright, *Anson's Law of Contract*, 30th ed., Oxford University Press, 2016, p. 155.

〔5〕 Hongkong Fir Shipping Co., Ltd. v. Kawasaki Kisen Kaisha Ltd. [1962] 2 QB 26, 70.

租约包含适航义务条款，规定船舶在任何方面都应适合货运服务（in every way fitted for cargo service）。在租约执行过程中，由于船员不适格的原因导致机器损坏，船舶在航行过程中不断修理，修理导致的停租期长达5周；船舶到达港口后还需修理15周。原告承租人因此声称船舶不适航导致船东违约，因此要求解除合同，其理由是适航性条款是合同条件，任何违约都可以使原告行使解除权。对此观点，英国著名法官迪普洛克（Diplock）勋爵指出，不能仅依据合同条件与合同担保来对合同条款进行定性，更为复杂的条款所引发的后果是违约可能剥夺也可能不剥夺守约方所享有的合同期待利益。除非合同明文规定，违约取决于其引发的后果，而不是根据合同条款是合同条件还是合同担保的分类。法官最终判定本案承租人无权解除合同，被告行为构成违约，但并未发生根本违约，原告所享权利与其合同权利并非完全不同，船东的义务是中间条款，违反中间条款不能使守约方解除合同，除非违约的实际或预计后果足够严重以至于挫败合同目的。

在判决守约方是否可以解除合同时，法院会审查违约是否达到足以剥夺守约方依照合同可以享有的全部实质性利益，守约方为此利益而提供自己的履行义务作为对价。这也是前案所确定的著名标准。这一标准当然是比较抽象的，需要法院根据全案证据来判断，因此具有一定的不确定性，守约方往往不能及时较准确地判断违约的后果。

因此，合同条款是否可以归类为合同条件往往是法院的价值判断问题，[1]即以商业重要性作为判断标准，这就把该问题与事实问题联系起来，要求法院对商业问题有一个基本判断。因此，这种性质的判断标准具有更大的灵活性，导致裁判结果不确定性也更大，往往视案情而定。一般而言，合同条款都可以构成中间条款，除非法院认为合同条款属于下列情况之一。[2]

第一，若干立法规定合同条款为合同条件。例如，英国《1979年货物买卖法案》与《1973年货物供应（默示条款）法案》明文规定，货物买卖合同或租购合同中的若干默示义务为合同条件或合同担保，立法规定具有当然约束力。

第二，司法判决规定若干条款为合同条件。由于英国法属于判例法，因此在立法之外也存在一系列判例判定某些条款为合同条件，主要集中在商业合同之中。例如，程租（voyage charterparty）合同中轮船装船时间、期租（time charterparty）合同中的付

---

〔1〕 State Trading Corp. of India Ltd. v. M Golodetz Ltd. [1989] 2 Lloyd's Rep 277, 283.

〔2〕 See J. Beatson, A. Burrows, J. Cartwright, *Anson's Law of Contract*, 30th ed., Oxford University Press, 2016, p. 156.

款时间、货物买卖交易中成本加保险费加运费(CIF)合同的货物起运时间或信用证开证时间,都在判例中被判定为合同条件,任何延迟都可以使对方解除合同。但这些判例的规则存在不少争议。

第三,合同明文规定。由于合同意思自治原则,当事人在合同中可以规定若干条款为合同条件,任何违约都可以使对方有权解除合同并要求损害赔偿。例如,当事人可以把履行时间规定为合同条件,任何延迟均可以导致合同发生解除。[1] 这些问题在合同谈判中往往是焦点问题,是双方风险分配与合同谈判的核心。

第四,默示条款可以被解释为合同条件。若合同性质或标的物或综合情况导致法院认为当事人已经默示地认为一方违反这些条款可以导致对方解除合同,那么这种条款也可以构成合同条件。[2] 这属于法院根据具体情况对合同条款进行解释的情况,往往出现在单次履行合同与要求在特定时间、按特定顺序履行的合同中。一般而言,这种情况不太可能出现在长期履行的合同中,这种合同中违约前违约方往往已经实际履行,合同条款往往也定得比较宽泛,法院出于利益平衡的考虑往往不愿意按合同条件解释合同条款以避免造成违约方受到过度惩罚的后果。另外,若某些条款对于合同履行至关重要,没有此条款就无法继续履行合同,且合同为其履行规定了严格的义务,则法院倾向认定此性质条款属于合同条件。

五、解约权的限制

合同条件可以使守约方解除合同,但这一权利不是无限制的,否则会对违约方造成严重后果,有违公平正义。守约方有可能因下列原因丧失解除权利。[3]

第一,弃权(waiver)与确认(affirmation)可以导致解约权丧失。若合同违反合同条件,对方不一定需要解除合同。守约方可以放弃要求违约方承担责任,合同因此可以继续履行。另外,守约方可以选择确认合同,即在明知违约的情况下继续履行合同,以损害赔偿为维权方法。对此,英国《1979 年货物买卖法案》第 11(1)条规定:"若买卖合同以卖方满足一项条件为限制,买方可以放弃该条件,或选择视违反该条件为违反合同担保而不将合同作毁约处理。"此规则目的是尊重当事人的意思自治。

第二,接受(acceptance)与实质性利益(substantial benefit)可以使解约权丧失。确认是守约方自愿选择;但守约方也可能因某些原因而丧失解约权。例如,守约方根据合同已经享有实质性利益的情况下很可能导致法院不允许行使解约权,而仅能要

---

[1] United Scientific Holdings Ltd. v. Burnley BC [1978] AC 904.

[2] See J. Beatson, A. Burrows, J. Cartwright, *Anson's Law of Contract*, 30th ed., Oxford University Press, 2016, p. 158.

[3] Ibid., p. 159.

求损害赔偿。[1] 英国《1979 年货物买卖法案》规定,在货物已经被“接受”的情况下买方不能因对方违反合同条件而解除合同。该法案第 11(4)条规定:“若买卖合同不可分割,买方已经接受全部或部分合同,买方违反合同条件仅可作为违反合同担保处理,不得作为拒货与解约的理由,除非合同有明示或默示条款作此规定。”此处需要注意两点。其一,此处的“接受”(accept),意指当买方对卖方发出通知表明其已接受货物时接受成立,或指在经过合理时间后买方仍然保留货物而没有告知卖方已经发生拒货等。[2] 买方丧失拒货权利时不用必须知道违反合同条件的事实,在通知接受或发生与卖方所有权不符合的行为的情况下,需要考察买方是否有合理机会检查货物以确定货物符合约定,或者买方在合理时间经过后没有通知卖方拒收从而保留了货物。买方是否有合理机会检查货物在确定合理时间经过方面是一个重要因素。当买方有权因瑕疵影响货物而拒收货物时,他接受部分货物并不影响他拒收其他部分的货物。其二,若合同可以分解,例如,在合同分批运输、分批付款的情况下,接受不一定有此效果。英国《1979 年货物买卖法案》第 31(2)条规定:“若卖方一批或多批发货存在瑕疵,或买方忽视或拒绝收货或对此付款,则违约是否违反全部合同或合同因可分割而产生损害赔偿求偿权而非解约权,需要根据合同条款与案情来具体确定。”依此,守约方解除合同的权利可以因自身原因或法定原因而丧失。

第三节 默示条款

一、概述

判定当事人的权利义务关系时一般首先要考察合同明文条款。但很多情况下当事人的约定不一定全面反映合同的权利义务关系,在必要情况下立法机构与法院可能会为当事人的约定增加条款以使合同的规定更为清楚、明确,这就是默示条款(implied terms)。[3] 这种默示条款往往是根据行业惯例或政策选择来增加。在一个判例中,[4] 上议院认为,默示条款成立的要件包括:(1)条款必须是公平和合理的。(2)条款是必需的,只有具备该条款才能赋予合同商业效益。若没有该条款则合同也具有商业效益,则不得使用该条款。(3)条款必须是显而易见的,属于当事人无须规定的情况(go without saying)。(4)条款必须是能够清楚表达的。(5)条款不得与

---

〔1〕 Graves v. Legg [1854] 9 Exch 709.

〔2〕 Sale of Goods Act 1979, s. 35.

〔3〕 See J. Beatson, A. Burrows, J. Cartwright, *Anson's Law of Contract*, 30th ed., Oxford University Press, 2016, p. 161.

〔4〕 BP Refinery (Westernport) Pty Ltd. v. Hastings Shire Council [1977] 180 CLR 266.

合同的明示条款发生矛盾。该标准可资借鉴。[1]

法院判决的默示条款大致分为两类。[2] 第一,若当事人要求法院判决合同中存在当事人未约定的特定默示条款时,法院对此一般会严格审查。默示条款不能仅仅因为它们属于合理情况就被认可,而必须是商业效果(business efficacy)所必需的默示条款或者当事人明显存在默示条款所反映的真实意思。此种情况下默示条款是事实上(implied in fact)的默示条款。法院会从合同明示条款与实际情况出发来判决默示条款是否存在。[3] 第二,在特定关系中,诸如在买卖合同、运输合同、租赁合同、雇佣合同、消费者合同中,法院会倾向于认为存在若干默示条款。在这种情况下法院的默示条款实际上就是一种普遍性规则,作为一种特定类型合同关系的法律义务而存在,除非当事人明文排除,有时候将默示条款归于当事人意思实际上并不准确,此种情况下的默示条款当属于法律上的默示条款(implied in law)。

经典判例 马克斯与斯宾塞公司诉 BNP 证券服务信托公司[4]

在该案中,原告从被告承租了若干财产,被告是原承租人,原告是次级承租人。原告在终止合同时发现已支付租金所对应的期限长于其实际使用的期限,因而发生争议,原告起诉,认为合同中应存在默示条款允许其在终止合同时可以获得已支付租金的部分返还。二审法院判决原告胜诉。英国最高法院判决认为,应当全面审查该合同的范围与含义,默示条款成立必须满足商业必要性或具有不言自明性,该案情况下默示条款并不成立,原告败诉。显然,英国最高法院仍旧对商业合同中通过默示条款为当事人创设新的权利义务持谨慎态度,在合同未规定的情况下一般不会承认默示条款。

二、判例法中的默示条款

(一)默示条款的判定标准

在当事人忽略规定或规定不清的情况下,英国法院发展出两个标准来衡量是否能够增加默示条款,即当事人若有此情况一定会规定明确。这两个标准是"商业效果必要性"(necessary for business efficacy)与"好事旁观者"(officious bystander)。[5]

---

〔1〕 参见何宝玉:《合同法原理与判例》,中国法制出版社 2013 年版,第 240 页。

〔2〕 See Edwin Peel, *Treitel on the Law of Contract*, 14th ed., Sweet & Maxwell, 2015, para. 6 – 032.

〔3〕 Luxor(Eastbourne)Ltd. v. Cooper [1941] AC 108.

〔4〕 Marks and Spencer Plc v. BNP Paribas Securities Services Trust Company(Jersey)Ltd. [2015] UKSC 72.

〔5〕 See J. Beatson, A. Burrows, J. Cartwright, *Anson's Law of Contract*, 30th ed., Oxford University Press, 2016, p. 162.

这两个词语是判例法发展出的标准，需要结合判例来理解。“商业效果必要性”，是指法院为了维护交易的商业效果而增加默示条款来进一步明确当事人的权利义务关系。

经典判例　默考克案〔1〕

在该案中，一艘船的船东与码头业主订立合同以便轮船能够在该码头装卸货物并停泊。后来，该船在退潮时发生搁浅并出现损害，船东因此起诉码头业主。上诉法院判决认为当事人的默示意图是码头所有人会承担注意义务以使河床在退潮时处于安全状态，此默示条款因此存在，被告因此违约而承担赔偿责任。法官指出，默示条款的基础是当事人的推定意思与合理性，必须源于当事人未表达但明显存在的意思，目的是赋予交易有效性，防止任何一方因没有想到的对价未实现以至于合同本身也失效。因此，该判例确定的默示条款规则是若缺乏该默示条款，合同就无法履行。显然，法院对此问题持谨慎态度，除非必要，不会轻易改变当事人已经通过合同形成的权利义务关系。

另外，若案情显示未明文规定的合同条款很明显应当存在，当事人有此意图不言自明(self-evident)，那么法院就会倾向于认为此默示条款存在。这与前述的“商业效果必要性”有所重合，其判断标准就是“好事旁观者”，即假设旁观者提出合同应当规定默示条款，当事人会毫不犹豫地予以肯定。〔2〕法院认为，这种默示条款存在的前提是当事人双方作为合理人都会同意合同中有此条款。这意味着，若当事人的商业动机并不一致，那么这种默示条款存在的可能性就较低。〔3〕

当然，若当事人谈合同时非常认真并制定了规定详细的合同，或者合同是新类型或高风险的情况，〔4〕法院就不会倾向于认为默示条款存在。在为合同增加默示条款时，它们本身必须具有一定的确定性，不存在过高的复杂性与人为性，增加的默示条款不能与合同明示条款相冲突。同时，增加的默示条款本身在所有情况下必须具有合理性，但不能仅因为条款具有合理性就可以成为默示条款，〔5〕不能因为默示条款可以提高合同文本水平就增加，也不能因为默示条款更有利于合同履行就增加，毕竟

〔1〕 The Moorcock [1889] 14 PD 64.

〔2〕 See J. Beatson, A. Burrows, J. Cartwright, *Anson's Law of Contract*, 30th ed., Oxford University Press, 2016, p. 165.

〔3〕 Luxor(Eastbourne)Ltd. v. Cooper [1941] AC 108.

〔4〕 Phillips Electronique Grand Publique SA v. BSB Ltd. [1995] EMLR 472.

〔5〕 Reigate v. Union Manufacturing Co. [Ramsbottom] Ltd. [1918] 1 KB 592.

法院不能代替当事人订立合同,这是合同法的基本原理。因此,确定默示条款的原因必须是必要性而非合理性。[1] 这两个标准实际上互相有重合之处,法院考察的核心问题是默示条款是否可以表达合同实际应当表达的意思。当然,这些标准仍然要与当事人的目的结合起来审查,不能简单地以这些标准自身来确定默示条款的存在与否。

(二)标准合同条款中的默示条款

在若干类型的合同中,很多条款已经实现标准化,若合同没有明文排除,则这些条款都作为默示条款而存在。例如,无论合同是否规定,承包商工程施工的标准都包括以良好与专业的方式施工、建材质量良好、房屋适合人居住等法律义务,[2] 合同不规定也并不影响这些义务的存在。再如,在旅行合同中,无论合同是否规定,旅行代理人都有义务以合理注意与技巧为游客安排第三方提供的食宿与游玩项目;如代理自行承担这些服务项目,则默示条款仍是必须以合理注意与技巧为之,即便代理人是安排他人代为安排。不少法案已经将这种义务写入立法之中,默示条款已经成为法定义务,无须当事人约定。但仍有若干默示条款存在于普通法中。

在已经高度标准化与类型化的商业关系中,如买卖合同、运输合同、租赁合同、雇佣合同中,当事人往往只就最重要的问题进行谈判而忽略很多其他问题,法院在判断是否存在默示条款时需要考察其他因素,特别是政策因素与类型合同的标准后果等情况。[3] 尽管有观点认为,默示条款的认定标准仍旧是必要性而非合理性,但法院在很多情况下显然是按照后者来解释默示条款。法院会考察默示条款是否能够与法律并行不悖、对当事人权利义务关系的影响以及是否公平等问题。因此,标准化的默示条款会引发诸如合理性、公平性以及平衡各种政策等问题,当事人在合同谈判时往往不会想到这些问题。如此,当事人的意思自治会受到限制,尽管他们可以明确排除或修改交易关系所产生的法律后果,但如果他们没有明确规定,则默示条款就会自动适用于合同。[4] 因此,有观点认为,这种标准化的法律默示条款实际上属于自动适用条款。这种情况下判断默示条款的标准就是考察法律的规定,若法律规定存在则依法认定,若没有法律规定,则考察这类型案件中的合理权利义务关系并依据其确定是否增加默示条款。在这种情况下,若合同已经部分体现在书面合同中,确定默示条款就需要考察当事人情况与案情,需要考察合同性质与权利义务关系。

---

〔1〕 Liverpool City Council v. Irwin [1977] AC 239.

〔2〕 Miller v. Cannon Hill Estates Ltd. [1931] 2 KB 113.

〔3〕 See J. Beatson, A. Burrows, J. Cartwright, *Anson's Law of Contract*, 30th ed., Oxford University Press, 2016, p. 168.

〔4〕 Mears v. Safecar Security Ltd. [1983] QB 54, 78.

经典判例　利物浦市委会诉欧文[1]

在该案中,原告作为出租人将市政房屋出租给被告,被告拒付房租以抗议房屋设施存在瑕疵。被告的指控之一是原告违反了房屋公共空间部分的电梯、楼梯、垃圾道等设施的修理与维护义务。但双方没有订立正式的租赁合同,仅存在一份租赁条件的文件,其中仅规定承租人的义务,而没有规定出租人的义务。法院对此判决认为,出租人在此合同中对房屋公共部分拥有通道与垃圾道的地役权(easement),由于合同未规定承租人的修理义务,因此出租人负有默示义务负责修理公共部分。

经典判例　马立克诉国际信贷商业银行[2]

在该案中,原告曾经是被告银行的雇员。由于被告银行存在工作腐化现象以至于名声很差,导致从未参加腐化活动的原告难以在离职后找到新工作从而蒙受巨大损失。原告就此提起诉讼,要求被告提供赔偿,其依据是雇佣合同中存在一个默示条款,即雇主行为不能有意或无意破坏、严重损害雇主和雇员之间的信任关系。法院判决认为若原告能够证明事实,则默示条款存在,原告可以获胜,原因的雇主负有默示义务保证其行为合法。这表明英国法院在雇佣合同中承认存在相互信任(mutual trust)的默示条款,据此雇主与雇员都有义务按照不破坏相互信任关系的方式行事的默示义务。

该案在一定程度上说明了特定法律关系所产生的默示义务与判例法所规定的"商业效果"标准有所区别,但区别较小,反映了法院对于公共政策与商业惯例的考察。但是,这种义务是有边界的。

经典判例　哥斯利诉忠诚与古尔德控股公司[3]

在该案中,原告是被告雇员,原告在退休时与被告就养老金问题发生争议,原告因此起诉,认为被告未能充分考虑其养老金权利,雇佣合同应当含有一项默示条款,据此被告应当合理谨慎地保护雇员的经济利益。上诉法院驳回原告起诉,认为公司没有默示义务就养老金权益最大化向雇员提供准确的指导意见,原告败诉。因此,雇主支付退休金是法定义务,但没有默示义务为雇员提供金融咨询意见,因其是不合理的默示条款,而且要求雇主承担该义务会造成利益冲突问题,雇员应当自行寻求金融咨询。

---

〔1〕 Liverpool City Council v. Irwin [1965] 1 WLR 623.

〔2〕 Malik v. Bank of Credit & Commerce International [1998] AC 20.

〔3〕 Crossley v. Faithful & Gould Holdings Ltd. [2004] EWCA Civ 293.

（三）习惯或惯例产生的默示条款

司法判例中判定默示条款的另一个来源是地方习惯（custom）或行业惯例（usage of trade），除非当事人明文排除。主张存在此性质默示条款的一方承担举证责任。[1] 另外，习惯或惯例像书面合同一样必须具有确定性，应当是广为人知的且为人们承认具有法律约束力，必须具有合理性，而且不得与合同明文规定相矛盾。[2] 另外，习惯或惯例也不得违反立法规定。[3]

经典判例　哈顿诉沃伦[4]

在该案中，当事人之间订立与履行了土地租赁合同。有一年，原告在播种并耕作了一段时间后，被告依据合同提前通知原告收回租约，双方随后中止租赁关系，被告收回农场和地上青苗。租约对如何处理青苗未作规定，原告证明当地有一个惯例，即承租人应当根据特定的耕作程序从事种植活动，在租期届满时有权为青苗投入与劳作获得合理补偿。双方发生争议。法院判决，被告应当依照当地惯例给予原告适当补偿，原因在于原告已经证明当地有此惯例，合同里没有条款明确排除该条款，因此默示条款成立，被告应当提供补偿。

但需要注意的是，随着法律的发展，大量的行业惯例已经被立法所吸收并法典化，导致惯例的适用有减少的趋势。目前，习惯或惯例得到适用的条件有以下几点。[5] 第一，确定性。构成惯常行为的习惯必须具有确定性与统一性，否则难以获得合法性。第二，广为人知（notoriety）。习惯或惯例具有约束力的一个条件是一个地区或行业的人都知道其存在，订立合同的当事人应当很容易地理解该习惯或惯例，但并不意味着要求全世界都知道或合同当事人必须知晓此习惯或惯例的存在。第三，为人们所承认具有法律约束力。主张惯例成立的一方必须证明该惯常行为为人们所承认并具有法律约束力，这意味着遵守该行为是当事人主观认为有法律义务按其行事。因此，习惯或惯例有别于一般的礼仪或商业做法所产生的惯常或习惯行为。[6] 第四，合理性。合理性属于法律问题，习惯必须达到公平与合理的程度才能

---

〔1〕 See J. Beatson, A. Burrows, J. Cartwright, *Anson's Law of Contract*, 30th ed., Oxford University Press, 2016, p. 168.

〔2〕 Nelson v. Dahl [1879] 12 Ch. D 568, 575.

〔3〕 See Edwin Peel, *Treitel on the Law of Contract*, 14th ed., Sweet & Maxwell, 2015, para. 6 – 048.

〔4〕 Hutton v. Warren [1836] 1 M & W 466.

〔5〕 See J. Beatson, A. Burrows, J. Cartwright, *Anson's Law of Contract*, 30th ed., Oxford University Press, 2016, p. 170.

〔6〕 Cunningham v. Fonblanque [1833] 6 C & P 44, 49.

够成立，一个合理、诚实、公平的人能够依其行事。第五，惯例不得与合同条款发生矛盾。合同当事人有权意思自治，因此合同条款可以明示或默示地排除习惯或惯例的适用。[1]

(四)默示条款的排除

当事人若想排除默示条款，可以合同明文规定何种默示条款不能适用。通常这种排除是有效的。但是，当事人意思自治有其范围，当事人不得随意排除，否则在很多情况下会形成复杂的解释问题，法院在涉及公共政策问题时往往会限制排除的后果，尤其是涉及侵权责任时更是如此。

三、立法中的默示条款

为了规范、补充当事人订立的合同，立法规定了若干默示条款，使其在当事人没有明文排除的情况下自动适用于合同，为当事人与行业提供了便利。[2]

(一)货物买卖合同中的默示条款

货物买卖合同十分常见，当事人订立这类型合同时往往只注意最为重要的价格等问题，对其余问题并未仔细探讨，导致很多情况下若仅依据当事人订立的合同条款难以确定当事人之间的权利义务关系。为解决此问题，英国立法在判例法的基础上进行了总结，最终形成了若干默示条款，在英国《1979 年货物买卖法案》中得到体现。这些条款可以自动适用于合同，但也可以为当事人明文约定(express agreement)、交易过程(course of dealing)以及行业惯例(usage)所修订或否定。但是，当事人的意思自治还受到其他立法的制约，英国《1977 年不公平合同条款法案》与《2015 年消费者权益法案》在这方面有不少规定，当事人并不能随意否定这些公法性质的义务。[3]在消费者合同领域立法所规定的默示条款是强制性规则，在商业合同领域立法规定的默示条款可以被排除，但法院会以合理性标准进行审查。下面几个问题是货物买卖合同中常见的默示条款。[4]

第一，关于所有权(title)的默示条款。英国《1979 年货物买卖法案》第 12 条规定，"卖方在买卖中有权出售货物，在协议中卖方在所有权转移时应当拥有权利"；"(a)货物不存在合同订立时没有向买方披露或买方所不知道的任何负担，直到所有

---

[1] See M. Furmston, Cheshire, *Fifoot and Furmston's Law of Contract*, 16th ed., Oxford University Press, 2012, p. 179.

[2] See J. Beatson, A. Burrows, J. Cartwright, *Anson's Law of Contract*, 30th ed., Oxford University Press, 2016, p. 171.

[3] See Edwin Peel, *Treitel on the Law of Contract*, 14th ed., Sweet & Maxwell, 2015, para. 6 – 042.

[4] See J. Beatson, A. Burrows, J. Cartwright, *Anson's Law of Contract*, 30th ed., Oxford University Press, 2016, p. 172.

权转移时一直如此;(b)买方应当对货物能够安静占有(quite possession),除非货物所有人或其他有权根据披露或知道的负担受益的一方提出请求”。买卖合同中还可以存在其他更狭窄的默示合同担保,条件是合同或案情显示卖方有意图转让他或第三人所拥有的所有权。卖方可以在合同中明文规定转让有限所有权的意图,也可以通过推定产生。若货物由拍卖人出售,合同当事人的意图可能是在卖方已经取得货物的情况下,买方对货物拥有所有权并占有货物。若卖方意图出售他或第三人所有货物的所有权,不存在负担以及安静占有的合同担保不得被全部排除。卖方应当在订立合同前向买方披露任何已知的负担,并担保他或任何可以提出请求的人不会干扰买方的安静占有。当事人不得排除或限制违反英国《1979 年货物买卖法案》第 12 条默示条款的违约责任,因此前述默示条款属于货物买卖的强制性条款。

第二,凭描述买卖(sale by description)中的默示条款。所谓凭描述买卖是指买方依赖于明示或默示的描述而订立合同,即使买方已经见过货物与选择货物。英国《1979 年货物买卖法案》第 13 条规定:(1)凭描述货物买卖合同存在一个合同条件,即“货物必须与描述相符合”;(2)凭样品与描述的买卖合同在大部分货物与样品符合但部分不符合描述的情况下并不能满足履约要求;(3)货物买卖合同并不能因买方在货物展览中挑选货物而不能成为凭描述的买卖合同。

第三,货物质量的默示条款。传统规则认为,买卖关系中一般不存在货物适用于任何特殊目的的默示条件或默示担保,这就是买者自慎(*caveat emptor*)规则。但英国《1979 年货物买卖法案》为在商业过程中出售的货物规定了默示条款作为这一规则的例外。英国《1979 年货物买卖法案》第 14 条规定:“……(2)若卖方在商业过程中出售货物,则存在默示条件要求根据合同提供的货物必须具有满意品质(satisfactory quality)。”此处所谓的满意品质是指货物质量能够满足一个合理人在考虑货物描述、价格以及其他情形后可以认为满意的标准。货物质量包括货物的状态与情况,可以考察的因素包括:(1)具有该种类货物的一般用途;(2)外观与完成状态;(3)不存在微小瑕疵;(4)安全性;(5)耐久性。但需要注意一个例外,如订立合同前卖方提醒买方注意任何不具有满意品质的情况,或买方在订立合同前检查了货物而应当能够显示货物质量,则默示条款并不存在。上述的立法规则已经基本上代替了之前的判例法规则,但判例法规则在立法规则出现模糊时可以提供借鉴。[1]

第四,符合合同目的的默示条款。当事人订约都有目的,因此合同标的物应当符合合同目的。英国《1979 年货物买卖法案》第 14 条第 3 款对此有以下规定:“若卖方

[1] See J. Beatson, A. Burrows, J. Cartwright, *Anson's Law of Contract*, 30th ed., Oxford University Press, 2016, p. 174.

在商业过程中出售货物，买方明示或默示地使卖方或信贷中介人（如货物价金是分期付款）知晓购买货物的任何特殊目的，则存在一个默示条件要求货物应当合理符合该目的，除非案情表明买方没有或没有合理理由依赖于卖方或信贷中介人。”一般而言，在日常生活中，当买方去卖方处购买货物时，买方对卖方的技巧与判断就发生了依赖，这种依赖默示存在。如买卖双方都是商人并拥有同样的知识，那么买方仍然可以对卖方的技巧或判断发生合理的依赖。但后一情况下买方所发生的依赖有可能是部分依赖。例如，若买方雇佣卖方根据买方的配方或规格生产产品，按此配方或规格生产出的产品合理符合卖方所知晓的用途就不存在默示合同条件，但买方仍有可能依赖卖方的技巧或判断来保证加工材料合成后不存在瑕疵，[1]或者在规格之外卖方仍拥有专业知识导致买方发生依赖。[2]

经典判例　斯雷特尔诉费宁公司[3]

在该案中，上诉人同被上诉人（船舶引擎生产商）订立合同由被上诉人负责修理上诉人渔船的引擎。被上诉人为渔船安装了一个配件，但该配件与其他两个同样类型的零件在海上全部损坏，上诉人以被上诉人违反《1979 年货物买卖法案》第 14 条第 3 款有关适合合同目的的默示条款为由要求损害赔偿。一审法院发现货物瑕疵不是由配件本身，而是由被上诉人没有发现该船特殊之处而造成的。法院判决上诉人败诉，因为被上诉人供货时并未意识到渔船具有的特殊性与目的，因此不能判断该货物必须符合这一特定目的，显然，上诉人欲使对方承担默示义务，应当先对特殊情况进行披露，未披露导致对方无法得知特殊情况，因此其不承担默示义务。

第五，样品买卖中的默示条款。样品买卖合同中存在两个默示条款。其一，同批次货物必须在质量上与样品具有一致性。其二，货物不能存在通过合理检查可以发现的任何明显瑕疵。

（二）其他法定默示条款

英国不少立法都为特定类型的合同提供了默示条款。例如，英国《1973 年货物供应（默示条款）法案》第 8 条至第 11 条就为租购合同规定了默示条款，它们大致类似于货物买卖合同中的默示条款，涉及所有权、质量、符合目的等方面。英国《1982 年货物与服务供应法案》为租赁货物合同、承揽合同中的材料等提供了类似的默示

---

〔1〕 Ashington Piggeries Ltd. v. Christopher Hill Ltd. [1972] AC 441.

〔2〕 Cammell Laird & Co. Ltd. v. Manganese Bronze & Brass Co., Ltd. [1934] AC 402.

〔3〕 Slater v. Finning Ltd. [1960] 1 WLR 9.

条款。英国《1994 年财产法(杂项)法案》在第一部分中也对处分财产中的所有权问题规定了若干默示条款。这些立法都对类型化合同中容易被当事人疏漏的义务提供了填补。自 2015 年 10 月 1 日起,英国《2015 年消费者权益法案》(Consumer Rights Act 2015)不再要求默示条款,但要求消费者合同中明确包括此类性质的条款,但在本质上没有改变之前的法律规制,只是换了一种说法而已。

第四节　免责条款

一、格式合同及其规制

当今社会,为了便利交易与减少交易成本,格式合同(standard form contract,也称附意合同,adhesion contract)与格式条款(standard terms)已被普遍应用。[1] 这种合同或条款往往是货物或服务供应商或相关组织(包括政府与各种行业性协会)为大规模交易而事先制订的合同文本,其中除一般性的交易条件外往往还包括免责条款(exemption clause),[2]因此有可能构成不公平条款(unfair contract terms),若其对弱势一方严重不利,英国的普通法与立法将对其给予规制,防止此类条款构成对弱势方的剥削与欺压,因此出现了规制此类型条款的专门规则。[3]

格式合同与格式条款的普遍应用表明,自由资本主义时期合同条款由当事人自由谈判并订立的格局已经随着经济的变化而发生根本性改变。对大量标准交易而言,合同当事人的强弱地位一目了然,法律拟制的交易地位平等并不足以改变事实上的不平等,对提供大量标准化合同的供应商而言,节省成本等目的当属必然。但对处于弱势的买方来说,他们并无实力、能力与机会去修订合同,而只能是接受或者不接受(take or leave it)。[4] 在特定情况下,弱势买方甚至连拒绝的权利也没有,例如,在自然垄断程度很高的公共服务系统中(水、电、气等基础设施)就是如此。如此一来,决定合同内容的并非理论上的自由意志,而是当事人的交易地位。但是,即使是在强弱并不确定的商业关系中,当事人订立合同往往也不一定是自由意志的结果,而往往采用或合并适用(incorporation by reference,意指合同本身并未规定但根据其他情况可以将条款并入合同中而成为合同条款)各种标准格式合同或条款来节省交易成本

〔1〕 See M. Furmston, Cheshire, *Fifoot and Furmston's Law of Contract*, 16th ed., Oxford University Press, 2012, p. 206.

〔2〕 See Edwin Peel, *Treitel on the Law of Contract*, 14th ed., Sweet & Maxwell, 2015, para. 7 – 003.

〔3〕 See J. Beatson, A. Burrows, J. Cartwright, *Anson's Law of Contract*, 30th ed., Oxford University Press, 2016, p. 186.

〔4〕 参见何宝玉:《合同法原理与判例》,中国法制出版社 2013 年版,第 266 页。

并使交易定型化。

在这种情况下，合同或条款很容易出现有利于一方而不利于其相对方的情况，而且不能通过谈判来修订。针对这种不公平情况，法律当然有必要介入。19 世纪的普通法在此方面存在缺陷，主要是囿于合同自由与合同神圣的传统原则。因此，20 世纪以来英国法院对 19 世纪的普通法进行了不少修订，使普通法在这方面实现了进步，不允许一方无限制地将合同风险通过格式合同与格式条款转移给对方，对方至少有权利知道合同风险分配的后果。[1] 强势方最常见的做法就是限制或免除自己一方的责任，以加重对方的赔偿负担，甚至剥夺对方的权利。对此，英国法院试图通过判例法来减轻合同相对方的不利情况，往往通过限制强势方采用限制或免除其自身责任条款的程序或者通过合同解释来限制强势方。这体现了英国法院所发挥的立法作用，同时其也是为相关立法做准备，[2] 但普通法对此的规制总体上仍采就事论事的方法，难以形成全局性方案。因此，在这方面，判例法的作用相对有限，立法所发挥的作用更为明显，主要代表立法是英国《1977 年不公平合同条款法案》(Unfair Contract Terms Act 1977)以及《2015 年消费者权益法案》等。

二、并入条款的规制

(一)签字

一般而言，任何人一旦签订合同即受其约束，至于该人是否阅读合同条款或理解合同条款后果则在所不问。[3] 换言之，法律重视的是当事人是否以签字或其他形式表明其受合同约束，当事人在订立合同时应当负有注意义务，自己不审查合同属于咎由自取。[4] 但这一规则存在例外情况：一是虚假陈述；二是存在非我合同(*non est factum*，意思是“我订立的合同由于我不理解而不具有约束力”)的情况；三是文书并不具有合同效力。

(二)通知是否构成合同条款

在没有签字的情况下，当事人有可能主张其他来源的若干合同条款系合同的一部分，此即主张并入(incorporation)条款。[5] 对此，法院在判例中认为，在合同订立前或订立时当事人必须提示这些条款。若此性质条款是在合同订立后才提示，则其

---

[1] See J. Beatson, A. Burrows, J. Cartwright, *Anson's Law of Contract*, 30th ed., Oxford University Press, 2016, p. 187.

[2] BCCI SA v. Ali [2001] UKHL 8, [2002] 1 AC 251.

[3] Parker v. South Eastern Ry [1877] 2 CPD 416.

[4] See Edwin Peel, *Treitel on the Law of Contract*, 14th ed., Sweet & Maxwell, 2015, para. 7 – 004.

[5] See J. Beatson, A. Burrows, J. Cartwright, *Anson's Law of Contract*, 30th ed., Oxford University Press, 2016, p. 188.

不能成为合同的一部分，除非当事人另行订立新合同。

经典判例 奥雷诉马尔伯勒公司[1]

在该案中，原告夫妻在被告旅店登记住宿，支付了一星期的食宿费用，然后去了自己的房间。房间中贴有通知说："旅店所有人对丢失或失窃物品不承担任何责任，除非物品交经理保管。"由于旅店职员失职，原告物品失窃，原告要求被告承担赔偿责任，被告的抗辩是前述通知已经免除其责任。上诉法院判决认为该通知不构成合同的一部分，因为原告是在订立合同后才知道该条款，被告承担赔偿责任。

从上述判例中可以发现，为了使消费者受通知约束，主张通知构成合同一部分的被告必须在合同订立前或订立时提示原告注意到通知存在，[2]且此种提醒必须达到足够清楚的程度才可能使原告受到约束。在另一个判例中，[3]一方主张对方提供的票据上的印刷条款构成合同一部分，法院对此规定了三条规则以界定其是否足够清楚：一是收票方不知道印刷条款的情况下不受其约束；二是该方在知道印刷条款的情况下受其约束；三是该方在知道票据上有规定但不认为票据包含印刷条款的情况下受其约束，条件是送交方式可以使该方注意到那些条款，书面印刷条款构成合理通知(reasonable notice)。这三条规则中造成最多争议的是第三条。据第三条规则，一方即使在主观上并不知情也可能受标准合同免责条款约束，条件是主张免责条款有效的一方必须使对方能够得到明确通知。这使法院认定这一事实变成了解释问题，法院必须根据案情与各方的情况来确定该问题，导致判例之间有微妙差异。[4]

经典判例 帕克诉东南铁路公司[5]

在该案中，原告在被告的衣帽间存放了一个包，并得到一张票，票面上印有"请看背面"的字样，背面上印刷有若干条款，其中一个条款排除了高于10英镑的赔偿责任。其后，该包丢失，原告要求被告赔偿24英镑。在庭审中，原告承认知道票面上印有文字但并未阅读，也不知道或相信票上印有条款。法官指导陪审团考虑原告在该包存放时是否已经阅读或知道上述特别规定。陪审团认为原告不知道，法院据此判

---

〔1〕 Olley v. Marlborough Court Ltd. [1949] 1 KB 532.

〔2〕 See M. Furmston, Cheshire, *Fifoot and Furmston's Law of Contract*, 16th ed., Oxford University Press, 2012, p. 212.

〔3〕 Parker v. South Eastern Ry[1877] 2 CPD 416.

〔4〕 See J. Beatson, A. Burrows, J. Cartwright, *Anson's Law of Contract*, 30th ed., Oxford University Press, 2016, p. 190.

〔5〕 Parker v. South Eastern Railway Co. [1877] 2 CPD 416.

决原告获胜。在上诉时,上诉法院判决认为一审法院对陪审团的指示有误,本案的真实问题是被告是否以足够清楚的方式提醒原告注意条款,但初审中并未表明这一事实。最终,上诉法院判决重新审判。

若并入条款不是特殊性质的条款,当事人的交易地位也没有重大差别,那么并入条款依照交易过程并入合同之中的要求也宽松一些。在这种情况下,并入条款成立的原因不是交易过程的存在,而是当事人之间按照行业惯例来订立合同,导致合同外的条款可以被并入合同之中。

三、免责条款的解释规则

由于免责条款很容易造成当事人之间权利义务关系出现不平衡,因此英国法院从公平正义出发对免责条款进行了一系列解释,从而防止强势方以免责条款对弱势方进行合法剥夺。其中,规制重点是消费者合同,这类合同很容易出现不公平条款以免除经营者责任而对消费者利益造成严重不利影响。法院的解释总体上有利于消费者,以此平衡经营者。但这并不意味着条款经过适当起草后就一定不可以排除或限制责任。在商业合同中,由于当事人地位之间的差异并没有消费者合同那么大,出现不公平现象的机会相对较少,因此审查标准会更为宽松一些。[1]

(一)免责条款的严格解释

由于免责条款性质使然,因此法院对于免责条款从严解释。若一方想依赖免责条款,则其语言必须明确具体才可以使免责条款成立,因此必须写明所免除责任的具体内容,而不是笼统地一概否定。例如,免责条款规定免除“潜在瑕疵”(latent defects)责任,但法院经过解释认为这一条款不能免除英国《1979 年货物买卖法案》所规定的适合合同目的的条件,[2]排除合同默示条件与默示担保的免责条款不能免除合同明文条款,[3]排除违反合同担保(warranty)责任的免责条款不能免除违反合同条件的责任。这些细腻的普通法规则可以有效防止强势方以笼统规定排除责任的不公平做法。

经典判例　华尔父子威尔斯公司诉普海公司[4]

在该案中,原告从被告处购买一批植物种子,合同免责条款规定卖方不承担任何

〔1〕 Alison(J. Gordon) Ltd. v. Wallsend Shipway and Engineering Co., Ltd. [1927] 43 TLR 323.

〔2〕 Henry Kendall & Sons v. William Lillico & Sons Ltd. [1969] 2 AC 31.

〔3〕 Andrews Bros Ltd. v. Singer & Co., Ltd. [1934] 1 KB 17.

〔4〕 Walls Son & Wells v. Pratt & Haynes [1911] AC 394.

有关种植、描述或其他事项的明示或默示担保(warranty express or implied)。后来发现该批种子质量不符合合同规定,原告被迫向下一级买方提供补偿,因此起诉被告要求赔偿,被告以免责条款作为抗辩。上议院判决认为,即使原告已经接受货物因而只能溯及性地(*ex post facto*)要求被告承担违反合同担保的责任,但依照英国《1979 年货物买卖法案》第 13 条的规定,被告仍然违反了合同条件,这一点不能被免责条款免除,原告胜诉。

(二)对制定者不利的解释

对合同制定者给予不利解释(*contra proferentem rule*)是古老的解释原则,其合理性在于合同制定者往往处于优势地位并倾向于在风险分配上有利于自己一方。[1] 既然制定者对己有利,则法律就推定对其不利,这一解释规则适用的前提是合同条款存疑,在解释疑义时应当采用对制定者不利的解释以平衡当事人的关系。[2]

(三)排除过失责任的免责条款

对于排除过失责任的免责条款,英国立法对其予以规制,例如,英国《1977 年不公平合同条款法案》第 2 条以及英国《2015 年消费者权益法案》都有此类规定。除了立法规制,法院传统上对此性质条款的假设是无过失当事人一般不会订立此种条款允许违约方排除责任。[3] 欲使此性质条款在法律上具有约束力,则其必须足够明确排除过失责任。若合同明文规定"不承担任何损害赔偿"等类似规定,可以使免责条款具有约束力。

另外,依赖免责条款的一方也承担一些基本义务,如违约的严格责任,因此该方不得就此免责。[4] 法院在解释免责条款的适用范围时有可能给予限制,防止此方获得过多保护而破坏合同权利义务的平衡性。易言之,即使免责条款有效,但其范围不能是全方位免责,不得排除一切法律责任,若如此构成无效情形。[5] 对此,英国上议院也表示同意,[6]并在一系列判例中得到适用,已经成为限制免责条款的重要依据。上议院的理由是商业合同的起草不同于普通合同,一般存在法律专业建议,还有一系列立法作为参考,因此商业合同当事人应当被视为知道相关法律原则并在此基础之上订约,在当事人可以详细规定免责条款的情况下设置宽泛的免责条款,其中不能免

---

〔1〕 See J. Beatson, A. Burrows, J. Cartwright, *Anson's Law of Contract*, 30th ed., Oxford University Press, 2016, p. 195.

〔2〕 See Edwin Peel, *Treitel on the Law of Contract*, 14th ed., Sweet & Maxwell, 2015, para. 7-015.

〔3〕 Gillespie v. Bowles [Roy] Transport Ltd. [1973] QB 400.

〔4〕 Canada Steamship Lines Ltd. v. The King [1952] AC 292.

〔5〕 See Edwin Peel, *Treitel on the Law of Contract*, 14th ed., Sweet & Maxwell, 2015, para. 7-025.

〔6〕 Smith v. South Wales Switchgear Co., Ltd. [1978] 1 WLR 165.

除过失责任。尽管如此,法院还是会具体情况具体判断。

经典判例　苏格兰特种房屋协会诉温皮建筑公司〔1〕

在该案中,原告雇用被告负责房屋装修施工,双方采用标准格式建筑合同文本订立合同,其中第18条规定,被告就自身过失给房屋财产造成的损失承担责任,但不包括第20C条规定的应由雇主承担风险的损失或者损害。合同第20C条规定,雇主的现有建筑与内部物品如因火灾造成任何损失或者损害,雇主自行承担责任,雇主应当投保。被告施工过程中发生火灾,造成房屋发生严重损害。原告认为火灾是由于被告过失引起,因而要求被告赔偿火灾损失,被告援引合同免责条款作为抗辩。最终,上议院判决原告败诉,合同第20C条的规定已经明确分配风险,因此原告不能否定该条款的效力。

(四)平行条款与免责条款

尽管合同有明文规定,但这并不等于平行的口头合同担保不能对主合同进行制约。这意味着,若合同明示义务与标准格式文件的印刷条款相冲突,后者不能在冲突范围内否定前者。〔2〕

经典判例　埃文思父子(普利茅斯)公司诉安德亚公司〔3〕

在该案中,原告与被告订立合同,后者作为运输代理人负责从其他地方送一批设备到英国。被告口头保证原告设备会以集装箱方式在甲板下运输。但实际上有几箱货物被放在甲板上运输。其中一箱货物掉入海中造成全损。原告要求被告赔偿,被告以免责条款为由否定责任。法院判决被告的口头保证推翻了免责条款,因此违约成立,原告胜诉。

(五)虚假陈述与免责条款

若合同订立中存在虚假陈述(misrepresentation)或欺诈(fraud)导致免责条款成为合同条款,则虚假陈述方不能依赖虚假陈述。因此,虚假陈述或欺诈责任一般不能为免责条款所免除。

---

〔1〕 Scottish Special Housing Association v. Wimpey Construction Ltd. [1986] 31 BLR 17.

〔2〕 See J. Beatson, A. Burrows, J. Cartwright, *Anson's Law of Contract*, 30th ed., Oxford University Press, 2016, p. 197.

〔3〕 J. Evans & Son(Portsmouth)Ltd. v. Andrea Merzario Ltd. [1976] 1 WLR 1078.

四、限制责任条款的规制

由于司法和立法对于免责条款的严格态度,导致很多当事人已经不再规定法律上意义不大的免责条款,而是规定限制责任数额的限制责任条款(limitation clause)或限责条款,目的是规定责任的最高额赔偿,防止责任无限制积累。[1]

经典判例 艾丽莎渔业公司诉马尔文渔业公司[2]

在该案中,第二被告为原告的渔船提供持续性担保。由于发生过失与违约,渔船与相邻轮船发生事故并沉没,造成原告损失5.5万英镑。第二被告的合同中规定其责任限额为1000英镑。原告要求第二被告承担全部损失赔偿。上议院判决认为,对于限责条款可以适用对制定者不利的解释原则,但这并不意味着可以适用免责条款所适用的严格解释,因为当事人同意免责条款的可能性相比限责条款更小,对限责条款必须结合合同条款考察,特别是第二被告可能承担的风险责任、其收取的费用以及另一方的保险等问题。因此,此限责条款有效,原告不能要求超过限额的赔偿。

很明显,上议院认为有必要区别免责条款与限责条款:前者适用较为严格的解释方法,甚至有时候不惜扭曲合同的明文规定;后者由于对弱势方并不是十分不利,因此可以从宽处理。这种方法遭到了不少批评,因为免责条款与限责条款有可能产生相同的后果,也可能后者产生的后果比前者更为严重,仅按照条款的名字就定性与区分有可能导致拘泥于形式而忽略实质公平。因此,有判例认为没有必要区别两种条款,对二者都应当进行实质性审查,免除责任或限制责任不能超越公平合理的限度,超过公平合理限度者无论其条款名字是什么都可以从严解释甚至于判其无效。[3]易言之,法院反对的是不公平、不合理的责任限制条款,超出公平限度的限制责任条款也不例外。

经典判例 圣阿尔本斯市委会诉国际电脑公司[4]

在该案中,原告作为地方政府机构与被告订约,由被告承接软件研发工作以建设政府数据库。合同限责条款规定被告的责任限制在10万英镑之内。软件开发完成

---

〔1〕 See J. Beatson, A. Burrows, J. Cartwright, *Anson's Law of Contract*, 30th ed., Oxford University Press, 2016, p. 198.

〔2〕 Ailsa Craig Fishing Co., Ltd. v. Malvern Fishing Co., Ltd. and Securicor (Scotland) Ltd. [1972] 2 QB 71.

〔3〕 BHP Petroleum Ltd. v. British Steel Plc [2000] 2 Lloyd's Rep 277.

〔4〕 St Albans City & DC v. International Computers Ltd. [1995] FSR 686.

后,原告使用中发现软件含有错误,导致原告提交上级政府的税收数字出现错误,原告蒙受损失。原告起诉被告违约,被告以限责条款作为抗辩。一审法院判决合同限责条款不合理因而不能被被告作为抗辩,被告上诉并遭到驳回,最终需要承担责任。上诉法院维持原判的理由包括:(1)被告是大型跨国公司的子公司,拥有足够资源提供赔偿;(2)被告拥有产品责任保险,将责任限制在10万英镑内并不合理,该金额远远低于产品瑕疵所造成的潜在风险与损失;(3)被告公司具有优势交易地位,该行业普遍使用格式合同订约;(4)限责条款会导致原告损失最终被转嫁给当地居民来承担,造成增税或减少政府服务,被告承担责任可转移给保险公司承担。因此,在被告公司已经获得利润的情况下,由被告承担责任更为合理。

五、根本条款与根本违约的解释

英国合同法之前存在一个普通法规则,即所谓的根本违约(fundamental breach)可以导致免责条款不能产生预期效果。据此规则,合同中都包含根本条款,违反此性质条款构成完全不履约或者是毁约。因此,根本条款的重要性甚于合同条件(condition)条款或合同担保(warranty)条款,作为合同核心条款,免责条款不能免除违反此性质条款的后果。这一规则不利于依赖免责条款或限责条款的一方,它意味着合同核心义务不能为当事人的意思自治所左右。但是,这种观点已经为上议院所否定,上议院认为这一规则只能是解释规则,而非实体法律规则。这意味着该规则不能完全否定免责条款或限责条款,而只能用来解释二者的适用范围与合理性。[1]

经典判例　相片制作公司诉安全运输公司[2]

在该案中,被告同意为原告工厂提供巡警服务,费用大约是每次巡视26英镑。合同中规定有免责条款,规定被告对其职员造成的任何伤害行为或违约不承担责任,除非被告可以合理谨慎预见与避免伤害行为或发生违约。其后,被告的一名员工故意纵火导致原告厂房烧毁。原告提起赔偿诉讼,上诉法院判决认为由于被告已经受雇负责保护工厂,其员工故意纵火行为不受该免责条款覆盖以免除责任。在三审中,上议院判决推翻二审判决,认为被告承担的风险是中等程度的风险,需要结合案情背景下的合同、收取费用数额、工厂保险金等综合情况来判断。由于被告已经有效修改合同项下的合理注意义务,也没有证据证明被告缺乏合理谨慎以预见或防止火灾,上

---

〔1〕 See J. Beatson, A. Burrows, J. Cartwright, *Anson's Law of Contract*, 30th ed., Oxford University Press, 2016, p. 200.

〔2〕 Photo Production Ltd. v. Securicor Transport Ltd. [1980] AC 827.

议院最后认为免责条款能否保护被告属于解释问题。即使违约严重到足以使守约方解除合同或使合同继续履行不可能,违约方仍然可以依赖该免责条款。因此,根本违约使免责条款不适用的规则就此终止,免责条款具有全局的适用性。

在货物买卖合同中,英国《1979 年货物买卖法案》第 12 条至第 15 条在所有权、凭描述或样品买卖、适合合同目的、满意质量等方面规定了默示条款。根据英国《1977 年不公平合同条款法案》第 6 条的规定,卖方无权排除这些默示条款,无论是绝对还是相对排除都不可以,除非是国际货物买卖合同。在普通法上,法院拒绝承认有关质量瑕疵的免责条款可以适用于合同与实际送货存在较大差距以及货物瑕疵严重以至于完全不适合合同目的的情况。[1] 在租购合同中,英国《1977 年不公平合同条款法案》第 6 条的规定也适用,这一点也为普通法所确认。

在货物运输合同中,尤其是在海运合同中,承运人若无正当理由偏离公认或预定路线或航线,则构成违约,因而不能引用合同免责条款来要求免除责任,因为这种情况下免责条款只保护遵守合同的守约方而不保护肆意违约的违约方。因此,一旦承运人出现偏离路线的情况,那么航程合同就可以终止,承运人因而不能依赖免责条款,即使货物损失不能归咎于偏航本身。[2] 由于英国《1977 年不公平合同条款法案》不适用于商业海运合同,因此这类型判例构成前述规则的例外。

第五节　不公平条款

一、英国《1977 年不公平合同条款法案》

(一)概述

尽管普通法对于形形色色的不公平条款已经提供了不少解释规制以对其进行控制,但司法方式控制不公平条款毕竟有其内在缺陷,不能形成全局性的规则体系。为了弥补普通法的缺陷,也为了形成统一的法律规制,英国议院通过了《1977 年不公平合同条款法案》,对若干种类的合同条款进行规制,防止合同双方利益失衡而造成不公。[3] 该法案的范围比较宽泛,不仅适用于合同条款,还适用于免除侵权责任的非合同性通知,法院根据该法案并不能判决所有不公平或压迫性条款为无效,而其主要

〔1〕 Munro & Co., Ltd. v. Meyer [1930] 2 KB 312.

〔2〕 Joseph Torley Ltd. v. Orchis Steamship Co., Ltd. [1907] 1 KB 660.

〔3〕 See J. Beatson, A. Burrows, J. Cartwright, *Anson's Law of Contract*, 30th ed., Oxford University Press, 2016, p. 209.

适用于免责条款、限责条款以及补偿条款等情况。[1]

该法案一般并不影响责任的法律基础,因此审查主张免责条款的一方需要考虑三个问题:[2]一是确定被告是否承担责任以及承担何种责任(合同还是侵权);二是确定条款是否为合同条款;三是确定该法案是否适用于可能的法律责任。因此,只有在合同条款可以并入合同或按照合同进行解释的情况下才能适用该法案来处理责任问题。

该法案把管制的条款分为三种情况:该法案第1条针对的对象是排除或限制过失责任的合同条款(包括违反合同履约中的注意义务);该法案第6条、第7条针对的对象是排除或限制违反立法规定的默示条款的合同条款,具体包括货物买卖、租购合同等;该法案第3条针对的对象是消费合同与标准格式合同中的排除或限制违约责任的合同条款。就后果而言,一旦合同条款为此法案所管制,则排除或限制责任的条款或者绝对无效,或者在满足合理性标准(test of reasonableness)的情况下才有效。但是,该法案并不能管制所有类型的合同,诸如保险合同、商业租船合同、海上货物运输合同、国际货物买卖合同、雇佣合同、土地权利与转让权益合同、知识产权合同、证券交易合同等不受该法案管制。因此,该法案对专业性较强的商事合同的影响并不大。

该法案所针对的法律责任主要是商业交易中的责任,若免责或限责条款目的是免除或限制因在商业过程中已发生或将发生的责任(无论是自己还是他人的业务),或为占有人商业目的而占有的房屋场地上发生的责任,则法案可以适用。此处的商业取广义解释,但在具体解释中容易出现不同的说法。

法院在审理此类型案件时有一定的自由裁量权。在免责或限责条款当然无效的情况下,法院必须判决其无效。在免责或限责条款需满足合理性标准的情况下,法院的自由裁量权较大,可以根据案情来判断免责或限责条款是否有效,但无权修改该条款,不能在条款不满足合理性标准的情况下自行修订条款使其满足合理性要求,一般也不能切割该条款而使其部分有效。

(二)消费者保护

《1977年不公平合同条款法案》并非针对消费者提供的专门立法,但该法案为消费者提供了若干有意义的保护规则。易言之,该法案对消费者作为合同一方受免责或限责条款约束的情况区别处理,不同于两方都是商人的情况,消费者由于其弱势地

---

〔1〕 See Edwin Peel, *Treitel on the Law of Contract*, 14th ed., Sweet & Maxwell, 2015, para. 7-052.

〔2〕 See M. Furmston, Cheshire, *Fifoot and Furmston's Law of Contract*, 16th ed., Oxford University Press, 2012, p. 234.

位而受到更多的保护。[1] 作为消费者而言,受到该法案优先保护的条件有三项:一是该方不得在商业过程中订立合同或向对方表明其商人身份;二是对方必须是在商业过程中订立合同;三是在货物买卖(包括租购合同)合同中货物必须是用于个人消费的货物而不能是工业用品。对于一般自然人来说这个问题并不难处理,但对于企业来说就存在一定的困难。有判例表明企业也可以作为消费者,[2]前提是企业购买货物或服务的目的不是用于商业经营,若交易构成企业日常业务的一部分或经常由企业为之,则企业不能享受消费者的地位与权利。

(三)免责或限责条款

《1977 年不公平合同条款法案》所针对的管制对象主要是免除或限制若干种类责任的条款,但根据该法案第 13 条第 1 款的规定,其还可以规制以下条款:(1)规定责任或其执行受到限制或负担沉重的合同条款;(2)排除或限制责任的任何权利或救济的合同条款,或是使一方因主张权利或救济而受不利影响的合同条款;(3)排除或限制证据或程序性规则适用的合同条款。该法案第 13 条第 2 款还规定,其可以适用于规定一方可以提供与约定义务存在重大区别或根本不履行义务的条款。这种规定的目的当然是管制名义上没有免责或限制责任情况但实际上可以起到同等作用的条款,即防止当事人以其他名义规避该法案。[3]

(四)免除或限制过失责任条款的规制

《1977 年不公平合同条款法案》第 2 条限制合同一方规定免责条款以限制过失(negligence)所产生的商业责任。据此,合同一方不得以合同条款排除或限制过失造成对方死亡或人身伤害的责任。[4] 在发生其他损失或损害的情况下,合同一方不得以合同条款排除或限制过失责任,除非可以满足合理性标准(reasonableness)的要求。[5] 另外,该法案第 5 条还规定了货物生产商或零售商通过书面保证来免除或限制过失责任的情况,针对的货物必须是个人消费货物而非商业货物,损失也必须是消费过程中产生的经证明的货物瑕疵。

---

〔1〕 See J. Beatson, A. Burrows, J. Cartwright, *Anson's Law of Contract*, 30th ed., Oxford University Press, 2016, p. 223.

〔2〕 R & B Customs Brokers Co., Ltd. v. United Dominions Trust Ltd. [1988] 1 WLR 321.

〔3〕 See Edwin Peel, *Treitel on the Law of Contract*, 14th ed., Sweet & Maxwell, 2015, para. 7 - 062.

〔4〕 Ibid., para. 7 - 084.

〔5〕 See J. Beatson, A. Burrows, J. Cartwright, *Anson's Law of Contract*, 30th ed., Oxford University Press, 2016, p. 212.

经典判例　史密斯诉埃瑞克、哈瑞斯诉韦尔森林区委会[1]

在该案中,原告向被告(一家建筑协会)提起申请,以17,500英镑的价格购买一套带阳台的别墅。原告交纳了房屋检验费并填写相关表格,表格上说明被告会把调查报告与抵押估价的复印件交给原告,表格上含有免责条款,规定协会调查人员不为该报告与股价的精确性提供担保。据此报告,原告购买了此别墅,但调查人员没有注意到别墅的若干设施存在瑕疵,18个月后别墅倒塌造成原告巨大损失。原告要求被告赔偿,被告要求依免责条款免除责任。法院判决原告胜诉,因为被告没有尽到注意义务,依照英国《1977年不公平合同条款法案》,被告无法依赖免责条款免除其过失责任,过失责任得到免除必须满足合理性标准。该案是一系列案情类似以及法律问题类似案件中的代表性案件,具有典型意义。

(五)补偿条款的规制

根据《1977年不公平合同条款法案》第4条的规定,若合同一方为消费者,则任何合同都不得要求该消费者订立补偿条款而为对方的过失或违约造成的商业责任提供补偿,除非条款可以满足合理性要求。

(六)货物买卖与租购合同

《1977年不公平合同条款法案》第6条对货物买卖合同中的卖方予以限制,卖方不能随意免除自己因违反英国《1979年货物买卖法案》第12~15条默示条款而产生的责任。首先,该法案第6条完全禁止卖方免除违反《1979年货物买卖法案》第12条(货物所有权的默示条款)的责任。其次,该法案第6条禁止在买方是消费者的情况下卖方免除《1979年货物买卖法案》第13~15条(满意品质、适合合同目的、符合描述或样品的默示条款)的责任,若买方不是消费者,则卖方可以免除这三条的责任,但条款须满足有关合理性要求的标准。该法案第6条还规定,《1973年货物供应(默示条款)法案》有关租购合同中的免责或限责条款不能为卖方所随意免除,与前述的要求基本一致。

《1977年不公平合同条款法案》第7条针对的是涉及合同中货物所有权或占有方式转移(但不是前述的货物买卖或租购合同)中的免责或限责条款,常见的类型包括租赁合同、承揽合同(建设工程合同)等。针对这类型合同,英国《1982年货物与服务供应法案》规定了一系列默示条款,其内容与前述的默示条款没有本质区别。在一方是消费者的情况下,该法案第7条禁止合同中针对违反默示条款规定免除或限制责任的条款。在一方是非消费者的情况下,商业责任可以得到免除或限制,但必须

---

[1] Smith v. Eric S Bush, Haris v. Wyre Forest District Council [1989] 2 WLR 790.

满足合理性要求的标准。租赁合同中可以规定有关所有权或安静占有的默示条款的免责或限责条款，但需满足合理性标准；但在承揽合同中则不允许此类型的免责与限责条款。

(七)合理性标准的界定

在严重影响合同双方利益平衡的情况下，《1977 年不公平合同条款法案》绝对禁止免责或限责条款；但对于大多数情况则是以合理性标准(reasonableness)来判定免责或限责条款是否成立。[1] 这是一个具有弹性的要求，要求法院根据订约时当事人已知或应知的情况来判断免责或限责条款是否可以公平合理地写入合同，因此不是以责任产生时间为准，而是以合同订立时间为准。[2] 因此，合同条款的合理性不能按照损失的严重程度或性质来判断，除非合同订立时当事人已经对其有预判。

当然，由于前述标准仍然比较抽象，因此难以罗列所有因素。《1977 年不公平合同条款法案》第 11 条第 2 款为帮助法官具体确定免责或限责条款是否满足合理性标准而特意说明了 5 个因素，尽管从技术上而言这 5 个因素仅适用于违反默示条款的情况，包括货物买卖合同与租购合同中的描述、样品、质量、适合合同目的等，但其具有一定的普遍性。[3] 但这并不意味着法官仅受这些因素约束，还可以考察其他因素。这 5 个因素包括：(1)谈判双方的交易地位(bargaining positions)与力量，还需要考察合同履行的替代方式；(2)客户是否因受诱导才订立该条款，或接受时有机会与他人订立合同但不需要接受类似条款；(3)客户是否知道或有合理理由应当知道该条款，需要考察行业惯例(custom of trade)或交易过程(course of dealing)；(4)该条款在条件不满足的情况下是否排除或限制责任，是否在订约时可以合理期待满足该条款；(5)货物是否按照客户特殊订货要求进行生产、处理或改造。这 5 个因素是指导性质的因素，会导致法院考察一系列因素，包括合同订立时的市场情况，但按照该法案第 11 条第 4 款的规定，法院不应当考察因果关系过远的因素或者以非正常情况为由判定条款不合理。当然，相关的举证责任由主张限责条款有效的一方来承担。若限责条款的目的是限制合同赔偿责任金额，合同条款满足合理性标准需要考察以下因素：(1)依赖限责条款的一方在责任成立时可以期待拥有的资源；(2)依赖限责条款的一方得到保险保护的可能性与程度。

---

〔1〕 See Edwin Peel, *Treitel on the Law of Contract*, 14th ed., Sweet & Maxwell, 2015, para. 7 – 076.

〔2〕 Stewart Gill v. Horatio Myer & Co. [1992] 1 QB 600.

〔3〕 See J. Beatson, A. Burrows, J. Cartwright, *Anson's Law of Contract*, 30th ed., Oxford University Press, 2016, p. 235.

经典判例　乔治·米切尔(切斯特希尔)公司诉芬尼种子公司[1]

在该案中,原告从被告购买了一批荷兰冬季白菜的种子,价格是201英镑。被告供货时发生过失,实际货物是低质量的秋季白菜种子,并导致原告种植后绝收,损失达到6万多英镑。被告以免责条款抗辩,辩称其责任仅限于更换货物或返回合同价金,并排除任何立法或其他来源的明示或默示条款。上议院判决被告不能以合同条款作为抗辩,原因在于以下几点:该条款并非通过谈判约定;违约因被告过失产生;种子商人可以通过投保来避免绝收造成的损失而且无须提价;该行业中种子商人在赔偿请求真实、合理的情况下往往通过谈判来解决超过价金损失的求偿请求;过去的判例中商人没有引用此条款导致此条款一般不具有约束力。但需要注意的是,该案的判决依据并非英国《1977年不公平合同条款法案》,而是英国《1979年货物买卖法案》。但是,该案中的推理可以提供参考。

二、英国《2015年消费者权益法案》

在《2015年消费者权益法案》(Consumer Rights Act 2015)实施之前,英国有关消费者权益保护中的不公平条款的法律依据主要体现在《1999年消费者合同不公平条款条例》之中,主要反映了欧盟相关立法的精神。目前,《2015年消费者权益法案》实施以后取代了包括《1979年货物买卖法案》和《1982年货物与服务供应法案》等在内的12部之前的法律与法规在此方面的规定,较为全面地总结了以往的相关立法。该法案与《2014年消费者保护(修订)条例》[Consumer Protection (Amendment) Regulations 2014]、《2008年不公平贸易消费者保护条例》(Consumer Protection from Unfair Trading Regulations 2008)等一并构成英国消费者权益保护法的法律体系,从而成为调整经营者与消费者之间法律关系的基本规则。[2]

(一)英国《2015年消费者权益法案》概述

《2015年消费者权益法案》第一部分规制的对象是消费者为一方的货物、服务与电子产品合同,对免责或限责条款控制较为严格,若干种免责条款直接归于无效。例如,根据该法案第31条与第47条,在经营者与消费者的货物或电子产品买卖合同中,若合同条款免除或限制经营者对消费者承担若干种违约责任,该条款属于无效情形,具体包括经营者承担的满意品质(satisfactory quality)、消费者知晓的特殊目的(particular purpose)、产品说明、经营权利等。根据该法案第57条,若合同条款免除

---

[1] George Mitchell(Chesterhall)Ltd. v. Finney Lock Seeds Ltd. [1959] AC 576.

[2] See J. Beatson, A. Burrows, J. Cartwright, *Anson's Law of Contract*, 30th ed., Oxford University Press, 2016, p. 222.

或限制服务经营者的合理注意义务，则该条款无效。根据该法案第65条，经营者不得以合同排除过失导致的死亡或人身伤害责任。

（二）不公平性标准

除上述直接归于无效的合同条款外，消费者合同中其他条款还要接受不公平性（unfairness）的审查。[1] 该法案第62条第4款规定，若合同条款有违诚信而造成双方权利义务的重大失衡致使消费者受损，则此性质条款属于不公平（unfair）条款。考察这种条款时，根据第62条第5款，需要注意合同标的物的性质，并参考条款订立时的具体情况以及合同其他条款的情况。显然，这一标准较为抽象，因此一个孤立地看并不公平的免责条款结合其他情况也可能就是公平的，或者看起来失衡的条款在高风险合同中也许是合理的。为此目的，该法案附件2（Schedule 2）列举了20种有可能造成不公平的条款，例如，经营者单方面改变或终止合同，单方面判定标的物是否符合合同要求，违约消费者需要支付高额赔偿金等。这些情况都是很有可能严重损害消费者利益的情况，但并不一定就确定无疑，因此需要单独考察与全面考察相结合。

另外，为了维护合同自由原则，该法案第64条还规定了不公平性考察的除外情况。[2] 根据该条规定，若合同条款具有透明性（transparent）与显眼性（prominent）的特征，同时也不属于前述附件2规定的20种有可能造成不公平的条款，则该条款的公平性在两种情况下不存在不公平问题：一是条款明确规定合同标的物；二是合同约定价格与标的物相比适当。这种除外规则也称为"核心排除"（core exclusion），是指构成合同核心的因素仍旧需要尊重经营商与消费者的意思，在合同条款满足上述要求的前提下行政监管机构与司法机构原则上不做审查，以尊重当事人的意思自治。这里的透明性，是指合同条款是以普通（plain）、易懂（intelligable）的语言来表达的；这里的显眼性，是指消费者可以注意到合同条款。显然，该规定较为抽象与模糊，容易产生法律漏洞，因此，需要司法不断进行解释。

（三）重大失衡与诚信要求

消费者合同条款还有可能受到重大失衡（signficant imbalance）与诚信（good faith）的审查。重大失衡从字面上讲涉及的是合同的实质性公平，若经营者享有明显优势而消费者没有对应利益，往往就意味着发生了实质性不公平。[3] 但是，由于实质性公平难以准确界定，因此往往实际上审查的仍旧是程序性不公平，如消费者缺乏

---

〔1〕 J. Beatson, A. Burrows, J. Cartwright, *Anson's Law of Contract*, 30th ed., Oxford University Press, 2016, p. 223.

〔2〕 Ibid., p. 225.

〔3〕 See Ibid., p. 227.

选择等。若合同条款规定明显有利于经营者导致消费者处于严重不利地位,例如,经营者可以任意解除合同等,则程序性不公平的情况就容易成立。

经典判例　公平贸易委员会诉第一国民银行公司[1]

在该案中,银行在贷款合同中规定,若借款人发生还款违约就必须按合同利率支付利息直到判决执行完毕,上议院对此合同条款的公平性进行了判断。根据英国《1974 年消费者信贷法案》,在债务诉讼中郡法院判决不存在法定利息。借款人据此抗辩认为,允许银行以这种方式回收贷款并不公平,因为这会使借款人在清偿所有法院判决债务后仍然需要继续清偿债务。法官在判决中指出,若合同条款使一方获益巨大而不利于消费者,例如,允许卖方或供应方有选择权来获得利益,或强迫消费者承担不利负担或风险,那么就可以认定合同有瑕疵。针对此合同条款,上议院认为其具有公平性,因为银行贷款合同中最基本的要素是确保银行能够收回贷款,直到全额清偿后借款人才能停止支付。在法院判决后要求消费者继续支付利息并没有不平衡或不利消费者的情况;反之,若没有此条款则会严重不利于借款人。至于借款人在清偿债务后仍然有可能继续付款的风险,是由判决债权没有完全覆盖债务而非合同条款不公平所致。

若合同条款达到重大失衡的程度,往往就属于违背诚信的程度,这是一个解释问题,诚信意味着需要遵守良好的商业道德与实践标准,诚信的目的是促进公平与公开的交易,防止不公平的突然袭击以及缺乏实际选择。上议院认为,所谓公开意味着合同条款应当以全面、清晰与可理解的方式表述,不含隐藏的陷阱或漏洞;同时,合同条款应当具有合理的透明度,不能挫败消费者的合理期待,消费者交易时应当在知情条件下作出选择。在一个判例中,[2]争议焦点是停车场在免费停车时间结束后要求客户支付 85 英镑的停车费是否公平,法院认为判断该条款是否公平需要考察经营者能否合理假定消费者是否会同意该条款,法院最终判决该条款具有公平性。

总而言之,该法案关于合同条款是否公平的问题在总体上仍然是程序性的,因为实质性审查可能涉及各种难以判定的情况,因此围绕程序考察是否公平较为容易,这也符合英国法的传统思路。因此,合同条款是否容易理解、消费者能否注意这些条款、这些条款是否含有陷阱等因素,对法院判断合同条款的公平性更具有决定意义。

---

[1] Director-General of Fair Trading v. First National Bank Plc [2001] UKHL 52.

[2] ParkingEye Ltd. v. Beavis [2015] UKSC 67.

就此而言,英国《2015 年消费者权益法案》仍旧是对判例法的总结,而不是对之前判例与立法的彻底颠覆。

(四)不公平条款的后果

若合同条款被法院判决为不公平条款,则其对消费者不具有约束力。这意味着不公平条款对消费者不具有约束力,但消费者有权选择履行该条款。法院还可以区分有效部分与无效部分,取消不公平条款之后合同如能继续履行则应当继续履行。这导致法院在此方面拥有较大的自由裁量权。

(五)不公平条款的执法

英国政府机构——竞争与市场管理局(Competition and Markets Authority)以及其他政府机构据《2015 年消费者权益法案》拥有广泛的执法权,这些机构可以申请禁令阻止商人以不公平的合同条款与消费者订立合同。该机构还负责解决相关争议,很多卖方或供应商通过修改合同不公平条款以规避司法程序。政府机构考察的焦点更多集中在行业性不公平条款问题,目的不仅在于为个案提供救济,还在于树立行业性规则以利于消费者。这些机构还拥有调查取证并处理消费者的投诉的广泛权力。与司法机构相比,由于消费者权益保护案件的高发性与广泛性,行政机构的执法作用更为明显一些,这也是第二次世界大战以后西方国家的普遍情况。

三、其他立法

关于合同条款,包括免责或限责条款,英国还有其他一系列立法进行管制。例如,关于虚假陈述的排除或限制责任,英国《1967 年虚假陈述法案》第 3 条对其予以管制。另外,在消费信贷、产品责任、危险物责任、房地产瑕疵、旅游度假、远程销售、货物运输合同等方面均有相关立法对不公平、免责或限责条款予以规制。这充分体现了英国立法的一贯思路,即就事论事。这种格局虽然有其针对性强的特点,但也使法律的复杂化程度大为增加,消费者理解与应用法律的难度实际上也不断增大,在一定程度上形成了新的法律壁垒。

第六章　合同解释

合同解释的目的，是法院通过阐明合同条款的含义以探寻当事人的真意，从而明确当事人的权利义务关系，正确认定案件事实，并最终判定当事人的权利与义务。因此，合同解释过程也是一个探寻当事人真实意思的过程。[1] 在商业交易中，合同当事人在合同中所使用的语言文字经常出现表达不充分或错误的情况，有的语句含义模糊易引发歧义，有的订立合同时没有考虑某些事项，而这些情况日后往往成为争议之源。[2] 因此，在合同争议中，很多时候的关键问题实际是合同的解释问题，因此法院或仲裁庭适用何种合同解释规则也就成为重要问题。在当今专业性和复杂性与日俱增的商业合同中更是如此。在这方面，英国法中关于合同解释的规则具有重大影响，数百年来积累的司法判例为合同解释提供了符合商业实践和针对性极强的解释规则，现代英国法的发展又为合同解释提供了新的方向。

第一节　合同解释概述

一、合同解释的传统规则

在英国法中，传统的合同解释的目的是"指出在缺乏相反的明示或者默示意图的情况下法院如何行事"。[3] 因此，在合同规定非常清晰明确的情况下法院直接承认即可，但当合同规定存在模糊或者互相矛盾之处时，合同解释的规则可以帮助法院确定双方的真正意思。到了现代，英国著名法官迪普洛克勋爵对此指出："解释商业合同的目的在于确定……在合同一方使相对方合理地假设其行为时，该方以语言

---

〔1〕 何宝玉：《合同法原理与判例》，中国法制出版社 2013 年版，第 248 页。

〔2〕 See Edwin Peel, *Treitel on the Law of Contract*, 14th ed., Sweet & Maxwell, 2015, para. 6 – 004.

〔3〕 Re Coward [1887] 57 L. T. 285, CA.

(其中包含诺言)许诺从事或不从事的那些行为。"[1]这一问题源远流长,不断发展。

早期英国法中传统的合同解释规则对合同本身的文字规定非常重视,非常强调按照字义进行解释,形成所谓的文本主义(literalism)。[2] 按照早期的一个权威判例,合同解释应当按照合同条款的意思和意义进行解释,通过字词的通常(plain)、一般性(usual)、通用(popular)意义进行解释,除非其含义因行业惯例或其他原因具有特殊意思。[3] 经过多年的司法实践,传统英国合同解释的规则体现为以下几点:[4] 第一,合同解释的目的是找出双方的订约意图,该意图显示在文书合约的条文中。第二,订约的共同意图是根据条文的一般、自然、平易、通用、字义上的意思来进行解释,即强调严格遵循字面意思和形式表现。[5] 第三,由此法院不接受合同之外的证据,即一般排除外部证据(extrinsic evidence),外部证据具有不可采纳性(inadmissibility)。这一规则意味着对于书面合同来说,一般不能引用合同文本之外的证据来修改、增加或者减少合同条款所规定的权利和义务,[6]即在所谓的合同四角之内(within the four corners)进行解释。毫无疑问,这些规则对于确保合同的稳定性和保护当事人的合理期待都有一定的积极意义。

但随着实践的发展,传统的解释规则显示出越来越多的弊端,主要问题是过分拘泥于合同条款本身容易错误或片面解释合同双方真实的意思表示,不得引入外部证据导致法院无法考察合同的整体背景,因此也难以确定合同双方的真实意思。这一点在商业合同中非常突出,因为很少有合同可以把所有情况都规定清楚以至于不存在任何模糊或矛盾之处,一旦发生争议法院就只能被限制在狭小的文字空间之内进行僵化且不符合实际情况的解释,这样必然难以真正理解交易背景和当事人意图,会在司法公正上产生问题。因此,传统的文义解释方法在一定程度上可能成为法院探寻真相、追求正义的障碍,因而合同解释的相关规则需要更新和发展。

经典判例　阿诺德诉布里顿[7]

在该案中,原告与被告订立了公园租赁合同,合同期限为99年,出租人所得租金

---

[1] Pioneer Shipping v. BTP Trioxide [1982] A. C. 724 at 736, HL.

[2] See J. Beatson, A. Burrows, J. Cartwright, *Anson's Law of Contract*, 30th ed., Oxford University Press, 2016, p. 179.

[3] Roberson v. French [1803] East, 130.

[4] 参见杨良宜:《合约的解释》,法律出版社2007年版,第27页。

[5] Lord Hoffman said: "It is not easy to recover the intellectual background against which the 18th and 19th century judges decided historical inquiry. What is, I think, beyond dispute is that their approach was far more literal and less sensitive to context than ours today." BCCI v. ALI [2001] HL 8.

[6] Bank of Australia v. Palmer [1897] A. C. 540 at 545, PC.

[7] Arnold v. Britton [2015] UKSC 36.

包括其发生的维修费用,从第一年起每年90英镑,以后可以递增。出租人认为根据合同规定,维修费用是90英镑,并以10%的速度复利式(compound rate)递增,到2072年增加到50万英镑,承租人认为该解释错误,因此发生诉讼。原告一审胜诉,二审败诉。英国最高法院判决认为,合同解释需要参考合理人对合同的理解,考察条款自然与通常含义、租约其他部分的相关条款、租约与条款的整体意思、合同订立时的事实与情况、一般商业常识等综合因素,但无须考察当事人的主观意思。英国最高法院认为在合同规定明确的情况下不能为当事人另行分配权利义务,因此维持二审判决。该案规则的核心要点是若双方规定十分明确,则法院不能自由解释造成重写合同的后果,即使合同规定导致一方利益严重受损。显然,该判例中法院仍采文本主义的分析路径。

二、合同解释的现代规则

最近几十年来,随着法律从形式正义走向实质正义以及司法技术的提高,英国法院对于合同解释发展出了更多的理论和方法,更符合合同的交易实质和当事人的真实意图,合同背景、语境的意义越来越重要,从而使英国法中合同解释规则产生巨大变化。最为重要的变化是,传统上除非合同出现文字或语义模糊否则不得适用合同解释,而现代的发展是即使合同规定明确,一旦合同规定与实际情况出现不符也有可能通过合同解释来探寻当事人的真实意思表示,这表明法院对实质正义的追求超过了对合同规定的重视。对此,迪普洛克勋爵指出:"如果对商业合同文字的详细文义和句法解释导致了不符合商业常识的结论,则符合商业常识的解释应当优先得到采用。"[1]对此,英国著名法官霍夫曼勋爵表示赞同,并指出一旦从背景可以判断合同文字规定出现问题,则法官对当事人意思的解释不能是他们肯定不会存在的意思。[2] 这样,合同解释的主流方法已经从文本主义过渡到背景主义(contextualism)。[3]

经典判例　投资者赔偿项目公司诉西方布罗姆威克建筑协会[4]

在该案中,被告作为金融咨询公司为原告提供投资建议。被告建议原告投资于"家庭收入计划"投资项目中,原告将自己的房产做按揭贷款后投入债券交易中,后在房屋价格与债券价格下降时蒙受损失,原告认为被告的咨询意见中存在过失导致

---

〔1〕 Antaios Compania v. Salen A. B. [1985] A. C. 191, HL.

〔2〕 Investors Compensation Scheme v. West Bromwich Building Society [1998] 1 W. L. R. 896, HL.

〔3〕 See J. Beatson, A. Burrows, J. Cartwright, *Anson's Law of Contract*, 30th ed., Oxford University Press, 2016, p. 179.

〔4〕 Investors Compensation Scheme Ltd. v. West Bromwich Building Society [1997] UKHL 28.

自己损失惨重。原告因此起诉要求赔偿,诉因既有侵权也有违反立法。根据英国立法,原告可以从一个金融管制机构处获得赔偿,该机构会代替原告起诉以获得赔偿。因此,原告签订了一个合同将诉权转让给该机构,但该转让合同第3(b)条排除"任何你方已经或可能对被告提起的诉讼(无论是因不正当影响或其他而成立的撤销合同之诉)",这导致类似原告的受害者仍可以单独提起诉讼。对此,被告抗辩认为,此条款意指损害赔偿以及撤销合同之诉并没有发生转移,而原告认为该条款意指损害赔偿已经转移。因此,该案的焦点问题是受让方是否按此条款没有诉权。上议院经过审理判决认为,损害赔偿之诉已经发生转移,金融机构可以代替原告行使诉权。最终被告败诉。

霍夫曼勋爵在判决中阐述了合同解释的基本方法:第一,解释的目的是确定合同文件对于一个合理人所传达的意思,该合理人知道订约时双方可以合理获得的背景信息。第二,威尔伯福斯勋爵将这种背景称为"事实的矩阵"(matrix of fact),[1]但该词对于背景可能包括的情况来说显然是低估性的描述。背景情况包括合理人理解合同语言时可能对其发生影响的各种因素,条件是合同各方可以合理地知道这些因素,而且可采纳的证据中并不包括合同各方谈判的背景以及他们主观意图的说明。第三,法律在可采纳的证据范围中并不包括合同各方谈判的背景以及他们主观意图的说明。这方面的证据仅在合同一方要求修改合同时才可以采纳。[2] 法律对此区别处理的原因是政策问题,就此而言,法律解释区别于日常生活中的语言解释。第四,合同文件向合理人传达的信息与其字面意思并非一致。词语的字面意思通过词典和语法可得,而文件的意思是使用词语的一方根据背景所合理理解的意思。背景不仅能使合理人选择含义模糊词语的可能意思,还能够使其确定合同各方由于各种原因出现的词语或句法错误。[3] 第五,词语应具有自然和普通意义的规则反映了一种常识性的认识,即法院一般不接受人们会在正式文件中发生语言错误。另外,如果不能从背景中得出结论认为合同语言存在错误,法律就不能要求法官将各方显然不存在的意思强加于他们。[4] 该判例中法官对合同解释规则的阐述代表了当代英国法院对此的普遍看法,但裁判难度与不确定性也随之增加,很大程度上取决于法官的水平与经验。

根据该案,可以作如下总结:第一,英国法对合同解释的态度已经从严格的文义

---

〔1〕 这个名词意指在合同订立时存在的各种复杂情况,是一种比喻的说法。

〔2〕 修订合同(rectification)属于英国衡平法救济,法院只有在例外的情况下才会提供此救济。

〔3〕 Mannai Investment Co., Ltd. v. Eagle Star Life Assurance Co., Ltd. [1997] 2 WLR. 945.

〔4〕 Lord Diplock in Antaios Cia Naviera SA v. Salen Rederierna AB, The Antaios [1985] AC 191 at 120.

解释走向了实质性解释,合同的背景情况得到了法院的重视,解释的角度和方法已经出现多元化的趋势,重点从维护当事人的意思自治向维护公平和正义发展,传统上的形式正义正在走向实质正义。

第二,英国法已经针对合同解释的不同问题和层次发展出细腻而富有针对性的解释规则,能够处理不同情况下合同的解释问题。这一点是英美判例法灵活性的体现,表明司法对此问题的处理越来越有针对性。这就意味着,合同解释不仅能在法律上自成体系,更重要的是能够应对日新月异的实践发展,进而使法律体系和法律实践能够结合在一起,而不至于互相脱节和矛盾。

第三,英国法的解释规则形成了普遍性和特殊性、稳定性和适应性的统一。由于英美判例法的先例规则,能够就合同解释提供规则的均是上诉法院等高级法院,这样就导致一审法院必须遵从先例而不能擅自解释,从而维护了合同解释的普遍性和稳定性,这对于商业合同的运作至关重要,使合同当事人能够依照解释规则来制定符合自身利益的合同。另外,高级法院还可以根据法律和社会的变化作出新的判例,以使合同解释中的特殊问题能够得到处理,保持合同解释规则的与时俱进。

第四,英国法院在合同解释中发挥了主导作用,与立法一起构筑了商业合同的运行规则。英国针对合同的立法数量不少,但并没有完整的逻辑体系和结构,往往是针对特定事项立法,这种立法模式的好处是针对性和应对性很强,但难免存在混乱和矛盾之处。在如何理解和适用合同立法规则方面,英国法院在长期的司法实践中使立法的规则在司法中得到了较高程度的统一,司法与商业实践的紧密联系能够化解立法的僵硬、矛盾乃至不合理的部分,共同为合同解释提供规则。

经典判例　里尔顿·史密斯船务公司诉恒生公司〔1〕

在该案中,为了履行一份租船合同,轮船公司指定一艘"将由大阪轮船制造有限公司制造的暂时命名为 Hull 354 号(直到该船有正式命名为止)"的轮船负责履约。大阪公司由于无法在其船坞内制造这艘轮船,所以把这一合同转包给大岛(Oshima)公司,后者是一家新公司,前者在其中有半数股权。大阪公司为大岛公司提供了大部分劳力和管理人员。在大阪公司的目录上这艘船的登记号是 354 号,而大岛公司的登记号却是 004 号。尽管该船在建造完毕后完全符合租船合同规定的各种规格,也符合租船合同的用途要求,但承租人仍拒收此船。双方因此发生争议。上议院判决认为,不能允许承租人以英国《1979 年货物买卖法案》第 13 条拒收此船,因为对船的描述仅仅是标签,标的物通过解释完全可以确定,具体的标签号并不重要,对货物的

〔1〕 Reardon Smith Line v. Yngvar Hansen-Tangen [1976] 1 WLR 989.

描述应当放在货物本身之上，而不应纠缠于技术细节。最终，承租人败诉。英国著名法官威尔伯福斯勋爵指出，法官在解释合同时需要将自己置身于当事人曾经处于的“事实的矩阵”之中，通过整体性判断来准确理解合同词语的意义。在该案中，承租人很可能是因为市场变化而企图否定对其不利的合同，实际上是利用合同模糊之处来逃约，因此上议院没有拘泥于文字，而是按照合同背景来进行解释。

第二节　合同解释的若干规则

一、按通常意思解释

对于一个普通英语词语来说，若合同一方未主张合同背景中存在任何因素使其具有特殊意义，则法院一般会按其通常意思（ordinary meaning）理解，并就案件事实是否符合该通常意思予以决定。[1] 在确定词语的通常意思时，法院要根据合同整体来判断。这一点在早期判例中已得到确认。[2] 在涉及专业、行业或者商业的合同中，法院一般按照合同双方意图赋予该词语特殊的技术、行业或惯例意思。[3]

经典判例　雨天空公司诉国民银行[4]

在该案中，原告与被告于2007年订约，由被告（一家造船公司）建造轮船并出售给原告，价格为333万美元，分5次付款。合同第3条规定，若造船公司进入破产程序，原告可以书面通知造船公司要求其返还已支付款项。合同第5条规定，若原告行使权利拒绝收船或者终止或取消合同，则有权获得返还。合同订立后，作为金融安排，被告向原告发出担保函，其中第3段规定被告承诺支付原告在合同项下应得的全部款项，第5段规定被告的责任不因造船公司破产、重组或解散而受影响。2008年因为金融危机影响，造船公司被迫进入破产程序，原告因此书面要求被告返还已支付的分期付款，被告拒绝，认为根据解释被告不承担该责任。高等法院判决被告负有担保责任。被告上诉并获得胜诉判决，原告因此上诉到最高法院。最高法院终审恢复初审判决。该案的核心问题是，根据对担保函第3段的解释，原告是否有权要求被告返还依合同第3条有权获得的付款。英国最高法院指出，合同当事人只要规定清楚，则法院就必须按照规定理解；若合同用语有两种含义，一般来说应选择最符合商业常

---

〔1〕 See J. Beatson, A. Burrows, J. Cartwright, *Anson's Law of Contract*, 30th ed., Oxford University Press, 2016, p. 183.

〔2〕 Grey v. Pearson [1857] 6 H. L. Cas. 61 at 106, HL.

〔3〕 Produce Brokers Co. Ltd. v. Olympia Oil & Cake Co. Ltd. [1916] 1 A. C.

〔4〕 Rainy Sky v. Kookmin Bank [2011] UKSC 50.

识的解释。该案担保函的第3段可以作两种解释,法院的适当做法是考察商业常识,若作相反解释,则该条款就变得毫无意义,这不符合商业常识。

二、按合理意思解释

英国早期的判例认为,如果语言没有矛盾之处,则法院必须承认合同的规定,而不论合同语言是否荒谬或者不合理。[1] 在实践中也存在严格依照按照合同语言字面意思进行解释并予以承认的案例,但此类判例的权威性已经遭到否定。当代英国法的态度是,如果发现对商业合同中词语的语义和句法分析导致解释结果与商业常识相悖,则必须修改该解释使其与常识相符合。[2] 法院需要考察商业常识来解释商业文件,以防止合同解释有违合同双方的合理期待。如果存在符合商业做法的合理解释,法院一般不太可能因为语义上的细微差别而采用不符合商业习惯的解释。英国法官尼科勒斯勋爵在一个判例中指出:"在可能的范围之内,对合同的解释不应当挫败合同双方的意图,这是法律的公理所在。"[3] 如果合同文件中存在明显错误,法院应当按照合理意思修改该错误或按照改正意思来解释。[4]

三、按整体解释

英国阿特金森勋爵在一个早期案例中指出:[5] "解释合同必须将其作为一个整体来处理,在可能的情况下对其各个条款予以承认。"[6] 按此方法,解释合同有两个阶段:第一,法院需要确定何种文件是合同性质的;第二,在决定了什么文件构成合同之后,法院必须承认所有相关条款并努力按照解释规则来消除合同中的矛盾之处。若合同双方明示[7] 或者默示同意在出现矛盾时以某些条款或文件为准,则法院可以此来探寻双方真正的意思。在一个判例中,[8] 英国最高法院判决认为,若法院的问题是解释特定行业普遍采用的标准格式文件条款,那么事实可能不那么重要。该案的问题是如何准确理解担保信托契据的条款,英国最高法院认为,下级法院过度考察文件里用词的自然含义导致忽视句子的含义,此做法并不妥当,考察重点应当在于解

---

〔1〕 Jones v. St John's College, Oxford [1870] L. R. 6 Q. B.

〔2〕 See J. Beatson, A. Burrows, J. Cartwright, *Anson's Law of Contract*, 30th ed., Oxford University Press, 2016, p. 184.

〔3〕 Hydrocarbons Great Britain v. Cammell Laird Shipbuilders [1991] 53 B. L. R. 84, CA.

〔4〕 Burchell v. Clark [1876] 2 C. P. D. 88 at 97.

〔5〕 Brodie v. Cardiff Corp. [1919] A. C. 337 at 355, HL.

〔6〕 National Coal Board v. William Neill & Son [1985] Q. B. 300 at 319.

〔7〕 Brodie v. Cardiff Corp. [1919] A. C. 337 at 344, HL.

〔8〕 Re Sigma Finance Corp. [2009] UKSC 2.

释整个文件以及争议用词在整个文件里的含义。

四、按有效意思解释

在合同条款存在模糊之处时,法院的政策是采取使其有效的解释而不是使其无效的解释。[1] 如果一份文件有两种解释方法,一种方法使其无效,而另一种使其有效,则应当选择有效解释,除非该解释不符合法律或公共政策。[2] 按有效意思解释在拉丁语术语中为 *Verba ita sunt intelligenda, ut res magis valeat quam pereat*,该术语特别适用于商人之间以粗糙和简略方式记录协议的情况,在合同解释可能使其有效或者无效的情况下应尽可能使其有效,[3] 以维护合同的严肃性,彰显司法政策维护合同的态度。

经典判例　亚当马斯托斯运输公司诉盎格鲁－撒克逊石油公司[4]

在该案中,原告租用被告的轮船准备进行多次货物运输,租期18个月。由于轮船船员技术不达标,导致轮船发生各种故障,数次航行发生延迟。原告因此提起仲裁程序,请求被告赔偿航次减少造成的损失。根据仲裁庭认定的事实,该船起航时处于不适航状态,但船东在配备船员方面存在适当努力。该案的核心问题是船东的延迟责任是否成立。租约规定适用的法律是美国海运法。根据美国法的规定,船东可以免责,但租约在这方面的规定中将租约写成"提单",按字面意思解释导致美国法不适用于该案。原告认为该条款不得适用,上诉法院因此判决原告胜诉。被告上诉,上议院改判被告胜诉,理由是租约条款出现字词错误并不能否定该条款,否则该条款没有任何意义,当事人的意思应当得到尊重,意图仍然有效。

五、同类解释规则

同类解释的拉丁语为 *ejusdem generis*,意思是如果特定种类词语后面跟随的是一般词语,则该一般词语应被视为意指同类型的事物。例如,在一个工程合同争议判例中,[5] 合同条款规定可以准许承包商施工延期,条件是施工延期是"由于修改或增加……或由于工人原因、罢工或者分包商违约而共同造成……或承包商无法控制的

---

〔1〕 Mills v. Dunham [1891] 1 Ch. 576 at 590, CA.

〔2〕 See J. Beatson, A. Burrows, J. Cartwright, *Anson's Law of Contract*, 30th ed., Oxford University Press, 2016, p. 183.

〔3〕 Hillas v. Arcos [1932] 147 L. T. 503 at 514, HL.

〔4〕 Adamastos Shipping v. Anglo-Saxon Petroleum [1959] AC 133.

〔5〕 Wells v. Army & Navy Co-op Society [1902] H. B. C. (4th edn), [1914], Vol. 2, p. 353, CA.

其他原因”造成的,按照同类解释规则,法院将该“其他原因”的解释限制在已经说明的原因种类之中,而不包括业主未能移交工程场地的违约行为。如果在描述特定种类的词语和一般词语中加入“其他”一词,法院将判决其意思过于模糊而不能阻止适用同类解释规则。〔1〕 适用该规则需要从特定词语中归纳一个种类。〔2〕 因此,只有在一般词语之前存在两个特定事物时该规则才可能适用。〔3〕 目前,英国法院对该规则的态度是减少适用性〔4〕,如果合同双方表明排除该规则的意图,则该规则也无法适用。〔5〕 有判例指出,该规则一般适用于地契、遗嘱以及法案,对合同来说适用性较差,对商业合同来说适用性更差。〔6〕

六、合同条款之间的协调

一般来说,可以假定合同起草者在起草合同时的基本意图是保持意思一致。因此,合同中相同的词语一般被视为拥有相同的意思,不同的词语一般被视为说明不同的意思或概念。〔7〕

七、填写条款优先

在商业实践中,印刷合同中经常出现空白之处需要填写,如果合同一方填写的内容与印刷条款出现差异,英国法院认为填写条款(written words)比印刷条款(printed words)具有更大效力。在早期的一个判例中,法院指出:“填写词语应当比印刷词语更具有效力,条件是填写词语是合同双方为了表达自己的意思直接选用的语言和条款。”〔8〕如果合同条款中印刷条款明确说明印刷条款优先于填写条款,就会产生解释上的困难,但如果该条款规定足够清晰,则印刷条款应优先于填写条款。同理,书面合同中的条款一般优于书面合同合并进来的文件中的条款。〔9〕

八、不利于制定者的解释

不利于制定者的解释拉丁语为 *contra proferentem*,即解释合同时应当不利于合

---

〔1〕 Herman v. Morris [1919] 35 T. L. R. 574, CA.

〔2〕 Henry Boot v. Central Lancashire New Town DC [1980] B. L. R. 1 at 15.

〔3〕 Re Elwood [1927] 1 Ch. 455 at 461.

〔4〕 Allen v. Emmerson [1944] K. B. 362 at 367, DC.

〔5〕 Jersey [Earl of] v. Guardians of Neath [1889] Q. B. D. 555, CA.

〔6〕 Henry Boot v. Central Lancashire New Town DC [1980] B. L. R. 1 at 15.

〔7〕 John Jarvis v. Rockdale Housing Association [1986] 36 B. L. R. 48 at 61, CA.

〔8〕 Glynn v. Margetson [1893] A. C. 351, HL.

〔9〕 Adamastos Shipping v. Anglo Saxon Petroleum [1959] A. C. 133 at 177, HL.

同的起草方或者提供合同文本的一方,其正当性在于可以保护合同中的弱势一方。[1] 如果合同文件中存在其他所有解释方法都不能解决的模糊之处,法院一般将按照不利于合同制定者的意思来解释,从而采用有利于合同相对方的解释。[2] 该解释规则经常被用于解释合同中一些容易造成不公正的特定条款,例如,免责条款(exclusion or exemption clause)或者违约金条款(liquidated damages)。[3] 对于这些条款来说,对其严格解释的原因在于它们的自身性质,而非针对制定合同的一方。[4]

第三节 合同条款的解释

一、合同条款解释的原则

在英国合同法上,法院适用合同解释的原则是"法院试图给予合同各方意图法律效力,但法院给予的效力必须是明示意图。换言之,法院必须确定实际使用语言的意思。"[5]因此,就合同解释的意义而言,所谓意图(intention)并不是指动机、目的、欲望或状态,而是指明示的意图。对此,英国普通法采用了客观解释原则(objective principle),一般不采纳合同各方实际意图,而是往往按照合理第三人的标准来解释。这样一来,法院采纳的证据包括合同文件制定时的情况、词语的特殊含义、惯例以及其他情况等,以确定合同各方明示的意图,但仍必须坚持最为基本的原则,即探寻合同语言的本来意思(words must speak for themselves,the plain meaing rule),尽管解释方法是以合理人的角度来进行的。[6] 即使合同双方都存在相同的未表达意图,合同双方也不能在法庭上提出证据证明他们的真正意图或者主观意图是什么。英国法院这种处理方式的目的是确保合同的稳定性和严肃性,防止合同各方任意解释其意图而逃避合同义务。其中最重要的问题是如何处理合同文本以外的外部证据问题。

二、不可采纳的外部证据

如前所述,在英国合同法上,一般来说当事人不能在法庭上提出外部证据(extrinsic evidence),即外部证据具有不可采纳性(inadmissibility)。这一规则意味着对于书面合同来说,一般不能引用合同文本之外的证据来修改、增加或者减少合同条

---

[1] Association of British Travel Agents v. British Airways [2000] 2 Lloyd's Rep. 209 at para. 75 – 76.

[2] John Lee & Son v. Railway Executive [1949] 2 All E. R. 581 at 583, CA.

[3] Miller v. LCC [1934] 50 T. L. R. 479 at 482.

[4] IBA v. EMI and BICC [1978] 11 B. L. R. 29 at 55, CA.

[5] Inland Revenue Commissioners v. Raphael [1935] AC 96 at 142, HL.

[6] Sirus International Insurance Co., v. FAI General Insurance Company [2004] 1 WLR 3251 at 3257 – 8, HL.

款所规定的权利和义务。[1] 例如,如果合同条款中的重要部分处于空白(blank)状态,不能引用外部证据来替补该空白。在一个判例中,合同没有规定工程完工日期,如果根据合同违约金条款的规定予以填补就会给一方造成沉重负担,法院因此拒绝采用合同各方已经得知该完工日期的证据,以防止发生过重负担。[2]

很多商业合同缔结之前,合同各方往往要进行预备性谈判(preliminary negotiations)。法院在一定前提下允许采用事实背景作为证据。但一旦合同双方已经签订最终的书面合同,法院不会按照预备性谈判中的文件来解释合同双方的意图。另外,合同签订以后合同双方的行为(subsequent conduct)也不能作为法院解释合同的理由。在合同是在双方信函往来中达成的情况下,这一规则更是如此。所有的信函往来都应当得到考察以确定合同双方是否有意图达成合同、在什么阶段达成合同,但一旦确定了达成合同的阶段,则该阶段之后的信函往来就不能再作为合同解释的基础。

三、可采纳的外部证据

尽管原则上外部证据应当被排除,但现代的趋势不再是仅局限于合同本身进行解释,而是更加重视合同的背景,这也是上述背景主义逐渐取得优势的体现。对于专业性很强的商业合同来说更是如此。英国法院对于如何解释这类合同发展出了若干规则,其中一些构成外部证据不可采纳性的例外,以下是其中最为主要的几种。[3]

(一)事实背景

合同的订立肯定有其特定的背景,即事实背景(factual background)。因此,能够证明在合同成立之时或之前合同双方知道的事实背景,包括合同起源和交易客观目的的证据可以在一定限度上被法院采纳,因为法院必须将自己置于合同双方所处的事实背景中才可以进行符合双方真正意思的解释。

(二)背景情况

英国法院确定合同双方的意思时一般不仅将解释局限在合同文本的字面意思之内,法院考察的范围必须超越文字,以查看合同词语使用时的背景情况,以及在这种背景情况下使用词语的合同双方的目的,这就是背景情况(factual circumstances)。因此,合同双方可以提供确认合同中提到的人和物的相关证据,也可以提供解释合同订立时情况的相关证据。合同的背景情况还可以包括以前订立的合同,除非双方已

---

〔1〕 See J. Beatson, A. Burrows, J. Cartwright, *Anson's Law of Contract*, 30th ed., Oxford University Press, 2016, p. 146.

〔2〕 Kemp v. Rose [1858] 1 Giff. 258.

〔3〕 See J. Beatson, A. Burrows, J. Cartwright, *Anson's Law of Contract*, 30th ed., Oxford University Press, 2016, p. 147.

经确定需要解释的合同已经替代之前的合同。合同的背景情况可以帮助法院决定是否存在以及存在何种的默示条款，而默示条款存在与否对当事人的利益影响极大。但是，需要指出的是，该例外不允许法院考察合同订立之前双方谈判的证据或者合同双方主观意图的证据。

（三）外来语和技术术语

合同双方可以提供与外语词语和技术术语（foreign and technical words）相关的外部证据。如果对于技术术语意思没有争议，法院可以通过任何可靠和方便的方式来理解此类词语，例如，律师的解释或者词典的解释，在出现困难的情况下也可以寻求第三方（如专家证人）的帮助。[1]

（四）惯例和行业习惯

在英国合同法上，法院可以采纳证据证明合同词语是根据合同所在行业或者区域内的特定惯例（Custom）和习惯（Usage）而使用的。[2] 习惯必须得到严格证明，必须为行业或者地域内的人们所熟知，在他们订立合同时都把这种惯例作为默示条款使用。同时，惯例或者习惯不能与合同的明示条款或者必需的默示条款发生冲突，而且必须是合理且合法的。

经典判例　莱福特希罗号案[3]

在该案中，当事人订立租约租船，其中的免责条款规定延误造成的任何损失均可免除责任。其后租船发生滞期，船东向承租人要求支付滞期费。承租人依据免责条款主张免除所有责任，按照免责条款的字面来看确实如此。因此一审法院判决承租人胜诉，因为他已被免除责任。但上诉法院改判船东胜诉，因为尽管免责条款的规定广泛且清楚，应当包括承租人滞期费的责任，但长期以来的相关判例形成的规则是，双方当事人必须在租约里单独规定滞期费以明确双方责任，因此范围广泛的一般性免责条款不适用于滞期费，故船东获胜。该案法院的判决总体是尊重航运界惯例与司法判例规则。

（五）合同双方的定义

在合同词语可以有多种解释时，如果合同双方在谈判时已经确定该词语只能拥有一个意思，则法院在解释该词语时可以考察合同的谈判过程以找到合同双方对其的准确定义。[4]

---

[1] Baldwin & Francis Ltd. v. Patents Appeal Tribunal [1959] A. C. 663 at 679, 691, HL.

[2] Symonds v. Lloyd [1859] 6 C. B. [N. S.] 691.

[3] The Lefthero [1992] 2 Lloyd's Rep 109.

[4] The Karen Oltmann [1976] 2 Lloyd's Rep. 708 at 712.

(六)合同双方的事实假设

合同双方可以基于共同的事实假设履行交易(agreed factual assumption),假定认为双方之间的事实状态是真实情况,法院在审理中不允许任何一方以此为理由向对方否认此假定的交易事实,这是禁止反言原则(estoppels)的体现。因此,证明存在这种事实假设的证据可以得到采纳,其中可以包括在合同订立之后的事实证据,但其范围仅限于合同基于事实假设订立时存在的情况。

(七)合同成立的先决条件

法院可以采纳证明合同先决条件(condition precedent)未得到满足的相关证据,合同一方可据此证明合同义务需要其他事件的发生(如第三方批准)才可以产生。先决条件包括事件并未发生或未按合同期限发生,合同因为虚假陈述、欺诈、错误、非法、胁迫、缔约能力瑕疵等问题而出现无效或可撤销情形,以及合同已经发生修改、被取消或者为禁止反言所限制等。

(八)平行担保的证据

如果合同一方主张书面合同并未包括双方协议的所有内容并存在平行担保(collateral warranty,也称为平行合同),这种平行担保的证据可以得到采纳,其唯一作用是对主合同条款进行修改或者增加。但英国法院对此有一定的怀疑,主张的一方必须承担证明责任,因为在此问题上放松要求会导致当事方不履行全部义务并降低书面合同的权威性。因此,必须明确存在缔约意图的证据。尽管有判例认为英国法院拒绝平行担保或平行合同的做法已经过时,[1]但法院的立场基本没有变化。为此,合同双方可以规定"全部协议"条款(entire agreement clause)来防止平行担保问题。[2]

(九)部分书面的合同

如果合同在事实上存在,但并不全是以书面形式表达,而是部分书面、部分口头或者行为,法院在考察时就需要另行考虑。在这种情况中,法院采纳构成部分合同内容的口头或者行为的相关证据,认为合同是由文件、语言以及行为构成,并根据从中得到的全部合同条款对合同进行解释。

从这些例外中可以发现,外部证据不可采纳性的规则正在逐步被例外替代,原因就是英国法院更加重视合同交易背景的各种因素,而不是一味强调合同文本本身。当然,这样的方法也存在弊端,例如,外部证据的范围过大可能导致诉讼时间延长或费用过高,但总体趋势仍是如此。

---

[1] Evans & Sons v. Andrea Merzario [1976] 1 WLR. 1078 at 1081, CA.

[2] See Williamson, *When efficiency is merely a matter of construction*, Estates Gazette October 1, 2005, p. 133.

第四部分　合 同 效 力

第七章　合同形式

第一节　概　　述

英国合同法中仅承认两种合同的合法性:一是契据合同(contract by deed),二是简式合同(simple contract)。前者的效力来自其形式自身,不需要考察双方意思表示是否一致,也不需要考察是否存在交换,凭特定形式就可以认定合同成立。后者并不需要特定形式,因此需要考察是否存在当事人的真实意思,诸如要约、承诺、对价等问题均属于此范围,考察重点是实质问题而非形式问题。[1] 就此而言,合同的实质是交易,合同的具体表现形式仅是合同的成立要件或证据,而不是决定性因素。

从历史上来看,合同形式是一个基本问题,是合同具有效力的根本依据所在。这与合同在古典时代地位不高、交易频率低、受教育人口比例低等社会情况有关。易言之,古典时代对合同形式的重视是历史背景决定的,在当时商业发展有限的情况下,这一情况并不会造成严重问题。例如,英国《1677 年欺诈法案》就特别强调书面合同的重要性,一定程度上就体现了古典时代的特点。[2] 随着商业日益繁荣,交易开始日常化与普及化,任何人都不可能不发生交易就可以生活。在这种背景下,法律若过度拘泥于形式问题会造成严重的社会问题,以形式来约束合同与时代格格不入,因此相关规则发生重大变化,简式合同成为主流,合同形式的要求大大放松。[3] 合同形式的要求主要集中在一些特定合同中,例如,地产权益、担保仍然是合同形式要求很高的领域。

---

〔1〕 See Edwin Peel, *Treitel on the Law of Contract*, 14th ed., Sweet & Maxwell, 2015, para. 5 – 002.

〔2〕 See J. Beatson, A. Burrows, J. Cartwright, *Anson's Law of Contract*, 30th ed., Oxford University Press, 2016, p. 79.

〔3〕 See M. Furmston, Cheshire, *Fifoot and Furmston's Law of Contract*, 16th ed., Oxford University Press, 2012, p. 267.

在现代社会，形式要求已经大大降低，书面形式仅在特定情况下发挥重要作用。首先，合同形式在证据方面具有优势，合同一旦体现在书面上就可以使交易具有更高的确定性，更准确地表明当事人的真实意图，相比口头合同拥有证据优势。其次，合同形式要求还有警示作用，即可以提醒当事人订立合同时应当有足够谨慎，当事人应当仔细阅读书面合同后再决定是否订立合同，而不是心血来潮随意为之。对于合同关系的弱势一方来说，这有特殊意义，如房屋承租人、企业雇员、借贷方、消费者等弱势群体据此可以要求合同必须以书面订立，其中的不利条款应当予以特别标注，从而形成一种法律上的保护。〔1〕 例如，对若干特别容易发生欺诈的合同类型，相关立法往往要求必须订立书面合同，弱势方会得到一个冷静期（cooling-off period），可以在一定期限内拥有无条件解除合同的单方权利，以制约强势方仗势欺人。如此一来，合同的确定性与对弱势方的保护得到增强。但是，合同形式要求也会造成交易成本的增加与程序的复杂化，对当事人造成不便，还有可能造成对法律或交易不熟悉的一方因为书面合同的复杂性而陷入被动。因此，这方面的立法是一种平衡，既要照顾交易的便利性，也要考虑合同证据的确定性。

第二节 契据合同

一、契据合同的必要性

对契据的要求在英国法中比较少见。在此方面，英国曾规定转移地产权益的交易中必须订有契据合同。在普通法中，目前对赠与性诺言仍要求必须以契据方式订立，即以契据方式代替对价制度。实践中最为常见的情况是慈善捐款。〔2〕

二、契据合同的订立方式

在英国普通法上，契据合同的订立方式是“签字、封印与送交”（signed，sealed and delivered），主要依据是经修订的英国《1989 年财产法（杂项）条款法案》[Law of Property (Miscellaneous) Provisions Act 1989]第 1 条。根据该法案的规定，一项文件满足契据合同的要求是，文件表面足以表明制作文件人意图使该文件为契据，或情况足以表明合同各方有此意图，而不论是否将文件描述为契据或文件签订成为契据或其他形式。这一条的规制重点仍然是当事人的意图，但法案并没有明确规定何种方

〔1〕 Consumer Credit Act 1974, s. 60; Landlord and Tenant Act 1985, s. 4; Employment Rights Act 1996, ss. 1 - 2, 4 - 6.

〔2〕 See Edwin Peel, *Treitel on the Law of Contract*, 14th ed., Sweet & Maxwell, 2015, para. 5 - 004.

式足以明确从而可以满足以上要求,此问题需由法官或仲裁员根据具体情况决定。

一般而言,契据合同需要满足以下条件。[1] 第一,签字与证明(Signature and attestation)。目前,英国法传统上要求的封印(sealed)已经废除,当事人制作契据合同不再需要封印。[2] 但是,制作契据的自然人必须在证明证人在场的情况下签字,或者在制作人因各种原因不能签字的情况下,必须在制作方指导与在场的情况下进行签字,并有两名证明证人在场。在公司订约的情况下,契据必须盖公司印章,或由两名董事签字或一名董事与公司秘书签字,并表明是公司签字。[3] 但是,封印仍然适用于一人公司(corporate sole)、注册公司以及皇家特许公司(royal charter),[4]但这些类型的公司数量较少,不是商业公司的主流形式。目前,封印的形式要求已经大大降低,用胶纸粘住文件或加盖含有"L. S."(*locus sigilli*)字样的印章就可以满足要求。另外,即使没有封印,法院也可能判决契据合同成立,条件是有证据表明当事人意图使文件成为契据合同。若当事人没有遵守前述规则,如没有证明人或文件没有封印,一旦对方已经对文件产生依赖,那么一方可能因禁反言规则而不能以合同形式作为抗辩。

第二,送交(delivery)。英国《1989 年财产法(杂项)条款法案》第 1 条第 3 款(b)项仍旧保留了送交的要求,所谓送交不是文件转移给对方的意思,而是制作合同方以语言或行为表示制作人认为该合同具有约束力。易言之,即使契据没有转移给对方仍在制作人占有中,仍可以具有契据的效力。[5]

第三,附条件合同(escrow)。契据合同可以附有条件,条件不成就则合同不具有约束力。在地产合同中,卖方在契据合同中可以规定若无买方付款与签字则契据合同不成立。根据这种情况,若契据规定条件在合理期间内已经得到满足,契据生效时间从送交日期起算。[6] 过去这种情况一般要将契据文件交给第三方保管,若交给合同当事人一方则会使契据立即生效。但已经无此要求,判断依据以当事人真实意图为准,当事人附有条件即以所附条件为准。

---

〔1〕 See J. Beatson, A. Burrows, J. Cartwright, *Anson's Law of Contract*, 30th ed., Oxford University Press, 2016, p. 80.

〔2〕 Law of Property (Miscellaneous Provisions) Act 1989, s. 1(1).

〔3〕 Companies Act 2006, s. 44.

〔4〕 Law of Property (Miscellaneous Provisions) Act 1989, s. 1(9), (10).

〔5〕 D'Silva v. Lister House Development Ltd. [1971] Ch. 17.

〔6〕 Beesly v. Hallwood Estates Ltd. [1961] Ch. 105.

第三节 书面合同

如前所述，契据合同适用的情况很少，不具有普通意义。绝大部分合同都是简式合同，对书面形式要求不高，这种合同的订立过程中必须存在要约、承诺与对价。合同形式一般只具有证据作用，但在特定情况有可能影响合同的成立。

一、立法对书面形式的要求

在普通法中，简式合同不需要书面形式，无论是书面还是口头，一般而言并不能影响合同的成立。但是，在一些情况下，合同形式具有重要的意义，因此若干立法对此有强制性要求，主要包括：〔1〕第一，英国《1882 年汇票法案》要求汇票或本票以及承兑汇票都必须以书面为之，票据法对书面形式要求严格。第二，海上保险合同必须为书面保单，否则无效。第三，消费者信贷协议（如租购或贷款合同）必须有书面文件，租购人（债务人）与所有人（债权人）及其代表必须签字。这类协议还要设有相关提示性条款，目的是提醒签字人注意他们所承担的义务及其权利与救济（包括单方撤销权以及利率等）。〔2〕第四，地产权益的买卖与其他（如担保）事宜必须以书面形式体现，这也是实践中比较常见的争议类型。〔3〕

另外，除制定法规定的书面合同之外，还有一些合同应当以书面证据来支持。在这方面，英国《1677 年欺诈法案》的相关规定一直发挥着主要作用，该立法规制下的合同必须具有书面合同或备忘录，以具有法律执行力。但是，该法案的名字具有一定的误导性，似乎是侵权法或合同法方面的立法，但其实是关于防止伪证的立法，目的是防止当事人与当事人之间、当事人与证人之间相互勾结提供伪证欺骗陪审团，当时这种行为泛滥成灾从而对司法公正造成了重大威胁。

英国《1677 年欺诈法案》全文共有 25 条，其中重点为第 4.1 条和第 17.2 条，在这两个条文中共规定了 6 种类型的合同必须以书面方式订立，否则就不具有执行效力。这 6 种类型的合同分别为：(1) 为他人偿还债务的合同（担保合同）；(2) 遗产管理人允诺清偿死者债务的合同；(3) 以婚姻为对价的合同；(4) 关于土地及其利益的买卖或负担的合同；(5) 一年内不能履行完毕的合同；(6) 价格高于 10 英镑的买卖合同。这些类型之所以成为立法规制的合同类型，是因为当时这几种类型的案件在法

〔1〕 See J. Beatson, A. Burrows, J. Cartwright, *Anson's Law of Contract*, 30th ed., Oxford University Press, 2016, p. 83.

〔2〕 Consumer Credit Act 1974, ss 60, 64; Consumer Credit (Agreements) Regulations 1983 (SI 1983 No. 1553).

〔3〕 Law of Property (Miscellaneous Provisions) Act 1989, s. 2(1).

院中的案件较为常见，并不是因为该法对合同有整体性设计，当时的合同法还未发展成为独立的法律部门。易言之，该法案是针对当时的司法热点问题而制定的，并不是为合同法而特别设置的，当时的合同法仍然笼罩在诉讼程序与侵权法之中。

该法案的颁布与实施，作用在于以下两点。[1] 首先，可以减少在案件审理时发生伪证的可能性，当事人提供的证据必须满足一定的要求；其次，可以防止人们草率订立合同，因为一般人对写在纸面上的合同较为注意，这实际上减少了滥诉的情况。但该法案也造成了不少问题：一是尽管可以减少伪证的现象，但在当事人之间确实存在约定但不满足形式要件的案件中，该法案反而保护了毁约方；二是原来有明显欺诈的情况下，如果陪审团作出了有利于欺诈者的判定时，法官可依据该法案对陪审团的判定进行干预，但在不存在欺诈的情况下，若陪审团作出了正确判定，则法官在判决时又必须限制这一法案的适用，在这种情况下，该法案反而限制了法官。

可见，英国《1677 年欺诈法案》的立法本义是保护弱势方以免受到欺诈，尤其是伪证与教唆伪证，但设计良好的立法目的并没有完全落实，实际中反而出现了更多欺诈的现象，尤其是当时教育水平低下，大多数人并不识字，导致识字的人很容易以书面合同进行欺诈。为了应付这种现象，法官在审理中就出现了规避该法以避免不公平的做法，产生了大量判例。如此一来，立法目的难以实现，立意虽然良好但远远超出社会发展水平，因此立法不仅没有解决老问题，反而增加了新问题。这也是立法中经常出现的现象，司法机构只能根据实际情况通过解释限制立法的负面效果，体现了司法对立法的制约作用。随着教育的普及与商业的发展，合同越来越普及，英国《1677 年欺诈法案》的不合时宜性已经非常明显。直到 1954 年，英国根据实际情况颁布了《法律改革（合同执行）法案》[Law Reform (Enforcement of Contracts) Act]，大幅度改变了英国《1677 年欺诈法案》的相关规定，结果是维持担保合同书面形式的要求，其他的要求已经作废。

二、担保合同的形式要求

担保合同的特点是担保人为被担保人承担担保责任，本身在交易中并无利益可言。由于担保合同具有单方性，所以必须具有书面合同才能使其有效。因此，担保合同的书面要求事关合同的成立与否，而不仅是合同的证据问题。[2] 对此，英国《1677 年欺诈法案》第 4 条规定："不得提起诉讼……若指控被告要求其承担任何为他人债

---

〔1〕 See J. Beatson, A. Burrows, J. Cartwright, *Anson's Law of Contract*, 30th ed., Oxford University Press, 2016, p. 84.

〔2〕 J. Beatson, A. Burrows, J. Cartwright, *Anson's Law of Contract*, 30th ed., Oxford University Press, 2016, p. 80.

务、不履行或错误作为而负责的特别诺言,除非诉讼针对的协议或备忘录或记录为书面记录,并由被诉承担责任的一方或其授权代理人签字认可。"这一规定经过300多年的演化仍然有效,表明担保合同的书面形式要求一直比较稳定。英国法院针对这一条款进行了大量解释,最终发展出一系列判例法来解释该条的适用。[1]

(一)担保合同与补偿合同的区别

担保合同必须具有书面形式支持,这一点毫无疑问。但需要注意的是,当事人订立的补偿合同并不需要具有书面形式,因此有必要区别担保合同与补偿合同(contract of indemnity)。易言之,担保合同以书面形式为成立要件,而补偿合同则无此要件。担保合同中必须有三方存在,即主债务人(现存或未来之债)、债权人以及担保人,担保人的责任是在主债务人不清偿债权的情况下向债权人承担责任,其责任是第二位的,主债务人的责任是第一位的。在补偿合同中,允诺人直接允诺提供补偿,因此其债务义务是第一位的,或者单独承担或者与主债务人共同承担,无论主债务人是否发生违约,允诺人都必须承担清偿责任。在担保合同中,必须存在允诺人承担债务由其他人负担的期望,若允诺人负责承担主要债务,则不受英国《1677年欺诈法案》的管制,因此不需要书面合同支持,口头合同就可以使诺言成立。[2] 至于允诺人所承担的责任是第一位还是第二位,则需要结合交易情况来具体判定,不能仅依据允诺的具体词语来判定。如此一来,担保合同与补偿合同之间的区别实际上很微妙,在很多情况下是法官的自由裁量权,结果有一定的不确定性,与之相关的判例存在不少争议。[3]

(二)担保责任范围

担保责任可以包括合同与侵权责任。担保范围既可以指向过去(存在新对价),也可以指向未来(预付款作为对价)。但担保关系中必须存在主债务人,没有主债务人则担保合同不成立。但这并不意味着非书面形式的允诺不可以起诉。

(三)担保责任的持续性

担保关系中担保允诺不得解除原债务人责任,原债务人责任必须是持续性的。因此,若存在第三方对受诺人承担责任的现存债务,而协议条款解除了原债务,那么在这种情况下并不是担保合同,而是债务责任的替代履行(substitution)。[4]

但是,在两种情况下即使担保责任没有书面形式支持,其效力仍可以维持,这是英国法院进一步限制担保合同书面形式的体现。第一种例外情况是一个担保合同是

---

〔1〕 See Edwin Peel, *Treitel on the Law of Contract*, 14th ed., Sweet & Maxwell, 2015, para. 5 - 014.

〔2〕 Birkmyr v. Darnell [1704] 1 Salk 27, 28.

〔3〕 Yeoman Credit Ltd. v. Latter [1961] 1 WLR 828, 892.

〔4〕 Goodman v. Chase [1818] 1 B & Ald 297.

另一个金额更大的合同的附属物，且当事人除此之外还有其他目的。在一个判例中，[1]被告与一名证券中介订立口头合同来为后者介绍业务，条件是被告收取佣金，在介绍客户不付款的情况下承担一半损失。针对此诺言，法院判决认为此种负担不属于英国《1677年欺诈法案》的范围，因为该担保诺言从属于一个更大的交易，双方的意图中担保从属于交易，所以，法院实际上是以较大金额的合同吸收了担保合同，因此不需要书面形式的支持。可以说，这种情况下法院考察重点是较大金额的合同是否处理，而不再考察担保合同形式要求。

第二种例外情况是担保人的主要目的是取得或保留财产，担保合同的目的是解除以第三方为受益人的财产担保(charge or encumbrance)，在这种情况下担保不需要书面形式，此种情况下担保合同不是法律关系中的主要方面。因此以主要方面作为考察要点，而不再需要书面形式作为条件。若甲从乙购买货物，货物上存在丙的留置权，为解除该留置权甲对丙为乙承担担保责任，该诺言因此不受书面形式的限制，[2]但涉及的权益必须是重要的财产权益，其他性质的权益不在此列，因此该例外的范围相对狭窄。

(四)担保合同书面形式的要求

在英国《1989年财产法(杂项)条款法案》之前，担保合同与地产权益合同的形式要求基本一致；该法律颁布后，二者之间出现了一些不同之处，地产合同的形式要求更为严格。目前，英国《1677年欺诈法案》仍旧适用于担保合同，但经过《1925年财产法法案》(Law of Property Act 1925)第40条第1款的调整，实际上已经是重新立法，这导致根据该法条所作的判例也可以适用于担保合同。

根据英国《1677年欺诈法案》第4条的规定，担保合同的书面形式不需要双方都签字，但担保人或其代理人必须签字，否则担保责任不能成立。该签字不必是当事人名字的实际名字，可以是一个代表符号；不必是实际签字，可以是印刷签字或盖章；也不必非得在文件底部签字，可以在文件开头或中间签字。备忘录或记录中必须表明担保合同的当事人与标的物。若没有表明当事人，则可以其他方式提供描述以保证确定性。同时，担保合同的重要条款必须在备忘录中详细写明。另外，备忘录或记录中可以包含一系列信件与文件中，但它们必须互相具有相关性并能够一起构成完整合同。[3]

---

[1] Sutton & Co. v. Grey [1894] 1 QB 285.

[2] Fitzgerald v. Dressler[1859] 7 CBNS 374.

[3] Stokes v. Whicher [1920] 1 Ch. 411,418.

经典判例　厄尔庇斯海运公司诉马蒂租船公司〔1〕

在该案中,上诉人作为出租人与被上诉人(承租人代理人)通过经纪人以电话的方式订立租船合同,被上诉人同意为承租人的租船合同承担担保责任。租船合同是标准格式合同,包含6页纸的附加条款,其中一条规定被上诉人的担保义务。租船合同的第一页与附加条款上都有被上诉人"仅以经纪人身份代表承租人"签字,其他页上的"承租人"(charterers)都是打印。其后,承租人未支付租金,上诉人要求被上诉人承担担保责任。被上诉人拒绝承担责任,抗辩理由是《1677年欺诈法案》第4条的规定。法院判决原告胜诉,尽管书面文件的条款之间并不完全一致,但本案各种证据可以表明双方口头约定已经得到书面备忘录的支持,可以确定担保合同成立。在该案中,法院考察的重点不仅包括书面文件,还包括案件的总体情况,以确定当事人的真实意思,可见法院的解释方法是整体解释,书面文件并不是唯一证据。

(五)不符合书面形式的法律后果

若担保合同不符合书面合同形式要求,并不等于该合同自动无效或可撤销,而是意味着法律上不能对未签字一方要求执行担保责任,原因在于在这种情况下证据不足以证明该方承担担保义务,〔2〕此外,衡平法中的禁反言规则不能对抗书面形式要求,若允诺人提供诺言但不存在其他的保证,则此诺言不能否定《1677年欺诈法案》第4条的后果。〔3〕 该规则体现了立法规定优于衡平法的原则。

经典判例　行动力量公司诉国际玻璃工业公司〔4〕

该案涉及一项房建工程,分包商指称业主曾对其口头允诺为主承包商对该分包商的付款承担担保责任,目的是换取分包商不撤回他负责的部分工程。其后发生争议,分包商要求业主承担担保责任,业主的抗辩是《1677年欺诈法案》第4条的规定,在没有书面合同的情况下口头承诺无效。分包商以禁反言为由要求业主为分包商发生的依赖承担责任。上议院判决认为,此种情况下禁反言不能适用,因为如此一来,《1677年欺诈法案》第4条将失去意义,法院不允许以禁反言规避该条规定。最终分包商败诉。因此,担保合同的书面形式应当从严要求,衡平法规则不得对抗立法规则。

---

〔1〕 Elpis Maritime Co., Ltd. v. Marti Chartering Co. Inc, The Maria D [1991] 3 All ER 758.

〔2〕 Leroux v. Brown [1852] 12 CB 801.

〔3〕 See M. Furmston, Cheshire, *Fifoot and Furmston's Law of Contract*, 16th ed., Oxford University Press, 2012, p. 282.

〔4〕 See Actionstrength Ltd. v. International Glass Engineering SpA [2003] UKHL 17, [2003] 2 AC 541.

三、地产合同的形式要求

(一)立法规定

目前,在英国法中,最受书面形式限制的合同类型是地产权益合同。英国法律委员会一直认为,地产权益合同的书面形式仍应当得到坚持,目的是确保合同具有确定性并保护交易中的弱势方。[1] 这表明,金额相对巨大的地产权益合同的复杂性与书面要求往往要求合同当事人需要专业法律咨询才能进行相关交易,一般需要若干中介来帮助完成。[2]

在这种背景下,英国《1989 年财产法(杂项)条款法案》的规定相比之前的立法更为严格。根据该法案第 2 条第 1 款的规定,地产销售或其他权益交易合同必须书面制成,必须在合同中包括当事人明确同意的所有条款;合同若发生交换,所有合同文本都必须以此种方式制成。这里的地产权益交易合同包括"土地上或出售土地所得上存在的任何房产(estate)、权益或负担(charge)"等,[3]因此,此条可以适用于租赁、按揭(mortgage)、解除(release)以及免责(disclaimer)等相关土地交易,还可以适用于当事人在相关财产上不存在任何财产权益的情况。[4] 但租赁期限不超过 3 年的合同、拍卖合同等合同不受此条之限制。之前原属合法的衡平法按揭(equitable mortgage)中的所有权证书抵押(deposit of title deeds)的相关规则已经作废。

据此,根据英国《1989 年财产法(杂项)条款法案》第 2 条的规定,土地权益合同不能仅依据书面的要约与承诺通信来确认其约束力,必须存在一份双方已签字并包含所有条件的文件才可以证明合同成立,或者一方在一份包含所有条件的合同上签字并期望对方在一份对应的合同上已经或即将签字。[5]

另外,也有一些合同不受英国《1989 年财产法(杂项)条款法案》第 2 条之规制。例如,土地卖方提供的选择权(option)也属于第 2 条范围内,但行使这一选择权属于单方行为因此不受此条之管制。另外,锁出(lock-out)协议(财产所有人与可能的买方同意一定期限内不再考虑其他要约)也不受第 2 条的管制。同理,土地权益发生变动之前订立的合同一般也不受第 2 条之约束。另外,与土地相关的单独的补充或平行协议不受第 2 条的限制。例如,若双方订立租赁合同,承租人同意在土地上承担一些工作以得到付款,这种情况不受书面协议的限制。

---

〔1〕 See Edwin Peel, *Treitel on the Law of Contract*, 14th ed., Sweet & Maxwell, 2015, para. 5 – 009.

〔2〕 See J. Beatson, A. Burrows, J. Cartwright, *Anson's Law of Contract*, 30th ed., Oxford University Press, 2016, p. 89.

〔3〕 Law of Property (Miscellaneous Provisions) Act 1989, s. 2(6).

〔4〕 Singh v. Beggs [1995] 71 P & CR 120.

〔5〕 Commission for New Towns v. Cooper (Great Britain) Ltd [1995] Ch. 259.

经典判例　瑞克德诉贝尔[1]

在该案中,标的财产的卖方在合同订立并准备交换前未收到土地登记部门发出的登记文件。由于买方对未登记事项表示担心,因此卖方同意,若买方同意交换合同他就为其产权提供担保(warranty),这一口头合同由信件确认。其后,买方资金出现问题而拒绝履约,卖方因此起诉。买方的抗辩是合同若干方面不符合前述第2条的要求,因为交换的合同或信件中并未包含所有的条款。法院判决认为协议构成合同的平行协议,并不属于第2条的规定范围,因此合同成立。法院判决的思路是尽可能使合同成立,避免以书面形式问题否定合同效力从而使不诚实的一方从中获益,这可以弥补立法的不足或漏洞,也可以防止立法为恶意当事人所利用,因此用平行合同的方法来解释当事人的交易,本质上是立法解释。

(二)书面形式的具体要求

根据英国《1989年财产法(杂项)条款法案》第2条第1款的规定,涉及地产权益的合同必须书面制作,而不仅是以书面证据来证明。该法案第2条第3款还规定所有当事人及其代理人都必须在包含所有条款的文件上签字。各方必须能够由签字来识别,所有明示条款都必须在文件中写明。第2条并不要求包含默示条款,例如,土地所有人安静占有权协议(landlord's covenant of quiet enjoyment);若当事人已经订立协议但未能写明所有条款或其中存在错误,法院可以提供衡平法救济——合同修订(rectification)。另外,双方一旦交换合同文本,文本中应当包含所有明示条款,并由各方签字。[2] 文件包含所有明示条款有两种方式:一是全部列明;二是文件说明需要参考其他文件来确定。若文件未能包含所有条款,则补充或平行协议可以提供补充信息。

(三)不符合书面形式的法律后果

由于英国《1989年财产法(杂项)条款法案》第2条的规制,地产权益合同的书面形式要求更为严格,从合同的证据问题走向了合同成立问题。[3] 易言之,地产权益合同若不符合形式要求就意味着其无效(void),而不是不可执行(unenforceable)。因此,前述担保合同的规则并不适用于地产权益合同。此种规定的政策考量可能是结束之前普通法与制定法相互矛盾导致规则模糊的问题,地产权益合同在书面形式的规则已经统一。

---

〔1〕 Record v. Bell [1991] 1 WLR 853.

〔2〕 See Edwin Peel, *Treitel on the Law of Contract*, 14th ed., Sweet & Maxwell, 2015, para. 5 - 009.

〔3〕 See J. Beatson, A. Burrows, J. Cartwright, *Anson's Law of Contract*, 30th ed., Oxford University Press, 2016, p. 91.

此外,传统的衡平法部分履行规则(part performance)也基本被废除,该规则以部分履行作为证据来判定地产合同的成立。尽管如此,这也不意味着部分履行规则已经毫无意义,若协议一方订立地产权益合同而不满足书面形势要求,法律仍然可以提供救济,平行合同与修订的衡平法救济仍然有效。若法律上本来无效的合同得到履行,例如,订立有效租赁或完成转让程序,那么财产权利仍会产生,各方不需要依赖该无效合同来解决争议,而是依照财产法来解决。

(四)财产禁反言、推定信托与不当得利

为了对抗书面形式可能产生的不公正,英国法中存在其他规则来保护在口头地产权益合同中对对方发生依赖的善意一方。这方面的规则包括财产禁反言(proprietary estoppel)、推定信托(constructive trust)与不当得利(unjust enrichment)。

根据财产禁反言的衡平法规则,若交易一方因对方行为而相信其已经或即将获得财产权并发生损害性依赖,那么衡平法就会提供救济。[1] 因此,若一方默许对方对财产进行增益,那么该方不能否认已经发生的永久地产(fee simple)转让,否则就有违衡平法的公平正义。[2]

英国信托法也可以为相关情况提供法律救济。若诉讼原告对交易中双方的共同理解或安排产生依赖,那么就可以产生推定信托(constructive trust)的救济。[3] 尽管英国《1989 年财产法(杂项)条款法案》第 2 条第 5 款明确排除推定信托,法院仍然有时候会以存在推定信托为由认定非正式地产权益具有法律效力。这种处理方法存在争议,因为无论适用财产禁反言还是推定信托,都有可能破坏立法的政策选择,但仍有人支持衡平法管辖权的必要介入。因此,财产禁反言与推定信托都具有类似部分履行的效果。就此而言,它们之间具有一定的重合性,都是衡平法精神的体现,在普通法不足以提供救济的情况下提供例外救济以维护公平正义。当然,按照衡平法法理,这两个救济都属于法院自由裁量权范围。

另外,英国法中的返还法或不当得利法也可以为不符合第 2 条规定的一方提供返还救济。例如,若土地买方根据无效合同对卖方支付了预付款,那么他可以或按照对价彻底失败(除非买方已经接受部分合同项下利益,如已经占有财产)或按照法律错误而获得返还。另外,若与土地有关的协议下一方提供服务并认为合同成立,而书面形式要求导致协议无效,那么提供服务方可以获得合理价值的补偿。例如,若财产出租人或卖方应承租人或买方请求对财产进行了增益,那么承租人或卖方可得补偿。

---

〔1〕 Law of Property Act 1925, s. 53(2).

〔2〕 详见本书第四章第二节的相关论述。

〔3〕 Yaxley v. Gotts [2000] Ch. 162.

同理,若财产承租人或潜在买方应财产所有人请求或在其接受的情况下对财产提供增益或服务,那么他们也能得到相关费用的返还。返还金局限于交易已履行部分,此救济并不影响第2条的规定。

四、电子合同的书面形式

目前,由于电子合同已经成为重要的通信方式,因此电子合同已经获得合法性。电子合同由于有其特点,因此“书面”或“签字”的要求不同于传统的书面合同要求。[1] 英国判例法表明,若合同是通过电子邮件或在网站上订立,那么书面形式的要求一般都得到满足。[2] 在电子签名能够满足普通法有关真实性要求的情况下,[3]签字要求可以通过电子签名(electronic signature)[4]或在电子文件中写明名字来得到满足。

总体而言,电子合同的合法性已经确立,书面形式一般不对电子合同产生重大影响。[5] 但这一情况也有例外,前述的地产权益合同与担保合同原则上仍然需要纸面合同来完成交易。

---

〔1〕 See J. Beatson, A. Burrows, J. Cartwright, *Anson's Law of Contract*, 30th ed., Oxford University Press, 2016, p. 94.

〔2〕 Pereira Fernandes SA v. Mehta [2006] EWHC 813 (Ch.), [2006] 1 WLR 1543.

〔3〕 The Electronic Communications Act 2000, S. 7.

〔4〕 Judicial Studies Board's Digital Signature Guidelines [2000].

〔5〕 See Edwin Peel, *Treitel on the Law of Contract*, 14th ed., Sweet & Maxwell, 2015, para. 5-028.

第八章 缔约能力

第一节 概　　述

由于英国法没有形成类似大陆法的民法体系,因此有关缔约能力的相关问题并没有出现在民法总则中,而是分散在不同的法律中。由于合同法是最常见的民商事法律关系,所以缔约能力问题在合同法中成为基本问题之一。

在英国法中,具有缔约能力的主体非常广泛,一般的主体都有资格缔结合同,享受合同权利的同时也承担合同义务,充分体现了合同自由的基本原则。但是,以下的主体在缔约能力方面存在一定的限制:(1)王室(the Crown)与公共机构;(2)法人(公司,corporations);(3)未成年人(minors);(4)精神缺陷的人与醉酒者。缺乏缔约能力导致的后果也不尽相同,有可能导致比较严厉的合同无效,有可能导致合同成为可撤销合同,还有可能导致合同不能由一方或双方强制执行。[1]

缔约能力方面的规则主要是保护缺乏缔约能力的若干主体,以防止其承担不必要承担的法律义务,是法律为弱势主体提供的特别保护。在公共机构方面,英国法的公共政策是保护公共金融机构与纳税人;在公司方面,公共政策则是保护投资人与债权人。但此种保护政策有可能对诚信不知情的相对方造成不公,缔约能力有瑕疵的一方有可能因此获得不当得利。法律必须对这种可能的不平衡现象进行纠正。因此,随着时代的发展,缔约能力的限制总体上越来越少,一度大行其道的越权无效(*ultra vires*)原则已经相对少见,自然人拥有缔约能力的门槛已经从 21 岁降低到 18 岁。另外,一旦发生不当得利,也可以适用返还法(restitutionary remedy)救济来解决争议。

---

〔1〕 See J. Beatson, A. Burrows, J. Cartwright, *Anson's Law of Contract*, 30th ed., Oxford University Press, 2016, p. 237.

第二节　王室与公共机构

在政治制度上,英国在形式上仍然是王国,因此仍存在王室。在普通法中,王室的缔约能力并无约束,但在特殊情况下王室的缔约能力受到特殊保护。其他公共机构由立法创设,缔约能力取决于立法的明示或默示授权,有一系列的立法对其进行限制。

一、王室的缔约能力

王室在古代拥有至高无上的权力,按传统观点是君权神授,国王是法律的渊源,因此受法律约束相对较少。但这一点在现代英国已经不复存在,自从《1947 年王室程序法案》(Crown Proceedings Act 1947)通过后,涉及王室的合同诉讼所适用的规则与其他普通主体总体上并无区别,但法院在民事诉讼中一般不得对王室发出禁令(injunction)或要求其实际履行(specific performance)命令。王室合同一般不受合同无效规则的制约,但其特殊的交易地位仍有可能对合同产生一定影响。

需要注意的是,由于王室和政府部门在其活动中拥有一定的自由裁量权,因此他们订立的合同并不能完全约束其行政管制行为,合同权利代表的私权并不能否定公权力,这导致二者之间的界限较为敏感。目前,王室与政府订立的合同中一般都规定有解约条件,在发生特定的行政管制行为时合同可以自动解除,因此在实践中一般不会造成太大的问题。[1]

经典判例　安非特莱特案[2]

该案的背景是第一次世界大战,英国驻瑞典大使馆对瑞典轮船(Amphitrite)的船东允诺说,该船航行到英国不会遭到扣留。但其后轮船遭到扣留,船东对英国国王起诉要求违约赔偿。英国法院判决认为,大使馆的允诺并非合同,因此不存在违约赔偿问题,而仅是一种行为意图的表示,英国王室不以合同来约束行政措施(executive action)。显然,这一判决对被告有利,但是否妥当仍然存疑,因为这一判决实际上使英国王室不需要承担承诺的后果,英国王室某种程度上是通过误导来诱使对方订约。因此,该案涉及的问题实际上是公权力与合同私权之间的关系问题,法院在此敏感问

---

〔1〕 See J. Beatson, A. Burrows, J. Cartwright, *Anson's Law of Contract*, 30th ed., Oxford University Press, 2016, p. 239.

〔2〕 Rederiaktiebolaget Amphitrite v. The King [1921] 3 KB 500.

题上只能用解释技术来为王室开脱责任。

二、公共机构的缔约能力

(一)概述

根据英国政治制度基本原则,公共机构是由立法机构所创设的,因此行政必须遵守立法,超出立法授权范围属于无效,这导致越权无效原则是公共机构的基本原则,一切行为必须有立法依据作为基础,这也是法治的基本要求。在普通法上,地方公共机构订立的合同必须或拥有明示或默示授权,或为职权所必需,体现议会立法权的制衡作用。[1]

在实践中,越权无效原则的目的是保护政府机构所有的公共资金,防止其发生浪费。这一目的本无可厚非,但对于善意相对方来说有可能成为难以预防的陷阱,在善意相对方不知立法限制的情况下有可能造成不公。一旦发生诉讼,越权无效原则往往是政府机构的常见与有效的抗辩,导致善意相对方难以执行本已订立的合同,这对市场秩序严重不利,导致私营企业与公共机构的交易风险大为增加。[2] 为此,英国颁布《1997 年地方政府(合同)法案》(Local Governments Act 1997),意在规制地方机构订立的职权相关合同,所规制的合同履行时间必须超过 5 年。据该法案第 2 条,在地方政府发布相关文件说明有权订立合同且合同已经得到立法机构批准的情况下,合同有效;即使合同有瑕疵也按照有效处理,从而降低了私营企业这方面的风险。尽管如此,公共机构在立法授权下不能放弃法定职权,与目的相悖的合同在合法性上存疑,订立这种合同的相对方承担了较大的法律风险。一旦发生越权无效情况,合同相对方支付给公共机构的付款可以按照不当得利返还。

(二)禁反言与合理期待

公共机构不能根据禁反言原则(estoppel)以之前的行为为由妨碍其立法职权。易言之,公共机构不受禁反言原则的约束。但这一规则有两个例外:一是公共机构授权其职员决定特定问题,职员在其表见授权(ostensible authority)范围内所作陈述(representation)导致对方发生依赖时,可以适用禁反言;[3]二是公共机构在职权范围内受理申请时放弃程序要求导致对方发生依赖,可以适用禁反言。[4]

另外,公共机构还可能依据合理期待原则(legitimate expectation principle)而负

---

〔1〕 Hazell v. Hammersmith & Fulham LBC [1992] 2 AC 1.

〔2〕 See J. Beatson, A. Burrows, J. Cartwright, *Anson's Law of Contract*, 30th ed., Oxford University Press, 2016, p. 241.

〔3〕 Lever (Finance) Ltd. v. Westminster Corp. [1971] 1 QB 222.

〔4〕 Western Fish Products Ltd. v. Penwith DC [1981] 2 All ER 204.

有公法义务以承担义务,但该义务并不产生合同义务或禁反言义务。该原则意在保护依照公共机构的言行而合理期待可以享受公共机构提供的利益,若公共机构其后不再提供利益则构成滥权,相对方可以公平为由要求法院审查其行为。在这种情况下,法院需要衡量公共机构撤销利益与相关公共政策之间孰轻孰重,须视情况而定。因此,合理期待原则某种程度上与禁反言原则有殊途同归的效果,但在公法上而言该原则更为适当。[1]

(三)强制缔约

依照合同自由原则,民事主体享有是否订立合同的自由。但这一点并不完全适用于公共机构,英国立法和关于公共机构的一般原则都对公共机构的自由缔约权利给予限制,在很多情况下公共机构无权拒绝缔约,这是公共机构的性质使然,也是相对方依法所享有的权利使然。法律对公共机构科以强制缔约义务是在保护处于弱势的社会公众。

第三节　法人与其他组织

一、法人

法人(corporation)是法律所承认的具有独立人格的组织,一旦合法成立当然具有缔约能力。法人可以是一个人(一人法人,corporation sole)所拥有的职位,如王室、教区牧师、大臣等,或者是若干人组合而成的组织(集合法人,corporation aggregate),如公司(company)或有限责任法人。法人的核心特点是其法律人格有别于组成该法人的个人人格,在法律上作为独立组织拥有自己的财产与组织结构,可以拥有权利并负有义务。[2]

法人缔约能力的核心是越权无效(*ultra vires*)原则。[3] 在普通法上,法人订立合同的能力取决于法人的成立方式。由王室特许状(royal charter)设立的法人与个人没有区别,拥有无限的订立合同能力,若行为一旦超过立法范围,则属于无效情形。由于法人的身份不独立于设立法人的立法,法人的缔约能力仅限于按照立法授权或合理推定来订立合同。由此,普通法上的公司(company)受到其章程文件的约束,不能订立与其目的相悖的合同,若订有此合同,在普通法上属于无效与不可执行情形。

---

〔1〕 See J. Beatson, A. Burrows, J. Cartwright, *Anson's Law of Contract*, 30th ed., Oxford University Press, 2016, p. 244.

〔2〕 See Edwin Peel, *Treitel on the Law of Contract*, 14th ed., Sweet & Maxwell, 2015, para. 12 – 064.

〔3〕 See J. Beatson, A. Burrows, J. Cartwright, *Anson's Law of Contract*, 30th ed., Oxford University Press, 2016, p. 247.

其理由在于:一是合同章程的经营范围所规定的是公司行为能力,超出这一范围,公司便不具有行为能力,所以公司没有资格去订立超出经营范围的合同。同时,也不存在股东会通过的问题,因为股东会属于公司的机构之一,同样要受到公司章程的约束。除非股东会在此之前修改了公司章程的经营范围。二是越权合同无效的目的在于保护投资人和公司债权人的利益,避免出现公司随意浪费或发生破产的情况。

经典判例 阿希伯瑞铁路运输公司诉瑞克〔1〕

在该案中,原告公司的设立目的是制作、出售、出租铁路车厢的铁路设备。该公司订立合同意图将其在比利时购买的铁路建设权转让给另一家公司。上议院判决认为,由于合同标的是铁路建设,并不在其章程规定之内,因此不符合其章程规定,属于越权导致合同无效。虽然事后公司股东追认合同,但合同对公司没有约束力。上议院的判决不仅是一个逻辑推导的结果,也是保护公司股东与债权人的公共政策要求。

以此观之,越权无效原则可以有效限制公司的行为能力,导致其不能订立超过章程载明的业务,从而有利于公司股东。〔2〕 需要注意的是,越权无效原则导致合同无效的情况应当有别于公司有权订立合同但存在未授权目的的情况,在这种情况下发生的是公司滥权(abuse of power)情形,而非缺乏缔约能力,除非相对方得到公司滥权的通知,否则合同对公司拥有执行力。

但是,这一规则也经常导致不公平的结果。〔3〕 从商业常识出发,合同相对人一般而言不会在交易前查询公司的章程,这导致不知道公司业务范围限制的相对方在公司越权的情况下不能要求执行合同。这种情况实际上为公司创设了特权而不利于对公司发生正当依赖的相对方,有悖于公平正义与社会一般观念,还导致要求相对方必须承担审查公司章程文件的不合理义务,与便利商业的公共政策不相符合。早期的普通法甚至认为,若相对方没有审查公司章程,仍应当推定认为合同相对方知道公司章程之限制。越权无效原则对善意相对方而言容易成为法律陷阱,因此该规则的逻辑推理虽然正确但并不符商业实践。普通法上的公司越权无效原则造成了不少不符合公平的结果,导致很多人认为该原则存有瑕疵,应当予以修改与限制。

为此,由于通过判例法来纠正这一问题并未成功,所以英国以立法形式对这一原

---

〔1〕 Ashbury Railway Carriage and Iron Co., Ltd. v. Riche [1875] LR 7 HL 653.

〔2〕 See M. Furmston, Cheshire, *Fifoot and Furmston's Law of Contract*, 16th ed., Oxford University Press, 2012, p. 554.

〔3〕 See Edwin Peel, *Treitel on the Law of Contract*, 14th ed., Sweet & Maxwell, 2015, para. 12-067.

则进行修订,对与公司发生交易的善意相对方提供保护。[1] 为此目的,英国《2006年公司法案》第39条第1款规定,公司行为不得以公司章程缺乏缔约能力规定为由受到质疑,这意味着公司订立的交易不能仅因为公司章程存在限制就认定其无效。关于推定通知(constructive notice),根据该法案第40条第2款(b)项的规定,公司的交易相对方没有义务审查公司董事会权力的任何限制,这导致之前普通法有关推定通知的规则实际上已经消亡。另外,在普通法上,若公司有权但公司董事与其他管理人员在没有授权或违反章程规定的情况下订立合同,则有效性存疑。英国《2006年公司法案》在这方面要求公司董事应当按照公司章程规定行事,遵守公司章程中的所有限制,但为了保护善意相对方,该法案第40条第1款规定董事约束公司或授权其他人行事的权利不受公司章程之限制。若根据越权无效导致合同无效,公司收取或支付的款项可以根据不当得利的返还救济来获得返还,据此提供服务的一方可以获得折价赔偿。

二、其他组织

未经法人设立程序而设立的其他组织不是法人,因此不具有法人资格,因而在未有法律规定或法院命令的情况下不能订立合同或起诉或应诉。[2] 但这并不意味着非法人组织所订立的合同一定就会无效,在这种情况下个人可以承担合同责任。[3] 另外,根据代理法,个人所订立的合同还可能归于组织的所有成员,他们在代表诉讼(representative action)中可以起诉和应诉。

合伙作为组织可以自己名义作为原告与被告参与诉讼,根据合伙人相互代理原则,一个合伙人在日常业务中所订立的合同对所有合伙人有效。合伙企业因此与其成员存在区别。

第四节　未成年人

一、概述

在传统普通法中,自然人成年的年龄是21周岁。自1970年起,根据英国《1969年家庭法改革法案》(Family Law Reform Act 1969)第1条的规定,自然人成年年龄改为18周岁。因此,任何低于18周岁的自然人都是未成年人(minors, infants),在达

---

〔1〕 See J. Beatson, A. Burrows, J. Cartwright, *Anson's Law of Contract*, 30th ed., Oxford University Press, 2016, p. 249.

〔2〕 Ibid., p. 251.

〔3〕 Bradley Egg Farm Ltd. v. Clifford [1943] 2 All ER 378.

到成年年龄(age of majority)后成为成年人(adults)。有关未成年人的合同权利与义务由普通法与英国《1987年未成年人合同法案》(Minors' Contracts Act 1987)一起规制。由于未成年人需要法律保护,因此需要合同法提供特殊规则,但也需要平衡相对方利益,因而产生了不少复杂的法律问题。

英国《1987年未成年人合同法案》是这方面的主要立法,但目的并不是替代普通法。该立法主要有3条内容:[1]第1条废除了以前的立法规则,对未成年人合同恢复适用普通法规则,特别是未成年人签订的合同,其在年满18周岁后予以确认的,对方当事人就可以针对未成年人强制执行合同,而不需要新的对价支持。第2条规范了未成年人合同的担保,明确规定成年人为未成年人合同提供担保的,未成年人可以针对成年担保人强制执行。这一规定推翻了之前的判例规则。这一规定表明,对未成年人合同的担保,不能因为合同不能针对未成年人强制执行就导致担保没有效力,除非存在虚假陈述或胁迫等情形。第3条则明确了未成年人的返还责任,若成年人与未成年人签订的合同不能对未成年人强制执行,或者未成年人已选择撤销,法院认为在公平合理的情况下可以要求未成年人返还据合同获得的财产或者替代物。

二、普通法规则

普通法对于未成年人提供了不少保护,从而使未成年人在一定程度上享有更多的保护。合同可以根据未成年人选择而在其成年前或成年后成为可撤销合同,或在其成年后追认(ratification)之前不对未成年人具有执行力(unenforceable)。这种格局虽对于未成年人发生交易的相对方来说构成了风险,但其合理性毋庸置疑。之所以形成这样的规则,是因为法律要保护未成年人的利益,防止他们因年幼无知而被成年人利用继而利益受损。[2] 当然,这并不代表与未成年人进行交易的成年人的利益就得不到保护。实际上,交易相对方的成年人的利益会在下列两种情况下得到保护:一是未成年人利用欺诈的方式使成年人相信对方具有缔约能力;二是与未成年人订立的合同在未成年人的缔约能力范围之内。规定未成年人在某些情况下具有缔约能力,一方面,是为了满足未成年人的需要,否则就没有人会与他们进行交易;另一方面,也是为了使未成年人学会交易并教育他们在未成年时就要懂得为自己的行为负责。

对未成年人具有约束力的合同是"必需品合同"(necessaries),这种情况与未成

---

〔1〕 See M. Furmston, Cheshire, *Fifoot and Furmston's Law of Contract*, 16th ed., Oxford University Press, 2012, p. 537.

〔2〕 See J. Beatson, A. Burrows, J. Cartwright, *Anson's Law of Contract*, 30th ed., Oxford University Press, 2016, p. 252.

年人利益一致，因此应当承担责任。另外，若未成年人获得了永久或持续的利益(如地产利益)，则该合同对其有约束力，直到未成年人在成年前或成年后的一段合理期间内明示否定，因此这类合同也是可撤销的合同。对于既非必需品也非持续性合同的情况，普通法的规则是它们对未成年人没有约束力，除非未成年人在成年后予以追认。因此，未成年人从事一定行为之允诺，需要其成年后的明示追认才能具有约束力，这导致这类型合同也是可撤销合同。但需要注意的是，这里的可撤销合同的意思是，直到未成年人确认才具有约束力，相当于德国法上的效力待定，而不是一般意义上可撤销合同的意思，后者意味着直到撤销为止合同一直有效。

在可撤销与除非追认否则不可执行的两种情况下，未成年人若要求执行合同，相对方没有抗辩权，否则就是违约。但与拥有完全缔约能力的一方不同，未成年人可以要求对方承担违约责任，但难以要求对方实际履行。[1] 如本书第二章所述，实际履行在英国法中并非当事人的当然权利，而是属于法院的自由裁量权范围之内，由于未成年人不能因合同而被强制执行，因此导致其也不能要求对方强制执行合同。

若合同标的不是必需品，也不涉及附义务的永久财产权益或持续性权利与义务，那么该合同在普通法上对未成年人没有约束力，除非未成年人在成年后的合理期间内对其追认。规制这一问题的立法是英国《1987 年未成年人合同法案》，与上述普通法规则基本一致。

三、必需品合同

虽然普通法为未成年人提供了很多法律保护，但这并不意味着未成年人就可以完全无视对方的合同权利，最重要的例外规则就是未成年人必须为必需品合同承担责任，即合同一旦订立即对其有约束力。[2] 必需品是一个弹性较大的名词，需要视情况而定，导致有一系列判例来解释其具体含义。[3] 例如，英国《1979 年货物买卖法案》第 3 条规定："(1)买卖合同的缔约能力由关于缔约能力与转让和获得财产的一般法律规则规制；(2)在必需品出售与送货给未成年人和醉酒者的情况下，他们必须为必需品支付合理价格；(3)上述的必需品是指既适合未成年人或其他相关人士生活情况，也适合买卖与送货时他们实际需求的货物。"

就必需品而言，未成年人为其承担责任的范围不仅是生活所需物品，还包括适合其身份与地位的物品。这里的必需品作广义解释，不限于严格的生活必要用品

〔1〕 Flight v. Bolland [1828] 4 Russ 298.

〔2〕 See Edwin Peel, *Treitel on the Law of Contract*, 14th ed., Sweet & Maxwell, 2015, para. 12 – 003.

〔3〕 See J. Beatson, A. Burrows, J. Cartwright, *Anson's Law of Contract*, 30th ed., Oxford University Press, 2016, p. 253.

(necessities)范围。通常来说,未成年人的日常生活所必需的食品、饮料、服装、住房、医疗等,对其来说必不可少,因此未成年人必须承担合同责任。一般而言,必需品是指购买来实际利用的物品,而不仅是为了装饰和享乐的物品,一般意义上的奢侈品显然不是必需品。但是,这个定义是相对的,只能根据特定未成年人的年龄和生活状况加以解释。昂贵但有用的物品,只要对特定社会背景和经济状况的未成年人来说是适当的,可能也可以成为生活必需品,但对于另一个未成年人可能明显是不适当的。因此,对于不同阶层的人士来说,该词的范围并不一致。必需品需要根据未成年人订约时的具体身份与特殊情况来具体确定。法院需要考察的情况包括货物性质、未成年人的实际情况以及他已经拥有相关生活用品的程度。法院根据案情具体情况具体判断,因为相对方错误认识未成年人的身份与情况的事实并不能影响未成年人的法律责任。

若未成年人为购买必需品而贷款,则普通法不允许相对方获得赔偿,以防止未成年人将贷款用于其他不当目的,如饮酒或吸毒。但在衡平法上,若未成年人贷款支付必需品费用,而且贷款确实用于清偿债务,那么借款人有权替代得到付款的一方要求未成年人偿还贷款。但是,未成年人不能因必需品的票据而承担责任,即使该票据已经转移给第三方。易言之,未成年人不承担任何票据责任。就雇佣合同与培训合同而言,未成年人有权利为谋生或教育而订立合同。若合同有利于未成年人,则其对未成年人有约束力。若合同不利于未成年人,则其对他没有约束力。

经典判例　弗郎西斯科诉巴纳姆〔1〕

在该案中,被告年龄14岁,与原告订立学徒合同,为期7年。原告负责教授被告舞台跳舞,在学徒期间被告未经原告允许不得订立任何职业合同,也不得结婚,被告可以就其舞台表演获得报酬,但没有规定其他费用,原告也没有承诺为其寻找任何工作机会。该合同实际上将被告置于原告的控制之下。其后二人发生争议,原告要求被告赔偿损失。法院判决合同不利于被告,因此对被告没有执行力。法院在审理此类型案件时需要在整体上考察合同以确定被告是否从中获益,负担过重者无效。

可见,必需品合同的范围实际上比较广泛,并不局限于雇佣与培训合同,可以包含很多货物买卖以外的合同种类,如医疗服务、法律服务、运输服务等。只要这些合同合理且有利于未成年人,则合同具有约束力,相对方可以要求执行。〔2〕但一般意

---

〔1〕 De Francesco v. Barnum [1890] 45 Ch. D 430.

〔2〕 See Edwin Peel, *Treitel on the Law of Contract*, 14th ed., Sweet & Maxwell, 2015, para. 12 – 003.

义上的商业合同不属于必需品合同,如租购合同等,虽然这类合同可能有利于未成年人,但由于不是必需品,因此对未成年人没有约束力。总而言之,必需品的解释随着社会的发展呈现越来越广泛的趋势,未成年人可以参加的活动越来越多。

经典判例　多利诉白城体育场公司〔1〕

在该案中,原告是一名未成年人也是职业拳击手,他获得了英国相关机构的许可证以从事拳击运动,并同意遵守该机构的相关规则。其后,由于在比赛中他发生违规行为,该机构决定扣除其应得的3000英镑报酬作为处罚,原告因此起诉。法院判决认为二者之间的协议具有约束力,因为原告获得许可证是进入该行业的基本条件,这有利于原告从事该职业,因此附属于许可证的合同对未成年人具有约束力,未成年人要从事这一行业必须受其规则约束。

四、未成年人救济

在普通法上,当未成年人取得永久性财产权利但附有义务,或订立的合同附有持续性权利与义务,未成年人从中受益,则合同对其具有约束力,除非在未成年期间内或成年后的合理期间内明示否定该合同效力。〔2〕这方面的例证包括土地权益(土地出租或承租)或公司股票等。直到未成年人否定合同效力时,该合同对其有效,未成年人应当承担责任,条件是合同义务是在否定合同前发生。未成年人只有放弃权益才能放弃其责任。因此,若未成年人承租房屋,则在否定租约之前他应当承担租金;〔3〕同理,未成年人只有明确否定股权后才可能导致股东责任终止。

在合伙关系中,未成年人的法律地位与公司股东有所区别。由于合伙是持续性关系,未成年人成为合伙人并不意味着就必须承担合伙义务。在合伙人的未成年期间内,该未成年人不承担合伙责任,直到合伙债务清偿时才能要求获得合伙财产分配。未成年人在成年后就应当与其他合伙人一样为其后发生的法律责任承担责任。如未成年人终止其合伙人地位,他需要通知相对方发生的变化,若没有合理通知,不能免除法律责任。

未成年人撤销合同的时间,是其未成年期间与成年后的合理期间内。此处的合理期间是一个解释问题,由法院根据案情判定。在一个判例中,〔4〕一个未成年人订

---

〔1〕 Doyle v. White City Stadium Ltd. [1935] 1 KB 110.

〔2〕 See J. Beatson, A. Burrows, J. Cartwright, *Anson's Law of Contract*, 30th ed., Oxford University Press, 2016, p. 255.

〔3〕 Blake v. Concannon [1870] 4 Ir Rep CL 320.

〔4〕 Edwards v. Carter [1893] AC 360.

立婚约,并将其可以继承的财产带入婚约中,在其成年5年与其父去世1年后,该未成年人要求撤销此安排,上议院判决不能撤销安排。

未成年人撤销合同后即不受合同约束。若未成年人出于合同具有约束力的错误认识而对相对方付款,可以要求返还付款。[1] 但若没有错误认识,未成年人无权要求返还,除非合同对价完全失败。例如,若公司股票已经分配给未成年人,无论是否发生红利分配或其他利益,未成年人不得要求返还。

五、未成年人的法律责任

若未成年人需要承担法律责任,如必需品合同,则其责任分为以下4种。

(一)返还责任

一般而言,未成年人的责任在普通法上首先是返还(restitution),因为在一般情况下未成年人已经在未订立合同的情况下实际收到履行利益。[2]

(二)合同责任

未成年人在普通法上还可能承担合同责任,主要是针对必需品合同,这意味着未成年人并非完全没有缔约能力,而是存在一定限制。[3] 在合同是待履行的情况下,未成年人不承担责任。[4] 对必需品合同来说,根据英国《1979年货物买卖法案》第3条的规定,未成年人的法律责任是返还责任,仅适用于已经售出与发送的货物,并不适用于已经售出但并未发送的货物。在这方面,17世纪以来没有判例表明未成年人需要为不接受必需品合同或售出但没有发送的货物承担责任。由于货物是否属于必需品是在送货时确定的,因此很难知道待履行合同是否是必需品合同。即便货物已经发送,原告也不一定可以获得价金,其所得可能只是合理价格,这意味着法律救济仍是返还。若合同属于可撤销情况但未成年人未及时否认,或无执行力合同得到追认,合同可以强制执行。在雇佣、学徒合同中,在它们有利于未成年人的前提下,一般认定为必需品合同。这种情况下发生争议都按照有效合同处理。

经典判例 罗伯特诉格雷[5]

在该案中,被告是未成年人,与原告订立合同加入原告举办的全球台球比赛。原

---

〔1〕 See Edwin Peel, *Treitel on the Law of Contract*, 14th ed., Sweet & Maxwell, 2015, para. 12-017.

〔2〕 [1908] 2 KB 1.

〔3〕 See Edwin Peel, *Treitel on the Law of Contract*, 14th ed., Sweet & Maxwell, 2015, para. 12-004.

〔4〕 See J. Beatson, A. Burrows, J. Cartwright, *Anson's Law of Contract*, 30th ed., Oxford University Press, 2016, p. 258.

〔5〕 Roberts v. Gray [1913] 1 KB 520.

告在准备过程中产生了若干费用,但在比赛开始前被告撤销了合同。原告因此起诉,要求赔偿。上诉法院判决认为,对准备以职业台球比赛为终身职业的未成年人来说,与原告参加全球比赛具有重要意义,因此是必需品合同,被告因此需要承担违约责任,待履行性质不影响合同的效力。这表明,在类似情况下未成年人承担的合同责任与具有完全缔约能力的一方并无不同,是典型的合同责任。

由于这些判例的影响,未成年人订立的合同并非没有效力,而是在执行力上存在限制,但并非绝对无效,未成年人具有部分缔约能力。交易的相对方据此也承担法律责任。另外,需要注意的是,未成年人为必需品合同承担责任的限制是责任不能过于沉重(onerous),若必需品价格超过合理范围则未成年人不受其约束。

(三)侵权责任

未成年人要为侵权行为承担责任,但侵犯合同权益并不是侵权。[1] 侵权责任就此而言不能是履约中的微小瑕疵,不能与履约有关系,否则合同法上的保护未成年人的政策取向会变得无意义。这一点在一些判例中有所体现。在一个判例中,[2]未成年人租马骑乘,由于超载导致马匹受伤,法院判决不能以侵权之诉来掩盖实质上的合同之诉。在另一个判例中,[3]一名未成年人租车送行李到车站,汽车中途发生事故,法院判决未成年人不承担侵权责任。若未成年人虚报年龄以获得贷款,则原告不得以欺诈之诉为诉因要求其清偿债务;[4]也不能以侵占之诉强迫以信贷方式购买货物的未成年人付款。[5] 但这一规则也存在例外,若未成年人的错误行为并不是合同所规定的,未成年人可能承担侵权责任。

(四)不当得利责任

在普通法上,若必需品不利于未成年人因而不具有约束力时,未成年人仍然有责任支付合理价格。[6] 但是,提起返还之诉要求未成年人返还金钱的原告不能依赖不当得利的一般理由要求返还,特别是错误与对价失败。法院不愿意允许返还的原因是防止返还等于间接执行合同。[7] 有判例表明,未成年人承担返还责任的条件,是对方能够证明未成年人存在独立于合同的错误行为,否则未成年构成有效抗辩。

---

〔1〕 See Edwin Peel, *Treitel on the Law of Contract*, 14th ed., Sweet & Maxwell, 2015, para. 12 – 034.

〔2〕 Jennings v. Rundall [1799] 8 Term Rep 335.

〔3〕 Fawcett v. Smethurst [1914] 84 LJ KB 473.

〔4〕 Johnson v. Pye [1665] 1 Sid 258.

〔5〕 Manby v. Scott [1659] 1 Sid 109.

〔6〕 See Edwin Peel, *Treitel on the Law of Contract*, 14th ed., Sweet & Maxwell, 2015, para. 12 – 048.

〔7〕 See J. Beatson, A. Burrows, J. Cartwright, *Anson's Law of Contract*, 30th ed., Oxford University Press, 2016, p. 261.

依照普通法,若未成年人欺诈性地陈述其已经成年并导致他人订立合同,未成年人不承担合同责任。但在衡平法上,在若干情况下未成年人不能利用未成年人身份来免除欺诈责任,这说明衡平法救济在此问题上不同于普通法中的合同法规则;但如果衡平法救济的效果等同执行合同,法院有可能不会判定衡平法责任成立。因此,若未成年人占有标的物并有可能返还,法院才会判决未成年人承担责任,否则衡平法不会允许相对方要求返还。

因此,普通法与衡平法在这一问题上存在矛盾,而立法规定仍为未成年人提供了特殊保护。但是,若未成年人已经不再占有欺诈所得财产但因此得到相对应的金钱或货物,那么相对方仍有可能无权要求得到金钱或货物的返还。衡平法可以防止未成年人保留其通过欺诈获得的利益,这就意味着,受欺诈一方的权利类似信托关系中的受益人的权利。在两种规则的博弈下,最终形成的折中规则是受未成年人欺诈而订立合同的一方在财产可确定的情况下可以提起对物之诉(*in rem*)来获得返还,但财产一旦消失,则不得对未成年人提起对人之诉(*in personam*),以免造成变相执行合同。衡平法还可以免除受欺诈方的履行义务,法院可以判决合同无效导致受欺诈方不再承担合同义务。显然,法院的立场是不对未成年人强制执行合同,而仅仅是试图恢复欺诈破坏的现状(*status quo*)。因此,若恢复原状诉讼实际上并不可行,法院并不会判决未成年人承担损害赔偿责任。英国《1987 年未成年人合同法案》第 3 条中也有规定。[1]

此外,返还当有利于未成年人。在合同不能约束未成年人的情况下,若未成年人要求对方返还已支付金钱,则返还必须拥有合法理由支持,例如,支付金钱中存在错误、胁迫或对价失效等情况。在返还的基础是对价失效时,对价必须是全部失效才能成立。这意味着,未成年人一旦收到对方任何的履约利益,则其不能以此为由要求返还,但法院在判决时有可能酌情裁判而不是死抠教条。这意味着,若未成年人可以返还已获得的标的物或提供补偿,只要不构成间接执行合同,那么未成年人应当可以要求金钱返还。

第五节　精神缺陷者与醉酒者

在英国法上,当精神缺陷者或酗酒者订立合同时,若能证明在订约时该方没有能力理解合同性质,相对方也知道其存在能力缺陷,则合同对精神缺陷者或酗酒者没有

---

〔1〕 See Edwin Peel, *Treitel on the Law of Contract*, 14th ed., Sweet & Maxwell, 2015, para. 12 – 037.

约束力。[1] 前述未成年人规则的法律政策是即使相对方不知情也不能得到法律保护,而有关精神缺陷者或酗酒者的法律政策有所不同,是若相对方不知情则不能以合同不公平为由否定合同效力。[2] 若精神缺陷者或酗酒者以其自身缺陷为由要求否定合同效力,要件是相对方不正当地利用弱势方的弱点,该规则与欺诈、显失公平等诉因有相似之处。[3] 当合同订立过程中存在此问题,精神缺陷者或酗酒者可以要求撤销或确认合同。显然,普通法对精神缺陷者与醉酒者的保护水平要低于对未成年人的保护。[4]

英国《2005 年精神能力法案》(the Mental Capacity Act 2005)是英国有关精神缺陷者的相关立法,该法允许法院或其他指定人士代表精神缺陷者作出决定并负责监督该人。[5] 自然人一般都具有缔约能力,除非有证据证明该人存在精神缺陷导致缺乏缔约能力。根据英国《2005 年精神能力法案》第 2 条第 1 款,缺乏缔约能力不再是一般的缺乏能力(disability),而是因精神或大脑出现永久性或暂时性障碍或功能干扰而无法作出决定,具体而言是指该人不能:(1)理解与决定相关的信息;(2)保留该信息;(3)在作决定时,使用或衡量该信息;(4)传递其决定(无论以谈话、手语或任何其他方式)。

此外,英国《1979 年货物买卖法案》第 3 条规定:"……(2)在必需品出售与送货给未成年人和醉酒者的情况下,他们必须为必需品支付合理价格。"《2005 年精神能力法案》对此有类似规定。这些条款下的法律责任属于返还责任,有关必需品的待履行合同在撤销之后不再具有执行力。

---

〔1〕 See J. Beatson, A. Burrows, J. Cartwright, *Anson's Law of Contract*, 30th ed., Oxford University Press, 2016, p. 266.

〔2〕 Hart v. O'Connor [1985] AC 1000.

〔3〕 See Edwin Peel, *Treitel on the Law of Contract*, 14th ed., Sweet & Maxwell, 2015, para. 12 – 062.

〔4〕 参见何宝玉:《合同法原理与判例》,中国法制出版社 2013 年版,第 125 页。

〔5〕 See Edwin Peel, *Treitel on the Law of Contract*, 14th ed., Sweet & Maxwell, 2015, para. 12 – 052.

第九章 错　　误

第一节 概　　述

一、错误的定义

错误(mistake)规则针对的问题是合同一方或双方在订约中发生认识错误而出现瑕疵从而违背一方或双方的真实意思的情况。[1] 在19世纪之前,英国法并未认为合同可以因错误而无效,当时普通法中合同有效性并不受到错误的影响,“买者自慎”(*caveat emptor*)要求人们进行交易前应当谨慎以避免错误,法律关注的重点是虚假陈述(misrepresentation)。[2] 到了19世纪后期,在英国受到罗马法与法国法的影响后,英国法才逐渐接受错误作为诉因可以否定合同效力。由于不同时期的判例对这一问题各有侧重,错误规则在英国普通法上是比较复杂的一个部分,相关判例法并不是非常明确,规则之间常有矛盾与模糊之处,这方面的规则仍处于发展之中。

需要注意的是,错误与虚假陈述有时候容易发生重合,后者情况下一方的错误认识与对方有因果关系,是因为虚假陈述而订立合同。因此,若证据充足,合同受影响一方往往会以虚假陈述作为诉因要求撤销合同,而不是以错误作为诉因,原因在于错误要件要求较高且具有不确定性,这导致了举证难度与救济相对更难,因此虚假陈述的使用率更高。另外,错误可以导致合同无效(void),即合同自始无效;虚假陈述则是使合同成为可撤销(voidable)情形,受制于第三人权利以及诉讼时效,因此该诉因也有其一定的优势。[3]

---

〔1〕 See J. Beatson, A. Burrows, J. Cartwright, *Anson's Law of Contract*, 30th ed., Oxford University Press, 2016, p. 269.

〔2〕 See Edwin Peel, *Treitel on the Law of Contract*, 14th ed., Sweet & Maxwell, 2015, para. 8 – 001.

〔3〕 See M. Furmston, Cheshire, *Fifoot and Furmston's Law of Contract*, 16th ed., Oxford University Press, 2012, p. 293.

在19世纪,受罗马法与法国法的影响,英国法院对错误的相关案件往往以缺乏真实意思表示为由判决合同无效。[1] 随着各种因素的影响,合同无效的情况趋于弱化,合同成为可撤销情形的可能性更大。相比之下,错误在范围上小于大陆法上的重大误解。在早期普通法上,若合同基于法定错误(legally operative mistake)而订立,则合同自始无效,即合同从来没有效力。按此逻辑,若合同标的物为货物,货物所有权并不发生转移,善意与支付对价的第三方(third party in good faith and for value)因此不能获得所有权。显然,这一规则导致结果对善意第三方极为不利,不符合商业社会保护商业流通的目的。因此,若合同双方在表观上对合同条款与标的物有一致意见,则合同应当具有约束力,从而可以对抗他们不知情的事实。[2] 因此,错误的判断标准不能仅依照合同各方的主观标准,而是要依靠外在客观因素来判断。对善意与支付对价的第三人来说,这一规则意味着可以依靠外在表观来获得法律保护,对于维护商业流通与安全十分有利。另外,商业合同需要确保合同双方不能轻易解约与转移风险以确保合同的神圣性,[3]除非法律有明确规定,否则合同双方可以通过信息不对称来谋利,信息在商业中也是合法的竞争优势。这些因素导致法院在对待错误问题历来持谨慎态度,错误的相关要件偏严格。易言之,从公共政策出发,错误的相关规则需要平衡这些因素。[4]

按此逻辑,这又产生了另一个问题,即交易中双方的注意义务(duty of care),即当事人在何种程度上需要检查合同相关事实以避免错误,若发生问题由哪一方承担错误的风险,法律在此的作用是正确分配风险,这一问题往往影响错误的后果。传统普通法认为,对合同双方的注意义务应当严格要求,若发生过失则不能诿过于人;而现在的观点则认为,普通法使合同无效的结果过于严苛,应当在普通法之外提供衡平法救济,使合同成为可撤销合同。[5] 同理,过去普通法的规则认为,一方有关对方身份的错误使合同无效,而衡平法规则意味着在这种情况下合同属于可撤销情形而不是无效情形,以此来保护商业交易中的第三方利益。这种衡平法救济主要由英国著名法官丹宁勋爵主导而发展。

需要注意的是,英国法院对错误的态度近来又发生新的变化,上诉法院认为衡平法救济并不妥当,于是又退回到了传统路径,受错误影响的一方在没有其他效力因素

---

〔1〕 Smith v. Wheatcrof [1878] 9 Ch. D 223.

〔2〕 Bell v. Lever Brothers Ltd. [1932] AC 161.

〔3〕 Tamplin v. James [1880] 15 Ch. D 2.

〔4〕 See J. Beatson, A. Burrows, J. Cartwright, *Anson's Law of Contract*, 30th ed., Oxford University Press, 2016, p. 270.

〔5〕 Solle v. Butcher [1950] 1 KB 671.

或立法原因的情况下仅能依赖传统的普通法规则;[1]而上议院也支持这一立场,即有关身份的错误导致合同无效而不是可撤销。这种变化导致错误的法律规则制定过程一波三折,至今仍存在争议,继而导致普通法在此方面的规则并不稳定。

二、错误的类型

大陆法上对错误的称谓是重大误解,并不区别其具体种类。但在英国法中,错误的类型可以按照不同标准来作出不同分类。[2] 按照发生错误的合同方来区分,可以分为单方错误(unilateral mistake)、双方错误(mutual mistake)以及共同错误(common mistake)。所谓单方错误,是指在订立合同时,一方当事人发生错误,而对方当事人知道或应当知道对方发生了错误。而双方错误,是指在订立合同的过程中,双方当事人所指的标的物不一致而产生的错误,有时也称为相互错误。共同错误,是指双方当事人在订立合同时对某一事实发生了同样的错误。例如,双方当事人在订立合同时都认为标的物是存在的,但实际上标的物已经灭失,在这种情况下,双方当事人就对标的物的存在与否产生了共同错误。

另外,按照错误的后果来说,[3]可以分为使合同不成立的不成立错误(negative mistake)与不否定合同成立但使合同无效的无效错误(nullifying mistake)。按合同诉因来区分,可以分为普通法错误(common law mistake)与衡平法错误(mistake in equity),前者使合同无效,后者使合同可撤销或修订。按照合同错误的标的来说,可以分为有关合同条款的错误,对方身份的错误,有关标的物或订约情况的事实或法律错误。但是,这些区分标准并非绝对,而是互相包含、互相影响的。下文对司法判例中常见的错误情形进行阐述。

第二节 合同条款错误

一、合同订立的错误

(一)概述

合同在订立过程中,有可能表观表明双方达成一致,但其中存在错误导致并不存

---

〔1〕 Great Peace Shipping Ltd. v. Tsavliris Salvage(International)Ltd., The Great Peace [2002] EWCA Civ 1407,[2003] QB 679.

〔2〕 参见何宝玉:《合同法原理与判例》,中国法制出版社 2013 年版,第 319 页。

〔3〕 See J. Beatson, A. Burrows, J. Cartwright, *Anson's Law of Contract*, 30th ed., Oxford University Press, 2016, p. 272.

在真实意思,合同在法律上因此并不成立。[1] 需要注意的是,这一情况有别于合同在表观上不成立的情形,这种情况涉及的是要约与承诺,而非合同成立的事实。现实中这些问题往往纠缠在一起互相影响,可以从不同角度进行分析。合同是通过要约与承诺的过程成立的,若双方不存在同意(*ad idem*),则不存在合同。按此推理,若受要约人认为要约人所提出的合同条款与实际条款并不一致,而前者基于此错误认识订约,则协议并不存在,原因在于受要约人所接受的合同条款并非对方提出的合同条款。

此问题又牵涉合同订立的判断标准,若以主观标准为准,需考察当事人订约时的主观意思,考察双方是否有订约的意愿以及是否就合同条款达成一致,任何一方主观上的错误都可以成为否定合同成立的原因,这种判断标准的优点在于尊重当事人的真实意思,但有可能导致一方以与真实意思不符发生错误为由而否定合同从而逃约,有损于合同神圣的原则。英国法对于这种主观解释历来没有全部接受,即通常采用客观标准(objective approach),若客观情况显示双方已经达成协议那么原则上不允许一方随意逃约,尤其是合同对其不利时。因此,在实践中法院更可能偏向以客观情况为依据判断双方是否订约,这往往取决于当事人的举证以及合同总体情况。

以客观情况为由判断合同是否成立也需要考察不同的情形。例如,如合同是书面合同,则法院的考察重点当然是合同文件本身,对合同条款的解释以合理人理解合同的意思为准,当事人的实际真实意思往往与合同解释并无相关,但与修改合同可能有关。若合同解释的问题是当事人谈判中的通信,如要约、反要约、承诺等问题,法院往往不会采取客观解释(detached objectivity)方法,当事人的意图需要以合理人在该方所处情形下的角度来解释。

客观解释方法在著名判例史密斯诉休斯案中得到确认,[2] 法官在该案中指出:"若合同一方意图按照若干条款订约,对方意图按照另外一套条款订约,或易言之,双方之间没有协议,则不存在合同,除非情况表明合同一方不能否定已经同意按对方条款订约……若无论一方的真实意图是什么,他的行为导致合理人会相信他同意对方条款订约,对方也基于此认识订约,如此行为的一方应当视为同意对方条款而受到约束。"这一观点表明,双方即使没有发生真实意思一致也并不一定影响合同成立,条件是一方引起对方合理相信其同意。这意味着,合同一旦订立,合同一方就很难以不存在协议为由要求合同无效。以此判断,错误影响合同的情况就只能是例外情形而非一般情形,否则合同很容易被否定从而丧失严肃性。法律对此的态度是以协议

[1] See Edwin Peel, *Treitel on the Law of Contract*, 14th ed., Sweet & Maxwell, 2015, para. 8－002.
[2] [1864] 2 H & C 906.

外观作为判断依据,防止当事人以主观意思与合同条款不一致为由而否定合同效力。[1]

另外,若合同看起来合法,而据客观标准判断当事人之间的通信表明没有协议,合同也可以成为无效合同,这在以下4种情况下中可能存在:第一,尽管有合同之外观,根据客观标准判断要约与承诺的条件并不相互符合;第二,合同一方知道诺言或合同条款存在错误,对方对此知情;第三,书面文件存在错误;第四,订约对方身份存在错误。本节集中论述前两种错误。

(二)要约与承诺不符合的错误

由于合同中受要约一方发生错误,导致要约被接受,但其意思与要约人的原意并不一致,导致合同条款可能存在潜在瑕疵而致使难以判断合同内容。在这种情况下,一方可以说其真实意思与对方并不一致,而且其行为不会导致合理人作出其他推定。由此,合同失去效力。[2] 这种情况往往发生在双方订约时都认为存在一个标的物,而实际上是两个名字相同其实并无关系的标的物,对合理人来说也无法判断标的物到底是何物,合同因此自始无效。同理,若要约内容模糊或者客观情况也不清楚,导致受要约人对其理解不同,除非经客观解释规则可以确定其内容,合同也因缺乏实际意义而没有约束力。

经典判例　莱佛士诉韦歇尔豪斯[3]

在该案中,被告订约购买一批货物,从孟买由一艘名为"Peerless"的船运送到利物浦。但在装货时,有两艘船名字相同且都是从孟买到利物浦,被告认为轮船在12月出发,而原告认为在10月出发。法院审查后判决合同无效,合同中没有其他依据可以识别标的物,要约与承诺之间没有相互符合之处。显然,该案的事实非常特殊,无法判断当事人的真实意图是什么,也许其中一方因合同不利而故意利用该情形以逃约,但由于没有证据支持也没有外部情形来辅助判断,因此法院只能判定根本不存在协议,合同并不成立。该案属于典型的双方错误。

但是,需要注意上述的判例存在局限性。当原告根据合同起诉被告,证据不能证明双方存在合意,若原告不能证明被告行为可以使其有合理理由认为合同是按照自己预期的条款达成的,原告就会败诉。但原告不能证明合同是依据他的条款达成的,

---

[1] See J. Beatson, A. Burrows, J. Cartwright, *Anson's Law of Contract*, 30th ed., Oxford University Press, 2016, p. 273.

[2] Alampi v. Swartz [1963] 38 DLR [2d] 300 [Canada].

[3] Raffles v. Wichelhaus [1864] 2 Hurl & C 906.

并不意味着被告就可以证明合同是依据自己预期的条款达成的。在这种情况下，核心问题往往是一方是否能够根据双方证据来证明合同存在，以及被告行为是否导致原告有合理理由相信合同已经成立。若法院认为双方都有合理理由对合同进行不同解释，合同当然就会存在无法解释的模糊之处，合同因此不成立。相反，若错误认识是一方过失所致，对方对此不知情，那么合同对方可能可以证明合同存在且是按他的理解订立的，那么合同成立的可能性就更大。

(三)对方知情的错误

商业交易中的常识之一是“买者自慎”(*caveat emptor*)，即订约时当事人都应当自行判断，若不能自行判断则应当确保合同条款符合其真实意思，这实际上是一种合理的注意义务。除非法律或惯例有其他要求，合同一方无须向对方披露自己知道的可能影响交易的重要事实，即一般情况下不承担披露义务。即使一方知道对方是根据错误事实认识而订约，一般而言该方也没有义务披露。[1] 因此，披露义务是特殊合同中才存在的法定或约定义务，例如，在保险合同中，由于属于最典型的最大诚信合同(*uberrimae fidei*)，因此投保人一般负有义务进行披露。在另外一种情况下是双方地位差距过大导致优势方应当披露信息，例如，双方存在信托关系(fiduciary relationship)，典型者如证券合同。除此之外，一方在订约中保持沉默并不构成虚假陈述，也不负担披露义务，各方都有注意义务保护自己不发生错误认识，这就要求当事人在订约中需要谨慎从事，而不是以自己的轻率或无知为由随意逃约。

需要注意的是，有关合同条款的错误并非有关合同成立中的事实或情况错误。当合同一方知道对方没有意图订约，英国法并不允许一方要求对方履约。例如，甲乙双方谈判，甲意图接受乙的要约，并知道乙的意思并非自己的意思，那么甲在这种情况下不能利用乙的错误来订约并要求对方履约，否则就是某种程度的欺诈。若一方错误为对方所应当知道，则后果一样。易言之，甲要求乙履约的条件是甲有合理理由相信乙按照甲的理解接受要约而且甲事实上也如此相信。若合同一方订约时事实上并无订约意思，则其不能要求对方履约。

经典判例　史密斯诉休斯[2]

在该案中，原告向被告出售一批燕麦，并提供样品，价格是每单位35先令。原告对货物的描述是“良好的老燕麦”，但被告抗辩原告未使用“老”字。被告还价为34

[1] See J. Beatson, A. Burrows, J. Cartwright, *Anson's Law of Contract*, 30th ed., Oxford University Press, 2016, p. 277.

[2] Smith v. Hughes [1871] LR 6 QB 597.

先令，原告对此同意并发货。货物到达被告后发现是新燕麦，不符合被告要求，被告拒收。原告起诉被告，要求被告付款并为拒收货物承担损害赔偿责任。一审法官指示陪审团考察两个问题：一是原告是否使用“老”一字，若使用了则被告胜诉；二是若没有使用“老”字，那么陪审团是否认为原告知晓被告相信或凭印象相信其订约目的是老燕麦，若认为原告知晓则被告胜诉。最终陪审团判决被告胜诉。在考察再审申请时，王座法庭的多数法官认为一审法院的第二项指示不足以使陪审团注意到存在一个区别，即被告根据货物是老燕麦的认识而订约区别于被告根据原告陈述而认为货物是老燕麦的认识并订约。因此，被告不承担责任的理由是，陪审团认为不仅原告知晓被告相信自己在购买旧燕麦，而且是他使被告相信自己也是卖旧燕麦，后一情况下双方并不存在协议。为此目的，再审的申请得到批准。该案表明，法院审查的重点不仅是事实上是否发生了认识错误，还包含了双方在订约中的互相影响。

经典判例 哈托格诉科林斯[1]

在该案中，被告提出要约准备向原告出售3000张阿根廷兔皮，由于错误，被告使用的单位是按磅计算而不是按件计算。原告接受要约。其后发生争议。被告在审理中证明行业惯例是按件计算而非按重量计算，双方之间的谈判也表明一直是按件计算。由于按磅计算意味着价格比按件计算减少2/3，因此，原告起诉要求被告履约并承担违约责任。法院判决被告不能合理认为要约是被告的真实意思，原告事实上知道被告发生错误而且利用对方错误牟利，因此合同无效。该案的关键问题是谈判过程与行业惯例都可以证明货物的计算单位到底是什么，因此原告不能利用表达错误来谋取不正当利益。易言之，法律不能允许一方明知对方错误而利用该错误。此案属于典型的单方错误，且一方企图利用对方的错误来牟利。

二、书面文件的错误

一般而言，合同一旦体现为书面文件，则其就更具严肃性，既然合同双方已经通过书面形式来确定合同内容，那么法院原则上就要尊重该书面文件。对书面合同的解释原则上必须是客观主义，辅之以考察交易背景与交易各方的实际意思。易言之，如本书在第六章中所述，合同解释的核心问题是拥有双方订约的背景知识的理性人会如何理解合同语言的意思，而不仅是按照当事人的主观意思来解释。如此一来，合同双方往往难以推翻书面合同文件中的条款，所谓的白纸黑字就是这个意思。

但是，书面语言的复杂性与当事人的文字能力经常造成书面文件有可能因错误

[1] Hartog v. Colin & Shields [1939] 3 All ER 566.

而出现表述与实际意思不一致的情况。对此,英国法提供了两种救济:一是古老的普通法救济“非我契据”(*non est factum*,it is not his deed),该救济允许合同签字方在合同条款与真实意思不符情况下要求不受该书面文件约束。该救济不仅适用于契据,也适用于其他的书面文件。二是衡平法救济——合同修订(rectification),法院可以命令对书面合同条款进行修订以更正错误,从而使其符合合同一方或双方的真实意思。

(一)“非我契据”

若合同一方发现书面文件的意思存在错误表示导致其有悖于实际意思,那么他可以要求法院判决合同无效,此为传统的“非我契据”(*non est factum*)救济。[1] 显然,这是一个十分有效的救济。但是,由于这一救济的彻底性,当事人获得该救济的可能性并不大,其适用条件极为严格,法院的政策考量在于防止当事人随意以此为由逃约,订约中发生过失的当事人不能诿过于对方,即使当事人不理解书面条款意思一般也不能以此为由逃约。[2] 另外,由于该救济导致第三方不能获得保护,因此法院往往也不愿意提供该救济以防止第三方受损。在一个判例中,一名骗子诱使受害人订立书面合同,该合同导致若干第三方出于对书面文件的信赖而订约,[3] 在这种情况下法院认为更应当得到保护的是第三方利益,因为第三方更为无辜,而其前手在订约时负有更高的注意义务,因此不能免责。

经典判例　布雷诉皮莱德 & 莫里斯[4]

在该案中,被告作为合伙人订约规定该合伙的解散事宜。合同中的一个条款在口头谈判中并未提到,被告对此也不知情,该条款要求被告就若干合伙责任补偿其他合伙人。其后被告拒绝履约,原告要求其承担违约责任。法院判决被告败诉,书面合同的约束力不能为被告所否定,即使其并不知情。显然,法院认为被告应当注意该条款而没有注意,因此不能免责,被告不能以不知情为由而否定其注意义务。易言之,被告在签字时应当仔细审查合同文本,而不能事后以“非我契据”为由要求撤销合同。

---

〔1〕 See J. Beatson, A. Burrows, J. Cartwright, *Anson's Law of Contract*, 30th ed., Oxford University Press, 2016, p. 279.

〔2〕 See Edwin Peel, *Treitel on the Law of Contract*, 14th ed., Sweet & Maxwell, 2015, para. 8 – 079.

〔3〕 Norwich and Peterborough BS v. Steed [No. 2] [1993] Ch. 116, 125 [Scott LJ].

〔4〕 Blay v. Pollard & Morris [1911] 1 K. B. 489.

"非我契据"作为普通法救济还有几个要件。[1] 第一,"非我契据"中交易必须与合同文本出现根本不同(essentially different)。此处的判断标准是签字的书面文件必须与当事人的真实意思存在"重大"(radical)、"本质性"(essential)、"根本性"(fundamental)、"严重"(serious)或"实质性"(substantial)的区别,否则不能成立。[2] 第二,签字人是否存在过失(negligence)。如签字人存在过失,则其不能转嫁负担,这一抗辩当然不能成立。这里的核心问题是考察签字人是否存在过失,这是合同法与侵权法发生重合之处。第三,空白文件的签字。在一些情况下当事人一方签订了空白文件,让对方按照口头协议来补齐书面合同内容,若合同条款与口头协议存在实质性不一致,则理论上可以"非我契据"为由作为抗辩。一般而言,这种抗辩的成功概率都不大,法院一般认为在这种情况下该方存在过失。

(二)书面合同的修订

1. 概述

合同修订作为衡平法救济,在法理中属于法院的自由裁量权,[3] 当事人申请这一救济并非其权利,法院会根据具体情况来判断。衡平法法院在若干情况下不会允许这一救济,例如,发生错误方发生弃权(waiver)与懈怠(laches),意味着该方必须主张权利并及时起诉,否则不得救济。[4] 另外,若这一救济影响第三方权利,则原告不得此救济。若合同救济申请获得成功,则合同条款应当依据当事人真实意思进行修订而无须订立新合同,法院命令因此具有溯及力,从合同订立时计算。

需要注意的是,合同修订作为衡平法救济有别于合同解释,后者的目的在于发现书面文件的真实意思,而前者的目的在于修改合同。但二者也存在紧密联系,认为书面合同没有反映真实意思的一方首先可以要求合同按照真实意思进行解释,若不得,则可以要求修订合同以反映其真实意思。在一些情况下,文件中的错误可以通过合同解释来纠正而无须要求修订合同。因此,法院会根据情况灵活处理。

2. 共同错误的合同修订

若合同已体现在书面上或已订有契据,而书面合同或契据未能体现合同当事人的真实意思,法院可以命令按照其真实意思修订合同。[5] 在共同错误导致的合同修订中,需要满足以下四个要件:一是双方必须对协议的相关条款存在共同意思,需要

---

〔1〕 See M. Furmston, Cheshire, *Fifoot and Furmston's Law of Contract*, 16th ed., Oxford University Press, 2012, p. 330.

〔2〕 See Edwin Peel, *Treitel on the Law of Contract*, 14th ed., Sweet & Maxwell, 2015, para. 8-082.

〔3〕 参见何宝玉:《合同法原理与判例》,中国法制出版社2013年版,第348页。

〔4〕 See Edwin Peel, *Treitel on the Law of Contract*, 14th ed., Sweet & Maxwell, 2015, para. 8-060.

〔5〕 Ibid., para. 8-063.

外部证据来支持存在合意;二是共同意思到订立书面合同时必须仍然存在,即具有持续性;三是必须有足够证据证明所订立的合同在订立时没有准确反映当事人真实意思;四是必须证明修订后文件可以准确反映当事人的真实意思。[1]

经典判例　大都市公司诉威廉·希尔集团[2]

在该案中,原告与被告订立合同进行公司并购,被告意图购买原告的两家公司。合同规定,两家公司的收购价格应当按照1989年公司账目利润数字予以扣减,并且该账目应将特定时期内两家公司的账目合并计算。为此,双方指定一名会计师负责处理相关账目资料。原告认为,公司账目必须按照与有关会计准则相一致的收购会计原则进行编制,但被告则认为只需要将两家公司的账目简单计算即可,不需要专门调整。原告因此请求修订合同,明确规定账目应当按照统一的基础合并计算。法院判决原告获胜,合同可以修订,证据可以证明双方的意图是将账目按照统一标准进行编制。

3. 单方错误的合同修订[3]

合同修订作为衡平法救济之前仅适用于共同错误,即双方对书面文件同时存在错误认识。目前,这一救济已经可以适用于单方错误,即书面文件未能体现合同一方在制作合同文件时的真实意思。[4] 但是,以单方错误为由要求修订合同困难更大,原因在于证明责任更重,因为合同修订是一个比较彻底的救济,适用于单方错误会剥夺无错误方根据合同所享有的利益,而这一点是发生错误认识的一方已经同意的。因此,无错误方的知情或行为必须达到不允许修订合同就构成不公平才能够让合同修订成立。[5] 因此,法院对单方错误提出了三个要件作为限制条件。其一,对方必须实际知道发生错误方的真实意思与错误,[6]不能以推定知道为准。例如,代理人知道这种情况并不可以,但若合同对方故意不承认情况,或未按一般标准而故意或过失性地不询问,则可以视该合同对方对此知情。其二,无错误方必须是未能提醒发生错误认识方注意该错误。其三,错误结果必须是若不修定错误会导致无错误方从中

---

〔1〕 See J. Beatson, A. Burrows, J. Cartwright, *Anson's Law of Contract*, 30th ed., Oxford University Press, 2016, p. 279.

〔2〕 Grand Metropolitan Plc v. William Hill Group [1997] 1 BCLC 390.

〔3〕 See J. Beatson, A. Burrows, J. Cartwright, *Anson's Law of Contract*, 30th ed., Oxford University Press, 2016, p. 285.

〔4〕 Roberts & Co., Ltd. v. Leicestershire CC [1961] Ch. 555.

〔5〕 See Edwin Peel, *Treitel on the Law of Contract*, 14th ed., Sweet & Maxwell, 2015, para. 8 – 075.

〔6〕 Riverlate Properties Ltd. v. Paul [1975] Ch. 133.

获益,或导致发生错误方蒙受损失。核心问题是无错误方的行为是否符合公平标准(unconscionable)以致不能严格按约履行,这也是衡平法的核心理念。但是,若一方订立书面合同时故意忽视对方发生错误,则其不得该救济。

三、衡平法救济

除了前述的合同修订救济,衡平法还发展出了其他救济途径。[1]

(一)实际履行[2]

若发生违约,英国普通法上的救济是损害赔偿。但这一救济有可能不足以帮助守约方,因此衡平法可以提供其他救济,其中之一就是实际履行(specific performance),即要求履行合同。但由于衡平法性质使然,这一救济属于法院自由裁量权范围,若实际履行造成过度困难(undue hardship),法院可以拒绝提供这一救济。在合同发生错误的情况下,若在普通法上不足以使合同无效,则其可以成为拒绝实际履行请求的抗辩,这对发生错误认识而订约的一方来说也具有重要意义。

(二)合同撤销

在合同具有约束力的情况下,受错误合同条款不利影响的一方可以要求撤销合同(rescission)以避免不利影响;[3]在书面合同存在单方错误的情况下,衡平法可以允许被告或接受合同修订或撤销合同。[4]

经典判例 托伦斯诉伯顿[5]

在该案中,有若干不动产通过拍卖出售,广告说其是"绝对自由持有回转财产"(absolute freehold reversion)。但拍卖人朗读的出售条件说明该不动产上存有3个抵押。原告有耳聋问题,没有听清楚出售条件,认为所有者对该不动产不仅有衡平赎回权,还有其他权利,因此竞购并成功。其后发生争议,原告起诉要求解除合同。法院判决合同解除,因为广告中的错误导致卖方应当证明原告没有受到诱导,而原告的行为表明他并不知道标的物的具体情况。法院认为这一交易包含显失公平(unconscientious)情况,不能允许一方利用法律优势欺压对方。

---

〔1〕 参见何宝玉:《合同法原理与判例》,中国法制出版社2013年版,第345页。

〔2〕 详加本书第十八章的详细论述。

〔3〕 See J. Beatson, A. Burrows, J. Cartwright, *Anson's Law of Contract*, 30th ed., Oxford University Press, 2016, p. 288.

〔4〕 Garrard v. Frankel [1862] 30 Beav 445.

〔5〕 Torrance v. Bolton [1872] LR Ch. App 118.

但是,如本章开始所述,目前这一衡平法救济处于争议之中,丹宁勋爵有关这一救济的判例受到不少质疑。上诉法院在最近的判例中认为,[1]当错误属于事实的共同错误时,在错误不足以使合同属于无效情形的情况下,不存在衡平法管辖权可以判决合同可撤销,原因是衡平法介入的正当性在于普通法救济会产生不公且自身不能纠正该后果,而在这种情况下普通法适用的客观标准已经可以阻止合同发生约束力,因此不需要衡平法的介入。显然,丹宁勋爵试图扩充衡平法规则的努力遇到了抵抗,上诉法院仍然坚持以普通法规则处理这一问题。

第三节 标的物错误

一、概述

除了前述的合同条款错误,比较常见的情况是,合同一方或双方对构成标的物基础的事实发生了错误认识或对合同订立环境的相关事实发生错误认识。在这种情况下,普通法的规则是合同无效,但以此起诉的成功率相对较低。[2] 在这种情况下,关于何种错误才可以使合同无效,普通法传统规则一直坚持认为只有事实错误才有此结果,关于法律的认识错误不具有此结果,因为推定规则是所有人都应当知道法律。但上议院 1999 年在一个判例中推翻了传统规则。[3]

经典判例 布伦南诉伯特·伯顿[4]

在该案中,该案原告因所租房屋锅炉发生事故而发生人身伤害,据此起诉出租人和两位代理律师,主张律师在代理过程中存在过失。律师辩称,原告未能在相关法律规定的时限内送达有关诉讼文书,请求法院驳回起诉。法院根据相关判例判决被告获胜,原告与出租人达成和解协议,同意不提起上诉,条件是原告不支付诉讼费用。2个月后,法院驳回起诉所依据的判决为上诉法院所推翻,原告起诉主张和解协议因现存法律错误而无效。上诉法院判决认为,因法律错误而达成的合同可以撤销,但该案中并无法律错误,当事人达成的协议具有约束力,应当承担诉讼结果不确定的风险,这符合鼓励和支持当事人通过和解解决争端的公共政策,当事人不能因协议对其不利就否定合同效力。

---

〔1〕 Great Peace Shipping Ltd. v. Tsavliris(International)Ltd. [2002] EWCA Civ 1407.

〔2〕 See J. Beatson, A. Burrows, J. Cartwright, *Anson's Law of Contract*, 30th ed., Oxford University Press, 2016, p. 298.

〔3〕 Kleinwort Benson Ltd. v. Lincoln CC [1999] 2 AC 349.

〔4〕 Brennan v. Bolt Burdon [2004] EWCA Civ 1017.

需要注意的是,有关标的物的错误往往容易和合同落空发生混淆,前者针对的问题是订约时发生的事实认识错误或误解,后者针对的问题是订约后发生的意外事件。二者针对的都是风险分配的问题,核心是合同解释。但二者本质不同,错误影响的是合同订立,而合同落空影响的是合同终止。[1]

二、单方错误

一般而言,单方错误不足以使合同无效。普通法上区别合同条款的单方错误与标的物事实的单方错误,前者导致合同不成立(除非客观标准推翻缺乏主观协议),后者并没有此效果(使对方知情)。[2] 但是,若对方为标的物提供合同担保(warranty,是合同条款意义上的担保,不是担保法意义上的担保),或错误是由对方虚假陈述诱使发生,则发生错误方可以获得救济。

三、共同错误

当合同当事人对标的物或订约环境的事实发生相同的共同错误时,合同归于无效。但法院对此控制较严,一般会假设认为当事人在合同中应当对未知事实分配风险,在通常情况下不能以认识错误为由要求判决合同无效。这方面存在不少判例认为共同错误可以导致合同无效,但要求较严。[3] 后来,丹宁勋爵在1949年的判例中发展出衡平法规则,判决合同属于可撤销情形而非无效情形。但这一衡平法规则在2002年的判例中遭到否定,[4]传统规则重新得到确立。

(一)普通法中的共同错误

1. 概述

普通法中的共同错误十分复杂,[5]并有两个基础性判例,下文分别说明。

经典判例 贝尔诉利华兄弟公司[6]

在该案中,被告分别与原告与第三人订立两份协议。第一份协议是服务合同,原

[1] See Edwin Peel, *Treitel on the Law of Contract*, 14th ed., Sweet & Maxwell, 2015, para. 8-009.

[2] Ibid., para. 8-033.

[3] See M. Furmston, Cheshire, *Fifoot and Furmston's Law of Contract*, 16th ed., Oxford University Press, 2012, p. 296.

[4] Great Peace Shipping Ltd. v. Tsavliris Salvage (International) Ltd., The Great Peace [2002] EWCA Civ 1407, [2003] QB 679.

[5] See J. Beatson, A. Burrows, J. Cartwright, *Anson's Law of Contract*, 30th ed., Oxford University Press, 2016, p. 301.

[6] Bell v. Lever Brothers Ltd. [1932] AC 161.

告与第三人据此被任命为被告子公司的董事,任期 5 年,薪水分别是 8000 英镑与 6000 英镑。第二份协议是补偿协议,被告据此应当为原告与第三人在任期内退休提供补偿,分别是 30,000 英镑与 20,000 英镑。原告与第三人在任职年期秘密设立账户从事投机业务从而发生违法情形,被告据此本可以解雇原告并不提供任何补偿,但被告无视这些事实而订约并提供补偿。其后,被告要求撤销补偿合同,理由是付款出现事实错误。陪审团认为,原告与第三人并无欺诈,其在订约时并不知道这会违反义务。该案因此成为共同错误案例,即双方在订约时均发生错误认识。上诉法院判决认为该案属于自始无效,但上议院以微弱多数判决合同仍有效。

该案历来争议极大,引发了不少互相矛盾的观点。例如,丹宁勋爵认为此判例实际上否定了错误作为合同无效的诉因。但这一观点并不为大多数法官所接受,大部分法官认为共同错误导致合同无效可以成立,但要件必须严格以防止轻易逃约。此种争议导致此后的判例并不统一,出现了多种解释。

经典判例　联合日本银行(国际)公司诉杜诺德信用银行[1]

在该案中,一个骗子意图向原告出售若干机器设备并回租使用,但这一交易实际上并不存在。被告为此笔交易提供担保。其后,骗子公司发生破产,原告起诉要求被告承担担保责任。法院判决合同无效,被告因此不承担责任,担保合同中规定合同标的物的替代品只有获得担保人同意才可能提供,该合同的明示前提条件是回租必须有关现存机器。易言之,根据案情背景与事实可以认定双方都得到了机器存在的通知,这导致标的物存在是合同的一个默示条款,由于该条款被违反,合同因此无效。但是,该案存有争议,有学者认为,原告和被告之间存在的是担保合同,合同的标的是原告和骗子之间的买卖回租合同,而被告所担保的正是原告和骗子之间的债权债务关系,尽管骗子没有任何机器,但原告和他之间却已经存在债权与债务,机器的存在与否对债的关系并无影响,一般只有在当事人对合同标的物的性质发生误解时才能认定错误的存在,但双方并没有对买卖回租合同的性质产生错误的认识,且债权债务关系也是真实存在的,所以并不存在错误。

还有一种观点认为,共同错误的核心是合同解释,这意味着一方或双方在订约时已经承担了不确定性的风险。在货物买卖合同中,由于"买者自慎",在通常情况下是买方承担错误的风险,但若合同有明文规定或法律规定则这一风险也可以由卖方

---

〔1〕 Associated Japanese Bank(International)Ltd. v. Crédit du Nord SA [1989] 1 WLR 255.

来承担。因此,共同错误不足以使合同无效。

由此观之,错误的判例中合同解释至关重要。若根据合同性质与订约时的背景情况来解释,只有表明当事人没有真实意思使合同条款符合订约时的实际情况,且错误相关风险没有分配给合同一方,那么错误才能使合同无效。[1] 但这并不意味着共同错误一定决定于合同解释,如合同明确或默示地将未知事实分配给合同一方或对方,则没有错误存在,自然不可能导致合同无效。下面的判例对共同错误提供了更为清晰的判断标准。

经典判例 大和平运输公司诉萨维利瑞斯救援(国际)公司[2]

在该案中,被告急需轮船为触礁的一艘船提供救援。一个声誉良好的组织告诉被告原告的轮船(the Great Peace)离遇难轮船不远,被告因此半夜紧急联络原告经理洽谈救援事宜并订立了最少为期5天的合同。双方都认为原告轮船距离遇难轮船仅有35英里,但实际上原告轮船方位信息发生错误,实际距离是410英里。发现错误后,被告等待2小时后找到距离更近的其他轮船去救援,因此取消合同并拒付5天的租金,理由是合同因发生共同错误而无效。一审法院与上诉法院都判决认为合同有效,被告应当支付租金。上诉法院认为,共同错误导致合同无效的要件包括:(1)必须存在对于事实状态的共同假定;(2)任何一方均对事实状态之存在没有提供任何担保;(3)事实状态不存在不能归咎于任何合同一方;(4)事实状态不存在导致合同履行不可能;(5)事实状态必须事关对价是否存在或重要特性,或事关合同可能履行的情况。换言之,该案中合同有效的原因是合同可以继续履行,而不是绝对不能履行。但从另一角度来看,该案判决的真实理由可能仍旧是防止一方以错误为由而轻易逃约,因此错误必须是事关标的物是否存在的情况,不能以不重要的错误来否定合同效力。从公共政策的角度出发,合同效力应当得到尊重,尽可能维持合同效力是基本的司法政策。

总体而言,以共同错误否定合同效力很难获得成功,法院的基本司法政策是维护合同效力,而不完全以当事人的利益为准。由于在很多情况下错误是由于对方虚假陈述造成的,因此原告以虚假陈述起诉获得胜诉的可能性往往更大一些,但一旦涉及善意第三方的利益则以共同错误为由主张合同无效更为有利,当然,获得法院支持的可能性也就更低。一系列判例法表明,在下述情况下原告以共同错误为由获得胜诉

[1] See Edwin Peel, *Treitel on the Law of Contract*, 14th ed., Sweet & Maxwell, 2015, para. 8 – 004.

[2] Great Peace Shipping Ltd. v. Tsavliris Salvage (International) Ltd. [2002] EWCA Civ 1407, [2003] QB 679.

的可能性相对较大:(1)有关标的物存在的错误;(2)有关货物所有权的错误;(3)有关标的物质量或实质的错误;(4)合同根本存在错误假设,或合同不能履行。[1]

2. 标的物存在的错误

若标的物订约时在当事人不知情的情况下已经灭失(*res extincta*),或从来没有存在过,共同错误成立合同无效。[2] 在特定货物的买卖中,不存在标的物会产生当事人不能预见的情况,因此合同无效,[3]这一点在英国《1979 年货物买卖法案》第 6 条也有规定。此处,广义上的货物灭失(perish)也有此效果,所谓的广义上的货物灭失,是指货物损失达到不能满足合同商业需求的程度就可以认为已经灭失,而不是指物理性灭失。

经典判例　库特瑞尔诉黑斯蒂[4]

在该案中,双方订立了一个合同买卖玉米,双方都认为货物是从外国港口发货到英国。实际上货物在合同订立前已经变质,并在另外一个港口被卸货并出售。买方发现后拒付货款,卖方起诉。买方的抗辩是由于合同标的物不存在因此无义务付款。卖方的理由是根据合同解释,这不是一个特定标的物买卖,买方应承担所有运输风险。上议院判决卖方不承担责任,合同标的物仅仅是现存货物而非已灭失货物。虽然判决中并没有提到错误的问题,但该案其实就是涉及错误的问题,只不过反映出来的问题是合同解释问题。

因此,若经合理解释,合同表明卖方已经明确承担标的物不存在的风险,则共同错误不能成立。合同可以说明买方承担标的物不存在的风险,则买方不能要求免除责任。因此,这类问题往往转化为合同解释问题,在合同解释表明合同双方都没有承担标的物灭失的风险时,合同自始无效。

3. 货物所有权的错误

若合同一方订约购买货物,在双方都不知情的情况下买方已经对货物拥有所有权,则合同无效。若甲同意从乙承接一片租赁土地,但订约时当事人不知道的案外人已经获得租赁土地的终身租赁权,合同在普通法上是无效情形。[5] 但这一规则适用

---

[1] See J. Beatson, A. Burrows, J. Cartwright, *Anson's Law of Contract*, 30th ed., Oxford University Press, 2016, p. 305.

[2] See Edwin Peel, *Treitel on the Law of Contract*, 14th ed., Sweet & Maxwell, 2015, para. 8 - 009.

[3] Bell v. Lever Brothers Ltd. [1932] AC 161.

[4] Couturier v. Hastie [1856] 5 HLC 673.

[5] Cooper v. Phibbs [1867] LR 2 HL 149.

性比较狭窄。在一般情况下卖方都应当保证所有权没有瑕疵，即使双方订约时存在错误认识，合同一般仍旧有效，卖方应当承担赔偿责任。易言之，前述情况属于罕见现象，并非常态。

4. 标的物质量或实质的错误

共同错误若是标的物质量或实质方面的错误，如何处理历来众说纷纭、争论不休。有观点认为，质量的错误不能影响合意的存在，除非该错误是双方错误而且使合同标的物与实际标的物存在根本区别。[1] 因此，关于质量的错误不能使合同无效，只有关于实质的错误才可以使合同无效。当然，关于质量与实质的真实含义，往往是一个程度问题。

经典判例　塞特维施地产公司诉商业投资公司[2]

在该案中，原告从房东处租用商业用房，并将部分房屋转租给被告，合同规定的租金以某日的市场价格为准。其后，原告准备放弃主租约并变更转租约主体，由被告直接向房东承租房屋。原告与房东协商后认为需重新确定租金价格，因此委托律师写信通知被告租金价格为每年6.5万英镑，被告予以接受。这一报价明显低于市价，原告与房东对租金金额有错误认识，因此几天后律师又写信通知被告租金价格为每年12.6万英镑。被告拒绝接受，因此发生争议。原告起诉，法院判决被告胜诉，因为原告与房东的错误认识不能否定合同效力，被告在其中并不知道错误，也不存在误解，原告不能因为交易不利于自己就以自身错误否定合同效力。

另外，以质量或实质作为衡量错误的标准本身就含有一定的不确定性，因为所谓的质量或实质本身是合同解释的结果，往往具有一定的主观性。从逻辑上来说，任何实质都含有质量问题，反过来质量问题总会影响实质问题，因此判断标准又成为合同解释问题。总体而言，只有错误事关标的物的基本与内在属性而导致其与合同规定标的物存在根本不同时，合同才可以因此无效，例如，双方认为怀孕母牛是绝育母牛而按照肉牛价格出售的情况，[3] 或售出土地用途是建设用地但因为缺乏污水处理系统而无法获得施工许可证的情况，[4] 这些错误都涉及合同的根本，且标的物与合同标的差距巨大。

5. 根本错误或履行不能

若合同当事人订约时存在认识错误且涉及合同的根本，双方在订约时都认为这

---

[1] See Edwin Peel, *Treitel on the Law of Contract*, 14th ed., Sweet & Maxwell, 2015, para. 8 – 015.

[2] Centrovincial Estates Plc v. Merchant Investors Ltd. [1983] Com LR 158.

[3] Sherwood v. Walker 33 NW 919 [1887].

[4] Alessio v. Jovica [1974] 42 DLR [3d] 242.

是根本问题,或合同履行按当事人理解已经不可能履行,合同可以因此无效。这一情况与前述情况实际上有重合状态,可以解释很多种情况。前述的贝尔诉利华兄弟公司案以及大和平运输公司诉萨维利瑞斯救援(国际)公司案中都提及了这一标准,但本身并不是十分清楚。总体而言,这一标准的范围比较狭窄,难以轻易适用。因为法院往往倾向于维护合同效力,而不是以错误随意否定合同效力,这意味着根本错误往往必须是达到履行不可能的程度时才可能致使合同无效。若合同一方能证明错误仅影响合同或商业后果与合同规定有所不同,合同无效往往难以成立。易言之,若当事人订约后发现交易不利,这并不是错误,而是正常的商业风险。因此,即使当事人认为若干假设对合同很重要,但仍不构成根本特性,因此这种假设的错误不能导致合同无效。这一点在上述两个判例中都是如此,导致共同错误的适用变得非常困难,这方面成功的判例比较少。

(二)衡平法中的共同错误

普通法上的错误会导致合同自始无效。这一结果确有过于严厉之嫌,因此衡平法在这方面也有若干规则提供其他的选择,包括前述的合同修订、拒绝实际履行等。因此有观点认为,若错误在普通法上不足以使合同无效,衡平法可以使合同成为可撤销情形,从而补充与匡正普通法的缺陷。[1] 丹宁勋爵在索尔诉布彻案中[2]规定了共同错误的衡平法救济,这一衡平法救济作为法律规则使用了近 50 年,但被前述的大和平运输公司诉萨维利瑞斯救援(国际)公司案否定,已经不再具有约束力。从后果上来看,衡平法救济相比传统的普通法救济可能更为合理,因为可撤销对于第三方提供了更好的保护,也减轻了普通法救济过于狭窄的缺陷,但英国上议院仍然选择遵循传统选择贝尔诉利华兄弟公司案作为共同错误的基本规则,普通法的传统规则得到维护,这种反复是否合理一直存在争议。

第四节　身份错误

一、概述

在订约过程中,有可能出现的一种情况是误认身份,即甲认为是与乙订约,而实际上相对方是丙。若合同相对方的身份对合同而言并不重要,那么这种错误很难成为合同无效或可撤销的诉因,例如,在公开拍卖中,核心问题是价格,至于合同相对方

---

〔1〕 See J. Beatson, A. Burrows, J. Cartwright, *Anson's Law of Contract*, 30th ed., Oxford University Press, 2016, p. 313.

〔2〕 [1950] 1 KB 671.

的身份并非决定性因素。[1] 但若合同相对方的身份对合同至关重要，则其救济就成为错误中的重要问题之一。[2] 对于法院来说，这种类型争议一旦发生往往造成很多困难，原因在于这种错误影响的不仅是合同双方，往往还涉及第三方欺诈，需要判断由谁来承担损失。典型情况是甲受乙的欺诈而订约，但当甲发现真相时乙已经将货物转售并送货给善意丙方。毫无疑问，虚假陈述导致甲乙之间的合同成为可撤销状态，但由于丙出于善意已经购买，那么撤销就丧失了意义。在这种情况下丙可以合法保留货物，甲的救济是要求乙提供损害赔偿。当然，这时候甲获得救济的前提是能够找到乙方且其具有支付能力。另外，若甲能够证明发生身份错误导致合同无效，则乙不能获得所有权，因此也不能转移所有权给丙，如此导致丙需要返还货物或折价赔偿。不同的处理方式反映的是不同的司法政策的价值取向，造成判例之间经常矛盾而前后摇摆。这一问题仍未取得共识。[3]

从下述规则与判例来看，英国普通法在这方面的规则相对混乱，各判例之间缺乏一致性与协调性，往往依据个案的案情来作出推理与判决，各种情况之间的区分并不十分合理，与要约和承诺的规则发生不少重合，尚未形成统一的规则，对善意第三人的保护并不到位。从保护商业流通与合理分配风险的角度来说，若身份错误导致合同出现瑕疵，那么更应当得到保护的一方是善意并支付对价的第三方，而非受错误影响而订约的原告，因为相比第三方，原告更有机会与可能发现错误或欺诈从而规避不利后果，第三方则根本无此机会。对此问题，大陆法的基本原则是保护善意第三方，而英国法仍拘泥于货物的所有权问题之上，导致以不存在协议为由否定合同效力，往往会导致第三方受损。因此，改善现有规则的方向是身份错误的后果不再是合同无效，而是合同可撤销，这也是世界通行规则。此问题凸显了英国法的保守性。

二、合同订立中的身份错误

在合同订立过程中，有关要约与承诺的规则要求要约只能为受要约人所接受，这意味着，其他人在知道或应当知道要约人并无与他人订约的意思，当然也谈不上接受要约。按照该逻辑，合同因此不成立。

---

〔1〕 Dennant v. Skinner [1948] 2 KB 164.

〔2〕 Ingram v. Little [1961] 1 QB 31.

〔3〕 See J. Beatson, A. Burrows, J. Cartwright, *Anson's Law of Contract*, 30th ed., Oxford University Press, 2016, p. 290.

经典判例　伯顿诉琼斯[1]

在该案中,原告接管了案外人的业务。被告与该案外人一直有业务往来,其与案外人的业务有账簿记载,有权就案外人对其的业务提出抵销(set-off)要求。被告发出订单订购一批货物,订单是发给案外人的。原告在没有通知被告业务已经转手的情况下就供货。被告在知悉实情后拒绝付款,原告起诉。法院判决被告不承担责任,认为在缔约过程中原告无权接受被告的订单,因为订单不是发给原告而是发给案外人的,合同并未成立,被告自然不承担责任。

但需要注意的问题是,关于要约与承诺的对应问题应当按照客观标准来判定,而不能仅依靠主观标准,需要参考合理人在类似情况下的理解来判定二者是否具有对应性。因此,若甲误认乙为丙而向乙发出要约,若乙有合理理由认为该要约向他发出并接受,则甲受合同约束,即使能够证明发生错误也是如此。此规则的司法政策取向是在身份不具有根本影响性的情况下,以维护合同效力为更优选择。

经典判例　阿普顿诉鲍威尔[2]

在该案中,被告向原告消防队打电话求援救火,但误认原告为另外一个消防队,所以电话打到了原告所在的区域,原告善意接受要约并履行合同。被告认为其所享受的服务理应免费,而原告也认为在其区域内救火无须付款,后来发现被告位于另一个区域,因此要求付款。被告发现真相后拒绝付款,原告起诉。法院判决被告承担责任,其错误不足以导致合同不成立,尽管双方都发生错误认识。显然,该案中的服务合同已经履行,至于相对方的身份对合同内容并不产生实质性影响,以错误否定合同显然对原告不公,因此法院以错误并不重要或不涉及合同根本为由否定合同。

另外,若受要约人接受要约时有合理理由认为要约人身份不是其实际身份,而要约人对此也知情,则合同并不成立。因为在这些情况下往往有可能存在欺诈情形,在证据不足的情况下以错误规则处理也成立,可以作无效处理。以欺诈作为诉因起诉往往可以保护第三方利益。因此,诉因的选择具有重要意义。

---

〔1〕 Boulton v. Jones [1857] 2 H & N 564.

〔2〕 Upton-on-Severn RDC v. Powell [1942] 1 All ER 220.

经典判例 坎迪诉林德赛[1]

在该案中,被告接受案外人的订单供应货物,送货地址是"37 Wood Street, Cheapside"。实际上该案外人利用了另一个名字类似的公司来行骗,被告知道该公司信誉良好,公司的地址是"123 Wood Street"。被告受此欺骗而送货到案外人提供的地址,案外人将货物转售给原告。被告因此起诉原告要求返还货物。若此案合同被解释为虚假陈述导致的可撤销情形,则原告可以保留货物,不受被告受欺诈的事实之约束;若此案合同被解释为错误导致的无效情形,则原告需要返还货物,因合同不存在导致其未得所有权。上议院判决被告胜诉,因为被告根本不知道受欺诈而发生错误,因此不存在合意,合同自始无效,原告不能保留不属于他的货物。该判例可以归纳为三个要件:其一,欺诈方明知对方无意图与自己订约,因此以欺诈手段骗取对方订约。其二,受欺诈一方订约时对方当事人的身份对订约具有重要性。易言之,受欺诈一方是因为对方的特定身份而订约。其三,受欺诈一方因对相信欺诈方的书信而发生误认并订约。若欺诈方是以口头方式进行欺诈则不适用该判例规则。

经典判例 将军金融公司诉哈得逊[2]

在该案中,原告作为金融公司以租购条件向一个骗子出售汽车,其后汽车转售给被告,原告起诉要求被告支付余款。根据英国《1964 年租购法案》第 27 条的规定,订立租购协议购买汽车的私人买方在善意没有接到租购协议通知的情况下可以获得汽车所有权。被告请求的核心问题是租购协议的效力问题。若协议因欺诈而成为可撤销情形,则被告可以获得所有权。若协议因错误而成为无效情形,则骗子就不是债务人,被告不得保护。在该案交易过程中,骗子出示了本身真实但非法获得的驾照,名字是案外人,公司核验后发现驾照真实。对此,上议院判决租购协议无效,因为案外人对此交易不知情也没有订约,因此被告不能从无效合同中获得汽车所有权。该案结果显然不利于被告,被告承担了本应由原告承担的检查义务,因此其合理性存疑。

三、身份错误的限制

若甲的错误不涉及对方身份且订约并不是基于对方的特定身份(identity)而订立,那么有关对方身份的认识错误一般并不能导致合同不成立。[3] 这种错误不是身份错误而是特性(attributes)错误,例如,事关对方的支付能力或社会地位或是否拥有

---

〔1〕 Cundy v. Lindsay [1878] 3 App Cas 459.

〔2〕 Shogun Finance Ltd. v. Hudson [2003] UKHL 62, [2004] 1 AC 919.

〔3〕 See J. Beatson, A. Burrows, J. Cartwright, *Anson's Law of Contract*, 30th ed., Oxford University Press, 2016, p. 294.

驾照等特性，由于错误并不严重，因此不能导致合同成为无效情形。普通法因此将错误区分为身份错误与特性错误，目的是防止不重要的错误导致合同无效，[1]类似大陆法系中的“重大误解”中的“重大”。当然，这种区分在现实中并不一定准确，因为所谓身份与特性往往是解释的结果而不具有绝对性，这也许是普通法的一种权宜之计。因此，普通法区分两种情况：一是合同相对方发生两人的错误（甲误认乙为丙而与乙订约），二是合同相对方仅有一人发生错误（甲认为乙不是乙而与乙订约），后者不能使合同无效。

经典判例　哈得曼诉布鲁斯[2]

在该案中，原告原来意图与一家名为 Thomas 的公司订立货物买卖合同，他们在该公司的办公室与一人展开谈判，并认为该人代表公司进行谈判，事实上该人并未得到授权进行交易。随后，原告收到订单并按公司地址交付货物，由此人接收货物。后此人将货物转售于被告。原告未得到付款，发现问题后起诉被告要求被告退货，理由是出现身份错误。法院判决原告胜诉，理由是原告仅打算与 Thomas 公司进行交易，是基于错误而认为对方谈判人拥有授权，因此合同并不成立，被告不能基于合同取得货物所有权。

该案表明，若原告以对方身份错误为由要求法院判决合同无效，则举证责任不仅包括他本来无意与已经订约的对方订约，而且有意图与可确认的第三方订约。该规则是以提高举证责任的方式来要求存在身份错误，但其实质是保护善意第三人的利益，从风险分配的角度出发，保护善意第三人更为重要，防止合同因错误而发生无效影响第三人利益。[3]

但是，若甲误以为乙不是乙而与乙订约，而且乙对此知情，则不存在第三方的情况下合同仍然有效，例如，乙知道甲若知道其身份就不会订约，因此隐瞒其身份从甲方订货。这一情况不同于甲误以为乙是丙而与乙订约的情况。在前种情况中并没有第三方，乙可以接受甲的要约，合同成立；在后种情况下乙不能接受不是发给他而是发给丙的要约，因此合同无效。

有时候，甲的要约会明示或默示地规定其不能为乙所接受。这意味着甲准备订约，但受要约人不能接受该要约，因为受要约人知道要约款内容与他所要求的条款内

---

〔1〕 See Edwin Peel, *Treitel on the Law of Contract*, 14th ed., Sweet & Maxwell, 2015, para. 8 – 036.

〔2〕 Hardman v. Brooth [1863] 1 H & C 803.

〔3〕 See Edwin Peel, *Treitel on the Law of Contract*, 14th ed., Sweet & Maxwell, 2015, para. 8 – 038.

容存在区别。例如,甲发出要约给一批有资格要求的人,乙不具有资格,因此也不能接受要约。若订约,则合同因身份错误而无效。

在合同是书面合同的情况下,当事人的身份由书面合同中的名字来确定。在前述的将军金融公司诉哈得逊案中,合同是书面合同,上议院判决被告败诉,原因是此种情况下可以接受合同的一方只能是身份遭冒用的案外人,由于案外人并未订约,因此合同无效。

经典判例 花旗银行诉布朗公司[1]

在该案中,案外人自称是某公司在原告或米兰银行(开票行)的账户签字人,打电话给被告(受票行)购买若干外汇,以开票行开出的银行汇票来支付。此人又打电话给原告,指示其准备好汇票用以支付。原告开票行认为该案外人是公司的人而将汇票交付给他,此人留给银行一张证件,但签名是伪造的。该汇票提交给受票行,在检查之后被告将金钱交付给案外人。然后受票行经正当程序将这一汇票交给了开票行,开票行也照常付款。后来,欺诈暴露,原告起诉被告要求返还。该案的核心问题是欺诈引发的错误造成损失后由谁来承担责任,虽然双方都是无辜的受害人。法院判决认为,能够导致返还的错误并不一定具有根本性质而导致合同无效,即错误必须具有根本性才能使合同无效,该案中的错误并未达到这一程度,因此原告败诉。从技术上来看,该案的关键问题一是骗子的身份是否重要,二是汇票提交给被告是否获得了开票行的授权,由于骗子的身份并不具有根本性且原告授权真实,因此原告的举证责任未能完成,应当承担相关交易风险。

四、双方在场订约中的身份错误

若当事人在场面对面订约而非通过其他方式订约,则英国法的推定规则是一方是与在场的对方而不是他人订约,身份对合同没有根本影响。这一规则导致以错误为由否定合同效力变得更为困难,该规则的目的仍旧是否定身份对合同效力的影响,以维护合同效力。[2]

经典判例 菲利普诉布鲁克斯公司[3]

在该案中,一位名为 North 的人在原告店中购物,他开出一张 3000 英镑的支票,

---

〔1〕 Citibank NA v. Brown Shipley & Co., Ltd. [1991] 2 All E R 690.

〔2〕 See J. Beatson, A. Burrows, J. Cartwright, *Anson's Law of Contract*, 30th ed., Oxford University Press, 2016, p. 295.

〔3〕 Phillips v. Brooks Ltd. [1919] 2 KB 243.

说自己是爵士并提供住址,原告知道该爵士信用良好,在检查该爵士地址无误后允许此人离开。其后,此人将所购物品以 350 英镑出质给不知情的被告。原告起诉被告要求返还。法院判决认为,尽管原告认为在场的交易对象是一位爵士,但他实际上是出售并发货给在场的人,这就是他的实际意图。这使合同不属于无效情形,而是因欺诈成为可撤销合同,不能对抗善意支付对价的第三方。但是,此处的推定规则并非绝对,原告可以举证反驳,若举证不能则败诉。

第十章 虚假陈述

第一节 概　　述

本章的核心问题是虚假陈述(misrepresentation)对合同效力的影响,还包括其衍生问题——披露义务及其对合同效力的影响。二者既有区别也互有重合。所谓虚假陈述,是指订约时一方陈述与事实不符而导致对方订约违反真实意思的情形,受不利影响方可以要求撤销合同或损害赔偿。在英国普通法上,信息是正当的商业竞争资源,当事人在通常情况下并没有义务对对方披露交易的所有情况。[1] 易言之,当事人都负有审慎调查义务,各自考量自身利益,获得与交易相关的各种相关信息,并在此基础上订约。因此,对方不披露可能影响交易的重要事实(material fact)并不能使合同成为无效或撤销情形。这既是商业实践所产生的市场交易规则,也是合同神圣原则的要求。[2] 但这一规则也存在例外情况,最为明显的例证是强调最大诚信原则(*uberrimae fidei*)的保险合同以及存在法定披露义务的证券合同等。

但是,若在合同谈判阶段出现误导性说明(misleading misstatement)导致合同订立,则法律应当为受虚假陈述影响的一方提供救济。易言之,通常情况下法律并不要求一方披露交易所有信息,对方即使存在错误也不能以信息不对称引发的单方错误为由要求撤销合同,但这并不意味着合同一方就可以主动以言语或行为来诱使对方订立合同从而欺诈对方。因此,法律保护的是合同各方自己的信息优势,而不保护故意造成对方信息不对称而蒙受损失的误导性语言或行为。[3] 因此,受虚假陈述不利

---

〔1〕 See J. Beatson, A. Burrows, J. Cartwright, *Anson's Law of Contract*, 30th ed., Oxford University Press, 2016, p. 319.

〔2〕 See Edwin Peel, *Treitel on the Law of Contract*, 14th ed., Sweet & Maxwell, 2015, para. 9 – 001.

〔3〕 See M. Furmston, Cheshire, *Fifoot and Furmston's Law of Contract*, 16th ed., Oxford University Press, 2012, p. 341.

影响的一方可以拒绝承担合同义务，或请求衡平法救济——撤销（rescission）合同。在虚假陈述是合同条款一部分的情况下，受不利影响的一方可以违约为由要求损害赔偿。若虚假陈述不是合同条款一部分，则属于效力问题。这里值得注意的是，合同法中的虚假陈述诉因与侵权法中的欺诈诉因存在竞合的可能性，因此，受不利影响的一方可以选择合同或侵权诉因来起诉。

由于现实生活的复杂性，虚假陈述是比较常见的情况，因此需要区别对待。合同谈判中的误导性说明可以分为三种情况：一是夸张（puff），即与实际情况严重不符的说明，相对方因其具有模糊性与夸张性而不应当期待其具有真实性，因此也不产生法律责任，如常见的玩笑与广告等情况。二是双方都没有意图使谈判中的说明成为合同条款，但说明对相对方订约确有影响，即陈述（representation）；若陈述与事实不符，则为虚假陈述，受虚假陈述人不能要求违约责任，因为没有合同，但可以要求虚假陈述救济。三是谈判中的说明可能成为合同条款或与合同平行存在的合同担保条款（warranty）。第二种情况与第三种情况有可能发生重合，即虚假陈述有可能成为合同条款，受影响方可以选择要求救济，要求违约损害赔偿或虚假陈述责任。

与大陆法系对欺诈并不区分的方法相比，英国法对合同谈判中的误导性说明的区分更细腻一些，虚假陈述可以分为三种：一是欺诈性虚假陈述（fraudulent misrepresentation），即一方故意作出虚假陈述欺骗对方，对方可以合同作为诉因起诉也可以侵权作为诉因起诉；二是过失性虚假陈述（negligent misrepresentation），即一方过失性地作出虚假陈述导致对方受到不当诱导而订立合同，对方可以要求撤销合同并请求损害赔偿；三是无过失性虚假陈述（innocent misrepresentation），即一方既无故意也无过失但仍作出虚假陈述而导致对方受到诱导而订立合同，对方可以要求撤销合同或赔偿损失。[1] 因此，英国法中的虚假陈述的情况比较复杂，救济也相对复杂。

第二节　虚假陈述的分类与救济

一、虚假陈述的分类

在1963年以前，英国法上提供的救济视虚假陈述种类而有所区别。对欺诈性虚假陈述，合同可以撤销，原告可得侵权赔偿；针对无过失性虚假陈述，原告可以要求撤销合同，但不得合同赔偿。在此之后，虚假陈述方面的法律中发生了两个标志性判

---

〔1〕 See J. Beatson, A. Burrows, J. Cartwright, *Anson's Law of Contract*, 30th ed., Oxford University Press, 2016, p. 320.

例：一是1964年英国上议院判决的哈得利诉海勒案，[1]该案创造性地发展了关于过失性错误陈述的侵权法规则；[2]二是英国《1967年虚假陈述法案》（Misrepresentation Act 1967），该法案规定了可以对虚假陈述起诉的立法诉因。这种情况是由于历史上普通法与衡平法之间复杂的制约关系所致。在1873年后，普通法与衡平法实现统一，但二者的实质差异并没有立即缩小，直到《1967年虚假陈述法案》才提供了立法依据。

（一）欺诈性虚假陈述

欺诈性虚假陈述所得的救济是撤销合同并得侵权欺诈（deceit）救济。原告在侵权欺诈诉讼中必须证明四个要件：陈述人发生虚假陈述；陈述是欺诈性的；陈述人拥有意图诱导受陈述人对虚假陈述产生依赖；受陈述人确实依赖陈述而蒙受损失。陈述可以是言语形式的，也可以是行为，包括部分不披露或积极的掩盖行为（concealment），但沉默一般不构成虚假陈述。[3]

英国法在这方面的权威判例是德锐诉匹克案，[4]上议院在此案判决中指出：一旦可以证明是在知情、不相信其真实性、疏忽大意（无论情况是否属实）的情况下作出虚假陈述，欺诈即告成立。[5]尽管这里区别了第二种情况和第三种情况，但实际上二者之间并无重大区别，第三种情况与第二种情况存在重合，因为在第二种情况下描述情况的一方一般也不会相信描述的真实性。若想阻止虚假描述成为欺诈，陈述人就需要信任其真实性。一般而言，为降低举证难度，如果欺诈可以得到证明，陈述方的主观动机在法律上一般不是考察因素，是否有意欺骗或者损害相对方并不影响欺诈是否成立。如果所作描述是无意而为或过失性的，则其本身不构成欺诈；也不能因为一方诚实但错误地相信其描述属实而认为存在欺诈，尽管根据客观情况判断该描述并不属实；但疏忽（recklessness）可能达到不诚信的程度，相信没有任何合理依据描述的真实性可能使法院认为此种信任并不存在而认定欺诈属实。

经典判例　德锐诉匹克[6]

在该案中，公司获得立法授权从事畜力运输业务，在政府部门批准的情况下还可以从事蒸汽或机械动力的运输业务。公司董事提交方案后认为政府部门会批准，因

---

〔1〕［1964］AC 465，HL.

〔2〕参见何宝玉：《合同法原理与判例》，中国法制出版社2013年版，第353页。

〔3〕See Edwin Peel，*Treitel on the Law of Contract*，14th ed.，Sweet & Maxwell，2015，para. 9－036.

〔4〕［1889］14 App. Cas. 337，HL.

〔5〕See J. Beatson，A. Burrows，J. Cartwright，*Anson's Law of Contract*，30th ed.，Oxford University Press，2016，p. 330.

〔6〕Derry v. Peek［1889］14 App. Cas. 337，HL.

此发布招股说明书说明公司获得上述业务的许可。被告依据招股说明书而购买股票,但政府审批最终没有通过,公司只能结业。被告投资发生重大损失,因此以欺诈起诉要求对方赔偿损失。该案中的损失是确定无疑的,但原告是否存在欺诈则不一定,因为公司可能是真诚地认为可以获得批准,并不存在欺诈故意,损失是政府部门政策变化所致。上议院认为,在欺诈诉讼中必须证明欺诈存在,即陈述不仅与事实不符,还需要原告主观有欺诈故意,而被告未能证明其存在,因此败诉。该案的意义在于其区分了欺诈性虚假陈述与过失性虚假陈述。

在欺诈性虚假陈述的诉因中,原告必须证明欺诈性虚假陈述是订立合同的诱因,但被告不能以其他更重要的原因造成原告订约为由进行抗辩,这意味着虚假陈述不需要是订约的唯一或重要原因,只要构成订约原因之一就可以。〔1〕 若原告对欺诈性虚假陈述发生依赖,即原告假如知道陈述是虚假的就不会订立合同,那么原告对于其他事宜有过失性或不切实际的想法并不会影响虚假陈述成立,即使原告订约与其有因果关系。如果虚假描述的性质会导致合理人受其影响而作出决定,法院可以推定认定,除非陈述方证据能够反驳。因欺骗而承担责任的一方,无论是个人责任还是替代责任(vicarious liability),都无权以共同过失(contributory negligence)为由否认欺骗行为是造成对方蒙受损失的唯一有效原因。〔2〕 在不知道或没有怀疑可能存在欺诈的情况下,如果原告有机会发现欺诈但未能发现,法院不会以此为由而减少损害赔偿金额。显然,法院发展出上述一系列规则体现了保护受虚假陈述方的利益,适度降低举证责任,防止因果关系要求过于严格。

英国《1967 年虚假陈述法案》第 2 条第 1 款可能可以使原告在不存在欺诈的情况下提起诉讼,但由于其他原因而以欺诈诉因起诉,起诉书中对此必须明确列明。但是,对于品质或者信誉的欺诈性虚假陈述不得提起诉讼,除非这种虚假陈述是书面形式并由被告签字。例如,在一个判例中,订立合同之前业主发现承包商投标中的定价有错并对业主有利,业主订约前没有就此错误明确提醒承包商,法院认为此事实本身并不构成欺诈的证据,尽管在道德上业主有义务提醒承包商注意此种错误。〔3〕

最终的问题是欺诈的救济。〔4〕 如果欺诈性虚假陈述导致一方订立合同,该方在发现欺诈后可以选择撤销(avoid)合同、视合同已经终结,或者可以选择确认合同并

---

〔1〕 See M. Furmston, Cheshire, *Fifoot and Furmston's Law of Contract*, 16th ed., Oxford University Press, 2012, p. 349.

〔2〕 Alliance & Leicester Building Society v. Edgestop Ltd. [1993] 1 WLR 1462.

〔3〕 Dutton v. Louth Corp [1955] 116 E. G. 128, CA.

〔4〕 See Edwin Peel, *Treitel on the Law of Contract*, 14th ed., Sweet & Maxwell, 2015, para. 9 – 064.

继续履约。在任何情况下,受不利影响一方都可以侵权法上的欺诈为诉因获得损害赔偿,[1]欺诈诉因损害赔偿在侵权法上的标准是按照假若原告没有受到欺诈性虚假陈述影响而应该处于的地位来计算。如果损失发生在业务经营之中,欺诈的损害赔偿计算应当包括实际损失和可以合理预期的利润损失。英国法并不要求受骗的一方必须证明他所进行的实际交易本身也会造成损失。原告有时可以证明本来可以与被告或是与第三方订立更为有利的交易,但由于存在欺诈而丧失此种机会,从而以此作为请求损害赔偿的基础,即机会性损失。

经典判例　易斯特诉毛瑞尔[2]

在该案中,被告拥有两家发廊,经营状况良好。1979 年被告同意将其中的一家发廊出售给原告,原因之一是被告说他准备去国外,也不打算在另一家发廊工作,但要排除意外情况。结果被告一直经营另一家发廊,导致原告生意萧条而没有获得任何利润。因此,1989 年原告被迫将这一发廊出售,售价比收购时降低很多。原告因此起诉被告违约且存在欺诈性虚假陈述。法院判决被告败诉,法官判决原告的损失为 33,328 英镑,附上利息总额为 55,205 英镑。这一金额的计算方法是,资本支出以该发廊的成本价计算为 20,000 英镑,减去出售所得补偿后得 12,500 英镑,还需要加上原告因买卖发廊而发生的费用和开销以及为营利而修缮发廊的支出的补偿,总和为 2390 英镑。另外,3 年又 3 个月中原告经营发廊的交易损失的补偿,共 2438 英镑。被告因对利润损失赔偿不服而提起上诉。上诉法院接受上诉,但认为计算偏高并作出相应调整。上诉法院指出,这种情况下欺诈的损害赔偿计算的基础不是假设这一陈述如果正确的话原告所本来处于的地位,而是用金钱补偿原告所遭受的所有损失。显然,这是侵权法的赔偿计算标准。

(二)过失性虚假陈述

过失性虚假陈述可能引发要求赔偿经济损失的侵权诉讼,因为当合同一方从拥有专业技术的相对方寻求信息时,由于该方相信对方会行使适当的注意义务,而对方知道或理应知道其技巧和判断力受到信赖,因此存在默示的注意义务(duty of care),违反之就应当承担法律责任。[3]

在英国《1967 年虚假陈述法案》之前,过失性虚假陈述的救济一直并不是很明

---

〔1〕 Archer v. Brown [1985] QB 401.

〔2〕 East v. Maurer [1991] 2 All ER 733.

〔3〕 See J. Beatson, A. Burrows, J. Cartwright, *Anson's Law of Contract*, 30th ed., Oxford University Press, 2016, p. 331.

确。在哈得利诉海勒案中,[1]上议院将侵权法上的损害赔偿责任延伸到过失性错误说明,在承担责任(assumption of responsibility)导致双方之间存在"特殊关系"(special relationship)的情况下注意义务成立。引申到合同法上,双方的合同关系不能排除平行或并行的侵权责任,这在亨德森诉梅雷特集团[2]案中得到了重大发展。另外,订约过程中的过失性虚假陈述可以导致侵权责任,条件是虚假陈述方拥有特殊知识或技能或陈述导致对方发生依赖,举证责任由受虚假陈述人负责举证。

在赔偿标准方面,虚假陈述方仅需要为其所能合理预见的损失承担责任,因为作为合理人,被告应当预见到其行事所产生的后果。赔偿标准还需要考察虚假陈述人承担责任的范围,若虚假陈述人承担的义务是提供交易咨询意见,范围包括受虚假陈述人订约而蒙受的损失,包括市场波动产生的损失;若虚假陈述人承担的义务是确保特定信息准确,如资产评估或法律信息等,则其承担的责任仅是该信息错误所产生的责任,导致责任减少。另外,英国《1967 年虚假陈述法案》第 2 条第 1 款还规定了立法损害赔偿救济,在下文中有详述。

经典判例　哈得利诉海勒[3]

在该案中,原告是广告代理商,被告是商业银行,双方的一位客户与原告订立合同由其代理播放商业广告。合同约定原告向电视台承担责任,为此原告写信向被告银行查询该客户资信状况,被告答复说该客户资信良好,同时说明相关信息属于商业秘密,银行不承担责任。事实上,被告答复并不符合实际情况。原告依据被告答复购买了广告时间,并承担广告费用。其后,该客户终止营业遭到清算,原告因此蒙受巨额损失,因此起诉被告要求赔偿损失。一审法院判决原告败诉,被告过失虽存在但并不对原告承担注意义务。上议院判决认为被告回复中的说明表明其不承担责任,被告胜诉。该案的法律意义在于,上议院明确认为过失性虚假陈述成立,当事人虽并无合同关系但只要有其他关系存在,即一方拥有特殊技能并且同意运用技能协助他人,他人依赖其技能行事,该方就应当承担注意义务。该判例影响深远,是开拓性判例之一。

(三)无过失性虚假陈述

在 1964 年以前,英国合同法对于无过失性虚假陈述的基本立场是,如果合同一

[1] Hedley Byrne v. Heller [1964] AC 465.

[2] Henderson v. Merrett Syndicates Ltd. [1994] UKHL 5.

[3] Hedley Byrne v. Heller [1964] AC 465.

方受有关实质性事实的无过失性虚假陈述影响而订立合同,在发现陈述错误后,有权要求撤销合同但不能要求损害赔偿,除非该虚假陈述同时也构成违约。[1] 在1964年上议院作出哈得利诉海勒案判决以后,撤销合同的救济仍旧保留,受损害方既可以要求撤销合同,也可以选择主动拒绝履行并以虚假陈述作为抗辩理由。撤销合同应当通知对方才可以生效,除非对方欺诈性地阻止该通知的发生。任何虚假陈述一旦在事实上导致对方订立合同,对方就有权撤销合同,至于虚假陈述是否能够使合理人订立合同,属于证据及其解释问题。[2]

需要注意的是,英国法中撤销合同属于衡平法的救济方式,历史上属于衡平法院自由裁量权的范围,因此必须以恢复原状(*restitutio in intergrum*)为要件,即双方应当恢复到合同发生以前的原有状况,如恢复原状不能实现,法院不会允许撤销合同。法院不会支持撤销合同请求的情况还包括:在发现事实与陈述不符后采取实质性措施对其履行予以确认(affirmation)、撤销合同发生迟延、与虚假陈述无关的第三人在合同标的中取得利益等情况。在1967年以前,如果虚假陈述已经成为合同条款,在普通法上就无法以无过失性虚假陈述为由撤销合同,英国《1967年虚假陈述法案》第1条已经否定了该规则。目前,如果虚假陈述没有构成合同条款,请求撤销的权利应当区别于在一方毁约的情况下对方认为合同已经终止的权利。如果受损方接受毁约,他不仅可以不履行以后的义务,而且还有权请求损害赔偿。法院不允许就未构成合同一部分的无过失性虚假陈述请求损害赔偿。[3] 当然,对于无过失性虚假陈述,合同双方可以在合同中明文规定,这样就可以完全防止这类问题发生。

经典判例　克利尔诉斯凯德投资公司[4]

在该案中,原告意图购买被告所有土地进行住宅开发,双方交换合同前,原告将标准查询表送达被告填写,目的是确认土地相关情况,被告填好后送回,其中说明土地上不存在规划许可。2天后被告得知,第三人获得了土地规划许可从而可以建造建筑物,但未将该变化转告原告。随后不久双方交换合同,合同约定,只有在欺诈或过失产生错误或遗漏,或被迫接受与其预期存在显著差别的财产的情况下,买方才可以撤销合同。原告在得知土地规划许可情况后,起诉要求撤销合同,被告抗辩认为其虚假陈述属于无过失性虚假陈述,原告无权要求撤销合同。一审法官判决撤销合同,

---

〔1〕 Redgrave v. Hurd [1881] 20 Ch. D. 1, CA; Dietz v. Lenning Chemicals Ltd. [1969] 1 AC 170, HL.

〔2〕 See J. Beatson, A. Burrows, J. Cartwright, *Anson's Law of Contract*, 30th ed., Oxford University Press, 2016, p. 332.

〔3〕 Heilburt, Symons & Co. v. Buckleton [1913] AC 30 at 51, HL.

〔4〕 Cleaver v. Schyde Investments Ltd. [2011] EWCA Civ 929.

被告上诉。上诉法院判决认为,虽然标准条款似乎合理,但该案情况表明土地规划许可对原告产生巨大负面影响,原告若知道存在规划许可就不会签订合同,被告不披露其所知信息而导致合同得以订立并因此丧失撤销合同权利,并无公平。在该案中,因原告未能完成举证责任,二审仍维持原判。

二、虚假陈述的要件

从定义上来说,虚假陈述应当是订约前或订约时一方(陈述方)对对方作出现在或过去的事实或法律方面的错误说明并诱导对方订约,对方因此订约而蒙受损失。下文分成若干要件详细论述。

(一)虚假陈述的判断标准

一般而言,陈述人必须作出积极的言语或行为才能构成虚假陈述,沉默原则上不构成虚假陈述。[1] 行为应当作广义解释,点头、眨眼、摇头或微笑等行为都可以构成。若需要判断订约前文件是否包含虚假陈述,需要整体上判断相关问题并评估文件说明是否实质上正确,对细节问题无须过分重视。[2] 若陈述方部分披露而部分不披露,那么这种情况也可以构成虚假陈述,不披露重要事实可能导致已披露的事实成为错误事实。

因此,陈述构成虚假陈述的前提是陈述本身虚假,而且是在受影响方对其信赖而订约时是虚假的才可以。若虚假陈述方作出的陈述在订约时是真实的,但其后变为虚假,则至少是虚假陈述方知道事实发生变化导致虚假情况出现才能构成虚假陈述。在这种情况下,虚假陈述的前提既可能是持续性陈述发生变化导致虚假,也可能是虚假陈述人承担披露变化发生义务导致虚假。

需要注意的是,一些情况即使不符合事实也不构成虚假陈述,具体情况包括:一是赞赏性的夸张本身不足以构成虚假陈述,这在广告中最为常见。换言之,对方不应当发生依赖的夸张不能成为虚假陈述,但这一点在实践中往往是程度问题,容易引发争议。二是若陈述人表达的陈述仅仅是一种意见,那么意见即使不实合同也不成为可撤销情形。例如,卖方说其货物价值多少与买方愿意出多少价格购买货物显然不同:前者仅是一种意见,买方可以选择是否采纳;后者在卖方知道不实情况下属于欺诈性虚假陈述。但这并不意味着意见性的说明在任何情况下都不能构成事实陈述而导致对方不能发生合理依赖。陈述方的意见可以成为对方合理依赖的订约理由,特

〔1〕 See J. Beatson, A. Burrows, J. Cartwright, *Anson's Law of Contract*, 30th ed., Oxford University Press, 2016, p. 320.

〔2〕 See Edwin Peel, *Treitel on the Law of Contract*, 14th ed., Sweet & Maxwell, 2015, para. 9 – 005.

别是当意见基于事实时,虚假陈述方可能默示表明其知道事实导致意见具有真实性。三是陈述人在意图、诺言或未来预测性质方面的表示一般不构成虚假陈述,因为在作出这些陈述的时候不能判断其是否具有真实性,除非陈述人对其想法或能力作出虚假陈述。

经典判例 比赛特诉威尔金森[1]

在该案中,被告为从事畜牧业而从原告处购买新西兰的一片土地,原告说他估计土地可以承载2000只绵羊,原告或他人从未在该片土地上牧羊。其后被告发现该土地不能承载这么多的绵羊,因此拒付部分价金,原告起诉。被告反诉要求合同因虚假陈述而撤销。枢密院司法委员会判决原告的说明仅是善意表达的意见,被告败诉。易言之,原告陈述仅是个人意见,对方不应对其产生信赖。

另外,英国法过去一直认为有关法律的虚假陈述不能使合同成为可撤销情形,因为法律是公共知识,所有人都假定为知晓法律。此规则的目的是防止虚假陈述方以不知晓法律为由作为抗辩。[2] 但这一点在实践中显然与现实脱节,上议院在1999年的判例中认为没有必要再区别法律错误与事实错误,[3]二者性质一致,也适用于虚假陈述的情况。

(二)必须是对受虚假陈述人的陈述

虚假陈述成立的另一个要件是陈述必须是由陈述人向受虚假陈述人作出。[4]因此,当事人因为听信第三人的虚假陈述而订立合同,一般而言,合同的有效性不受影响。例如,甲受第三人意见的影响而购买公司股票,事后证明第三人意见并不准确,那么甲不能以第三人判断错误而主张存在虚假陈述。但是,若受影响一方是虚假陈述方所意图影响的一方但不是直接受陈述方,那么受影响一方也属于受虚假陈述人,公众也可以成为受虚假陈述影响的一方,这种情况在金融交易中较为常见。

经典判例 格罗斯诉刘易斯公司[5]

在该案中,原告意图购买一家商店,聘请一家投资公司为其寻找合适对象,投资

---

〔1〕 Bisset v. Wilkinson [1927] AC 177.

〔2〕 See J. Beatson, A. Burrows, J. Cartwright, *Anson's Law of Contract*, 30th ed., Oxford University Press, 2016, p. 324.

〔3〕 Kleinwort Benson Ltd. v. Lincoln CC [1999] 2 AC 349.

〔4〕 See J. Beatson, A. Burrows, J. Cartwright, *Anson's Law of Contract*, 30th ed., Oxford University Press, 2016, p. 325.

〔5〕 Gross v. Lewis Hillman Ltd. [1970] Ch. 445.

公司基于被告虚假陈述而购买了一家商店并转卖给原告,原告因此蒙受损失,因此起诉被告,要求撤销合同并赔偿损失。一审法院判决原告败诉。上诉法院维持原判,因为该案中并不存在虚假陈述,即使被告存在虚假陈述,原告也不得要求撤销合同,被告陈述对原告无效,原告接受转卖时该陈述已经失效。

(三)因果关系

虚假陈述的另一个要件是因果关系,即相对方因为陈述而订立合同。反推之,相对方不受虚假陈述之影响而订立合同就不能成立虚假陈述诉因。[1] 陈述必须是受不利影响一方订约的一个重大诱导原因,但不要求其是唯一或决定性诱导原因。[2] 这降低了受不利影响一方的举证责任,至于如何判断受虚假陈述人因虚假陈述而订约属于事实问题。受影响方承担举证责任证明陈述诱导其订约。这一点可以推定成立,判断标准是合理人标准,按照客观情况判断虚假陈述是否会诱导对方订约。

经典判例　埃金顿诉费斯毛瑞斯[3]

在该案中,被告是一家公司的董事,公司因无力偿还欠债,准备发行债券筹资,筹资所得的说明用途是拓展业务和改善公司设施,但真正意图是用于清偿债务。原告看完招股说明书后有意投资,还认为可以获得担保,因此出资购买债券,其后得知公司募资真实用途,公司此时已经破产,于是起诉被告虚假陈述,要求撤销合同并返还投资。一审法院判决原告败诉,上诉法院改判原告胜诉。上诉法院认为,该案招股说明书的陈述虽然是对将来意图的陈述,但仍然表明公司董事们发行招股说明书时的意图,这种状态是事实,因而可以视为相关事实的陈述,但公开意图显然与董事们的实际意图不同,因此构成欺诈性虚假陈述。该案的意义在于,承认人的思想状态是一种事实存在,对人的思想状态的不实陈述就是对事实的错误陈述,可以构成虚假陈述。

另外,若受不利影响一方未能证明虚假陈述影响其订约,则订约与虚假陈述之间就缺乏因果关系。例如,虚假陈述可能在订立合同中并未发挥作用,相对方自行订约或订约后才知道发生过虚假陈述,这会导致因果关系不成立。

一般而言,若发生虚假陈述,即使受影响方有机会检查陈述是否属实也不一定影

---

〔1〕 See Edwin Peel, *Treitel on the Law of Contract*, 14th ed., Sweet & Maxwell, 2015, para. 9 – 024.

〔2〕 See M. Furmston, Cheshire, *Fifoot and Furmston's Law of Contract*, 16th ed., Oxford University Press, 2012, p. 347.

〔3〕 Edgington v. Fitzmaurice [1885] 29 Ch. D 459.

响其撤销合同的权利,这在实务中可能是程度问题,若情况可疑表明受影响方应当知道虚假陈述也可能导致其不能以虚假陈述为由撤销合同。此外,若受影响方确实检查后并不依赖虚假陈述而以检查结果为准而订约,则会败诉,因为陈述已经不是订约的原因。

经典判例　JEB 公司诉马克斯[1]

在该案中,原告收购了一家公司,被告是该公司的会计师,被告负责公司审计并提供了财务报表,被告知道原告意图收购该公司并且原告会查看审计报告。在财务报表中存在若干错误,例如,将通货膨胀价值计入公司股票价值。原告对公司的股票价值本有怀疑,但出于得到公司 2 位董事的动机仍旧收购公司。其后,公司发生亏损,原告因此起诉被告,诉因是过失性虚假陈述。一审法官判决驳回原告起诉,因为收购公司的直接动机是获得公司 2 位董事,并且原告对公司股票价值有独立判断,被告过失并不是公司亏损的原因。原告上诉,上诉法院维持原判,认为该案原告并没有依赖被告陈述,因果关系并不存在。

三、虚假陈述的救济

(一)概述

受虚假陈述方不利影响的一方在救济方面有几个选项。[2]

第一,撤销合同。虚假陈述导致合同成为可撤销情形,受不利影响一方可以选择要求撤销合同,撤销具有溯及力,合同被自始撤销,合同项下发生的利益交换应当返还。有时候受虚假陈述影响的一方可以就撤销合同导致的第三方义务要求补偿(indemnity)。[3] 根据英国《1967 年虚假陈述法案》第 2 条第 2 款的规定,关于欺诈性虚假陈述的撤销请求法院拥有自由裁量权判决损害赔偿以代替撤销合同。

第二,侵权上的损害赔偿救济。若虚假陈述人发生侵权,则受虚假陈述人可以选择以侵权起诉要求损害赔偿。[4] 若虚假陈述是欺诈性的(fraudulent),则诉因是侵权法上的欺诈,而不是合同法上的虚假陈述(misrepresentation)。若虚假陈述是过失性的(negligent),则根据侵权法过失规则或英国《1967 年虚假陈述法案》第 2 条第 1 款规定的特别立法诉因,虚假陈述人也需要承担责任。欺诈诉因与过失诉因都是侵权

---

〔1〕 JEB Fasteners Ltd. v. Marks [1983] 1 All ER 583.

〔2〕 See J. Beatson, A. Burrows, J. Cartwright, *Anson's Law of Contract*, 30th ed., Oxford University Press, 2016, p. 327.

〔3〕 See Edwin Peel, *Treitel on the Law of Contract*, 14th ed., Sweet & Maxwell, 2015, para. 9–033.

〔4〕 参见何宝玉:《合同法原理与判例》,中国法制出版社 2013 年版,第 386 页。

救济，并不限于合同前的虚假陈述。侵权法上的损害赔偿的目的是赔偿原告因侵权所发生的损失。在虚假陈述中，这意味着原告所得赔偿标准应当是其因为依赖虚假陈述订立合同而蒙受的损害，其中包括间接损失（consequential loss），但不包括合同中的期待利益，后者是合同救济中所考虑的因素。

第三，合同救济。若虚假陈述成为合同条款一部分或构成平行于合同的保证（不是担保法上的保证），原告可以选择以合同诉因起诉。[1] 合同损害赔偿的目的，是使原告所处地位等于假若合同没有发生违约其本来可以处于的地位，在虚假陈述中这意味着原告地位应当是假若虚假陈述属实其所应当处于的地位。若陈述的真实性是合同条件（condition，即可以解约），或构成根本违约（fundamental breach of contract），则受不利影响一方可以终止（termination）合同。

受虚假陈述不利影响的一方还可以虚假陈述作为抗辩来对抗对方的请求，包括对实际履行的请求，即使其不能要求撤销合同。实际履行是衡平法救济，属于法院自由裁量权范围，在不公平的情况下法院可以拒绝提供。若受不利影响一方不是因为虚假陈述就不会订立合同，法院会拒绝对方要求该方实际履行的请求。

上述几种救济有可能发生重合与排斥关系。[2] 在一些情况下，受虚假陈述人可以要求多个救济，这样在救济之间就存在选择。各种救济都有自己的目标与规则，侧重点有所不同，利益保护也有所不同。在一些情况下受虚假陈述人还可以同时要求几个救济，但不能得到互相排斥的救济。例如，受不利影响一方可以同时要求撤销合同与侵权赔偿，因为这些救济的目的都在于恢复假若合同没有订立时受虚假陈述人所应当处于的地位。若受虚假陈述人同时要求撤销合同与侵权赔偿，则撤销救济会减少侵权赔偿，因为撤销会造成当事人返还从对方收到之利益。若在撤销合同后受虚假陈述人仍有可归于侵权的其他损失，仍可以要求对方赔偿。

但是，受虚假陈述人不能同时要求撤销合同与合同损害赔偿，因为后者的前提是合同义务继续存在。因此，在侵权赔偿与合同赔偿之间，受虚假陈述人必须择一起诉，因为这两种救济的目的并不一致，损害赔偿的计算标准也不一致，需要根据事实来判定哪一种救济更为有利。若根据侵权起诉，则原告所得救济是假若没有发生虚假陈述他所应当处于的地位；若根据合同起诉，则原告所得救济是假若没有发生虚假陈述他根据合同所应当处于的地位。

---

〔1〕 See M. Furmston, Cheshire, *Fifoot and Furmston's Law of Contract*, 16th ed., Oxford University Press, 2012, p. 357.

〔2〕 See Edwin Peel, *Treitel on the Law of Contract*, 14th ed., Sweet & Maxwell, 2015, para. 9 – 059.

根据目前英国法的发展,可以得出以下简要结论。[1] 第一,就欺诈性虚假陈述而言,受虚假陈述人可以要求撤销合同,并可以一并请求因欺诈而得侵权损害赔偿。但受虚假陈述人也可以选择确认(affirm)合同并就欺诈所产生的损失而获得赔偿。第二,就过失性虚假陈述,受虚假陈述人可以要求撤销合同,但根据下文详述的英国《1967 年虚假陈述法案》第 2 条第 2 款的规定,法院有权拒绝撤销合同而代之以损害赔偿,还可以根据侵权法上的过失责任或英国《1967 年虚假陈述法案》第 2 条第 1 款获得赔偿。当然,他还可以选择确认合同并要求过失赔偿。第三,就无过失性虚假陈述而言,受虚假陈述人有权要求撤销合同,但与前述不同的是,他无权要求撤销之外的赔偿,但法院可以代之以损害赔偿而拒绝撤销合同。

经典判例　史密斯诉维克斯[2]

在该案中,花旗银行因客户未能偿还到期贷款,因此决定通过股票经纪人即本案被告出售该客户抵押的股票以获得清偿。当时股票市价为每股 78 便士,被告以每股 82.25 便士的价格将股票售给原告,被告说还有其他人在竞购股票,其实并无竞购。原告购买股票后,股票因欺诈传言而价格大跌,转售股票时价格为 31 ~ 49 便士,出现巨亏,因此起诉主张被告出售股票时存在虚假陈述。一审法院判决被告虚假陈述成立,由被告按照交易日实际价格补偿,因为交易日的市场价格并非真正的市场价格(当时公司内部欺诈尚未暴露,所以市场价格尚未反映欺诈行为)。被告上诉,上诉法院推翻一审判决。上议院终审推翻上诉法院判决,恢复初审判决,认为受害者有权得到直接由交易产生的所有实际损失(包括间接损失),而无论这些损失可否预见。该案的赔偿标准显然是侵权标准。

(二)英国《1967 年虚假陈述法案》

该法案本身条文不多,但理解和适用都较为困难,使英国这方面的法律更为复杂,因此从颁布以来一直存在较大争议。[3] 总体而言,该法案扩大了受损害方就无过失性虚假陈述享有撤销合同的救济权利,[4] 为虚假陈述的损害赔偿规定了两个法定权利:其一,为合同谈判期间发生的虚假陈述规定了法定诉因,受损害方因而可以

---

[1] See J. Beatson, A. Burrows, J. Cartwright, *Anson's Law of Contract*, 30th ed., Oxford University Press, 2016, p. 329.

[2] Smith New Court v. Scrimgeour Vickers [1996] UKHL 3.

[3] See J. Beatson, A. Burrows, J. Cartwright, *Anson's Law of Contract*, 30th ed., Oxford University Press, 2016, p. 347.

[4] See Edwin Peel, *Treitel on the Law of Contract*, 14th ed., Sweet & Maxwell, 2015, para. 9 – 077.

请求损害赔偿,除非陈述人能够证明有合理理由相信所陈述事实属实。[1] 其二,则与撤销合同权利联系起来。该法案还规定目的是排除虚假陈述责任的合同条款无效,除非依赖此种条款的一方能够证明该条款公平、合理。

1.《1967 年虚假陈述法案》第 1 条

英国《1967 年虚假陈述法案》第 1 条规定的目的是消除相关法律障碍,以使受损害方能够就非过失性虚假陈述请求撤销合同。该条规定:"如一方因受到虚假陈述的影响而订立合同,且虚假陈述部分已经成为合同条款或合同已经得到履行,或在以上二者都存在的情况下,如果该方本来在无须主张欺诈的情况下也享有撤销合同的权利,则其在本法案其他规定的范围内享有此权利,而不论本条(a)项及(b)项的规定。"(b)项的规定消除了另外一个判例判决的规则。[2] 但其他阻止受损害方撤销合同的法律要求仍然存在,包括确认合同、合同双方不能恢复到原状、延迟、善意第三方权利等。

2.《1967 年虚假陈述法案》第 2 条

英国《1967 年虚假陈述法案》第 2 条规定了虚假陈述的损害赔偿问题,共有 3 款规定,下面依次分析这 3 款规定。

首先,该法案第 2 条第 1 款规定:"一方因受虚假陈述影响而订立合同并因此蒙受损失,如虚假陈述方在虚假陈述属于欺诈性质而对此承担损害赔偿责任,则即使虚假陈述不是欺诈性的,该方也应当承担损害赔偿责任,除非该方可以证明存在合理理由相信而且在合同订立时也一直相信所陈述事实属实。"该款规定的作用是使原告无须主张欺诈就可以对虚假陈述提起诉讼。该规则的原因在于普通法中原告可以就欺诈性虚假陈述获得损害赔偿但不能就非过失性虚假陈述获得赔偿,这是普通法的一个怪异规则。有判例认为,该法定诉因对法律要件的要求除欺诈以外与对欺诈性虚假陈述的要求一致,即必须存在故意导致对方订立合同的事实性虚假陈述,该事实性虚假陈述造成损失,以及原告因该虚假陈述而蒙受损失(因果关系)。因此,该法定诉因的范围相比欺诈性虚假陈述的范围要更为宽泛,因为该诉因包括了直到订立合同时被告相信所述事实属实而实际上并没有相应理由存在的情况。不诚信(dishonesty)不再是基本要件,这与欺诈的要件有重大区别。[3] 另外,若该诉因案件的事实与欺诈性虚假陈述案件的事实碰巧一致,核心问题就是虚假陈述方是否有足够理由相信而且确实相信所陈述事实确实属实。判断虚假陈述方是否有合理理由相

---

〔1〕《1967 年虚假陈述法案》第 2 条第 1 款。

〔2〕 Seddon v. North Eastern Salt Co., Ltd. [1905] 1 Ch. 326.

〔3〕 See Edwin Peel, *Treitel on the Law of Contract*, 14th ed., Sweet & Maxwell, 2015, para. 9 – 079.

信陈述属实的标准是客观的，而不取决于其对检查事实准确性是否存在责任，尽管这大致等同被告是否存在过失。确定过失请求所要求的事实一般应当存在，但原告无须证明存在过失，而是由被告证明存在法定抗辩。另外，第 2 条第 1 款所规定的损害赔偿权利与撤销合同的权利没有关系，因此原告可以请求损害赔偿，即使存在要求撤销合同的障碍（如确认合同）。

其次，该法案第 2 条第 2 款规定："在一方因受到非欺诈性虚假陈述影响而订立合同的情况下，该方据该虚假陈述可以请求撤销合同，如果在任何由该合同引起的法律程序中该方应当请求撤销合同或合同已经被撤销，法院或仲裁庭可以宣告合同仍旧存在而判决损害赔偿以代替撤销合同，但前提条件是此裁决公平正义，需要考虑的因素包括虚假陈述性质、维持合同存在所可能造成的损失以及撤销合同可能对对方造成的损失。"这一规定的实质是，在虚假陈述完全属于非过失性的情况下，例如，虚假陈述不是欺诈性或含有错误导致该法案第 2 条第 1 款规定的抗辩不能成立，提供代替撤销合同救济的损害赔偿救济，这一救济属于法院的自由裁量权。[1] 如果原告要求撤销合同，行使自由裁量权的法院可以将替代性的损害赔偿救济与撤销合同给被告造成的损失进行比较并酌情而定。但是，该条仅规定在原告有权因虚假陈述而请求撤销合同的情况下才可以判决损害赔偿。

经典判例　辛德尔诉剑桥郡市委会[2]

在该案中，原告开发商从被告政府机构购买土地进行项目开发，双方达成协议，被告购买土地的条件是被告应当完全披露土地的各种负担（charges）。双方 1989 年订约时土地价值约 500 万英镑，18 个月后原告获得开发许可，土地价格已经腰斩，同时原告发现土地下存在污染对项目存在影响，被告对此不知情，协商中也没有说明此情况。原告起诉被告虚假陈述，要求撤销合同。一审法官判决原告获胜。上诉法院改判，认为原告不得撤销救济，被告并无虚假陈述，被告的合理调查并未发现污染。由于消除污染花费很少，因此即使被告存在虚假陈述，原告也不得撤销合同救济，因为赔偿足以提供救济。显然，该案中原告要求撤销合同的真正原因是地价下降，而非无过失性虚假陈述与消除污染费用，在无过失性虚假陈述不对合同产生重大影响的情况下，法院不会允许原告以此轻易逃约。

---

〔1〕 See J. Beatson, A. Burrows, J. Cartwright, *Anson's Law of Contract*, 30th ed., Oxford University Press, 2016, p. 348.

〔2〕 William Sindall v. Cambridgeshire CC [1994] 1 WLR 1016 at 1037, CA.

最后,该法案第 2 条第 3 款规定:"对于根据本条第 2 款规定的作出虚假陈述的一方,可以判决其承担损害赔偿责任,不论该方是否根据本条第 1 款承担责任,但如果该方根据本条第 2 款承担责任,在计算根据本条第 1 款所承担的损害赔偿数额时应当考虑其根据本条第 2 款所承担的责任。"这样,损害赔偿的计算标准应当是假若陈述没有发生的情况下原告应当所处的位置。根据这一款的规定,根据第 2 条第 1 款计算的损害赔偿可以大于根据第 2 条第 2 款所计算的损害赔偿,有些判例中受损害方可以比违约请求得到更多的损害赔偿,其中包括违反平行担保。这样,替代第 2 条第 2 款非过失性虚假陈述所规定的撤销合同的损害赔偿计算标准是,原告受误导认为其订立合同所包含的内容和原告实际所得内容之间的差异,因此损害赔偿的数额不应当超过假若陈述是担保情况下应当支付的数额。

3.《1967 年虚假陈述法案》第 3 条

英国《1967 年虚假陈述法案》第 3 条规定的目的是排除限制虚假陈述责任条款规定的效力。[1] 该条规定:"如合同中包含排除或限制以下内容的条款:(a)合同一方可能因其在合同订立以前所做虚假陈述而承担的任何责任;或(b)合同对方因此虚假陈述所享有的救济;该条款无效,除非该条款符合《1977 年不公平合同条款法案》第 11 条第 1 款规定的合理性(reasonableness)要求;认为该条款符合此要求的一方承担证明相关责任。" 英国《1977 年不公平合同条款法案》第 11 条第 1 款规定的合理性要求的内容是:"条款应当公平与合理,需要考虑在合同订立时合同双方所知道或理应知道的情况或合同双方的意图。"[2]

这一条款的范围比较广泛,包括排除或限制"任何责任""任何救济"的条款,因此也包括限制请求损害赔偿权利或虚假陈述导致损害赔偿数额的条款。至于什么是公平和合理,英国法上的推定是不利于依赖此性质条款的一方,即依赖于此的一方需要承担证明责任。除此之外,该条并无其他规定。此性质条款应当承认的范围仅限于"公平和合理",需要考虑合同双方知道或理应知道的各种情况,这可能导致某些合同中风险分配出现不确定性。一般而言,印刷的标准格式合同中的常见条款难以达到"公平和合理"的标准。

经典判例　天空电视台诉惠普企业服务公司[3]

在该案中,原告与被告订立合同,被告负责设计客户管理系统,合同按照行业标

---

[1] See J. Beatson, A. Burrows, J. Cartwright, *Anson's Law of Contract*, 30th ed., Oxford University Press, 2016, p. 353.

[2] 《1977 年不公平合同条款法案》第 2 条还规定了 5 个准则,这 5 个准则在法院判例中也会得到考虑。

[3] BSkyB Ltd. & Another v. HP Enterprise Services UK Ltd. & Others(No. 2) [2010] EWHC 862.

准条款订立。被告声称9个月内交付使用,但履行缓慢,原告多次催促后被告仍旧反复推脱,最终原告不得不自行进行设计并与被告订立新合同。整个系统推迟4年后投入运行,导致成本大增。原告起诉被告虚假陈述并请求赔偿损失;被告抗辩是"整体协议条款"免除了自身责任,该条款规定合同构成双方当事人达成的全部协议,目的是排除任何在先的协议、协商或讨论的效力。高等法院最终判决原告获胜,认为"整体协议条款"不能免除虚假陈述的责任,该条款必须严格解释,合同条款必须明确规定,而不能如该案情况含糊其词。

(三)撤销合同

撤销作为一种救济途径可以适用于虚假陈述的三种情况。以前普通法上的规则是仅有欺诈性虚假陈述可以导致合同变为可撤销状态,但后来衡平法救济成为主流,所以过失性与无过失性虚假陈述均可以撤销。[1] 当合同一方受虚假陈述之影响而订立合同,合同不是无效,而是可撤销,该方可以选择确认合同或撤销合同,既可以通过法院诉讼撤销合同,也可以其作为抗辩对抗实际履行或损害赔偿的请求,还可以其作为反诉之理由。但撤销合同之权利并非必然是诉权,受虚假陈述人可以自行行使该权利,据合同而转移至虚假陈述人的财产可以返还。

1. 撤销方式

一般而言,撤销必须通知对方。另外,若货物卖方有权因虚假陈述而撤销合同,在买方不知情的情况下卖方重新占有货物也可以构成通知。在欺诈性虚假陈述的情况下,卖方采取任何必要措施重新取回货物可以构成通知。

2. 全部撤销

尽管衡平法以灵活著称,但撤销合同时法院只能全部撤销而不能部分撤销、部分履行,法院的权力受制于当事人的请求。这一规则有些僵化。在其他方面的撤销合同中,这一规则并不总是如此僵化,如在不正当影响(undue influence)的撤销案例中法院更愿意灵活处理,并不总是判决全部撤销。若虚假陈述事关合同条款,受虚假陈述人有时候还可以要求修订(rectification)合同并按修订后的条款执行合同。但需要注意的是,法院可以根据前文所述的英国《1967 年虚假陈述法案》第 2 条第 2 款的规定判决损害赔偿作为替代性救济。

3. 撤销与补偿

合同一旦撤销,则各方合同义务得以解除,并返还给予对方的任何利益。由于撤

---

〔1〕 See J. Beatson, A. Burrows, J. Cartwright, *Anson's Law of Contract*, 30th ed., Oxford University Press, 2016, p. 332.

销的目的是恢复到合同之前的原有地位,因此受虚假陈述人可以为已经或可能发生的义务要求补偿(indemnity)。

一般而言,补偿只有在虚假陈述是无过失性的情况下才相对有益。在虚假陈述是欺诈性或过失性的情况下,原告可以在撤销合同之外要求侵权法上的损害赔偿,其范围至少与补偿相等,因此原告只要在不能要求损害赔偿的情况下才会要求补偿。

4. 撤销权的限制

受虚假陈述人的撤销权存在限制,但撤销合同权利并不影响其根据侵权法欺诈诉因或过失诉因或英国《1967 年虚假陈述法案》第 2 条第 1 款所享受的权利保护,损害赔偿的救济因此独立于撤销权。具体而言,撤销权在以下 5 种情况受到限制。[1]

第一,确认(affirmation)。若受虚假陈述人在知道虚假陈述后仍旧以明确语言或行为确认合同,则合同不得撤销。例如,依赖虚假陈述而购买股票的买方在知道虚假性后仍然选择接受分红或出售股票,成为股东的买方不得撤销合同。另外,撤销权不因确认而丧失,除非受虚假陈述人知道事实以及撤销合同权利。[2] 若受虚假陈述人不知情,则其行为若为对方所依赖,可以产生禁反言(estoppel)权利从而阻止合同撤销。

经典判例　朗诉劳埃德[3]

在该案中,原告受被告诱导而购买一辆卡车,被告说汽车处于良好状态。在购买后的第一次行程中,原告发现汽车出现若干严重瑕疵。被告得知这些瑕疵后提出支付修理费的一半费用。在第二次行程中,汽车彻底抛锚,原告才意识到汽车状况完全不佳,因此起诉撤销合同。上诉法院判决认为尽管在第一次行程并不构成对合同的确认,而仅是一种检测,第二次行程构成对合同的确认,因为原告已经知道陈述是不真实的,原告不得撤销合同,而只能要求损害赔偿。

第二,时效(lapse of time)。撤销权一般都有时效要求,未能在规定时间内撤销合同就会丧失撤销权。时效过期可以成为受虚假陈述人在发现虚假陈述后一段时间内确认合同的证据,但由于确认合同需要受虚假陈述人知情,因此仅时效过期并不构成确认。在欺诈性虚假陈述的情况下,时效起算时间是受虚假陈述人发现或应当发现虚假陈述之时。在非欺诈性虚假陈述的情况下,时效可以导致撤销权丧失,即使受

---

[1] See J. Beatson, A. Burrows, J. Cartwright, *Anson's Law of Contract*, 30th ed., Oxford University Press, 2016, p. 337.

[2] Peyman v. Lanjani [1985] Ch. 457.

[3] Long v. Lloyd [1958] 1 WLR 753.

虚假陈述人不知道陈述是否属实。因此,核心问题是根据案情判断受虚假陈述人是否在合理时间内撤销合同。

第三,第三方权利(rights of third parties)。由于虚假陈述导致合同可以撤销,因此未撤销之前仍然有效,不能影响善意第三方在没有通知与支付对价的情况下对标的物的权利,这些权利可以对抗受虚假陈述人的权利请求,条件是合同在此之前并未撤销。[1] 例如,若股东意图撤销入股合同必须在公司清算之前就撤销,一旦清算开始,债权人利益就会固化,债权人是支付对价的善意第三方。同理,若货物买卖合同中包含虚假陈述,善意第三方支付对价后在撤销之前可以获得所有权,因此可以对抗受不利影响的请求。

经典判例 克拉克诉迪克森[2]

在该案中,原告是一名投资人,听信被告谎言而投资了一家合伙企业以开采矿产。后业务失败导致合伙陷入财务困难,原告同意将合伙企业转为有限责任公司,并将合伙资本转为公司股份。此后,原告得知被告诱使其入伙时存在虚假陈述,因此起诉要求撤销合同,遭到法院驳回。法院认为,原告参加的合伙企业已不存在,已经被有限责任公司取代,财产性质完全发生变化,已经不可能使双方恢复原来的状况,因此不得此救济。

第四,撤销不能的情况。在一些情况下受虚假陈述人有可能在事实上无法撤销合同,衡平法救济需要尊重事实,因此不会允许其撤销,只有可能撤销合同并可以使当事人恢复原状时撤销才能成立。这一要求可以导致撤销合同方不至于发生不当得利,但不应当过度严格要求,因此在受虚假陈述人发现实情后标的物已经开始恶化的事实并不足以阻止恢复原状,撤销权并未丧失。由于衡平法天然是普通法的替代性救济,因此法院一直以来没有对撤销在这方面给予严格的条件限制,因此法院在给予撤销救济方面拥有自由裁量权以取得"实质上的公平"(what is practically just),因此,根据实际情况作出各种调整不可避免,因而就难以严格界定。这些情况包括标的物发生恶化情形(如生鲜食品变质)或发生增益(如动物产崽等),法院会根据陈述人的损失或提供的服务而要求撤销合同方提供必要的补偿。相较而言,对欺诈性虚假陈述法院更愿意提供衡平法救济,而对非欺诈性虚假陈述则相对更为谨慎一点,存在欺诈恶意的虚假陈述方当然要承担更重的责任,更不可能享有欺诈产生的利益。但

---

〔1〕 Babcock v. Lawson [1880] 5 QBD 284.

〔2〕 Clarke v. Dickson [1858]120 E. R. 463.

在欺诈性虚假陈述中,若可以通过金钱救济来取得大致平衡的结果,那么法院也有可能不判决撤销合同以避免受虚假陈述人发生不当得利。

经典判例 UCB 公司服务公司诉汤姆逊[1]

在该案中,原告与被告之间存在债务关系,双方就结束债务关系订立和解协议。原告同意被告支付 3.4 万英镑以终止 290 万英镑的债务,条件是被告披露全部财产和债务情况,若以后发现被告有其他财产,则和解协议无效。双方订约后,原告发现被告还有其他财产,因此要求撤销和解协议。上诉法院判决原告不得撤销救济,因为撤销和解协议并不能为原告带来多少利益,但会为被告增加巨额债务。

第五,损害赔偿可以替代撤销的情形。除欺诈外,法院拥有自由裁量权拒绝判决撤销合同并以损害赔偿作为替代救济。这一规则由英国《1967 年虚假陈述法案》第 2 条第 2 款规定。如前所述,这一规则的目的是允许法院考量虚假陈述事实中的各种情形以及各方蒙受的损失而具体调整利益分配。损害赔偿的标准是拒绝因虚假陈述而撤销合同所造成的损失,而不是订约的损失。

(四)免责与限责条款

本书第五章曾详细说明合同中经常出现的免责与限制条款(exclusion and limitation clause),英国法中对其有诸多限制。在虚假陈述方面,此性质条款目的在于免除或限制合同一方的赔偿责任,因此,合同有可能包含免责或限制条款,以排除虚假陈述的所有救济、免除或限制损害赔偿责任或排除合同对方的撤销合同权。[2]

在普通法方面,合同一方有权规定条款以限制或排除虚假陈述责任,但不包括个人欺诈,后者是基于公共政策而出现的规则。合同一方还可以排除代理人或雇员的欺诈责任,但合同规定必须非常明确与确定。有两种条款值得注意:一是合同一方可以为规避责任而在合同中规定对方不能依赖谈判中的任何陈述,这就排除了虚假陈述的任何救济。这在英国法中可以构成协议禁反言(estoppel by convention)。但从公共政策的角度出发,法院不会允许其排除个人欺诈的责任,英国《1967 年虚假陈述法案》第 3 条对此也有规定。二是合同一方在合同中规定书面合同构成整体协议(entire agreement clause),但该条款不能排除合同订立前的虚假陈述,法院的解释是这种条款仅规定了双方合同义务整体上应当在书面协议中体现,但不能体现在平行

---

[1] UCB Corporate Services Ltd. v. Thomason [2005] EWCA Civ 225.

[2] See J. Beatson, A. Burrows, J. Cartwright, *Anson's Law of Contract*, 30th ed., Oxford University Press, 2016, p. 351.

合同中。

在立法方面,英国《1967 年虚假陈述法案》第 3 条对免责或限责条款也有规制,导致这种条款在表面上(*prima facie*)属于无效情形,除非虚假陈述人能够证明条款公平与合理,这需要考察订约时当事人知道或应当知道的各种情况。因此,意图排除欺诈性虚假陈述责任的条款会因不合理而无效。对于意图排除非欺诈性虚假陈述责任的免责或限责条款,法院也会根据该条进行解释,考察其是否具有公平性与合理性。总体而言,此性质的免责或限责条款在限制对方权利过多的情况下难以成立,是法律公共政策的体现。此外,英国《1977 年不公平合同条款法案》在此方面也有规制。

第三节 披露义务及其救济

一、披露义务的产生

(一)概述

一般而言,合同当事人在合同谈判中保持沉默并不构成虚假陈述,在英国普通法上合同订立前不存在当事人需要披露的一般义务,合同当事人有义务尽到注意义务以维护自身利益,不能以自己的单方错误为由解除合同。[1] 易言之,一般而言只有主动行为的陈述才可能构成虚假陈述,当事人无须告知对方所有交易情况,当事人利用信息不对称来牟利并无不当,即使一方意识到对方正基于错误订立合同也无义务进行披露。[2] 这种规则表明英国普通法在这一问题上大不同于大陆法系,后者有关误解与披露的规则至少在理论意义上要严于英国法,各国民法典中普遍规定的诚信义务对当事人的披露义务要求更为严格,但大陆法系也没有规定当事人必须向对方披露凭自身努力获得的市场信息,因此,所谓的诚信更多的是消极义务而非积极义务,即当事人不能欺诈对方,但并没有义务全部披露。[3]

经典判例 汉密尔顿诉多梅克[4]

在该案中,原告从事矿泉水生产业务,为扩大规模与被告协商,希望吸引被告投资以扩大产品营销渠道。被告派出一名员工负责协商。原告认为首先应当在餐饮业

---

〔1〕 See J. Beatson, A. Burrows, J. Cartwright, *Anson's Law of Contract*, 30th ed., Oxford University Press, 2016, p. 358.

〔2〕 Smith v. Hughes [1867] LR 6 QB 597.

〔3〕 See Edwin Peel, *Treitel on the Law of Contract*, 14th ed., Sweet & Maxwell, 2015, para. 9-136.

〔4〕 Hamilton v. Allied Domecq [2007] UKHL 33.

营销产品，而不是在一般商店营销。但在合同订立后，被告先在商店销售矿泉水，而并未进入餐饮业，业务因此亏损。原告起诉被告，认为被告员工在协商中曾虚假陈述先在餐饮行业营销，被告则声称从未有过这种陈述。上议院判决原告败诉，被告在协商中保持沉默，尽管被告员工明知营销策略存在区别，但其没有告诉原告并不构成虚假陈述，因为被告不负有告知义务。因此，该案被告可能负有道德义务，但没有法定告知义务，所以没有违约。

需要注意的是，信息不对称的现象在当代社会非常普遍，对信息不对称完全不进行法律规制也会造成大量不公正现象，因此在若干类型合同中要求信息优势方承担信息披露义务实有必要。[1] 一个原因是，这些类型合同中合同一方拥有信息的绝对优势，而对方难以或不可能依照一般的注意义务获得足够的信息来获得同等信息，最常见的例证就是保险合同，保险合同因此属于最大诚信合同（*uberrimae fidei*, of utmost good faith）。另一个原因是，若干类型的合同中当事人不是一般意义上的交易方，而是存在特殊信任（trust）关系的交易方，受托方承担披露义务以确保对方利益不受损害。因而，在特定情况下规定披露义务并以披露人未能满足披露要求而判定存在虚假陈述可以成立，并在一系列的英国立法中得到确立。

关于披露义务的范围，一直是英国法上的热点问题。有一派学者认为应当仿效大陆法系规定中一般意义上的诚信原则，从中推导出普遍性的披露义务，从而彻底解决普通法一直缺乏普遍性披露义务的疏漏。[2] 但英国普通法的方法论历来对这种从抽象到一般的方法存疑，不愿意承认普遍的诚信原则与披露义务，因此主要方法还是通过判例来逐步地积累规则。对于金融业与消费者保护中的热点问题，则通过立法的方式来规定这些领域中的披露义务，从而维持与延续了英国法的一贯做法。[3] 总体而言，以普通法为主、以制定法为辅的格局在这一领域中仍旧保留。

（二）披露义务的类型

第一，尽管沉默通常不构成虚假陈述，但是当事人沉默的同时发生某种行为，该行为可能构成虚假陈述。例如，若当事人在交易过程中隐匿标的物瑕疵，也可以看作行为构成虚假陈述，因为该行为目的并非向对方传达相关事实，而是为了隐匿事实。

---

〔1〕 See Edwin Peel, *Treitel on the Law of Contract*, 14th ed., Sweet & Maxwell, 2015, para. 9 – 135.

〔2〕 See Lando and Beale, *Principles of European Contract Law*, Kluwer Law International, 2000, Parts Ⅰ and Ⅱ, p. 256.

〔3〕 See J. Beatson, A. Burrows, J. Cartwright, *Anson's Law of Contract*, 30th ed., Oxford University Press, 2016, p. 359.

经典判例 辣妹诉阿普利亚世界服务公司[1]

在该案中,原告作为歌唱组合于1998年2月与被告协商,由公司资助进行歌唱会巡演以推广产品。不久,该组合成员之一告诉其他成员准备退出,但这并未影响她们参加相关活动,外界并没有发现问题。辣妹组合继续共同出席活动,给外界的印象是一切正常。被告因此于6月初与该组合正式签订合同,但6月底一名成员宣布脱离组合,导致公司的推广活动丧失价值。被告因此起诉认为原告保持沉默的行为构成虚假陈述,导致公司因此订约并蒙受损失,要求赔偿损失。一审法院判决被告胜诉。原告上诉,上诉法院维持原判,该组合明知即将解散但却通过各种行为掩盖这一事实,因此构成虚假陈述,需要赔偿损失。

第二,情况发生变化导致披露义务存在。当事人协商过程中有可能出现情况变化,若一方作出真实陈述,那么在情况变化导致陈述不再真实时就负有披露义务说明变化情况,若保持沉默则可以构成虚假陈述。[2]

第三,不完全真实陈述可能产生披露义务。[3] 例如,在双方协商过程中,一方当事人陈述不完整或部分事实没有陈述,而该部分可能是影响合同成立的主要因素,或陈述虽然字面上真实但表明还有其他隐藏事实,那么当事人有可能承担披露义务从而构成虚假陈述。因此,当事人对事实一旦陈述,就应当是完全、真实、完整的陈述,只说一半有可能产生虚假陈述。

经典判例 诺丁汉专利公司诉巴特勒[4]

在该案中,在一宗土地交易中,买方询问卖方律师土地所有权是否存在限制,律师陈述未发现土地所有权存在限制,实际上律师并未查询相关登记文件,也没有提供相关依据。买方后来发现,律师陈述不符合实际情况,因此起诉被告虚假陈述,要求撤销合同。法院判决买方获胜,因为法院认为,卖方律师答复虽然在字面上是真实的,但其含义是已经查阅相关登记文件,他没有查阅相关文件的事实相当于虚假陈述。

---

〔1〕 Spice Girls v. Aprilia World Services BV [2002] EWCA Civ 15.

〔2〕 See Edwin Peel, *Treitel on the Law of Contract*, 14th ed., Sweet & Maxwell, 2015, para. 9 – 0142.

〔3〕 See M. Furmston, Cheshire, *Fifoot and Furmston's Law of Contract*, 16th ed., Oxford University Press, 2012, p. 379.

〔4〕 Nottingham Patent Co. v. Butler [1886] 16 QBD 778.

二、合同中的披露义务

(一)保险合同中的披露义务

保险合同订立前,被保险人负有法律义务向保险人披露影响风险评估的所有重大信息(material information)。[1] 同理,保险人也负有披露义务,应当向被保险人说明所有重大信息,但现实中保险人的披露相对少见,因为往往是被保险人知道重大情况。[2] 普通法过去对披露义务的解释是合同中存在默示条款(implied term),目前则以法定义务解释该规则的合理性。这一义务在合同订立前已经存在,并不是约定义务,这一规则来自衡平法。[3] 二者的区别在于对默示条款性质的不同理解。若保险合同中一方不披露重大事实,则不披露可能是欺诈性或过失性或无过失性,相对方在受虚假陈述诱导而订约的情况下有权要求解除合同,但违反披露义务本身并不导致损害赔偿。另外,诚信原则也适用于保险合同履约中,在不同阶段内容有所区别,这要求被保险人应当诚实行事,但并不意味着需要披露所有保险人有兴趣知道的所有事实。

在立法方面,英国《1906 年海上保险法案》(Marine Insurance Act 1906)第 18 条对披露义务有规定,目前已经延伸到所有保险合同,是普通法在这一问题上的法典化表现。[4] 英国《1906 年海上保险法案》第 18 条规定:"(1)……被保险人必须在合同订立前向保险人披露其所知的所有重大情况,被保险人应当视为在日常业务中知道其所应当知道的一切情况。若被保险人未能披露,保险人可以撤销合同。(2)可能影响保险人确定保费或决定其承担风险的任何情况都是重大情况。"因此,若被保险人为货物运输投保但其金额远超货物价值,或未能通知保险人货物将在舱面运输(并非货物的通常运输方式),即使不披露不存在欺诈性意图,合同也可以为保险人所撤销。需要注意的是,根据该法案,被保险人被视为知道日常业务中所应当知道的重大情况,即被保险人不能以其不知道日常重大情况为由作为抗辩。若被保险人是私人而没有日常业务,则事关披露义务的重大情况是其所实际知道的情况。另外,英国《2015 年保险法案》(Insurance Act 2015)与英国《2012 年消费者保险(披露与陈述)法案》[Consumer Insurance (Disclosure and Representations) Act 2012]对披露义务提供了新的立法要求。

保险合同中披露义务的核心问题之一,是披露重大情况义务。在确定何为重大

〔1〕 Carter v. Boehm [1766] 3 Burr 1905.

〔2〕 See Edwin Peel, *Treitel on the Law of Contract*, 14th ed., Sweet & Maxwell, 2015, para. 9 – 145.

〔3〕 Merchants' and Manufacturers' Insurance Co. v. Hunt [1941] 1 KB 295.

〔4〕 See J. Beatson, A. Burrows, J. Cartwright, *Anson's Law of Contract*, 30th ed., Oxford University Press, 2016, p. 361.

事实以及需要何种程度的最大诚信义务时,通常的考察标准是该事实或情况是否会对一个谨慎的保险人评估风险产生影响,即使该影响对接受风险或确定保费不产生决定性影响。[1] 这方面存在很多判例,有判例认为,被保险人之前经历过数次火灾或盗窃的事实对火险或盗抢险都有重大影响,[2]其他保险人拒保的事实也是重大事实,投保火险中不披露抢劫犯罪事实或投保车险中其他保险人拒保的事实都是应当披露的事实,[3]这些情况都导致保险人可以撤销合同。

在保险业务中,保险人经常在投保人提交的保险申请表中规定"合同基础"条款("Basis of Contract" clause),投保人在其中需要保证提供信息真实准确,若任何一部分不实则保险人可撤销合同并没收保费,投保人据此承担了非重大事实、不知情事实或不理解事实的责任。[4] 在一个判例中,寿险申请人声明其没有发生过手术,但实际上申请人曾经剖腹生过孩子,保险人据此可以撤销合同。此性质条款对被保险人而言有可能并不公平,实际上是赋予保险人自由裁量权以技术原因随意解除合同,法院在判例中认为此条款可能发生显失公平,某种程度上是陷阱式条款,应当严格解释。按照一般逻辑,此性质条款很难满足公平性的要求。

经典判例　伊克诺米季斯诉商业联合保险公司[5]

在该案中,原告依据被告保险单将其公寓的保险价值定为12,000英镑。两年之后他的父母搬来和他一起居住并带来若干首饰与贵重器物。原告父亲建议原告将原保险价值增加保险金额,原告听从了父亲的建议。原告更新保险单之后公寓失窃,这时发现该公寓的价值有40,000英镑左右。因此,被告依据虚假陈述与不披露而要求解除合同,原告起诉要被告承担赔偿责任。法院判决被告不能解除合同,被告败诉。就虚假陈述,法院认为若被告要求被保险人承担特别调查或采取步骤对保险价值作出客观判断的义务,必须在投保单中明确规定;就不披露,法院认为原告的唯一义务是诚实,而原告并未违反这一义务,因此也无义务提供估价准确性的合理依据。可见,过度强调被保险人的披露义务有可能对其不公,因此司法多对其从严解释。

鉴于此,英国已经通过立法对这一问题进行修正。英国《2012年消费者保险(披

---

[1] See Edwin Peel, *Treitel on the Law of Contract*, 14th ed., Sweet & Maxwell, 2015, para. 9 – 148.

[2] Marene Knitting Mills Pty Ltd. v. Greater Pacific General Insurance Ltd. [1976] 2 Lloyd's Rep 631.

[3] Locker and Woolf Ltd. v. West Australian Insurance Co., Ltd. [1936] 1 KB 408.

[4] See J. Beatson, A. Burrows, J. Cartwright, *Anson's Law of Contract*, 30th ed., Oxford University Press, 2016, p. 362.

[5] Economides v. Commercial Union Assurance Co. Plc [1997] 3 All ER 636.

露与陈述)法案》[The Consumer Insurance (Disclosure and Representations) Act 2012]废除了投保人主动提供相关重要情况的义务,[1]改由保险公司提出重要相关问题,投保人只需要采取合理谨慎全面、准确地回答保险公司的提问即满足法律要求,对公司未提出的问题不再承担责任。若投保人愿意主动提供相关情况,就必须采取合理谨慎确保信息不具有误导性。若保险公司因投保人虚假陈述订立保单,根据投保人的心理状态保险公司享有不同的救济:(1)如果虚假陈述是诚实和合理的,保险公司应当支付保险金,考虑各方面因素,包括保险单的类型、保险公司所提问题的清晰程度等,投保人应当履行理性人的谨慎标准。(2)若虚假陈述是无意或不小心造成的,保险公司获得补偿性救济,目的是使保险公司处于假设投保人准确回答问题所应当处的地位。(3)若虚假陈述是故意或过失所致,保险公司有权视保险单从未存在,并拒绝支付保险金,还有权保留已经收取的保险费,除非有合理的理由支持返还。

(二)土地合同中的披露义务

一般而言,土地买卖合同并非最大诚信合同,双方之间也不存在特殊关系,"买者自慎"(*caveat emptor*)仍旧适用,但有例外情况。一般而言,买方应当能够准确描述待售标的物的实情,若土地或卖方权利或利益的情况发生错误描述,在瑕疵严重或等于错误描述的情况下,买方可以拒绝履约并要求预付款返还。买方还可以此作为抗辩拒绝实际履行的请求,即使合同中规定任何错误、错误描述或遗漏都不能使合同无效,而仅能产生损害赔偿求偿权。但若错误描述并不严重,买方所得标的物也不存在重大瑕疵,则买方不能撤销合同,而仅可以要求损害赔偿。

当卖方出售的土地是绝对自由持有财产(absolute freehold property),而产权仅是占有性质而非绝对性质,或土地上存在买方不知道的若干限制,买方不能要求实际履行。[2] 卖方也不能以合同条款为理由强迫买方接受卖方知道存在瑕疵而不披露的产权,除非瑕疵非常明显。这导致事实上卖方在出售土地时负有必要的披露义务。

(三)担保合同中的披露义务

在担保(suretyship, guarantee)合同中,若债务人不能清偿,担保人为债务人向债权人担保清偿债务。此类型合同不是前文所述最大诚信合同,因此并不像保险合同中那样存在一般性的披露义务。但是,由于法院认为担保合同不同于一般的商业合同,[3]尽管担保人应当了解担保的性质与后果,法院仍要求债权人向担保人披露其

---

[1] See Edwin Peel, *Treitel on the Law of Contract*, 14th ed., Sweet & Maxwell, 2015, para. 9 – 152.

[2] Flight v. Booth [1834] 1 Bing NC 370.

[3] See J. Beatson, A. Burrows, J. Cartwright, *Anson's Law of Contract*, 30th ed., Oxford University Press, 2016, p. 363.

与债务人之间可能导致担保人不利的非常规情况。[1]

现实中的一个复杂问题是，如何区分为他人债务或违约所承担的担保义务与补偿他人损失的保险合同。易言之，担保合同与保险合同之间容易发生重合，判断标准不是它们的名字而是考察合同的实质与履行。[2] 在保险合同中，投保人有途径知道保险人所不知道的情况，因此在投保时投保人会阐明情况；担保合同中，债权人不会找到担保人解释风险并让后者承担责任，担保人与债务人往往存在各种关系，知道风险状况，或者情况表明担保人自愿承担风险。因此，只有在特殊情况下才可以认为担保合同具有保险合同所拥有的最大诚信义务。由此，担保合同中不存在保险合同中的最大诚信义务。

（四）信义关系中的披露义务

信义关系（fiduciary relationship）是英国信托法的发明，是英国法解释很多关系的法理基础，常见的信义关系包括律师与客户、医生与病人、董事与股东等。由于信义关系中一方处于优势而对方处于弱势，因此在交易中优势方应当承担义务对弱势方披露可能影响交易的所有重大事实，这是衡平法义务。[3] 尽管受信人在所有情况下承担的义务并不完全一致，但总体而言他们应当诚信行事，应当避免出现利益冲突（conflict of interests），在不披露的情况下不得为自己或第三人牟取私利。

合同中假设的关系是当事人一律平等，当事人都可以为自己利益而行事；信义关系中的核心特征是受信人需要为他人利益而行事。这一点在英国法上可以分为两类：一是身份产生（status-based）的信义关系；二是事实产生（fact-based）的信义关系。前者包括本人与代理人、律师与客户、监护人与被监护人等；后者是在前者不存在的情况下根据事实认为存在信义关系，如合资企业与雇佣合同中的关系。[4] 双方有可能是合同关系，但在特定合同义务中合同关系可以产生信义关系，条件是合同一方所处地位使衡平法信义义务成立。尽管信义义务一般情况下不应当凌驾于普通法义务，但在一方对另一方具有影响力的情况下信义义务可以成立，例如，一方对对方透露了保密信息或已对对方利益承担义务。但是，这种信义义务受到合同条款的制约，衡平法不能改变合同条款中已经明确规定的义务。

据此，若干情况下受托人对对方的披露义务可以成立。例如，中介方在受雇为客户办理股票业务中不能将自己持有的股票售予客户，除非对对方进行完整与准确的

---

〔1〕 Royal Bank of Scotland Plc v. Etridge [No. 2] [2001] UKHL 44, [2002] 2 AC 773.

〔2〕 See Edwin Peel, *Treitel on the Law of Contract*, 14th ed., Sweet & Maxwell, 2015, para. 9 – 154.

〔3〕 See J. Beatson, A. Burrows, J. Cartwright, *Anson's Law of Contract*, 30th ed., Oxford University Press, 2016, p. 365.

〔4〕 Reading v. Attorney-General [1951] AC 507.

披露且对方同意。[1] 同理,公司成立过程中发起人(promoter)与公司之间也存在信义义务,对公司董事会或股东也负有披露利益的义务。有些情况下,衡平法所要求的仅仅是披露重大事实的义务,但在一些情况下为防止产生不正当影响,披露义务难以满足要求,还需要额外证明交易是在自由与独立的意志下发生的。另外,根据哈德利诉海勒案的规则,当事人在订约谈判中有可能存在特殊关系(special relationship)导致存在过失(negligence)责任上的注意义务(duty of care),其范围有可能大于虚假陈述义务,要求承担信义义务的一方负有义务向对方披露与合同相关的信息或提供足够的解释。就表面上(*prima facie*)而言,违反该义务会造成侵权上的赔偿义务,但不产生撤销合同的救济。[2]

一旦一方违反信义关系中的披露义务,则相对方有权撤销合同或交易从而恢复原状,并可以获得该方从违反义务中获得的任何利润。对这一救济,衡平法历来持严格态度,并不区分欺诈性、过失性与无过失性虚假陈述产生的责任。

(五)合伙协议中的披露义务

根据合伙法的原理,合伙一旦成立,则每一合伙人在其共同业务中都应当遵守诚信原则而行事,因此合伙人之间负有披露义务。另外,在订立合伙协议时,准合伙人应当遵循诚信原则并互相披露各自知道而对方不知道的所有重大情况。[3]

三、立法中的披露义务

普通法中有关披露义务的法律责任规定有时候相对零乱而缺乏系统性,因此英国在这方面存在一些立法以提供立法方面的责任,从而提供了更为清晰明确的法律救济。总体而言,随着法律的发展,立法对披露义务的管制越来越多、越来越细,这是应对信息高度不对称所必须作出的法律反应,最终英国法有可能突破普通法的传统立场,从而大大加强披露义务,导致传统的"买者自慎"原则相对衰落,披露义务越来越普遍。

(一)股东入股协议中的披露责任

公司的发起人(promoter)与董事(director)在公司内部信息方面显然占有绝对优势,导致公众投资者难以了解公司的经营内幕信息,普通法上对此并无披露要求,也没有衡平法上的信义关系,因此在招股说明书(prospectus)上即使没有披露足以影响投资者投资决策的重大事实也不能发生撤销,除非发生重大遗漏足以成立虚假陈述。普通法上的这一疏漏由立法来弥补。对此问题,英国《2000 年金融服务与市场法案》

---

[1] Armstrong v. Jackson [1917] 2 KB 822.

[2] See Edwin Peel, *Treitel on the Law of Contract*, 14th ed., Sweet & Maxwell, 2015, para. 9 – 158.

[3] Conlon v. Simms [2006] EWHC 401 [Ch.], [2006] 2 All ER 1024.

(Financial Services and Markets Act 2000)对此予以了规制,涉及招股说明书与公开上市的披露问题,该法案第 80 条、第 81 条、第 82 条要求特定信息必须对投资者及其顾问可合理要求或期待的信息进行披露。披露的法律救济是招股说明书或上市事项所涉及的投资者在因信息遗漏而蒙受损失的情况下可获赔偿,除非赔偿方可以证明对方入股时有合理理由相信而且也确实相信此遗漏正确。《2000 年金融服务与市场法案》还规定了一个管制体系以保护金融产品的投资方,包括保险、投资以及咨询等方面。这方面的业务实行牌照制度,企业获得牌照后仍需要满足严格的监管要求,例如,在订约后买方有一段冷静期(cooling-off period),客户与金融服务从业者之间存在信义关系,从业者须服从客户的利益,从业者须披露业务信息等,以防止出现欺诈、市场操纵等金融市场最容易出现的不合规经营。英国监管机构据该法案获得了广泛的规则制定权与执行权。[1] 这些内容是金融管制方面的法律,体现了更多的行业性规则与公共政策规则,并非本书的讨论范围。

(二)消费合同中的披露责任

随着英国消费者权益保护法律制度的进一步完善,经营者对消费者负有的披露义务越来越多,以保护消费者的知情权。这方面的主要立法包括《2015 年消费者权益法案》、《2013 年消费者合同(信息、取消与额外收费)条例》[Consumer Contracts (Information, Cancellation and Additional Charges) Regulations 2013]等,后者适用于大多数现场(on-premises)、非现场(off-premises)或远程(distance)消费者合同,经营者信息披露义务在现场交易中要轻一些,在非现场或远程合同中要更重一些。

四、违反披露义务的侵权责任

一般而言,侵权法上的欺诈责任不适用于不披露情形,因为欺诈诉因要求积极的虚假陈述,或至少发生误导受陈述人的部分说明。[2] 据此,上诉法院认为欺诈诉因也不能适用于最大诚信合同中的故意违反披露义务的情况。

过失责任适用于不披露情形的原因是过失诉讼构成要件并非虚假陈述,而是违反注意义务。若认定披露义务存在,就需要确认被告对原告为披露信息就先前行为承担责任(assumption of responsibility),或先前存在的关系导致被告承担此种义务。法院会比较谨慎而不使用过失责任来创设披露义务,因为这会损害合同协商过程中双方不承担披露义务的一般原则。

---

〔1〕 See J. Beatson, A. Burrows, J. Cartwright, *Anson's Law of Contract*, 30th ed., Oxford University Press, 2016, p. 369.

〔2〕 Peek v. Gurney [1873] LR 6 HL 377, 403.

第十一章　胁迫、不正当影响与显失公平

第一节　概　　述

合同关系的基本原则之一是合同自由，即双方基于自由意志而自愿订立协议以分配各自的权利与义务，这一概念意味着当事人之间不应当存在控制与被控制的关系，而是在自己自由意志主导下自由订立合同。然而，现实生活中交易双方在事实上可能存在各种控制关系，不正当的控制关系因此不为法律所认可，因而产生了胁迫(duress)与不正当影响(undue influence)的相关规则。在英国法中，这两种情况都会因合同一方对合同对方施加控制(domination)导致对方独立性遭到实质性损害，因而产生法律救济。需要注意的是，胁迫属于普通法救济，不正当影响属于衡平法救济。[1]

由于普通法与衡平法的历史发展路径所致，两种救济之间存在一定程度的重合。普通法中的胁迫救济，其重点在于考察合同订立的过程(程序性不公平)中是否存在不当强迫的情形，对实质性不公平并不刻意强调。[2] 不正当影响是衡平法为了匡正普通法救济的不足而发展出的规则，考察重点是当事人特殊关系中所产生的强迫情形，不仅重视程序性不公平，也强调实质性不公平。[3] 自英国《1873 年司法法案》(Judicature Act 1873)改革之后，法院同时适用普通法与衡平法，若有冲突，则以衡平法为准，二者在适用中合并适用。

另外，针对合同中不公平的现象，英国法中还发展出显失公平(the doctrine of unconscionable bargains)的诉因，但在英国法中还没有像在大陆法系与美国法中一样

---

〔1〕 See J. Beatson, A. Burrows, J. Cartwright, *Anson's Law of Contract*, 30th ed., Oxford University Press, 2016, p. 374.

〔2〕 See Edwin Peel, *Treitel on the Law of Contract*, 14th ed., Sweet & Maxwell, 2015, para. 10 – 002.

〔3〕 Royal Bank of Scotland Plc v. Etridge [No. 2] [2001] UKHL 44.

得到完全发展，适用仍然有限，以此为理由要求撤销合同的一方必须证明不仅合同订立过程不公平，而且存在实质性不平衡，这意味着该原则需要探究合同的实质内容以及条款的实质公平性。由于该原则要求探究合同的实质公平，因此英国法院受传统影响较重而持比较谨慎的态度，不愿意以其为由而破坏当事人的意思自治，这也是英国法对于合同效力问题一贯的态度。另外，英国法院还在一定程度上承认当事人谈判地位不平衡（inequality of bargaining power）作为诉因，但法院总体上认为，当事人意思自治的限制问题是立法事宜，司法不宜过度干涉，因此发展程度也有限。总而言之，英国法的保守性格在这些问题上体现得比较明显。

第二节　胁　　迫

一、概述

所谓胁迫，是指合同订立过程中发生各种形式的非法（unlawful）或不正当（illegitimate）的压迫（pressure）或恫吓（intimidation），受胁迫方的自由意志受到影响因而可以要求撤销合同，[1]若发生金钱支付，还可以要求返还。显然，胁迫也可以构成侵权法上的诉因，可能成立侵权法上的攻击（assault）、错误干涉财产（wrongful interference with property）等诉因。[2] 在古典社会中，人身强迫是胁迫的重点关注对象，现代社会已经相对较少，目前人们更为关注的是经济或商业胁迫，包括违约、罢工以及不正当商业压力等。下文论述胁迫中的几个核心问题。[3]

（一）非法与不正当的压迫

胁迫必然涉及威胁或压力，但人际关系与商事交易中出现威胁或压力并不罕见。因此，法律所反对的是非法或不正当的压迫，而不是一概反对任何威胁或压力，若如此则显然与现实与常识不符。现代英国法一般将构成胁迫的压迫定义为“不正当压迫”（illegitimate pressure）。因此，核心问题是如何定义压迫的非法性或不正当性。换言之，有些压迫是合法或正当的，是当事人订约中可以承担的，也是应当承担的代价，但有些压迫是非法压迫，还有一些压迫则构成合法但不正当的压迫，是胁迫方威胁从事某些普通法或立法所定义为违法的行为，可以是犯罪、侵权、违约等情况。一旦胁迫方以非法行为迫使对方订约，对方可以此为由要求撤销合同。另外，若所威胁之举动不属于非法行为，胁迫自然不成立，这意味着法律承认合同一方可以从事合法

---

〔1〕 Dawson [1947] 45 Mich L. Rev. 25.

〔2〕 See Edwin Peel, *Treitel on the Law of Contract*, 14th ed., Sweet & Maxwell, 2015, para. 10 – 003.

〔3〕 See J. Beatson, A. Burrows, J. Cartwright, *Anson's Law of Contract*, 30th ed., Oxford University Press, 2016, p. 376.

威胁对方的行为以迫使对方订约,例如,拒绝订立合同或威胁终止合同。在这种情况下压迫本身并非非法,但过度则有可能构成不正当压迫。

(二)胁迫的救济

曾经有观点认为,合同因胁迫得以撤销的理由在于受害人的意志受到压迫而导致其意思自治受损。[1] 但这种观点已经不再得到认同,因为这种观点的核心是不仅受害人的意思自治受损,而且订约并非出于自愿。但这种解释与事实并不符合,胁迫中的受害人往往知道合同的性质与条款,因此其订约仍然是自愿的,只不过其意思自治受到损害。主流观点是胁迫的核心问题并非缺乏意思自治,而是当事人受到不正当压迫而毫无选择余地,这决定了考察的重点并非当事人不知情或不同意,而是不正当压迫导致受害人可以撤销合同,除非在压迫结束影响后受害人仍明确或默示对合同表示确认(affirmation)。[2]

二、胁迫中的非法压迫

(一)胁迫的分类

历史上英国普通法是以诉因来逐渐积累胁迫方面的规则。因此,历史上先后出现了三种胁迫的诉因:一是人身胁迫(duress against the person);二是货物胁迫(duress of goods);三是经济胁迫(economic duress)。[3] 目前,英国法倾向于将胁迫统一在"不正当压迫"的诉因之中。[4] 但是,由于判例法的传统使然,上述三种胁迫的情况对于理解与适用胁迫仍然具有重要的参考意义,它们之间某种程度上也有重合。

第一,人身胁迫。在1976年之前,英国普通法认为唯一存在的胁迫就是人身威胁,可以是实际暴力威胁(actual violence to the person)或人身暴力威胁(threatened violence to the person),[5]合同因此可得撤销,例如,合同一方威胁伤害或杀害对方。至于何种程度上的威胁才能严重到足以导致合同撤销,则需要考察受胁迫方抵制不正当压迫的能力。一旦受胁迫方能够证明威胁导致其订立合同,即存在因果关系,受胁迫方可得撤销合同的救济,[6]其中,威胁只要是订约的一个原因就成立因果关系,

---

[1] Occidental Worldwide Investment Corp v. Skibs A/S Avanti, The Siboen and The Sibotre [1976] 1 Lloyd's Rep 293.

[2] Tamvaco v. Simpson [1866] LR 1 CP 363.

[3] See Edwin Peel, *Treitel on the Law of Contract*, 14th ed., Sweet & Maxwell, 2015, para. 10 – 005.

[4] See J. Beatson, A. Burrows, J. Cartwright, *Anson's Law of Contract*, 30th ed., Oxford University Press, 2016, p. 377.

[5] Skeate v. Beale [1841] 11 A & E 983.

[6] Barton v. Armstrong [1976] AC 104.

而不要求其是唯一原因。在普通法上,合法监禁或刑事诉讼的威胁一般不构成胁迫,但在衡平法上刑事诉讼的威胁构成合同因不正当影响而可得撤销,衡平法规则优先适用。[1]

经典判例 巴顿诉阿姆斯特朗[2]

在该案中,原告是一家公司的执行董事,被告是该公司的董事长,双方争夺该公司控制权,被告曾威胁要杀死原告。原告后来订立了法律文件,公司因此会向被告支付一笔款项以购买其持有的股权。新西兰法院判决认为,原告未能证明合同与威胁之间存在因果关系,因此败诉。原告上诉至英国枢密院,枢密院判决认为,被告的非法威胁只要构成订约的一个原因,胁迫就可以成立,被告应当承担证明责任,证明胁迫与合同之间不存在因果关系,原告因此胜诉。

第二,货物胁迫。因实际暴力或威胁暴力而订立的合同或非法扣留货物或其他财产可以因胁迫得以撤销。[3]

经典判例 马斯克尔诉霍纳[4]

在该案中,原告在被告所有的市场中经营店铺。被告向原告征收营业使用费,原告拒付,被告因此扣押了原告的货物,迫使原告付款并同意以后每年按时付款,这种模式持续了12年,这期间只要原告对被告收费提出异议,被告就扣押或者威胁要扣押原告货物。后来,法院在另一个案件中判决此种收费模式非法,原告因此起诉要求返还已支付款项。上诉法院终审判决,原告支付费用受到被告的胁迫,故有权请求返还。上诉法院指出,一个人知道自己在法律上没有某种支付义务,如果他在货物被扣押或者遭到扣押的威胁时被迫支付,就可以收回已经支付的款项。因此,扣押或扣留货物的压力可能构成胁迫。

第三,经济胁迫。经济胁迫也可以导致合同撤销,是指合同一方以严重的经济困难作为威胁要求受胁迫方接受合同,导致后者没有选择余地而只能订立合同,[5]法

---

[1] Williams v. Bayley [1886] LR 1 HL 200.

[2] Barton v. Armstrong [1975] 2 WLR 1050.

[3] Vantage Navigation Corp v. Suhail & Saud Bahwan Building Materials Llc, Te Alev [1989] 1 Lloyd's Rep 138.

[4] Maskell v. Horner [1915] 3 KB 106.

[5] See J. Beatson, A. Burrows, J. Cartwright, *Anson's Law of Contract*, 30th ed., Oxford University Press, 2016, p. 378.

院据此考察合同是否因为胁迫而可以撤销。例如,工会联合抵制轮船装卸货物或威胁违约迫使一方订约都可以成为使合同撤销的原因。[1]

经典判例　蒙罗维亚宇宙油船公司诉国际运输工人联合会[2]

在该案中,原告是一家轮船公司,被告是一家工会组织,双方因工人待遇问题发生争议。因为被告拒绝让轮船离港,原告因此不得不支付相关款项。其后,原告反悔要求被告返还。法院判决认为经济胁迫成立,因此合同可得撤销,原告可得返还。上议院在判决中指明了经济胁迫的两个核心因素:一是意志受到压迫因而缺乏选择;二是存在不正当情形。

经典判例　进步散装运输公司诉立方城市公司[3]

在该案中,2009 年 4 月初原告与被告签订租船合同,约定被告将指定轮船租给原告,合同义务是于 4 月 15 ~21 日运送货物。原告与收货人订约约定运货轮船必须是唯一轮船且经收货人同意。4 月 7 日被告将该船另租给第三人,4 月 18 日被告承认履行有问题,并承诺另找一艘轮船在 4 月 27 ~30 日完成装船,并同意赔偿原告损失。原告因此未联系其他轮船运输。4 月 23 日被告确定运货轮船,此时收货人要求降低价格,双方经协商同意每吨降价 6 美元,原告保留索赔权利,被告要求原告放弃索赔权。原告需要履行收货人合同,为减少损失而被迫接受。其后,原告申请仲裁要求被告赔偿损失并胜诉。被告向法院上诉,主张其行为只是合理利用市场机会,并不构成胁迫。法院判决认为,被告毁约后的行为是迫使原告接受合同,若原告拒绝则必须向第三方承担巨大违约责任,导致其别无选择只能订约,因此胁迫成立。

除直接威胁可以成立经济胁迫外,非直接胁迫也可以成立经济胁迫。在一个判例中,[4]合同一方向对方表示,除非对方同意合同价金之外另行付款,否则就会允许其工人发动罢工,法院判决认为经济胁迫成立,因为该威胁导致对方没有其他实际的选择而只能同意额外付款。

(二)因果关系

胁迫与合同之间必须具有足够的因果关系才能使合同因胁迫而撤销,受胁迫方必须证明胁迫是订约的一个原因,在缺乏证据的情况下法院可能会推定认为胁迫诱

[1] North Ocean Shipping Co. Ltd. v. Hyundai Construction Co. ,Ltd. [1979] QB 705.
[2] Universe Tankships Inc. of Monrovia v. International Transport Workers' Federation [1982] 2 All ER 67.
[3] Progress Bulk Carriers v. Tube City IMS [2012] EWHC 273.
[4] B & S Contracts and Design Ltd. v. Victor Green Publications Ltd. [1984] ICR 419.

导合同成立。[1] 但在经济胁迫的情况下,要求撤销合同的一方应当证明胁迫是订约的一个重大理由,但不需要是唯一的理由。

若合同一方提出除非重新订约否则就违约,这种威胁不一定都可以构成胁迫,受胁迫方必须证明威胁导致重新订约,其中需要考察一系列因素,包括是否存在足够的替代性救济、是否发生妥协或屈服于对方诚信提出的条件,受害人是否提出异议或得到了独立咨询等。在一个判例中,[2]合同一方因对方威胁违约而被迫接受重新谈判商业交易,但在决策时有律师提供建议,也没有对这一威胁表示抗议,而是对威胁进行了一段评估,枢密院司法委员会最终判决经济胁迫不成立。该案例表明,当事人能够得到独立咨询情况表明订约自由并未受到胁迫,即使对方有胁迫行为也并不能证明胁迫是订约的一个原因,因此,因果关系并不成立。

(三)替代性救济

从理论上来说,面对货物或违约威胁的合同一方可以正面对抗威胁,针对违约可以起诉对方要求赔偿。易言之,若受胁迫方可以有替代性救济作为选择,胁迫就有可能不能成立。当然,考察该因素必须考量替代性救济本身的合理性与可能性,不能对受胁迫方课以过多的责任,若受胁迫方可以合理获得替代性救济,就可能影响法院的判决。[3] 但是,在货物胁迫的情况下,存在替代性救济(如以侵权法上错误干涉货物作为诉因起诉)一般不能构成救济障碍。受胁迫方很可能是因为非常缺乏货物而订约,而诉讼作为救济并不能立即产生效果,因此并不是合理的替代性救济。

在以违约作为威胁的情况中,尽管损害赔偿或者实际履行能够提供足够救济,但仍有可能不足以保护受害人的利益,例如,受害人需要合同履行不中断,法律救济的有效性并不充足。在这种情况下,替代性救济是否存在以及是否足够就可能成为考察因素之一,有观点认为,此情况应当作为证据使用而不应当成为要件,但也有观点认为应当作为要件处理,若存在足够的替代性救济则胁迫就不能成立。

(四)胁迫与重新谈判

重新谈判合同条款在商业实务中司空见惯,其中可能涉及胁迫的法律问题,因此需要区分正当的重新谈判与胁迫之间的界限。若要求重新谈判的合同一方诚信地认为履约情况导致其有权拒绝履行,则可以达成妥协(compromise),但在其中有可能发生胁迫导致重新谈判而成的合同可得撤销。以下两个问题值得考察。

---

〔1〕 See J. Beatson, A. Burrows, J. Cartwright, *Anson's Law of Contract*, 30th ed., Oxford University Press, 2016, p. 379.

〔2〕 Pao On v. Lau Yiu Long [1980] AC 614.

〔3〕 See M. Furmston, Cheshire, *Fifoot and Furmston's Law of Contract*, 16th ed., Oxford University Press, 2012, p. 390.

一是考察是否存在威胁。在一个判例中,[1]被告因知道分包商履约存在巨大困难而提供额外付款,这一诺言被法院判为具有约束力。一般而言,不能因为有重新谈判的事实就认定存在胁迫导致新合同可以撤销。一方提出按照原合同条款难以履行一般不构成威胁,因为合同履行中条件变化属于正常情况,有可能导致双方风险处于变动之中。一方因商业上不可行而选择违约以减少损失也是可行的选择。就此而言,合同一方提出请求是确定胁迫是否成立的考察因素之一。在另一个判例中,[2]在要求对方额外付款之前,承包商没有付出合理努力来避免工人罢工,法院判决这是一个隐藏的威胁,胁迫成立。

二是考察重新谈判在商业上是否合理。确定重新谈判是否合理可以依据其是否符合商业需求或条款是否公平合理来判定。对此,美国《第二次合同法重述》第176(2)条就有此规定,但这种方法必然要使法院更多地考察原合同与现合同相比实质上是否公平,这有可能增大判断上的不确定性,法院的主观判断有可能成为决定性因素。

三、胁迫与合法措施

合法措施一般而言不能构成不正当威胁,因此原则上也不成为胁迫,例如,当事人拒绝订立合同或合法要求终止合同等情形。原因在于,各种各样的威胁在商业实践中本属正常,合法施加压力实现自己的目的不能视为非法,这种情形下对方在压力下被迫订立合同仍旧不影响合同效力。推而广之,正常市场运作下产生的交易本身都不能成为胁迫。显然,这涉及如何判断正常市场中交易是否具有合理性,因此有一定的难度。[3]

经典判例　CTN 自运批发公司诉加格尔公司[4]

在该案中,原被告订约由卖方负责供应香烟。在一次交易中,卖方错误但诚实地(单方错误)认为买方应当提前支付一笔货款,并因此威胁不提供信贷,买方受此威胁而同意付款,嗣后买方以胁迫为由要求卖方返还。法院判决认为,胁迫并不成立,合法行为一般不能成立胁迫。在该案中,按照一般道德或社会标准,卖方的威胁似乎并不适当,但由于卖方威胁并非属于典型的非法情形,因此法院仍不能提供救济。

---

[1] Williams v. Roffey Bros & Nicholls (Contractors) Ltd. [1991] 1 QB 1.

[2] B & S Contracts and Design Ltd. v. Victor Green Publications Ltd. [1984] ICR 419.

[3] See J. Beatson, A. Burrows, J. Cartwright, *Anson's Law of Contract*, 30th ed., Oxford University Press, 2016, p. 381.

[4] CTN Cash & Carry Ltd. v. Gallaher Ltd. [1994] 4 All ER 714, 719.

但是，并非所有的合法威胁都不构成胁迫，在特殊情形下合法措施的威胁也可以构成胁迫而导致合同可得撤销，但这种情况下的威胁必须是错误的（wrongful），或者是不道德的（immoral）、显失公平的（unconscionable）。例如，合同一方以刑事诉讼的方式要求对方订约在衡平法上可以构成不正当影响而导致合同可得撤销，[1]在海事救难事件中施救方提出高价也可以导致合同撤销。[2] 这表明，一旦合法的威胁成为一种勒索或敲诈，即使勒索或敲诈一方有权如此行事，法院也会提供救济。

在勒索或敲诈情形中，勒索或敲诈方除不正当利益外并无其他经济利益，因此，威胁可能是合法的但同样构成不正当情形。若威胁方在结果中拥有其他利益，则就需要考察其要求是否属于"无根据的"（unwarranted）的情形，即与该方的正当利益并无关系，这意味着请求方没有合理理由可以提出请求且使用威胁，因此，请求方必须在其中具有直接经济利益才可能使请求具有正当性，否则属于不正当利益，因此构成胁迫。例如，追求更大的市场份额或更多利润、要求更高的工资等行为由于具有正当性，因此并不能构成胁迫。因此，合法威胁构成胁迫的理由往往需要考察双方之间是否存在特殊关系导致威胁成为不正当情形。

四、司法救济

胁迫导致合同成为可撤销情形，受胁迫方可以据此要求撤销合同，具体情况与上章所述的虚假陈述基本相同。[3] 撤销合同的要件之一是双方有可能恢复到订约前之地位，有可能因合同发生确认（affirmation）或合同标的物已经为第三方所支付对价善意取得而不成立。[4]

总体而言，胁迫规则涉及很多事实的判断问题，需要考察的因素很多，因此原告以此起诉的不确定性更大，[5]这方面的典型案例相比虚假陈述就明显要少很多。

第三节 不正当影响

一、概述

不正当影响（undue influence）是英国衡平法的创制，与胁迫有相似之处，与欺诈

---

〔1〕 Mutual Finance Co. ,Ltd. v. John Wetton & Sons Ltd. [1937] 2 KB 389.

〔2〕 Te Port Caledonia [1903] p. 184.

〔3〕 See J. Beatson, A. Burrows, J. Cartwright, *Anson's Law of Contract*, 30th ed. , Oxford University Press, 2016, p. 384.

〔4〕 See Edwin Peel, *Treitel on the Law of Contract*, 14th ed. , Sweet & Maxwell, 2015, para. 10 - 012.

〔5〕 参见何宝玉：《合同法原理与判例》，中国法制出版社 2013 年版，第 406 页。

(fraud)也有一定联系,其中的不正当威胁与前文所述的胁迫存在一定的区别,往往涉及的是信任或依赖关系中产生的交易,即受影响方因受到不当影响而订约的情况下可以要求撤销合同。[1]

英国衡平法所针对的不正当行为包括两种:一是明显的不适当压力或威胁(如不法威胁);二是合同双方之间关系导致一方对对方拥有影响力而发生滥用,即优势方利用自身影响力与优势地位而损人利己。前者为实际不正当影响(actual undue influence),后者为推定不正当影响(presumed undue influence)。[2] 在对前者的诉讼中要求原告承担举证责任证明存在明确的影响(证明事实存在);在对后者的诉讼中在没有其他证据的情况下推定认为存在不正当影响,即要求被告证明不存在不正当影响(举证责任转移到被告)。但需要注意的是,以此诉因起诉的原告必须证明存在不正当影响的事实,一旦证明被告拥有影响对方的地位以及交易本身存疑,举证责任得以转移,由被告来承担举证责任。在这方面,英国上议院曾经审理了8个相关上诉案件,[3]这些判例构成当前英国法这方面的基本规则。

二、实际不正当影响

若合同一方对对方施加影响足以影响其判断力,导致对方的独立决定受到实质损害并因此订约,则受影响方可以不正当影响为由要求法律救济。在实际不正当影响判例中,并不需要原告证明双方之间存在任何特殊关系,只要发生控制关系(domination)就可以使实际不正当影响成立。

经典判例　英国建筑协会诉佩格[4]

在该案中,被告夫妻因房地产开发业务需要融资,因此于1985年将住房抵押以获得贷款。被告夫妻中的妻子并不参与经营,只在必要时签署相关文件。1989年被告为开发新地产联系原告银行,准备以婚姻住房、拟开发地产以及夫妻共有的另一处房屋作为担保,向原告银行贷款。建筑师做预算时把被告夫妻作为合营者处理;估价师进行地产估价时把被告作为一名客户抵押一处房产,以被告夫妻作为一位客户抵押两处房产。原告银行因此提供了97万英镑的贷款,妻子声称知道贷款额超过房产价值和担保价值,但不知道清偿期限是一年,若她知道就不会签署文件。一年后被告

---

〔1〕 See Edwin Peel, *Treitel on the Law of Contract*, 14th ed., Sweet & Maxwell, 2015, para. 10 – 014.

〔2〕 See M. Furmston, Cheshire, *Fifoot and Furmston's Law of Contract*, 16th ed., Oxford University Press, 2012, p. 399.

〔3〕 Royal Bank of Scotland Plc v. Etridge (No. 2) [2001] UKHL 44.

〔4〕 Britannia Building Society v. Pugh [1997] 2 FLR 7.

不能偿还贷款,原告要求占有住房,妻子以受到丈夫不正当影响作为抗辩。一审法院判决被告败诉。上诉法院维持原判,认为该抵押为商业性质,妻子也是抵押贷款的受益方,被告控制业务并不等于妻子就受到了不正当影响。

在历史上,不正当影响的判例涉及很多精神控制的情况,即一方以所谓来世的相关知识诱使受影响方作出交易决定并从中获利,这实质上是一种精神控制。[1] 近来的判例涉及的情况很多是丈夫对妻子施加控制力以房屋作为抵押取得贷款。[2] 尽管家庭压力本身并不构成控制,但有可能构成不正当影响,因不正当影响而订立的合同可能因此而成为可撤销情形。实际不正当影响一旦成立就可以获得救济,原告并不需要证明不正当影响产生的合同存在不能解释的情况或明显不利于受影响方。就此而言,实际不正当影响是欺诈的一种,与虚假陈述也有一定关系。

三、推定不正当影响

若原告未能证明其独立意志为被告所控制而订约,则可以通过证明双方之间存在特殊信任关系并遭到被告滥用,从而以不正当影响撤销合同,这就是推定不正当影响。这一诉因的基础是特殊关系产生的特殊法律义务,即受信人不得滥用信任关系而损人利己。英国法院将推定的不正当影响分为两类:[3] 一是双方之间存在关系导致在法律上存在注意义务(duty of care)与信任义务(fiduciary duty);二是双方之间存在特殊情况导致义务发生,即交易中的特殊事实导致原告对被告产生信任,进而导致交易需要法律救济。但是,在有关前者的近期判例中,法院又认为,只有在前种情况下才能认为存在真实的推定不正当影响,原告不需要证明事实上他信任对方,而仅需要证明存在关系即可。[4] 需要注意的是,此处的推定仅指影响推定,即被告所处位置允许其对原告施加影响,但这并不意味着影响一定是不正当的,被告并不一定就滥用了信任关系,原告仍须证明交易存疑而被告不提供合理解释。至于后种情况,其实并没有发生推定不正当影响,发生的仅是举证责任的转移,原告的举证责任是证明他对被告发生了信任而交易存疑,这在表面上(*prima facie*)证明被告滥用了信任关系,被告就此承担举证责任以反驳原告。无论是哪种情况,此种情况下的核心问题首先是需要确定关系的性质,然后是确定交易(存疑)的性质,这两点就可以确定是否

---

〔1〕 See Edwin Peel, *Treitel on the Law of Contract*, 14th ed., Sweet & Maxwell, 2015, para. 10 - 016.

〔2〕 See J. Beatson, A. Burrows, J. Cartwright, *Anson's Law of Contract*, 30th ed., Oxford University Press, 2016, p. 387.

〔3〕 Barclays Bank Plc v. O' Brien [1994] 1 AC 180.

〔4〕 Royal Bank of Scotland Plc v. Etridge [No. 2] [2001] UKHL 44, [2002] 2 AC 773.

成立推定不正当影响。[1]

(一)关系性质

在若干特定关系中存在法律上的推定不正当影响,合同一方对对方施加影响力以至于破坏了后者独立意志导致交易不合理地有利于前者。否则,受影响方就需要证明存在信任的具体事实。

在英国法上,信任关系一般可以按照信托法的规则来解释,但这并不意味着任何信任关系(fiduciary relationship)都可以产生法律上的推定不正当影响,一般司法上所承认的特殊关系包括父母与子女、律师与客户、医生与病人、受托人与受益人、精神控制人与被控制人等。[2] 在这些情况中的特殊关系很容易得到判断,因此法院会认为特定关系推定存在,若发生滥用则可以成立不正当影响。这些情况分为两种:一是因为法律关系而引发的信任关系;二是双方发生的关系产生了一方对相对方产生信任的特殊关系。在前一种情况下,法院对原告举证责任的要求适当予以降低,即原告只要证明存在特殊关系即可推定认为双方之间存在信任,而不需要提供证据具体证明双方之间存在信任。当然,被告发生滥用信任关系导致原告受损是必不可少的要素。在后一种情况下,法院的举证责任要求没有降低,原告仍需要证明确实对被告发生了信任关系,即需要具体事实作为依据,且双方交易导致原告受损。例如,在夫妻关系中,法律上并不自动产生双方的信任关系,一方仍应当证明根据案情他或她对配偶产生了信任。

经典判例　马克林诉多塞特[3]

在该案中,地方政府认定被告房屋已经达到报废程度,因此要求被告进行拆除并赋予被告重建房屋的规划许可,并必须在5年内开工建设。由于被告无力重建房屋,因此于1996年将房屋出售给原告,条件是允许被告继续免费居住,原告承诺按时进行施工避免规划许可作废。双方还订立合同约定,若被告3年内不能完成重建,原告将以5000英镑购买被告土地。其后发生争议,原告要求履行协议,被告主张原告存在不正当影响。上诉法院判决不正当影响成立,原告明知被告无钱建房,很可能导致规划许可失效,只以5000英镑就购买原告的终身居住权,不正当影响成立。该案表明,即使双方当事人在交易前并不存在信赖关系,只要双方的交易呈现支配与依赖关系,也可能产生不正当影响。

---

[1] See Edwin Peel, *Treitel on the Law of Contract*, 14th ed., Sweet & Maxwell, 2015, para. 10 – 020.

[2] Ibid., para. 10 – 021.

[3] Macklin v. Dowsett [2004] EWCA Civ 904; [2004] 2 EGLR 75.

(二)交易性质

在此类判例中,一方仅证明存在信任关系仍不足以要求撤销合同,必须是双方之间存在交易,即一方因信任关系而订约,而合同条件显然不能以一般常理来解释。换言之,可以推定认为双方存在特殊关系,但受影响方仍应当证明有“不正当”情形。[1]这一要件的目的,是防止明显无害的交易因存在特殊信任关系而遭到撤销。法院对这一问题的考察标准是特殊关系交易性质产生的不公平剥削推定。

在信任关系存在的情况下,相对方可以反驳不正当影响的存在,即必须证明对其发生信任的一方所处情形使其可以不受任何控制而自由作出决定,最明显的例证是该方在订约时接受了独立的法律咨询。一旦一方可以证明对方是在自由意志的情况下订立合同,则不正当影响难以成立。

经典判例 里昂信贷银行诉博克[2]

在该案中,被告是一家旅游公司雇员,应公司老板的要求同意将她的公寓抵押以担保公司对原告的债务,原告银行要求被告为公司之前、现在和未来的借款提供无限制担保。虽然原告曾经建议她听取独立法律意见,但她没有这样做,并且说明她理解债务性质。公司进入清算程序,原告要求被告履行担保责任,要求占有被告公寓。一审法院驳回原告诉讼请求并撤销担保,因为被告是受公司老板的指示才接受原告与行业惯例差异很大的抵押条件,其中存在不正当影响。原告上诉,上诉法院维持原判,认为雇员与雇主的关系性质上属于推定不正当影响,原告既然知情就应当认识到推定不正当影响的可能性。被告在公司并无直接利益,原告要求她为公司一切借款提供无限制担保,就应当承担注意义务并明确解释该担保合同的后果。但原告律师没有向被告作出详细解释,被告又未寻求其他独立法律意见,原告诉请不能成立。

(三)明显不利影响

推定不正当影响对施加影响的一方相当严格,因为对方只要证明他们之间存在信赖关系就导致举证责任转移,由他来证明不存在不正当影响,这是较为沉重的举证责任。[3] 为平衡双方利益,需要考察受影响方是否受损,否则有失公平或制造漏洞。明显不利影响(manifest disadvantage)成为一个要件,受影响方必须证明因不利影响

---

〔1〕 See J. Beatson, A. Burrows, J. Cartwright, *Anson's Law of Contract*, 30th ed., Oxford University Press, 2016, p. 390.

〔2〕 Credit Lyonnais Bank Nederland NV v. Burch [1997] 1 All ER 144.

〔3〕 See J. Beatson, A. Burrows, J. Cartwright, *Anson's Law of Contract*, 30th ed., Oxford University Press, 2016, p. 392.

而蒙受明显不利影响。

经典判例　国民威斯敏斯特银行诉摩根[1]

在该案中,被告丈夫发生负债,为偿还债务,被告同意以婚姻住房设定抵押向原告银行贷款。银行经理登门商谈后,被告签署了抵押文件,整个过程大约 15 分钟。其后被告丈夫不能到期清偿,原告要求占有住房。被告抗辩认为存在不正当影响。上议院判决认为不存在不正当影响,抵押合同有效。上议院认为,第一,原告经理与被告协商时间仅有 15 分钟,被告不可能在如此短的时间内产生足够的信任和依赖,此前也不存在信赖关系;第二,该案中没有明显不利影响,抵押是按照被告条件设定的,虽然其中含有风险,但并非明显不利情形。

四、司法救济

不正当影响属于衡平法救济,因此救济方式就是撤销合同(rescission),即受损害方可以要求恢复原状(restitution),恢复到订约前的状态,各方均需要向对方返还已经收到的合同利益,但法院在具体裁量时会根据具体情况进行衡量,以公正为准。[2] 在一个判例中,[3]一名没有经验的音乐家与一家经纪公司订立了管理合同,其后发生争议,法院以存在不正当影响为由判决合同可得撤销,尽管双方已不可能恢复原状,因为音乐家已经具有一定名声,法院因此判决经纪公司需要计算其所得利润,但可因已提供服务而获得适当报酬。若计算利润不能补偿一方的损失,法院可以判决对方提供衡平法补偿。

撤销权可以因受影响方对合同进行确认而丧失,一旦不正当影响得到撤回,则受影响方的行为或不行为有可能证明其意图确认交易。[4] 在一个判例中,[5]陪审团经过审理认为,该案事实中一名病人在双方关系结束以后仍旧向医生赠送礼物,这表明其已经确定履行合同,因此礼物不能发生返还。但需要注意的是,除非不正当影响整体上已经停止,否则确认不能构成对撤销的抗辩,这意味着受影响方必须完全不受控制人的控制才能够使确认作为抗辩成立。这表明法院对于这一抗辩持严格态度,防止该抗辩对受影响方构成不利影响。

---

〔1〕 National Westminster Bank Plc v. Morgan [1985] UKHL 2.

〔2〕 See J. Beatson, A. Burrows, J. Cartwright, *Anson's Law of Contract*, 30th ed., Oxford University Press, 2016, p. 394.

〔3〕 O' Sullivan v. Management Agency and Music Ltd. [1985] QB 428.

〔4〕 See Edwin Peel, *Treitel on the Law of Contract*, 14th ed., Sweet & Maxwell, 2015, para. 10 – 030.

〔5〕 Mitchell v. Homfray [1881] 8 QBD 587.

另外,撤销权也受到第三方权利的制约,因为不正当影响导致合同是可撤销情形,而不是无效情形,第三方若善意取得合同标的物的相关权益,且不知瑕疵并已支付对价,则撤销权就此丧失。[1] 此处的知情与否包括推定知晓。因此,若合同一方因不正当影响而订立合同,合同可以针对合同相对方而发生撤销,而且对知晓不正当影响存在的第三方也同样适用,合同项下发生的金钱或财产转移就此恢复原状,这对没有提供对价的一方也适用,即使该方并不知道不正当影响。

五、第三方的不正当影响

前述有关第三方影响的论述所针对的主要情况是合同一方与对方发生交易时发生的不正当影响,因此,二者之间具有合同相对性。但还有一种情况是,第三方在交易中对受不利影响方施加不正当影响,那么受不利影响方是否可以要求撤销合同呢?在这两种情况中,合同一方订立合同的自由意志都受到了不正当影响,但后一种情况中不正当影响不是合同相对方所施加的,合同相对方的合同权利原则上不受影响,除非他在某种程度上为第三方的不正当行为所影响。[2] 由于第三方并非合同一方,因此,受不正当影响的合同一方对其的诉权是侵权性质,而非合同性质。[3]

若合同关系中涉及代理问题,上述问题并不存在,代理人对本人的不正当影响当然也延伸至本人。[4] 在其他情况下,若第三方对合同一方施加不正当影响,一般而言第三方在其中也获得了利益。英国这方面的判例集中在家庭关系之中,如财产共有人之间发生的不正当影响,典型情况是丈夫影响妻子使其同意与银行订立合同为自己贷款提供担保,银行在丈夫不能清偿债务的情况下起诉担保人要求其承担担保责任,妻子则以受到不正当影响作为抗辩。

经典判例 国际信贷商业银行诉阿布迪[5]

在该案中,被告作为妻子与其丈夫拥有一个家庭企业,该公司从原告处获得贷款,以被告所有的房屋作为抵押。由于贷款未得清偿,因此原告起诉要求执行抵押权。被告抗辩认为担保合同的订立受其丈夫不正当影响。法院经审理认为,该案中确实存在不正当影响,但被告并没有证明合同对其显著不利,合同因此有效,二审法

[1] Bainbrigge v. Browne [1881] 18 Ch. D 188.

[2] See Edwin Peel, *Treitel on the Law of Contract*, 14th ed., Sweet & Maxwell, 2015, para. 10 – 030.

[3] See J. Beatson, A. Burrows, J. Cartwright, *Anson's Law of Contract*, 30th ed., Oxford University Press, 2016, p. 397.

[4] 参见何宝玉:《合同法原理与判例》,中国法制出版社 2013 年版,第 417 页。

[5] Bank of Credit and Commerce International SA v. Aboody [1989] 2 WLR 759.

院维持原判。该案表明,不正当影响的存在并不一定会造成合同对一方显失公平,因此合同仍然有效。

一般而言,这类案件中存在几个典型问题。第一个问题是实际知晓(actual knowledge)与推定知晓(constructive knowledge)。在前述上议院所审理的几个案件中,判决对于第三方不正当影响的情况提供了规则。法官在判决中阐述了传统的衡平法观点以及当代观点:前者是指,在第三方对合同一方施加不正当影响的情况下,必须是合同相对方实际知道第三方不当行为使受不利影响方订约才能使该方可以要求撤销合同;后者是指,在前述情况下进一步放松要求,在合同相对方应当知道(ought to have known)第三方不当行为的情况下就允许受不利影响方可得撤销合同,从而降低了举证责任。但是,英国法院在这方面的判例并不是很稳定,因此造成了一些混乱。因此,此分类似乎应当统一为实际知晓或推定知晓更为合理。

第二个问题是担保合同(surety cases)中的债权人。根据前述几个上议院的判决,债权人在接受担保合同时应当认为其推定知道担保人有可能受到债务人的不正当影响,债权人因此需要采取措施以降低合同得到撤销的风险。具体的判断标准是,若债权人知道事实导致其对不正当影响产生疑问(put on inquiry),则应当视其已经推定知道该事实。

第三个问题是债权人的措施。在妻子为丈夫提供贷款担保的情况下,若担保人证明债权人对是否存在不正当影响存有疑问,则债权人需要证明其采取了合理措施以确保担保人的同意不存疑问。在一般情况下债权人会提供交易前警示,在债务人不在场的情况下警告担保人该交易所可能产生的债务金额以及担保人面临的法律风险,并建议其寻求独立的法律咨询。通过这种方式,债权人一定程度上可以避免不知道影响对担保合同效力发生影响。

第四节 显失公平

显失公平(unconscionable bargain)是英国合同法中一个相对适用较少的效力方面的诉因,在历史上属于衡平法范围,此种判例中证明交易具有公平性的举证责任由获得利益的一方承担。[1] 在一个经典判例中,法官认为,这类案件中的典型情况是一方处于弱势,而对方利用了这种弱势来获得合同利益,例如,高利贷(usury)、敲诈

---

〔1〕 See J. Beatson, A. Burrows, J. Cartwright, *Anson's Law of Contract*, 30th ed., Oxford University Press, 2016, p. 400.

勒索(extortion)等情况。[1] 这些可能构成欺诈,但又不是典型的欺诈,而是一种不符合良心(unconscientious)的滥用优势进行交易的情况,若各方交易地位的关系可以支持该情况表面上成立,则要求获得此利益的一方必须以证据反驳该推定(presumption),以证明该交易具有公平与合理性。[2]

在通常情况下,英国衡平法不会仅因为合同一方愚蠢而为其提供保护,毕竟愚蠢订约虽然是常见情况,但在法律上并非合同发生效力瑕疵的原因。但是,对于缺乏独立咨询经济能力而存在困难的贫苦与愚昧的弱势方,法律也应当提供救济。这一救济的基础不同于前文所述的不正当影响,因为前者所针对的是"交易的性质与情况",而后者所针对的是交易"双方之前的关系以及此关系是否构成发生交易的动机或原因",[3]二者的侧重点所有区别。

在英国法中,此诉因所针对的一种典型情况是衡平法为继承人所提供的保护,这里的继承人是对继承遗产有合理期待的人。另一种典型情况是在双方订立合同中处于优势方控制下的弱势方。在通常情况下,合同各方都应当自负其责,自己照顾自己的利益,法律一般不能认为交易中发生了不正当利益。但在前述的继承人或缺乏充分保护情况下贫苦无知的人订约的案例中,为了保护处于弱势的一方,法律会要求获得合同利益的一方承担举证责任证明交易具有公正性。需要指出的是,这一救济的管辖权是衡平法,普通法上并无此救济。与之相近的情况是海商法中的海上施救(salvage)案例,一般情况是被救船舶被迫接受不合理价格以获得救助,被救轮船在情况危急的情况下往往别无选择而只能接受高价,法院在这种情况下允许撤销合同,但此类型案例范围狭窄,没有发展成为普通法中的一般性规则。

一般而言,该衡平法救济在合同法上成立需要3个因素。第一,合同一方必须相对于对方处于极度不利(serious disadvantage)状况,例如,处于贫苦、无知或缺乏咨询等状况;第二,合同对方以不道德的方式利用该情况剥削该方,仅仅是合同价格偏低一般不足以成立该因素;第三,在买卖合同中,处于不利的一方以实质性低价(substantial undervalue)而不仅是低价出售了标的物,以至于触动了法院的"良心"(shocks the conscience of the Court)。[4] 显然,这往往需要结合具体情况进行具体判断,在抽象意义上进行准确定性比较困难。

---

[1] See Edwin Peel, *Treitel on the Law of Contract*, 14th ed., Sweet & Maxwell, 2015, para. 10 – 045.

[2] Earl of Aylesford v. Morris [1873] LR 8 Ch. App 484, 490.

[3] Irvani v. Irvani [2000] 1 Lloyd's Rep 412.

[4] See J. Beatson, A. Burrows, J. Cartwright, *Anson's Law of Contract*, 30th ed., Oxford University Press, 2016, p. 402.

经典判例 波特曼建筑协会诉杜桑[1]

在该案中,被告在72岁时订立了按揭(mortgage)合同为其儿子做生意进行融资,他收入很低,而且是文盲,也不是很懂英语,其后发生违约,被告要求撤销合同。上诉法院认为,被告不能要求撤销合同,因为原告行为并不是不道德的,交易本身也不是压迫性或明显过分的情形。按衡平法的说法,就是该交易并没有触动法院的"良心"。这说明,这一诉因必须有程序性显失公平与实体性显失公平同时存在才有可能成立。

显失公平这一诉因一直存在争议,一些法官与学者认为该诉因应当扩大适用,但截至英国法对于这一诉因仍然持谨慎态度,[2]不大愿意将其扩充成为一个普遍性原则,这与美国法[3]与大陆法系将其作为完全独立诉因的情况形成了鲜明对比。其原因在于,该诉因需要考察程序性显失公平,这与前文所述的胁迫与不正当影响的诉因在一定程度上发生了重合,这方面的判例也因此存在重合之处。[4] 另外一个原因可能是,英国法院不愿意承认范围空泛而又缺乏大量判例支持的诉因,这也是英国法院在造法上的一贯态度。当然,由于各种诉因的存在,事实上英国法也会以其他理由来提供救济,因此不扩大适用这一诉因并不意味着英国法在此方面就存在显著不公。

第五节 谈判能力不平等

谈判能力不平等(inequality of bargaining power),是一个还未得到广泛承认的诉因。认为该诉因成立的法官主要是丹宁勋爵,他认为此诉因应当跨越普通法与衡平法,而且可以包括压迫(coercion)、不正当影响、显失公平以及不公平海上施救合同等情况。[5] 易言之,丹宁勋爵的理想是创设范围广泛、自由裁量权较大的诉因,以代替普通法那种强调点滴积累的渐进(piecemeal)发展方式。

经典判例 劳埃德银行诉邦迪[6]

在该案中,被告是年老农民,他和他的独子都是原告银行的老客户,被告独子成

---

〔1〕 Portman Building Society v. Dusangh [2000] 2 All ER [Comm] 221.

〔2〕 Cresswell v. Potter [1978] 1 WLR 255.

〔3〕 Uniform Commercial Code 2 – 302.

〔4〕 See Edwin Peel, *Treitel on the Law of Contract*, 14th ed., Sweet & Maxwell, 2015, para. 10 – 043.

〔5〕 See J. Beatson, A. Burrows, J. Cartwright, *Anson's Law of Contract*, 30th ed., Oxford University Press, 2016, p. 404.

〔6〕 Lloyds Bank Ltd. v. Bundy [1975] QB 326, [1974] 3 All ER 757.

立的公司也是原告的客户。1966 年被告为该公司 1500 英镑的透支提供担保,以其农场作为担保。后来,银行提高了透支额度,并要求被告提供新的担保。1969 年 5 月被告在得到咨询的情况下又订立了一份担保合同,合同金额是 5000 英镑,担保金额是 600 英镑。1969 年 12 月原告经理向被告说明,若银行继续提供贷款还要求被告签订担保合同,金额是 11,000 英镑,担保额是 3500 英镑。原告经理没有告诉被告应当得到独立咨询,被告在没有咨询的情况下订立合同并提供担保。其后被告拒绝承担担保责任,原告因此起诉。上诉法院判决认为,最后一笔合同与担保应当以不正当影响为由而撤销,因为原被告之间存在特殊关系。但丹宁勋爵认为,该合同与担保可撤销的原因应当是范围更为广泛的谈判能力不平等。

可见,丹宁勋爵在此案中的目的是确立一种新的范围广泛的诉因,所针对的情况是合同双方没有在平等的条件下订立,即一方处于强势,而对方处于弱势,按照一般对公平的理解,强势方不能以此逼迫(push to the wall)弱势方。但是,丹宁勋爵认为不能仅因经济因素而干预合同,而必须是存在谈判能力不平等情况严重时才能干预,典型情况是,一方在没有独立咨询的情况下订立的合同非常不公平或者转移财产价格严重偏低,该方的谈判能力由于自身需求或其无知与软弱而受到严重损害,附加受到了对方施加的不正当影响或压力。

但是,这一诉因存在模糊之处,该诉因既要求实质性不公平,也要求程序性不公平。[1] 英国法中已经存在的胁迫与实际不正当影响这两种诉因仅要求存在程序性不公平,推定不正当影响中还存在实质性不公平的因素。这种情况显然会造成重合,导致英国法院对丹宁勋爵的这一看法并没有广泛接受,认为该诉因会产生过度的不确定性。对此,英国另一位著名法官斯卡曼(Scarman)勋爵在两个判例中明确反对这一观点,并得到广泛认可。由于这种情况,英国合同法上否定合同效力的一般诉因仍旧是胁迫、不正当影响与显失公平。英国法在这方面的发展沿两条路径展开,而不是在普通法上确立单一的谈判能力不平等的诉因,法院更愿意在每个诉因下单独发展相关规则,例如,从胁迫中发展出的经济胁迫。另外,为了保护合同关系的弱势方,英国立法机关已经通过一系列立法来进行规制,不少立法是根据欧盟立法而颁发的,这方面的代表立法包括英国《2008 年不公平贸易消费者保护条例》与英国《2015 年消费者权益法案》等,这些法案禁止一系列误导性行为(包括虚假陈述与不披露)与

---

〔1〕 See Edwin Peel, *Treitel on the Law of Contract*, 14th ed., Sweet & Maxwell, 2015, para. 10 - 051.

攻击性(aggressive)商业行为(如骚扰、强迫交易以及不正当影响)。[1] 但是,依照上述立法规定,合同不能仅因发生违反立法规定的情况就成为无效或不可执行的合同,还需要参考其他因素才可以综合判断。因此,英国法院是否愿意将有关胁迫、不正当影响以及显失公平等诉因进行统一以形成单一诉因,目前还很难确定,但从英国法院的历史传统来看,这一点可能性并不大。

---

〔1〕 See J. Beatson, A. Burrows, J. Cartwright, *Anson's Law of Contract*, 30th ed., Oxford University Press, 2016, p. 406.

第十二章　非法合同

虽然合同法的根本原则之一就是当事人的合同自由,但任何社会都会对合同自由进行必要的限制,以维护社会的公共价值与基本秩序,这是私权与公权交叉与冲突之地,必然涉及诸多伦理、道德、政府管制等复杂问题。[1] 因此,评价当事人的合同除必须考察当事人的意思表示外,还有按照公共政策(public policy)等其他因素进行考察,对其中有可能违法或违反社会公共利益的情况予以审查,防止私人合同对社会与国家造成损害,其正当性毋庸置疑。在英国法中,这方面的法律依据主要是议会通过的立法与普通法判例。[2]

从法院的角度来说,针对非法合同,在少数情况下法律会直接判定合同违法(illegal),这类合同的违法性往往比较明显。但在大部分情况下,涉及非法的情况是合同当事人的目的或履约方式,违法性比较复杂,需要视情况而定,往往会使合同不具有法律执行力(unenforceable),而非违法。由于交易的广泛性,违反合同的相关法律问题历来比较复杂,导致的后果也不尽一致,因为涉及大量对违法情形的公共判断,各种违法情形的严重性以及后果也不尽相同,导致违法合同的处理是比较复杂而敏感的问题。

第一节　立法中的违法合同

一、立法的相关规定

英国议会通过的一系列立法对合同违法情形进行了规制,立法可以直接规定禁

〔1〕 参见何宝玉:《合同法原理与判例》,中国法制出版社2013年版,第285页。

〔2〕 See J. Beatson, A. Burrows, J. Cartwright, *Anson's Law of Contract*, 30th ed., Oxford University Press, 2016, p. 409.

止某一种类型合同,表明了立法机关对于此类型合同的明确反对态度。[1] 当然,由于历史变迁,立法对于很多问题的态度也随着时代变化而不断发展,因此违法性往往也会发生变化。[2]

经典判例　穆哈默德与伊丝帕哈尼[3]

在该案中,原告获得执照可以从事亚麻籽油的生意,其在与被告进行交易时,被告错误地对其承诺说他拥有执照,原告因此同意出售一批货物。此时,政府通过法令禁止没有执照者经营亚麻籽油。被告以没有营业执照而拒绝接收货物。原告因此提起诉讼要求被告赔偿。原告认为,其订约时不知道被告没有执照,因此合同不存在违法情形。法院并未接受这种观点,而是判决原告败诉。显然,该案中的违法情形必然是立法所明确规定而禁止的,法院对于此性质的立法一般会严格执行。

二、默示违法情形

若立法没有明确规定宣布特定类型合同违法,那么通过默示的推定也可以得出同样的结论,也就是按照法律解释的方法来解释合同是否违法,一般属于立法解释问题。[4] 法院在这种情况下需要考察的因素包括立法环境(包括立法目的)、立法规定的严格性、立法保护对象等,力求从中找到较好的平衡点。[5] 例如,若立法目的是保护公众免受伤害或欺诈,则可以推定认为含有不法目的的合同当然属于禁止之列,即行为本身违法会导致与之相关的合同一并违法。但是,法院在很多情况下也需要视具体情况谨慎处理,因为在现实中,大量商业行为都受到各种法规的规制,很可能存在具有违法行为但合同各方并无违法恶意的情形。例如,若立法目的是限制公司商业经营活动范围,这并不意味着所有在禁止范围内的合同一律违法,没有刑事制裁但有行政管制措施往往表明此类型合同并未被法律严格禁止,立法规定的严格性并不高。

经典判例　肖诉格罗姆[6]

在该案中,原告将房屋出租给被告,没有按照立法要求制作租金明细表提供给被

---

〔1〕 See M. Furmston, Cheshire, *Fifoot and Furmston's Law of Contract*, 16th ed., Oxford University Press, 2012, p. 451.

〔2〕 See Edwin Peel, *Treitel on the Law of Contract*, 14th ed., Sweet & Maxwell, 2015, para. 11－003.

〔3〕 Re Mahmoud and Ispahani [1921] 2 KB 716.

〔4〕 参见何宝玉:《合同法原理与判例》,中国法制出版社 2013 年版,第 287 页。

〔5〕 See J. Beatson, A. Burrows, J. Cartwright, *Anson's Law of Contract*, 30th ed., Oxford University Press, 2016, p. 411.

〔6〕 Shaw v. Groom [1970] 2 QB 504, 522.

告。该行为构成违法，按照立法可处罚金 50 英镑。原告要求被告支付部分未付房租，被告以原告违法行为为由拒绝支付，原告因此起诉。上诉法院判决认为，原告胜诉，因为立法的目的是保护承租人的知情权，但该表并非租赁合同必不可少的一部分，立法的目的并不是不允许房东收取房租，因此合同本身并未违法，房东是在履行中发生的违法行为，被告不能以此作为拒绝付款的理由。

立法在很多情况下还规定合同或其条款无效，即自始无效。这种性质的立法很多，一般事关合同登记事宜或格式要求。[1] 订立这种合同的一方不能起诉要求执行合同，法院可能判决可以恢复原状，除非立法明确禁止或法院有其他解释。立法还可能明确或通过解释规定合同对负有法律义务的一方不具有法律执行力，但相对方的合同权利不受影响。

还有一种情况是，合同没有直接或间接违反法律规定，或立法明确规定的违反情形并未使合同无效或不可执行，但法院仍可能拒绝执行合同，原因是法院不能协助执行违法合同或事关违法目的的合同。这种情况一般属于普通法范围，是司法对于立法的具体解释性适用。

三、履行违法

在一些情况下，合同本身并无违法情形，但其履行可能包含违法情形，因此导致合同合法性成为问题。[2] 例如，货物卖方在送货时可能没有附发票，而法律要求附有发票，在这种情况下违约方不能以其违法情形而提起诉讼。由于合同本身并无违法情形，善意相对方可以提起诉讼，他可以不依赖违法履约行为而提起有效诉因。但若合同相对方参加或同意合同的违法情形，则其不能提起诉讼，因为其主观恶意较重。

经典判例　阿什莫尔诉道森公司[3]

在该案中，被告是一家公路货运公司，与原告订立合同负责承运货物到港口。原告经理与助理目睹了货物装载到两辆卡车上，卡车最大载重量是 20 吨，而货物重量达到 25 吨，在运输中卡车发生侧翻，部分货物发生货损。原告因此起诉要求被告提供赔偿。上诉法院判决认为，原告经理应当已经意识到卡车超载，其允许卡车超载表

---

〔1〕 Companies Act 2006, s. 874.

〔2〕 See J. Beatson, A. Burrows, J. Cartwright, *Anson's Law of Contract*, 30th ed., Oxford University Press, 2016, p. 412.

〔3〕 Ashmore, Benson, Pease & Co. Ltd. v. AV Dawson Ltd. [1973] 1 WLR 828.

明他已经参与到被告的非法履行之中，原告因此败诉。显然，法院认为该案中原告的违法情形比较严重，运输合同中不允许超载的法律规定应当得到严格执行，尽管被告发生了违约，但原告仍不受法律保护。

另外，合同在履行中虽然有违法情形有可能导致合同不具有执行力，但并不一定产生这种后果，原因仍然是法院需要平衡立法所规定的罚金与违法者损失之间的关系，若二者严重失衡，则法院会根据情况适当减轻违法的后果。例如，货物承运人可能因为超速、超时、车辆没有执照等情形而无法获得托运人应付的运费，由于运费金额往往超过立法规定金额，在这种情况下，法院需要考察立法的本意及其目的，即立法规制的是合同本身的合法性还是对合同履行中的违法情况进行处罚。在立法目的仅限于处以罚金的情况下，违法一方也可以提起诉讼要求对方履约或赔偿，即不以履行中出现的轻微违法情形剥夺违法方应得的合同价金。

四、限制竞争协议

（一）概述

英国法在传统上对限制竞争协议一向持敌视态度，盖因英国数百年来一直是商业立国，限制竞争对于国家与社会发展伤害巨大，鼓励竞争因此成为基本公共政策，这一点在英国立法与普通法上反映得都十分明显。英国《1998 年竞争法案》（Competition Act 1998）中对此方面的问题有详细规定，这方面的法律规则已经形成新的领域——竞争法领域。[1]

在普通法上，关于限制竞争协议的有效性早已被法院否定，这就是“限制贸易原则”（doctrine of restraint of trade）。据此原则，任何人都可以自由进行贸易，任何纯粹限制贸易的行为都不符合公共政策而违法。[2] 另外，限制贸易的干预行为在若干情况下也有其正当性。例如，出售商誉（goodwill of a business）的卖方承诺不与买方发生竞争关系，这并无不当。因此，仍需要视情况而定，具体情况具体分析。

（二）限制竞争协议的考察标准

限制竞争协议，是指合同一方与对方订立协议限制对方未来与他方进行贸易的权利。[3] 当然，此定义要有限制，因为就商业意义而言，所有合同都有锁定交易关系的作用，都会限制合同各方与他方进行交易的权利，但普通商业合同的限制作用并无

---

〔1〕 See Edwin Peel, *Treitel on the Law of Contract*, 14th ed., Sweet & Maxwell, 2015, para. 11 - 063.

〔2〕 See J. Beatson, A. Burrows, J. Cartwright, *Anson's Law of Contract*, 30th ed., Oxford University Press, 2016, p. 428.

〔3〕 Petrofna (Great Britain) Ltd. v. Martin [1966] Ch. 146, 180.

违法性。一般而言,限制竞争协议受法律规制的典型情况有两种:[1] 一是雇主与雇员订立合同不允许雇员在离职后自行开业经营或进入竞争对手企业工作;二是有关公司业务包括商誉的并购合同中不允许卖方经营与买方业务有竞争的业务。除了上述两种情况,协议是否限制竞争难以准确定性,具体情况只能由法院根据事实情况来判定,或根据立法规定来确定。因此,这一问题会随着社会与经济发展不断发生变化,不会保持一成不变。最近几十年来,受欧盟法影响,英国法在限制竞争协议方面的规制集中体现在对排他性交易协议及市场分割协议的管制,这在英国《1998 年竞争法案》中体现得较为充分。[2]

经典判例 洛克冰箱公司诉琼斯[3]

在该案中,原告雇用的一名经理在离任后设立了一家公司,并与原告发生竞争关系。被告是原告的雇员,辞职后加入了新公司。原告因此起诉,要求禁止被告加入新公司。原告与被告订立的合同中规定,无论雇佣关系因何终止,从终止日起 12 个月内,被告不得同任何在其离任前 12 个月里发生过业务的客户开展业务关系。被告抗辩认为,该条款明确规定的"不论雇佣关系因何终止"属于不合理限制,因此无效。而法院审理认为,该条款并无不当,因此有效;同时认为,若雇主毁约,则此性质条款归于无效。

从前述判例可以看出,英国普通法上对这一问题的审查方法可以总结为以下几点:(1)所有限制竞争协议在缺乏特殊情形的情况下均违反公共政策,不产生法定义务因而属于无效情形。[4] 但是,无效并不意味着合同全部无效,法院不承认其具有执行力,但当事人之间履行合同并无不妥,履行后法院不会允许协议下发生的付款或财产转移发生返还。但若限制竞争协议对第三方发生影响,造成不合理限制,则第三方有权起诉使合同归于无效。(2)法院可以将是否存在特定情况足以支持限制的正当性作为法律问题来审查,若限制没有正当性,法院可以对此进行公共政策审查,违反者不具有执行力。(3)限制竞争协议的正当性在于既要符合当事人利益,也不得损害公共利益。[5] (4)诉讼中证明限制具有合理性的举证责任由指称其合理的一方

---

〔1〕 See M. Furmston, Cheshire, *Fifoot and Furmston's Law of Contract*, 16th ed., Oxford University Press, 2012, p. 507.

〔2〕 See J. Beatson, A. Burrows, J. Cartwright, *Anson's Law of Contract*, 30th ed., Oxford University Press, 2016, p. 430.

〔3〕 Rock Refrigeration Ltd. v. Jones [1997] 1 ALL ER 1.

〔4〕 Mason v. Provident Clothing & Supply Co. Ltd. [1913] AC 724.

〔5〕 Wyatt v. Kreglinger and Fernau [1933] 1 KB 793, 806.

来承担,证明在当事人之间限制合理但不利于公共利益因而无效的举证责任由指称其不合理的一方来承担。一旦法院审查协议,则该问题属于法律问题因而可以在所有方面进行审查。[1] (5)关于限制竞争的解释应当考察协议的目的(保护合同一方免受竞争)以及协议订立时的具体背景与事实。[2]

(三)当事人利益的判定标准

关于限制竞争协议是否符合当事人利益,需要判断条款或协议是否具有合理性来最终判定协议是否违法。这需要结合两个因素来判断:一是合同相对方是否有权要求保护;二是保护的范围如何确定。若限制竞争协议目的在于保护合同相对方的正当利益,则其具有合理性,因此考察的核心问题在于如何判断正当利益,而不是区分当事人的各种关系,需要考察协议的标的物以及性质来决定。[3]

在通常情况下,法院可以通过考察业务买卖限制与雇员从业限制来确定。如前文所述,在前一种情况下,购买业务(包括商誉)中的买方有权阻止卖方从事竞争性业务,买方在这种情况下的正当利益显而易见,买方应当享受该业务具有的商誉,否则买方所获财产毫无意义。但是,若限制竞争协议的目的仅仅是限制竞争而无其他正当性,那么协议属于无效情形。[4] 在后一种情况下,雇员离开雇主时,雇主不得阻止其进行竞争,或限制该雇员以在雇佣期间获得的个人技巧与知识进行竞争,但雇主可以保护其商业秘密(trade secret),合法阻止前雇员使用在其雇佣期间所获得的影响力。除上述两种情况外,普通法对其他类型的限制竞争协议的态度相对宽松,承认合同相对方为保护其市场竞争地位或商业组织而订立的限制竞争协议具有正当性。[5]

经典判例　赫伯特莫里斯公司诉萨克瑟比[6]

在该案中,原告公司在英国起重机生产行业处于支配地位,被告毕业后在该公司就职并成为工程师,聘用时间为2年,其中一段时间被告可以接触公司的保密资料。在双方订立的雇佣合同中规定被告离开原告后7年内,不得在英国或爱尔兰直接或间接地从事与原告有竞争关系的业务,无论是自己经营还是加入其他公司,也无论是

---

〔1〕 Esso Petroleum Co. Ltd. v. Harper's Garage(Stourport)Ltd. [1968] AC 269,319.

〔2〕 Clarke v. Newland [1991] 1 All ER 397,402.

〔3〕 See J. Beatson, A. Burrows, J. Cartwright, *Anson's Law of Contract*, 30th ed., Oxford University Press, 2016, p. 431.

〔4〕 See M. Furmston, Cheshire, *Fifoot and Furmston's Law of Contract*, 16th ed., Oxford University Press, 2012, p. 434.

〔5〕 Eastham v. Newcastle United Football Club Ltd. [1964] Ch. 413.

〔6〕 Herbert Morris Ltd. v. Saxelby [1916] 1 AC 688,713.

有偿还是无偿。被告离职后违约,原告起诉要求实际履行,被告抗辩认为该限制条款不合理。上诉法院判决被告获胜,因为合同规定范围过于广泛,超过了合理限度。法院认为,条款的目的就是排除被告离开公司后与公司发生竞争,但被告在工作中获得的一般知识和技能并非原告享有特殊利益的知识与技能。另外,被告工作地点仅有一两个,条款规定的地域限制过于宽泛。因此,合同条款并不合理。

因此,即使限制竞争协议具有正当利益,限制也有其限度,包括时间、地域或其他方面都不得过度保护一方。〔1〕如何判断则需要视个案情况而定,考察所保护的利益、协议性质与当事人之间的关系。法院还要考察限制竞争协议中受限制方从中获得的对价是否合理以判定限制是否具有合理性。在限制竞争协议的时间长度上,法院判断是从订约时起算,时间越长则越有可能被判定为不合理。

(四)公共利益的判定标准

在早期普通法中,以违反公共利益为由而否定限制竞争协议的判例并不多见。换言之,一旦法院认为限制竞争协议符合当事人利益,则很难举证证明其具有伤害公共利益的瑕疵。在第二次世界大战后,随着经济发展与垄断现象的蔓延,对若干类型的协议,如卡特尔(cartel)协议以及其他限制贸易的协议,法律态度发生了变化,承认公共利益受损的倾向开始明显,这些类型的协议对协议当事人来说当属合理情形,因此其主要问题是公共利益是否受损。〔2〕因此,即使协议在当事人之间具有合理性,法院判定限制不合理的真正原因可能还是公共政策。就此而言,考察限制竞争协议是否具有合理性时,往往是将当事人利益与公共利益合并考察,〔3〕需要平衡公私利益,不过度干涉私人之间的合同,但也不能允许私人合同损害公共利益。

经典判例 罗比诉道达尔石油公司〔4〕

在该案中,原告公司为了筹集资金克服财务困难,将加油站出租给被告公司,租期21年,租金3.5万英镑;同时,被告公司又将加油站回租给原告公司的股东进行经营。回租合同中规定了独家供货协议规定,该股东在21年租期内只能从被告公司采购汽油,且应当按年度支付租金,并可以在第7年或第14年选择终止合同。其后双方发生争议,原告公司起诉要求解除合同,原因之一是独家供货协议因营业限制而违

〔1〕 See Edwin Peel, *Treitel on the Law of Contract*, 14th ed., Sweet & Maxwell, 2015, para. 11–074.

〔2〕 See J. Beatson, A. Burrows, J. Cartwright, *Anson's Law of Contract*, 30th ed., Oxford University Press, 2016, p. 433.

〔3〕 Esso Petroleum Co. Ltd. v. Harper's Garage (Stourport) Ltd. [1968] AC 324.

〔4〕 Alec Lobb v. Total Oil Ltd. [1985] 1 All ER 303.

法。上诉法院判决回租合同有效,原因是该股东之前对加油站没有法定权益,因为加油站属于他们创办的公司所有,回租合同是为帮助原告克服经济财务困难而订立的,许多条款对原告有利,独家供货协议限制属于合理情形。

(五)雇佣合同中的限制竞争条款

雇佣合同本身就具有一定的限制性,即雇员在为雇主工作的过程中,必然受到雇佣条件的约束,正当性不存疑问。在雇佣期内,雇主对雇员的服务具有排他性权利,前述的限制贸易原则一般无法适用,除非雇员受到过度限制或合同过度压榨雇员利益。在雇佣期间结束后,若双方之间仍订立限制竞争协议,则其在符合当事人与公共利益方面具有合理性才能具有正当性。合同条款是否具有限制性需要参考实际效果与订约时的各种情况来判断。

在考察限制竞争协议的正当性时,法院需要考察雇主方面的利益。雇主在雇佣合同中有权要求商业秘密及其他秘密信息得到法律保护,也可以阻止雇员滥用客户关系而损害雇主利益。但是,雇主不能禁止雇员使用其个人技巧与经验,即使这些技巧与经验是在雇佣期间获得的。但是,在实践中区分秘密信息与个人技巧与经验往往是解释问题。

目前,商业专业知识(business know-how)已经获得法律认可,是一种可售产品,尽管其性质不完全等同于商业秘密,但也不是雇员个人经验范围之内的知识。若商业专业知识涉及商业秘密,法律需要予以保护,[1]因此专业知识有别于雇员在雇佣期间所获得的个人技巧与经验。这里的困难之处是如何区分秘密信息以及客户身份,因此在一定空间与时间内合理限制竞争的协议是比较合理的限制形式。

因此,限制竞争协议必须能够在保护雇主正当利益的同时不超过合理限度,因此需要考察以下几点要素。[2] 第一,在限制范围上,雇主无权限制雇员从事不同于雇主业务的业务,条件是雇主业务中包含雇员了解的专业知识或积累的商业秘密或客户关系。因此,限制竞争协议禁止雇员从事一切业务则显属无效。[3]

第二,在地域限制上,雇主对雇员这方面的限制不能超过雇主利益所要求的地域范围。在一个判例中,[4]原告是被告公司分公司的一名经纪人,雇佣合同规定其离职后不得在伦敦周边25英里范围内从事与被告义务相竞争的业务,法院判决此限制过分广泛而无效。因此,判断这一问题需要参考与雇主业务的关系,应当限制在雇主

---

〔1〕 Printers and Finishers Ltd. v. Holloway [1965] 1 WLR 1.

〔2〕 See Edwin Peel, *Treitel on the Law of Contract*, 14th ed., Sweet & Maxwell, 2015, para. 11 – 087.

〔3〕 Baker v. Hedgecock [1888] 39 Ch. D 520.

〔4〕 Mason v. Provident Clothing & Supply Co. [1913] AC 724.

业务的实际地域范围内而不是全面限制。

第三,在限制时间长度上,若限制竞争协议时间过长,则往往属于无效。保护商业秘密的必要性并不意味着要无限期保护。雇员与前雇主的客户的关系会随着时间而弱化,因此,无限期的保护并不合理。在一个判例中,[1]被告是原告制衣公司的推销员,双方订立合同规定被告在离职后5年内不得去拜访原告的客户,法院判决认为被告职位较低,此种限制时间过长,因而无效。

第四,在雇佣的性质上,若雇员在雇主企业内职位很高,如高级经理人员,则法律保护雇主的程度就更严格一些,因为高职位的人员一旦违约对雇主的危害显然较一般雇员更大,因此,对低级雇员的限制应当更为宽松。

需要注意的是,在雇佣合同中,限制竞争协议原则上是当事人之间的合同关系,一般不涉及公共利益问题,法院一般不会以公共利益为由否定限制竞争协议。但也有例外判例。[2]

(六)商誉买卖中的限制竞争条款

商誉(goodwill of a business)在商业中也具有市场价值,因此经常成为企业并购中的标的物。在商誉的买卖中,卖方与买方一般会订立限制竞争协议,卖方据此不能与已出售业务发生竞争关系,因此合同会规定限制竞争的范围与时间,对此法院也会给予规制,防止限制超过必要限度。若法院发现限制竞争协议并没有实质上保护合同标的物,而是意在限制竞争本身,则协议归于无效。[3]

(七)卡特尔协议

商业组织之间经常订立卡特尔协议(cartel agreement),目的是限制它们产品的生产与营销并维持价格与标准。另外,商业组织还可能订立合同规制劳工,并互相限制雇用对方的离职员工。在若干行业性组织中,也有订立合同限制专业人才的工作方式,例如,律师与医生都有行业组织限制其做广告或限制收费。卡特尔协议在普通法上属于表面无效(*prima facie* void)情形,必须符合合同各方与公共利益才具有合理性。[4]

在卡特尔协议的司法审查中,法院考察的第一个因素是协议对合同各方来说是否具有合理性。由于订立这种合同的合同各方都是商业组织,因此各方可以视为能够判断他们自己的合理利益。由于合同目的是避免不必要的竞争以避免市场价格大

---

〔1〕 M & S Drapers v. Reynolds [1957] 1 WLR 9.

〔2〕 Bull v. Pitney-Bowes Ltd. [1967] 1 WLR 273.

〔3〕 See Edwin Peel, *Treitel on the Law of Contract*, 14th ed., Sweet & Maxwell, 2015, para. 11 – 065.

〔4〕 See J. Beatson, A. Burrows, J. Cartwright, *Anson's Law of Contract*, 30th ed., Oxford University Press, 2016, p. 411.

起大落,因此,法院很难判定卡特尔协议对各方来说是不合理的,在目前的判例中协议不合理的情形主要是协议中没有规定退出条款导致参与方难以退出合同,因而导致合同无效。[1]

法院审查卡特尔协议的另一个因素是公共利益,普通法往往认为这种卡特尔协议对公共利益并无伤害,有些情况下还有利于公共利益。[2] 在以往的判例中,法院提出卡特尔协议不利于公共利益的标准是卡特尔协议形成了恶性垄断,即其目的是形成不合理的高价,这实际上导致卡特尔协议违法成为不可能的情形。就此而言,普通法在此方面并没有鼓励竞争。当然,即使法院持有不同立场,也很难对卡特尔协议进行审查,因为法院具有被动性,只能审查违约情况,而不可能像行政机构一样提起主动审查。

(八)排他性交易协议

这种协议的常见情形,是规定合同一方(往往是企业)只能从一家卖方订约购买其所需的所有产品,而不能从其他卖方处购买,或者是只能向一家买方出售所有产品而不能出售给其他买方。[3] 显然,这也是一种限制竞争协议,属于英国《1998 年竞争法案》的管制范围。

经典判例　埃索石油公司诉哈勃加油站公司[4]

在该案中,被告拥有两家加油站。为了保证第一个加油站的供应,被告与原告订立独家供应合同,同意只从原告处购买汽油产品,期限是 4 年零 5 个月。该协议中包括一个继续履约的条款,据该条款,若被告出售该加油站,则其有义务确保买方会与原告订立类似的协议。该协议中还有一个"开放"条款,被告同意会在所有合理时间开放加油站以出售汽油,作为回报被告会得到油价折扣。关于第二个加油站,被告为了获得相关贷款而同意订立以原告为受益人的按揭合同,标的物为加油站及其附属设施,被告同意在 21 年内还本付息偿还贷款,还同意第二个加油站的合同义务在按揭合同有效期内等同第一个加油站合同。被告在后来的经营中出售了其他品牌的汽油,原告因此起诉,被告的抗辩之一是两个合同都有不合理限制竞争情形而无效。上议院判决认为,第一个加油站合同符合双方利益因而具有合理性,因为合同目的是确保原告获得销售渠道与分销体系以及销售的稳定性,这一利益并无不当,对公共利益也没有伤害。但上议院认为第二个合同所规定的 21 年期限过长,超过了保护原告利

---

[1] McEllistrim v. Ballymacelligott Co-operative Agriculture and Dairy Society Ltd. [1919] AC 548.

[2] North Western Salt Co. Ltd. v. Electrolytic Alkali Co. Ltd. [1914] AC 461.

[3] See Edwin Peel, *Treitel on the Law of Contract*, 14th ed., Sweet & Maxwell, 2015, para. 11 – 093.

[4] Esso Petroleum Co. Ltd. v. Harper's Garage (Stourport) Ltd. [1968] AC 269.

益的必要期间,因而不具有执行力。

另一种常见的情形,是土地合同中的限制性条款(restrictive covenants on land)。土地按揭合同中经常包含有限制性条款,也受到普通法中限制贸易原则的限制。由于土地的不动产性质使然,如何确定限制范围经常成为难题。从公共政策角度来说,土地合同包含各种限制性条款的情况非常普遍,若判决此类条款一律无效,则会造成大量问题与诉讼。因此,土地的买卖或租赁合同中含有限制性条款的情况基本上仍属于合法情况。总体而言,这方面的问题还是根据立法解决比较可行,即根据是否具有限制竞争效果的分析路径来分析。

经典判例　帕纳亚投诉索尼音乐(英国)公司[1]

在该案中,原告是一支流行乐队的成员,与被告公司订立有录音合同。1983 年双方发生争议,原告主张合同不合理地限制营业,因而无效。1984 年乐队与公司达成和解并重新商订,原告作为独唱艺术家参与协商,与被告达成新的协议。合同规定,协议最长有效期限为 15 年,原告可以加速录制唱片以缩短合同有效期,但在协议期满后 3 年内不得重新录制以保护被告利益。1992 年原告再次起诉,主张合同不合理限制营业。上诉法院判决驳回起诉,认为新合同是合理的,并未超出保护被告利益所必需的合理水平,原告加速录制时间以缩短有效期间对原告有利,期满 3 年内不得录制原唱片对原告来说也不是过分的负担,因此原告的诉请没有依据。

第二节　普通法中的违法合同

除了前述制定法所规定的违法情形,普通法中法院也通过判例确定了很多公共政策来规制违法合同,以补充立法的不足。这里涉及的核心概念是公共政策(public policy),此概念历史悠久而模糊不清,始终难以予以准确定性,在英国法中号称“不听驾驭的烈马”(a very unruly horse)。[2] 法院就此可以根据具体情况来解释以体现一般的社会公共意识,因此,了解该概念不能仅从抽象定义入手,而是必须结合判例的历史背景来认识,往往随着时代变迁而不断变化。

19 世纪时期,法院对干涉合同自由一般情况下都非常保守与谨慎,原因是当时是资本主义发展初期,对“自由人的自由意志”十分推崇,导致法院不愿意以公共政

---

〔1〕 Panayiotou v. Sony Music(UK)Ltd. [1994] Ch. D 142.

〔2〕 Richardson v. Mellish [1824] 2 Bing 229,252.

策为由轻易干预合同。到了第二次世界大战后,法院以公共政策为由干预合同变得越来越频繁,体现了司法的能动性与主动性,目的是解决立法反应不够及时的问题,不少司法中产生的规则最终构成转化成为立法规则,这方面的例证包括反垄断协议等。[1] 总体而言,英国法院在这方面仍发挥重要作用,反映了社会观念与道德观念的不断发展以及法院在社会与商业的发展中所起到的重要作用。下面列举若干英国法院所确立的违法合同类型。

一、有关犯罪、侵权或欺诈性质的合同

这类合同的违法性显而易见。因此,若合同目的在于实施犯罪行为,无论其违反的是立法还是普通法,都不具有法律执行力,但本身合法的合同在履行中发生犯罪问题并不一定导致合同成为违法情况。[2] 同理,法院也不会协助有关侵权行为的合同,例如,约定打架的合同在古代就属于无效情况,[3]类似的情况还包括涉及诽谤、欺诈、串通、逃避纳税义务等的合同。[4]

经典判例　米勒诉卡林斯基[5]

在该案中,雇主同意每周付给雇员 10 英镑再加上其他费用,其他费用包括雇员的工资应当缴纳的所得税,双方实际上串通以实现逃税的目的。后来,雇主只按每周 10 英镑向雇员支付工资,雇员因此起诉要求得到全部工资。法院驳回起诉,认为该串通行为的目的是偷逃税款以欺诈税务机关,合同不能进行分解,合同整体上属于违法情形,因此得不到法律救济。

二、补偿协议

补偿协议(contract of indemnity)很常见,容易涉及合法性问题。显然,为犯罪或侵权行为提供补偿的合同不具有法律执行力,这种情况常见于保险合同之中。一般而言,被保险人不能就故意错误行为(intentional wrongful act)而获得赔偿。在一个判例中,一名摩托车手在骑行中发生重大过失或犯罪性过失而造成损失,他仍可以根

[1] See M. Furmston, Cheshire, *Fifoot and Furmston's Law of Contract*, 16th ed., Oxford University Press, 2012, p. 457.

[2] See J. Beatson, A. Burrows, J. Cartwright, *Anson's Law of Contract*, 30th ed., Oxford University Press, 2016, p. 414.

[3] Allen v. Rescous [1677] 2 Lev. 174.

[4] See Edwin Peel, *Treitel on the Law of Contract*, 14th ed., Sweet & Maxwell, 2015, para. 11 - 014.

[5] Miller v. Karlinski [1945] 62 TLR 85.

据保险单获得赔偿。[1]

三、国际关系对合同的影响

国际关系对于国际经贸关系经常发生重大影响,对合同的影响往往体现为合法性问题,在国际关系紧张或处于战争的情况下,合同往往发生违法情形。[2] 例如,与敌人订立的合同属于违法。战时本国国民不能与敌人发生交易,即使合同是战前订立的。[3] 若合同规定战时所有合同权利与义务都暂时中止,合同仍然因违法而无效,理由是此性质合同有利于敌国,实为资敌。[4] 另外,合同可能因不利于友邦国家而丧失执行力,[5]英国法院认为,由法院判决合同具有执行力因而可以在外国违法执行并不符合英国的公共政策。例如,在一个判例中,合同内容是往美国运输酒精制品,而当时美国法律严格禁酒,法院判决该合同不具有执行力。[6] 但这并不意味着履行涉及违反本国法律的外国被告就会为法院判决不具有执行力。不符合英国公共政策或法律的外国法在英国没有效力,这一原则可以适用于他国的刑事、政治与税收等法律,但英国法院会根据具体情况灵活处理,并不意味着外国法在英国一律无效。

经典判例　雷加佐尼诉塞西公司[7]

在该案中,双方订立合同由被告向位于意大利的原告出售并从印度运输一批麻袋。当时印度政府与南非政府正就印度国民在南非的待遇问题发生外交争议,因此禁止向南非直接出口麻袋制品,对间接进出口产品也科以罚金。该案中的双方都知道该批货物会运输到南非,这明显违反印度法律,因此最终未能交货,原告因此以不履约起诉。上议院判决认为,合同要求出口违反印度法律的货物,因此不能在英国具有执行力,即使该法律属于政治性法律,原告因此败诉。

四、有关政府管理的合同

政府为公众提供公共服务,因此公正性事关重大,凡对此构成危害者当属非法合同。如买官卖官合同,这明显是违法情况,因此当然无效。同理,若合同当事人同意利

---

〔1〕 Hardy v. Motor Insurers' Bureau [1964] 2 QB 745.

〔2〕 See J. Beatson, A. Burrows, J. Cartwright, *Anson's Law of Contract*, 30th ed., Oxford University Press, 2016, p. 417.

〔3〕 Potts v. Bell [1800] 8 Term R 548.

〔4〕 See Edwin Peel, *Treitel on the Law of Contract*, 14th ed., Sweet & Maxwell, 2015, para. 11 – 059.

〔5〕 De Wütz v. Hendricks [1824] 2 Bing 314, 316.

〔6〕 Foster v. Driscoll [1929] 1 KB 470.

〔7〕 Regazzoni v. KC Sethia (1944) Ltd. [1958] AC 301.

用影响力或地位从政府获得各种利益，包括头衔、合同或其他情况者，都属非法情况。例如，议会议员为了从政治组织获得利益而同意根据该组织指示投票的合同属于非法，[1]为了获得骑士（Knighthood）爵位而向慈善组织捐款的合同也属非法。另外，试图影响公共程序结果的协议不一定当然违反公共利益，这种情况下的合法性比较微妙。

五、有关司法公正的合同

司法公正也是重要的公共利益。例如，若双方订立合同要求一方承诺不披露根据公共利益应当披露的不法行为，法院判决该合同义务不具有执行力。[2] 但是，法院在审理中会考察此种行为违反公共利益是否足够严重而判定其违法，例如，受欺诈影响的一方为获得有利信息以阻止欺诈而订立保密协议，法院认为此合同不违反公共政策，[3]但如果保密协议范围过大以致该合同方不能披露相关信息而影响他人利益，那么合同就可能不具有执行力。

（一）刑事犯罪方面的合同

有关刑事犯罪的合同容易发生合法性问题。在 1967 年之前，关于轻罪（misdemeanour）诉讼的弃权协议（compromise），例如，打架与口头诽谤，因属于私人性质而不属于违法情况；但若涉及放弃重罪（felony）或公益性质轻罪的弃权协议属于违法情况而不具有执行力，就重罪达成和解本身属于犯罪行为。英国《1967 年刑事法案》已经废除了重罪与轻罪的区分，并规定就重罪达成和解（不包括叛国罪）不再是违法行为，但该法案对这一规定有其他限制。总体而言，就犯罪行为达成和解协议需要视违法情况的严重性来判定。

（二）有关司法程序的合同

司法程序事关国家与社会的公平与稳定，因此对其造成影响的合同也会受到法院严格审查。[4] 从司法政策方面来看，英国法院对投机性诉讼（speculative litigation）一直持反对态度，认为投机性诉讼违反公共政策因而不合法，这意味着，一方不能因另一方发生争议而从中牟利或以帮助为名而挑拨另一方提起诉讼并收费，否则会鼓励滥诉，其中很可能发生漫天要价、伪造证据乃至于收买证人等各种有害于司法程序的情况。这一保护司法公正的司法政策持续了很多年，但也存在一些争议。

---

〔1〕 Osborne v. Amalgamated Society of Railway Servants [1910] AC 87.

〔2〕 See J. Beatson, A. Burrows, J. Cartwright, *Anson's Law of Contract*, 30th ed., Oxford University Press, 2016, p. 419.

〔3〕 Howard v. Odhams Press Ltd. [1938] 1 KB 1, 42.

〔4〕 See J. Beatson, A. Burrows, J. Cartwright, *Anson's Law of Contract*, 30th ed., Oxford University Press, 2016, p. 420.

在20世纪,由于很多诉讼没有他人(如赞助诉讼的工会与保险公司)支持就无法进行,因此相关规则出现很多变化,以利于弱势方提起诉讼保护合法利益。另外,英国《1990年法院与法律服务法案》(Courts and Legal Services Act 1990)以及《1999年获得正义法案》(Access to Justice Act 1999)对这一类问题也进行了规制,允许之前违法的资助诉讼行为具有合法性。[1]

在英国司法历史上,一直存在资助诉讼的助讼合同与帮讼合同(maintenance and champerty)。助讼合同,是指合同一方在没有正当理由的情况下为他方不存在正当理由的诉讼提供帮助;帮讼合同,是指合同双方同意一方为得到部分判决金额而提供帮助,后者是前者的加重情况。历史上这两种合同属于侵权与犯罪行为,[2]但英国《1967年刑事法案》已经明确废除该行为的刑事与侵权责任。普通法历史上一直认为这类型合同是投机性诉讼,尤其是帮讼合同,往往是律师与当事人订立合同以挑动当事人诉讼并最终使律师获益的情况。[3] 因此,对帮讼合同,法院会判决其无效。但是,若合同一方为对方收回财产提供相关信息以帮助该诉讼并作为报酬得到部分财产,则合同仍属有效;[4]但若提供信息的一方为此目的获得证据或以其他方式提供帮助,则合同因违反公共政策而无效。法院可以根据具体情况进行解释。

有关司法程序的合同中存在一个核心概念,即诉讼中应当有公正诉因(just cause or excuse),这一概念的解释在很多情况下会决定帮讼与助讼合同是否具有合法性。公正诉因的概念近代以来范围不断扩大。例如,工会与保险公司提供资助的诉讼已经具有合法性,因此,雇主可以资助雇员提起诽谤诉讼以保护其工作名声。在这种情况下,真实的商业利益可以成为公正诉因的基础,但资助方具有的正当利益应当有别于其可以从合同中获得的利益。

当代社会一种比较常见的情况是风险费合同(conditional fee agreement),即指律师与当事人订立合同以诉讼结果作为付费条件,律师胜诉则按比例收费,败诉不收费。这种合同在一定情况下为英国《1990年法院与法律服务法案》所允许,律师据此可以与客户约定从胜诉费中获得抽成,最大比例达到100%。[5] 此种合同必须书面订立,并符合若干条例的规定。英国《1999年获得正义法案》也在一定情况下允许资助诉讼的替代方式,因此其承认赔偿类案件中的风险费合同,但亲属案件中不能适用。

---

〔1〕 See M. Furmston, Cheshire, *Fifoot and Furmston's Law of Contract*, 16th ed., Oxford University Press, 2012, p. 502.

〔2〕 See Edwin Peel, *Treitel on the Law of Contract*, 14th ed., Sweet & Maxwell, 2015, para. 11 – 012.

〔3〕 Wild v. Simpson [1919] 2 KB 544.

〔4〕 Rees v. De Bernardy [1896] 2 Ch. 437.

〔5〕 See Edwin Peel, *Treitel on the Law of Contract*, 14th ed., Sweet & Maxwell, 2015, para. 11 – 046.

(三)有关管辖权的合同

在近代普通法上,目的在于排除法院管辖权的协议因违反公共政策而无效,[1] 法院认为确保公民有权获得法庭判决是一种重要的公共政策。这一政策在仲裁领域已经发生重大变化,相关立法规定仲裁条款或协议中排除法院管辖权的约定有效,尤其是在国际商事合同中。实际上,大量国际贸易合同中都约定有仲裁条款,该条款目的是确立双方若有争议应当提交仲裁解决,此条款属于有效条款。英国《1996 年仲裁法案》(Arbitration Act 1996)对其有详细规制。

六、有关公共道德的合同

公共道德(good morals)是一个范围模糊的词语,缺乏明确定义与具体内容。对此,英国普通法上所反对的不道德合同(*contra bonos mores*)主要是涉及不正当性关系的合同,此类型合同显属无效。过去法院会拒绝执行直接或间接涉及不正当性关系的合同,因此男人对情妇的诺言在法律上属于无效情况,[2] 情妇承租房屋用于居住并由情夫提供租金的租约在出租人知情的情况下在法律上也无效。[3] 在当代社会,随着社会观念的变迁,法院对于婚外同居合同的态度也发生了变化。另外,未婚同居已经为社会接受,法律对于未婚人士也开始提供若干权利,此类合同的不道德性已经显著下降。

七、有关家庭关系的合同

若合同双方订约目的是限制婚姻自由,合同因有损于公共利益而无效。[4] 在一个判例中,合同一方以蜡封形式对相对方许诺非对方不婚,违约者付款 1000 英镑,法院判决此合同无效,因为合同双方都没有结婚之诺言,该协议纯粹是限制性诺言。[5] 同理,以两人结婚作为对价的诺言也属于非法合同。在英国古代,为他人介绍异性以结婚的协议也属无效,但是这种协议在当代已经成为合法合同。[6] 在普通法上,若一已婚人士对他人许诺在其配偶死后与之结婚,该人也知道允诺人是已婚状态,该诺言不具有执行力,原因在于该合同不符合已婚者应当有的感情,而且构成不道德行为的诱因。[7]

---

〔1〕 Czarnikow v. Roth Schmidt [1922] 2 KB 478.

〔2〕 Coral Leisure Group Ltd. v. Barnett [1981] ICR 503,506.

〔3〕 Upfll v. Wright [1911] 1 KB 506.

〔4〕 See J. Beatson, A. Burrows, J. Cartwright, *Anson's Law of Contract*, 30th ed., Oxford University Press, 2016, p. 426.

〔5〕 Lowe v. Peers [1768] 4 Burr 2225.

〔6〕 See Edwin Peel, *Treitel on the Law of Contract*, 14th ed., Sweet & Maxwell, 2015, para. 11 – 041.

〔7〕 Wilson v. Carnley [1908] 1 KB 729,740.

第三节　违法合同的后果

一、基本原则

法律对于违法合同从逻辑上来说是坚决反对的,这体现了国家与社会对违法行为的负面判断,关于此立场并无异议。但是,“违法”一词的含义非常广泛,其不正当性也有很多区别,危害也存在很大的差异,因此不能一概而论。在实践中,法院需要根据违法的性质、严重程度、后果等因素来判断具体合同的违法性,并视情况提供救济。[1] 在严重违法的情况下,法律原则上不提供任何救济。在不是很严重的情况下,法院会视情况提供适当救济,例如,允许恢复原状、分解合同等,以减轻规则适用的严格性。[2] 因此,违法合同的后果是一个比较复杂的问题,往往不是纯粹的逻辑问题。在这方面,英国历史上的著名法官曼斯菲尔德对此曾有精辟论述,[3]说明法院判决合同违法的根本理由并不在于为当事人考虑,即不是为保护合同一方,而在于公共政策,即所谓的拉丁语格言“对不法诉因不准起诉”(*ex dolo malo non oritur actio*)。因此,在通常情况下,知晓合同违法情形的人不能要求执行合同或要求金钱或财产的返还,相对方本身是否有违法情况对此也不产生影响。

在实践中,危害性不同的合同会产生复杂的情况,例如,各方不法行为的责任、不当得利(unjust enrichment)、违法性与诉求关系等问题,因此法院会酌情考察案情以减轻不保护规则所造成的严重后果,在不对公共利益造成危害的前提下进行个案处理,英国普通法上称为“公共良心”(public conscience)标准。[4] 对此问题,英国司法界一直存在争议,但因为问题过于庞杂与琐碎,因此英国立法机关一直不愿意进行全面的立法规制,故而英国法院在这一问题上享有较大的自由裁量权,各种规则按照普通法的方式逐步积累。

二、合同本身违法

若立法或公共政策明确或默示地禁止特定类型合同,则合同属于无效或无执行力,尽管当事人可能不知道构成违法情况的事实,也没有意图违法。在英国法中,这

---

〔1〕 See Edwin Peel, *Treitel on the Law of Contract*, 14th ed., Sweet & Maxwell, 2015, para. 11 – 110.

〔2〕 J. Beatson, A. Burrows, J. Cartwright, *Anson's Law of Contract*, 30th ed., Oxford University Press, 2016, p. 435.

〔3〕 Holman v. Johnson [1775] 1 Cowp 341, 343.

〔4〕 M. Furmston, Cheshire, *Fifoot and Furmston's Law of Contract*, 16th ed., Oxford University Press, 2012, p. 476.

种情形属于本身违法,法院在考察此类问题时不考虑当事人的主观意图。[1] 显然,这类型合同的违法情况一般属于严重情形。本章在第二节所列举的几个判例就说明了此问题,法院不愿意在严重违法情况下为当事人提供救济,被法律禁止的协议本身即属无效,因此不产生权利,这是当事人应当为不法行为付出的代价。

经典判例　亚历山大诉雷森[2]

在该案中,原告订立两份合同将一套公寓出租给被告,一份合同中的租金是每年450英镑,另一份合同则约定以每年750英镑的价格提供房屋相关服务。两份合同规定的租金较低,而服务价格较高,显然是在规避法律。后来,被告拒绝支付到期租金,原告起诉,说明当时订立两份合同的目的是获得税务优惠,被告并不知道原告的考虑。上诉法院驳回原告请求,并认为此种情况下原告订立合同的目的非法,因此合同整体非法,原告不能根据合同起诉。可见,英国对于规避法律的"阴阳合同"采取较为严格的态度。

但是,判断立法或公共政策导致某一类型合同本身即属于违法还是仅仅剥夺违法方诉权实际上并不容易。现代英国法的立场是没有违法目的的合同方仍旧可以获得救济。因此,这里的核心问题是当事人的主观状态。[3] 除非立法明确规定或公共政策要求导致合同完全违法,无过错方可以提起合同之诉。这意味着即使合同本身违法,无过错方也不一定就不得救济。若无过错方是因虚假陈述或对方保证而订立合同,则其或可因附带保证(collateral warranty)而可得赔偿,或因欺诈可得赔偿,条件是无过错方的行为本身过错不会造成其不得救济。

经典判例　帕特尔诉莫扎[4]

在该案中,原告、被告订立合同,原告支付给被告一笔钱试图利用内幕消息(insider information)来买卖公司股票以牟利。该行为属于违反英国《1993年刑事公正法案》第53条的犯罪行为。由于内幕消息并未发生,因此没有发生违法行为。原告起诉要求被告返还资金,诉因是违约与不当得利。被告拒绝返还,认为原告是以自身违法行为才能得到相关利益,返还会鼓励违法情况从而有违公益。法院判决原告

---

[1] See J. Beatson, A. Burrows, J. Cartwright, *Anson's Law of Contract*, 30th ed., Oxford University Press, 2016, p. 443.

[2] Alexander v. Rayson [1936] 1 KB 169.

[3] See Edwin Peel, *Treitel on the Law of Contract*, 14th ed., Sweet & Maxwell, 2015, para. 11 – 117.

[4] Patel v. Mirza [2016] UKSC 42.

胜诉,认为原告的违法行为不足以构成拒绝返还的正当理由。显然,法院在该案中认为原告并未实际违法,若没收价金则对原告过于严苛,出于平衡双方利益而允许返还。

三、主观意图对合法性的影响

当事人主观意思对合同合法性具有重要影响,即合同一方或双方订约目的就是从事法律所禁止的行为,因此需要考察他们是否知情或参与非法目的。[1] 若合同一方订立合同目的非法或以非法方式履行合同,或其知道合同目的是从事非法行为,则该方无权提起合同之诉或要求执行;若合同双方均有非法故意,则双方均不能起诉。[2] 另外,若合同一方没有非法目的,则法律会为其提供救济,具体包括以下几种情况。

第一,合法行为有助于非法目的。若合同目的是从事合法行为,但合同一方意图用于非法目的或以非法方式来履行,则无过错方可以提起合同之诉。在该方不知道相对方非法目的的情况下,他可以要求标的物返还或获得全额赔偿。如无过错方在交易完成前或履行过程中知道了违法情节,则可以此为由拒绝履行。但是,若在合同履行前无过错方发现非法目的,他仍允许合同继续履行,则其不能要求赔偿。

第二,发生违法行为。若合同不属于本身违法情形,且合同一方不知道合同非法情形,则其可以获得救济。[3] 在这种情况下,合同仍属合法,不知违法情形的无过错方可以要求执行合同。无过错方在已经部分履行合同的情况下,发现违法性之前可以要求对方为部分工作提供合理补偿。[4]

经典判例　休斯诉财产管理者公司[5]

在该案中,被告作为股票中介未取得许可证就从事股票交易中介服务,指示他人进行股市投资。原告与被告订立合同,由于股市波动导致所购股票价值下跌,原告遭受损失,因此起诉被告要求赔偿损失。被告抗辩认为,根据立法规定,任何人必须取得许可证才能从事股票中介服务,被告没有取得许可证,从事交易属于违法,因而无效。上诉法院判决,被告应当赔偿原告损失,立法的管制对象是被告,而并未明确禁止本案中的合同,立法的目的是保护投资者利益。因此,在原告是被告违法行为受害者的情况下不能认为合同无效导致原告不得赔偿,否则有违立法本意。

---

[1] See Edwin Peel, *Treitel on the Law of Contract*, 14th ed., Sweet & Maxwell, 2015, para. 11 – 118.

[2] See J. Beatson, A. Burrows, J. Cartwright, *Anson's Law of Contract*, 30th ed., Oxford University Press, 2016, p. 439.

[3] See J. Beatson, A. Burrows, J. Cartwright, *Anson's Law of Contract*, 30th ed., Oxford University Press, 2016, p. 440.

[4] Clay v. Yates [1856] 1 H & N 73.

[5] Hughes v. Asset Managers Plc [1995] 3 All ER 669.

第三,合同订立时合法但履行违法。若合同订立时没有非法目的但一方履约中发生违法情形,在一般情况下该方不得以其违法情形为由要求执行合同权利,但还需要考察具体情况。若立法规定的违法情况发生在合同履行中,立法目的可能仅在于处以罚款,而不是阻止违约方要求民事救济,那么该方仍可以要求执行合同权利。还有可能是在其他情况下公共政策并不要求剥夺违法方因其违法行为而丧失合同权利。总体而言,无过错方的合同权利不受影响。

经典判例　阿克波尔德(船运)公司诉斯巴莱特公司〔1〕

在该案中,被告与原告订立合同负责承运一批威士忌。原告并不知道运输车辆没有相关执照,因此不能承运货物。由于司机过失,货物中途被盗,原告因此起诉要求被告赔偿。被告的抗辩是合同违法因而无须承担责任。上诉法院判决被告败诉,立法并不直接禁止该合同,其非法情形是被告履行方式非法,而原告对此也不知情,因此有权要求赔偿。因此,合同本身合法但履行非法的情况下无过错方可以要求执行合同权利,除非无过错方知道履行方式非法而且积极参与非法履行。

第四,不懂法不构成有效抗辩。合同非法的相关诉讼中经常出现的抗辩是合同违法方知道违法事实但不知道立法规定。〔2〕在一般情况下,这不构成有效抗辩,因为知晓法律通常是一个基本假设,在这种情况下违法一方不能被视为无过错方。在一个判例中,〔3〕原告起诉被告要求其支付一张赌博桌子的租金,当时的法律禁止赌博,双方订约时都不知道赌博违法,原告指称说其没有违法故意。上诉法院拒绝此观点,判决认为不知道法律不构成抗辩,原告败诉。

第五,履行合法则不懂法可以构成有效抗辩。在这种情况下的关键因素是合同当事人并无违法意图,因此违法情况显属轻微。因此,若合同订立时没有违法,但在履行中发生违法情形,一方以不知道违法作为抗辩可以被法院接受,但若其知道违法情形后仍继续履行则无法得到救济。

四、违法利益的处理

违法合同会产生各种利益,按照法律逻辑,任何人都不允许从违法行为中直接或间接获益,尤其是该利益源于从事违反行为一方的履行之中。因此,合理规则是立法

---

〔1〕 Archbold's(Freightage)Ltd. v. Spanglett Ltd. [1961] 1 QB 374.

〔2〕 See J. Beatson, A. Burrows, J. Cartwright, *Anson's Law of Contract*, 30th ed., Oxford University Press, 2016, p. 441.

〔3〕 JM Allan [Merchandising] Ltd. v. Cloke [1963] 2 QB 340.

或公共政策确实要求剥夺违法行为所产生的利益,才能适用该规则。[1] 对违法合同的产物,法院不会提供返还性质的不当得利救济,以防止产生间接执行合同的效果。因此,该问题说到底还是一个利益平衡问题。

经典判例 斯通公司诉莫尔·斯蒂芬斯[2]

在该案中,原告聘请被告会计师事务所受聘负责审计相关财务报表。该董事有欺诈性转移公司财产、虚构交易以欺诈银行贷款等违法行为,被告在审计中均未发现。银行另案起诉公司和该董事并获得赔偿,由于公司与董事都没有财产,因此赔偿毫无意义,公司也进入清算程序。清算人因此以公司名义起诉被告请求赔偿。一审法院判决被告应当承担责任,上诉法院改判,上议院维持改判结果。上议院认为,被告进行审计时是对原告公司而非他人负有谨慎责任,既然原告公司是一人公司,董事的欺诈行为就归于公司,如果公司起诉被告违反责任,就必须依赖公司本身的违法行为,而违法行为不成立诉因,因此原告败诉。法院判决实际上剥夺了原告的诉权,表明公司管制规则的严格性。

另外,违反合同可能对附带交易(collateral transaction)产生不利影响。法院需视情况而判断附带交易的合法性问题。[3] 一是担保交易,违法合同有可能影响其产生的担保交易。因为担保交易具有附随性,因此,对违反合同付款或履行提供的任何担保都无效,即使其并未根据违法合同订立。在一个判例中,[4] 双方订立担保合同为土地购买价金提供担保,由于买卖合同目的违法,该担保合同因此随之无效。二是汇票(bill of exchange),同理,若违法合同中以汇票作为付款方式并承担担保功能,则后手持票人(subsequent holder)不能按照票据法规则成为正当持票人(holder in due course),该持票人可以获得返还,但必须能够证明前手已经支付对价且不知道违法情形。为违法合同提供融资服务的借款合同也遵循此规则。

五、合同分解

违法合同不一定全部违法,有可能出现的情况是部分违法、部分合法。这种情况下就需要视情况对合同进行分解(severance)处理,对违法部分不提供救济,对合法部

---

〔1〕 See J. Beatson, A. Burrows, J. Cartwright, *Anson's Law of Contract*, 30th ed., Oxford University Press, 2016, p. 443.

〔2〕 Stone Rolls Ltd. v. Moore Stephens [2009] UKHL 39.

〔3〕 See Edwin Peel, *Treitel on the Law of Contract*, 14th ed., Sweet & Maxwell, 2015, para. 11 – 167.

〔4〕 Fisher v. Bridges [1854] 3 E & B 642.

分切割处理,而不是笼统地全部认定为违法情形。[1] 在19世纪,英国法院对于分解合同要求比较严格,分解的部分必须有单独的对价支持才能按照合法处理。合同部分合法一般是按照违法性质以及公共政策的思路来处理。但是,法院不能为当事人创造全新的合同,因此分解有其限制,仍然是视情况而定。[2]

(一)合同分解的公共政策

分解合同中的必要因素是考察合同违反公共政策的严重性,确保合同合法部分符合公共政策。[3] 若合同条款涉及严重违法情形,例如,合同目的是从事刑事犯罪行为,则整个合同都因此违法,法院拒绝提供任何救济,不会分解合同,至少不会为知道或参与违法行为的一方提供分解合同的救济。另外,公共政策也并不一定会阻止法院分解处理无效与无执行力的合同条款,特别是针对不合理限制贸易或排除法院管辖权的合同条款,这类型条款一般不属于本身违法情形,一般不会使整个合同发生无效情形,因此,可以进行分解处理,合同双方均可以主张自己的合法合同权利。法院在这方面有较大的自由裁量权,主要是视对立法或公共政策的解释而定。

(二)合同分解方法

在合同分解符合公共政策要求的前提下,仍必须满足其他条件才可能成立。但是,这方面的判例一直有争议,而且不少判例之间存在矛盾。下面是几个基本条件。

第一,合同分解必须针对合同违法部分能够与合法部分分开处理的情况。英国法中对此规则的名称是"蓝铅笔"(blue pencil)规则,这是一种形象的比喻说法。

经典判例　戈德索尔诉戈德曼[4]

在该案中,原告与被告订立合同收购被告在伦敦的一家珠宝店,他们两个都是珠宝商,合同中规定被告2年内在英国的任何地方、法国、美国、俄罗斯、西班牙等都不能单独或合伙从事珠宝或人造珠宝的买卖业务。被告其后加入了被收购珠宝店附近不远的一家珠宝店,原告因此起诉,要求法院发布禁令(injunction)禁止其违约。上诉法院判决,由于被告生意主要是在人造珠宝方面,因此该合同禁止的范围过广,地域范围也太大。但合同中可以分割的部分是天然珠宝以及其他国家,所以合同可以限制的范围是英国范围内的人造珠宝业务,在此范围内合同合理,因此具有执行力。

---

[1] See J. Beatson, A. Burrows, J. Cartwright, *Anson's Law of Contract*, 30th ed., Oxford University Press, 2016, p. 455.

[2] See Edwin Peel, *Treitel on the Law of Contract*, 14th ed., Sweet & Maxwell, 2015, para. 11 – 154.

[3] See J. Beatson, A. Burrows, J. Cartwright, *Anson's Law of Contract*, 30th ed., Oxford University Press, 2016, p. 456.

[4] Goldsoll v. Goldman [1915] 1 Ch. 292.

法院判决的重要原因是法院不能为当事人制定新合同。

第二,违法诺言不能构成诺言的主对价。这一规则意味着,一旦合同中诺言与对价中主要部分是非法情形,该合同原则上不能分割。[1] 违法情形在对价中只能是部分违法或次要部分违法,否则就意味着诺言方履行诺言,而对方所支付的对价就要远远少于诺言方,二者之间严重不平衡。[2]

第三,违法诺言没有更改合同。若违法条款与合同其他条款关系十分紧密以至于切割合同会导致改变合同的范围与目的,则合同不能分解。换言之,法院不能为当事人另行订立一个全新合同。这一规则适用起来难度较大,实际上往往成为复杂的合同解释问题。[3]

(三)合同分解的后果

合同分解的效果视案情而定。若合同的非法部分与合法部分界限清楚,各自都有对价支持,法院会判决非法部分与其对价一律无效,不影响合法部分的执行力。[4] 例如,工程合同中经常发生未经政府核准或备案的施工,在这种情况下合同可以发生分割,合法部分的施工对方应当付款,按照成本加利润的方式计算,[5]但非法部分不具有法律执行力,对方也无须付款。另外,法院可能会对一方的合同义务进行分解,对方提供的对价并不受影响,分解仅对一方有效。若合同分解会实质性地更改合同性质,合同双方都不接受分解后的合同,则法院可以判决恢复原状。

经典判例　西南矿物水公司诉阿什莫[6]

在该案中,被告订约从原告处购买公司控制股权,被告需要支付6000英镑,并拥有选择权以36,500英镑购买公司资产,以公司债券提供担保。另外,被告被允许占有公司的设施并运走所有资产。后来,双方意识到公司债券因违反当时的公司法而违法。双方发生争议。法院判决违法债券不能导致合同整体无效。原告可以执行合同,条件是放弃担保;被告也可以执行合同,条件是立即支付款项。但双方都不愿意

---

[1] See J. Beatson, A. Burrows, J. Cartwright, *Anson's Law of Contract*, 30th ed., Oxford University Press, 2016, p. 458.

[2] See Edwin Peel, *Treitel on the Law of Contract*, 14th ed., Sweet & Maxwell, 2015, para. 11 – 160.

[3] See M. Furmston, Cheshire, *Fifoot and Furmston's Law of Contract*, 16th ed., Oxford University Press, 2012, p. 533.

[4] See J. Beatson, A. Burrows, J. Cartwright, *Anson's Law of Contract*, 30th ed., Oxford University Press, 2016, p. 460.

[5] Frank W Cliff ord Ltd. v. Garth [1956] 1 WLR 570.

[6] South Western Mineral Water Co. Ltd. v. Ashmore [1967] 1 WLR 1110.

按此条件执行合同,因此原告须返还6000英镑,被告须放弃已占有的财产并返还。

六、恢复原状

通常而言,违法合同所产生的金钱或财产交换不能够通过恢复原状或返还来进行救济,以体现立法或公共政策的严肃性,此规则成为拉丁文法律格言"互有过失,被告得利"(*in pari delicto potior est conditio defendentis*)。另外,对于违法性不是很严重的情况,法院也可能提供返还救济,具体分为以下三种情况。[1]

(一)起诉要求返还时违法目的未发生实际效果

这种情况一般是指,原告及时撤回导致违法目的没有发生效果,但已经发生价款支付、财产转移等情况,原告可以要求返还。[2] 一般需要两个条件:一是要求返还的一方必须在违法目的部分或全部实施以前撤回;二是撤回是自愿的而不是因该方无法控制的客观情况所致。但是,若违法情况十分严重,即使原告一方及时撤回,法院也不会提供返还救济,典型情况是资助自杀。[3] 例如,违法合同虽已订立但处于待履行状态,双方因此有机会反悔,但如果他是等到违法合同实际履行时才反悔,则不能获得返还救济。

另外,返还救济的条件还需要撤回是自愿而为之,拉丁谚语"行为前悔改"(*locus poenitentiae*)就是此意。因此,只有当合同一方自愿撤回违法行为时,法院才会判决返还,若该方撤回违法行为是因为合同对方没有履约或其他原因,则不能提供返还救济。但是,尽管对要求返还方的条件是自愿撤回,但并不意味着要求其内心真实地感到后悔(repentance),即有撤回行为就可以成立,不要求主观上确实存在悔恨。

(二)要求返还的一方与对方相比过失较小

若要求返还一方与对方发生了同等过失,则不能要求返还,该规则目的在于惩罚违法的一方。若要求返还一方的过失与对方相比更小,则其可能获得返还。[4] 这一规则有三种情况。第一种情况的理由,是立法目的是保护特定类型的弱势群体,他们可以因过失较小而且处于劣势地位而有权要求返还。例如,根据英国《1974年租赁法案》(the Rent Act 1974)的规定,若根据租赁协议承租人支付了没有合法理由的额外费用,承租人可得返还。即使立法没有如此规定,判例表明承租人或租约受让人也

---

〔1〕 See Edwin Peel, *Treitel on the Law of Contract*, 14th ed., Sweet & Maxwell, 2015, para. 11 – 131.

〔2〕 See J. Beatson, A. Burrows, J. Cartwright, *Anson's Law of Contract*, 30th ed., Oxford University Press, 2016, p. 445.

〔3〕 Kearley v. Thomson [1890] 24 QBD 742, 747.

〔4〕 See J. Beatson, A. Burrows, J. Cartwright, *Anson's Law of Contract*, 30th ed., Oxford University Press, 2016, p. 447.

可以要求返还额外支付的费用,概因立法目的在于保护处于弱势的承租人。常见的情形是欺诈、胁迫、错误以及违反信义义务等。若合同一方因欺诈或胁迫等原因而订立合同,则其可以要求返还。

经典判例 阿特金森诉邓比[1]

在该案中,原告为清偿债务向被告提出和解方案,意图支付较小金额。被告不同意这个方案,除非原告额外支付50英镑,这实际上构成对其他债权人的欺诈。双方后来履行合同。原告又提起诉讼要求返还50英镑,理由是发生了胁迫。英国金库法院(the Court of Exchequer Chamber,属于上诉法院)维持一审法院理财法院(the Court of Exchequer)的判决,判决原告胜诉,认为该案中合同双方的过失并不一致,因为原告处于弱势地位,受被告支配。

第二种情况错误。若付款是因为无效合同而发生错误付款,则付款人可以要求返还,条件是存在返还法中(law of restitution)的抗辩,例如,发生情况变化(change of position)。这种情况一般涉及事实错误,法院一般会允许返还。例如,一个判例中错误支付的保险金在合同无效的情况下可以返还。[2] 但在涉及法律错误的情况下,以往的判例中法院不允许返还,目前已经得到修正,原告仍可得返还。

第三种情况是双方存在信义关系。在这种情况下,对原告负有信义义务的被告应当返还已收到的财产或金钱,原因是财产或金钱是非法合同的结果。在一个判例中,[3]原告作为客户要求律师返还已支付的助讼费用,法院判决其可得返还,这种关系中客户与律师地位并不平等,律师对客户负有信义义务。

(三)财产诉讼

在英国法中,违法合同下的财产所有权在当事人有此意图时可以转移,例如,买卖合同中买方可以获得违法合同标的物的所有权。但是,若财产转移涉及部分利益,例如,在保管合同或租赁合同或信托中,财产所有人可以财产之诉来要求返还,而难以合同之诉来要求返还。[4] 这种方法有其问题,因为往往难以确定原告是依赖所有权还是依赖违约来起诉的。

---

[1] Atkinson v. Denby [1861] 6 H & N 778, aff'd [1862] 7 H & N 934.

[2] Oom v. Bruce [1810] 12 East 225.

[3] Re Tomas [1894] 1 QB 747.

[4] See J. Beatson, A. Burrows, J. Cartwright, *Anson's Law of Contract*, 30th ed., Oxford University Press, 2016, p. 451.

第五部分　合同履行与终止

第十三章　合同的履行

第一节　合同履行基本原则

探讨合同履行的首要问题就是合同履行的标准,英国法中的合同履行必须遵循严格合同约定(strict performance),履行应当具有精确性(precise)与准确性(exact),与大陆法中的严格责任基本一致。[1] 据此,根据合同履约的一方必须准确地在合同规定的时间内履约,履行标准即合同要求。在有些情况下这些要求比较严格,英国普通法中买卖合同中的卖方责任属于此类性质义务,例如,装卸货物、获得出口证照等方面;[2]立法方面则体现在所有权与质量的默示条款等。[3] 若在合同难以准确规定义务的情况下,如服务合同中,则只要求履行方行使合理注意义务(reasonable care)或合理谨慎义务(due diligence)。由于难以准确定性,只能具体情况具体处理,在通常情况下是解释合同的结果,法院通过考察双方的履约情况来判断其主观意图,并根据事实来进行解释,从而发现当事人言行是否达到合同所要求的程度。以此推之,若合同履行发生与其条款不符合之处,守约方就可以认为对方发生违约,因此有权要求损害赔偿(damages)或在特定情况下要求解除(discharge)合同。[4]

经典判例　莫尔公司与劳德尔公司案[5]

在该案中,甲乙双方订立合同,甲从乙处购买澳大利亚产 3000 个罐装水果,每箱

〔1〕 See J. Beatson, A. Burrows, J. Cartwright, *Anson's Law of Contract*, 30th ed., Oxford University Press, 2016, p. 465.

〔2〕 Kurt A Becher GmbH & Co. KG v. Roplak Enterprises SA, the World Navigator [1991] 2 Lloyd's Rep 23.

〔3〕 Sale of Goods Act 1979, ss. 12 and 14.

〔4〕 参见何宝玉:《合同法原理与判例》,中国法制出版社 2013 年版,第 427 页。

〔5〕 Re Moore & Co. and Landauer & Co. [1921] 2 KB 519.

30个。在货物交货时,甲方发现很大一部分货物是按照每箱24个包装的,因此拒收货物,对方因此起诉。法院判决甲方可以拒绝接收全部货物,即使在商业价值上二者并没有太大差别。显然,法院认为包装方面的差距足以构成根本性违约,因此承认甲方解除合同的要求合理。

另外,为了防止守约方因轻微违约就随意要求赔偿或解除合同,法院也适用罗马法上的古老规则,即"法律不理琐事"(*de minimis non curat lex*),不允许守约方轻易解约而实际上可能是逃约。例如,一种情况是未能严格履行合同的一方在例外情况下可以视为基本履行合同,条件是该方提出履行(tender of performance)而对方阻止履行;另一种情况是合同义务整体上已经得到部分履行,在工程合同中这种情况较为常见。

第二节 履行时间与地点

一、合同履行时间

合同文本中一般都会约定履行时间,普通法上一般会认为,履行时间构成合同的根本条件(of the essence of the contract),但这一规则是否合理存疑,因为时间往往并非事关整个合同,延迟履行并不一定造成合同权利义务关系发生根本性变化。若履行时间作为条件(condition)发生延迟,则相对方可以作为违约处理并选择终止合同。在一个判例中,合同规定房屋买卖的交付时间是合同条件,买方交付迟延10分钟,卖方要求解除,法院判决卖方胜诉。[1] 该判决虽然符合逻辑,但并不一定合理,某种程度上是对违约方过度苛责。

衡平法为匡正普通法规则的偏颇之处,规定了不同的规则。按照衡平法,除非当事人另有规定,否则时间不是合同的要件。但是,下面三种情况下时间是合同的根本条件:其一,合同条款明确规定时间是合同的根本条件;其二,合同情况或者标的物性质默示表明合同包含履行期限;其三,一方当事人拖延履行合同,对方可以发出通知要求在合理时间内履行合同,该通知可以使时间成为合同根本条件。[2] 衡平法可以判决合同双方在发生延迟的情况下实际履行(specific performance)合同,条件是对双方都不会造成不公。在普通法与衡平法发生冲突的情况下,以衡平法为准。[3]

---

〔1〕 Union Eagle Ltd. v. Golden Achievement Ltd. [1997] AC 514.

〔2〕 See J. Beatson, A. Burrows, J. Cartwright, *Anson's Law of Contract*, 30th ed., Oxford University Press, 2016, p. 467.

〔3〕 United Scientifi c Holdings Ltd. v. Burnley BC [1978] AC 904, 942.

在立法上，英国《1925年财产法法案》(Law of Property Act 1925)第41条规定了合同有关时间的条款不作为合同根本条件来处理，这是以立法来修正普通法规则。但这一规定有三个例外情况：一是合同明确规定履行时间构成合同根本条件；二是履行时间本来不是合同根本条件，但在一方发生违约的情况下对方规定时间为根本条件之一，对违约方发出通知要求合同在合理时间内履行；三是根据合同性质、标的物或交易背景可以判定履行时间构成合同根本条件之一。这方面的常见情况包括许多类型的商业合同，但通常不适用于地产买卖与租赁合同。在司法实务中，法院享有较大的自由裁量权，需要综合判断。

一般而言，商业合同中履行时间推定为合同根本条件之一。如一方违约，对方可以解除合同。在一个船舶期租合同中，[1]合同规定出租人可以在承租人未按时支付租金的情况下撤回船舶，在这种情况下时间成为合同根本条件之一，出租人因此解除合同并要求对方支付赔偿。但是，英国《1979年货物买卖法案》第10条第1款规定，除非合同条款表明当事人另有意图，否则付款时间不是买卖合同中的根本条件。但是，卖方未获付款就可以将其转售易腐蚀货物的意图通知买方并说明若在合理时间内未得到付款，就有权转售货物并要求赔偿。因此，货物买卖合同中时间是否构成根本条件取决于合同条款的规定，法院也会根据具体情况作出判决。

二、合同履行地点

合同履行地点一般需要视当事人明示或默示意图来确定，需要考察合同性质以及背景情况。[2] 在货物买卖合同中，若不能通过默示意图来判定合同履行地点，则买方有义务负责收货，卖方无义务送货；[3]在付款合同中，债务人通常承担义务在卖方营业地或居住地向对方付款。

三、合同履行顺序

合同可以明确规定各方的履行顺序。若合同没有明确规定，履行顺序就需要视双方义务是否具有对应性而定。双方义务具有对应性有两种情况，即一方履行义务是对方履行之前提条件(先决条件，condition precedent)或二者同时发生(对流条件，concurrent condition)，总体上这是一个合同解释问题。例如，在买卖合同中，除非合同另有规定，送货与付款通常为对流条件；但在雇佣合同中，雇员工作是得到工资的

---

[1] Hare v. Nicoll [1966] 2 QB 130.

[2] See J. Beatson, A. Burrows, J. Cartwright, *Anson's Law of Contract*, 30th ed., Oxford University Press, 2016, p. 469.

[3] Sale of Goods Act 1979, ss. 29(1)(2).

前提条件。合同履行顺序的价值在于确定是否发生违约以及是否可以解除合同。在此方面,普通法规则与许多大陆法国家的规则不一致,后者规定不仅在对流条件下一方可以等待对方履行,在对方有先履行义务的情况下也可以如此,大陆法上称为同时履行抗辩权与后履行抗辩权。

第三节 合同付款

合同支付或付款是合同中的核心问题之一,在通常情况下视合同约定而定,一般而言,合同义务之一就是支付金钱。除非合同另有规定,一般不需要收款方要求付款方付款。在支付方式上,支付一般是指以金钱付款,但当事人可以明示或默示同意付款以其他方式进行,在没有明文规定的情况下,付款方式可以根据交易过程(course of dealing)或行业惯例(trade custom)来决定。若多方经常发生合同交易,则各方可以抵销(set-off)付款,这种抵销付款相当于现金付款。在证据方面,任何可以证明付款发生的证据都可以用来证明付款义务已经履行,[1]一般使用的收据仅是证明付款方式的表面证据(*prima facie* evidence),对方可以反驳。

一、银行汇款

随着金融业的兴起,企业与个人之间的付款大量是通过银行汇款来操作的。债务人指示银行对债权人银行账户进行付款,可以由信件、电报、电传或电子交易等方式来进行。此种付款等同于现金付款。[2] 在实践中,银行汇款也可能产生问题,若付款有日期要求,那么债权人银行是收到付款命令就可以构成付款义务完成,还是说付款命令在处理完成与款项进入到债权人账户后才能构成付款?对此,英国法院在一个判例中认为,[3]在付款命令处理时间为24小时债权人才能收款的情况下,由于银行间付款命令相当于现金,按约定付款是指债务人及时提交付款给债权人银行。但也有法官认为,付款时间是债权人银行根据付款命令进行操作并将款项记入债权人账户的时间。若合同金额较大,双方最好约定该事项以避免争议。

---

〔1〕 Eyles v. Ellis [1827] 4 Bing 112.

〔2〕 See J. Beatson, A. Burrows, J. Cartwright, *Anson's Law of Contract*, 30th ed., Oxford University Press, 2016, p. 470.

〔3〕 Mardorf Peach & Co. Ltd. v. Attica Sea Carriers Corporation of Liberia [1977] AC 850.

经典判例　千曲号案[1]

在该案中,被告订立合同租赁原告所有的船舶(the Chikuma),合同规定未能按时以美元支付月租金则原告有权撤回船舶。其中一期的租金到期日是1月22日,被告在该日指示挪威银行电汇付款,该付款在22日12时之前以电传方式对原告在意大利的账户进行付款,银行在同日将付款记入原告账户。但是,根据当时的意大利法律,尽管原告可以立即使用付款,但利息计算从1月26日起算,如原告提取付款,则需要向银行支付4天的利息。在此事发生后,原告以被告未能按时付款为由要求撤回租赁船舶。被告因此起诉,认为原告发生违约。上议院判决原告胜诉,理由是被告22日的付款不等同于现金,因为按照意大利法律该付款不能产生利息,原告提取付款实际上属于贷款,因此根本违约成立,原告有权撤回船舶。

二、票据汇款

票据(negotiable instrument)在商业中常用作支付工具,包括汇票、支票与本票等。如合同双方同意以票据代替金钱进行付款,则此条款构成有条件清偿,这与以金钱支付仍有一定区别。易言之,若票据提交付款时发生拒付(dishonor),则收款方票据诉讼权利重新成立,并不丧失合同权利。特别情况下,票据付款可以成为绝对付款,这意味着债权债务关系就此结束。收款方只能根据票据进行起诉,而不能根据合同起诉。这一点也适用于国际贸易中跟单信用证项下的付款。

三、信用卡付款

以信用卡付款是一种无条件与绝对付款方式,除非合同另有规定。持卡人在为货物与服务付款后责任即告解除,若信用卡发行人未能向卖方支付则持卡人责任仍旧得以解除。[2]信用卡是一种三方合同关系,实际上是发卡银行或金融机构为持卡人提供短期信贷。

第四节　合同履行方式

一、替代履行

在合同履行中,合同一方可以请求第三方提供替代履行(vicarious performance)

---

〔1〕 A/S Awilco of Oslo v. Fulvia SpA di Navigazione of Cagliari, The Chikuma [1981] 1 WLR 314.

〔2〕 Re Charge Card Services Ltd. [1989] Ch. 497.

合同义务。[1] 合同可以明确规定替代履行,也可以从合同标的物与背景环境中推定存在此义务,这意味着合同是否由该方或其指定第三方履行并非合同的核心因素。[2] 对于替代履行中出现的违约,合同当事人仍承担责任,对方当事人有权起诉替代履行者,也可以选择起诉合同对方,因为合同双方当事人之间的权利义务关系仍然有效。替代履行能否适用取决于合同的性质和交易习惯,包括行业、地区等的交易习惯,一般不适用于以特定一方个人技巧或能力为根本条件的情况,该方因此不得提供替代履行,在一般情况下服务合同属于这种情形。另外,债务人之外的其他人替代履行义务一般不构成债务清偿。

经典判例　英国马车运输公司诉李公司[3]

在该案中,被告向一家公司租用一批货车使用,租期 7 年,按年支付,被告负责维修货车。4 年后该公司进入自愿清算程序,因此将该合同利益转让给原告公司,并委托原告承担合同义务即维修货车。被告认为合同不能由他人替代履行,并拒绝支付租金。原告起诉要求被告按照合同支付租金,上诉法院终审判决原告胜诉。法院认为,该案中的合同义务不是基于特定人的技术或技巧,相关从业者都可以完成该工作,因此被告没有正当理由要求原合同一方负责维修义务。易言之,被告拒付租金的可能原因是合同变得不合算,而不是合同义务不能替代履行。

二、履行方式的选择性

合同可以两种方式规定履行方式。其一,合同可以规定合同履行特定方式,也可以规定履行方可以变更合同内容。其二,合同可以规定履行方可以选择不同的履行方式而不规定主要履行方式。

在第一种方式中,一旦履行方行使了选择权,合同义务发生变更,合同义务得以确定。选择权行使必须在合理期间内进行并通知对方,若没有行使则选择权丧失。在行使选择权时,守诺人无须一定考虑允诺人的利益。例如,若主要履行方式不再可行,履行方没有义务选择行使选择权以避免合同发生落空(frustration)。但是,若履行方依赖于此选择权而使合同义务实际上不同于合同所规定的合理期待履行,为保

[1] See J. Beatson, A. Burrows, J. Cartwright, *Anson's Law of Contract*, 30th ed., Oxford University Press, 2016, p. 472.

[2] See Edwin Peel, *Treitel on the Law of Contract*, 14th ed., Sweet & Maxwell, 2015, para. 17 - 007.

[3] British Waggon Co. v. Lea & Co. [1880] 5 QBD 149.

护消费者或根据标准格式合同交易的对方,法院有可能判决合同无效。[1]

在第二种方式中,合同义务发生替代,允诺人有义务按照允许的方式来履行合同。在作出选择之前,履行方式之一发生变化,则另一种履行方式就成为合同所允许的履行方式。在一个货物装卸合同中,若合同规定装货期在一月、二月均可以,若在一月船舶无法进入装货港,则履行方必须在二月履行。一旦义务方作出选择,则该选择固定为合同义务,不能再行随意更改。

三、部分履行

从逻辑上来说,合同履行必须是全部履行,但实际上很多商业合同存在部分履行的情况,因此就出现了如何处理部分履行(part performance)的情况。按照普通法,若一方履约条件是对方完全(complete and entire)履行,则该方不完全履行(incomplete performance)意味着不得要求对方履行,至于不完全履行的原因则在所不问,如故意毁约、过失或意外事件等均不考虑。[2] 这实际上仍旧是对价规则的体现。

经典判例　卡特尔诉鲍威尔[3]

在该案中,一名海员受雇作为二副在船上服务,合同约定航程完成后该海员可得30金币,这几乎是正常工资的4倍。在船舶起航后19天,航程即将完成之时,该海员死亡,其遗孀起诉要求获得部分工资。法院判决原告败诉,因为该海员的义务是整体性合同(entire contract),获得报酬的条件是全部履行完毕,否则一分不得。法官在推理中举例说明,若鞋匠承诺制作一双鞋,他不能就一只鞋要求顾客付一半款。这一判例放在现代是否合理值得商榷。

这一规则在很多情况下会造成问题,对合同一方容易造成不公,因此在实践中不能完全适用。[4] 例如,合同标的物中包括很多部分,其实质与重要性各有不同,标的物就可以分解处理;又如,合同标的物是从事一系列行为;或是一个行为可以部分履行或瑕疵履行。在这些情况下,合同在某一方面可被解释为整体性合同,但在另一方面可能就是可分解(divisible or severable)合同,法院可以视情况处理,通过解释避免

---

〔1〕 Unfair Contract Terms Act 1977, s. 3(2)(b); Unfair Terms in Consumer Contracts Regulations 1999, Sched 2, para. 1(b),(c),(h),(l).

〔2〕 See Edwin Peel, *Treitel on the Law of Contract*, 14th ed., Sweet & Maxwell, 2015, para. 17-032.

〔3〕 Cutter v. Powell [1795] 6 Term R 320.

〔4〕 See J. Beatson, A. Burrows, J. Cartwright, *Anson's Law of Contract*, 30th ed., Oxford University Press, 2016, p. 479.

合同义务成为整体性合同,防止对一方造成严重不公。[1] 因此,前述判例在现代条件下很可能会有另外一个结果。但是,若合同约定一方全部履行完毕后对方才需要一次性支付所有费用(lump sum),则法院仍会将合同视为整体性合同来处理,受诺人只有全部履行完毕才可以要求付款,[2]这也是尊重当事人意思自治的结果。

对合同是否是整体性合同一直存有争议。[3] 支持方认为,合同对方在订约时所要求的履行并非部分履行而是全部履行,因此,不能要求其接受与合同标的存在差别的履行,因此整体性合同并无问题。另外,合同作此规定某种程度上就是鼓励履行方全部履行而不是部分履行,若轻易允许部分履行实际上是鼓励机会主义行为,这在合同双方谈判能力不平等的情况下很容易发生,例如,在小型工程合同中施工方很可能以此要求发包人分阶段付款,而整体性合同意味着发包人在合同完工后才付款。另外,若不允许整体性合同,那么守约方所蒙受的损失在法律上往往难以弥补。因此,在合同已经规定了风险分配的情况下,法院应当尊重当事人的意思自治而不是随意分解合同。

反对方则认为,若此规则适用,则微小违约都有可能造成守约方拒绝支付所有付款,这意味着违约方承担了巨大的风险,很可能在履约基本完毕的情况下不得任何付款。在很多类型合同中,严格履行合同实际上并不可能,总会存在一些轻微瑕疵,这在工程合同或雇佣合同中比比皆是,若以整体性合同为由允许对方拒付,则实际上造成双方利益重大不平衡。当然,若合同有此明文规定则另当别论,这实际构成一种解约条款。在合同没有明文规定的情况下,法院似乎不应通过解释达到实际上是惩罚合同一方的结果。在这种情况下,履行义务方必须实施补救以获得对方付款,付款因此发生延迟,对付款方而言是一种利益,例如,付款方可因此缓解其现金流的压力。另外,以此允许拒付可能导致守约方保留部分履行结果而无须支付费用,因此会发生不当得利,在守约方受益而恢复原状救济又难以重新分配风险的情况下会导致利益严重失衡。

这种情况迫使法院一般情况下不对合同作整体性合同解释,具体可以分为三种情况。[4] 第一种情况是守约方接受部分履行。若守约方接受部分履行或放弃完全履行,则提供部分履行的违约方可以要求补偿。例如,英国《1979 年货物买卖法案》第 30 条第 1 款规定,若卖方交货给买方的货物数量少于合同约定,买方可以拒绝收货,但如果买方接受交货,则必须按合同规定付款。这种情况下的诉因是合理付款

---

〔1〕 参见何宝玉:《合同法原理与判例》,中国法制出版社 2013 年版,第 430 页。

〔2〕 Appleby v. Myers [1867] LR 2 CP 651.

〔3〕 See Edwin Peel, *Treitel on the Law of Contract*, 14th ed., Sweet & Maxwell, 2015, para. 17 – 034.

〔4〕 See J. Beatson, A. Burrows, J. Cartwright, *Anson's Law of Contract*, 30th ed., Oxford University Press, 2016, p. 478.

(*quantum meruit*),即部分履行所对应的合理价格,条件是守约方可以选择接受或拒绝部分履行,若守约方别无选择则违约方无权要求其付款。这种诉讼的诉因是返还法上的不当得利(unjust enrichment)。

第二种情况是部分履行方为对方提供了无可置疑的利益(incontrovertible benefit),部分履行方可以恢复原状作为诉因而起诉。易言之,若部分履行方为相对方提供的利益存在疑问,则可能难以获得返还。因为在返还法上,客观利益很可能对相对方而言并非利益,因此还需以主观性来进行判断。若相对方提供的部分履行可以为对方立即提供金融利益或节省必然发生的费用,[1]部分履行方可以要求返还,除非当事人已经约定不完成履行的风险完全由部分履行方承担。

第三种情况是部分履行方已经实质性地(substantially performed)履行了整体性合同,这又可以称为实质性履行原则(the doctrine ofsubstantial performance),这一原则适用的结果是守约方不能解除付款义务,但可以就对方部分履行造成的损失而提出反诉或抵销。[2] 这一原则适用的情况是实际履行部分与合同义务相差不大,修补瑕疵的费用与合同价格相比并不大。[3] 这一原则在美国得到了广泛承认并更为宽松,在工程合同中法院会审查部分履行质量,即使修补费用相比合同约定价格更大,但在部分履行符合合同约定的情况下仍会允许违约方得到付款。[4]

经典判例　戴金公司诉李[5]

在该案中,原告订立合同为被告修复房屋设施,价格为1500英镑,原告承担了大部分合同义务,但在三个小项目上出现瑕疵,补救费用为80英镑。双方为此发生争议,并指定官方仲裁人(official referee)进行判定,该仲裁人判定被告无须付款。原告不服提起诉讼,法院判决原告可得付款但须减去相关费用,认为原告已经实质性履行合同,虽履行质量存在问题,但并不是根本违约,仍然可得部分付款。

四、违约方的修补权利

在普通法上合同履行发生瑕疵可能造成合同守约方解除合同。与大陆法不同的是,英国法并不要求守约方就违约通知对方要求按时履约,即不需要给予对方宽限期

[1] Hain SS Co. Ltd. v. Tate & Lyle Ltd. [1936] 41 Com Cas 350,358.

[2] See J. Beatson, A. Burrows, J. Cartwright, *Anson's Law of Contract*, 30th ed., Oxford University Press, 2016, p. 479.

[3] See Edwin Peel, *Treitel on the Law of Contract*, 14th ed., Sweet & Maxwell, 2015, para. 17－040.

[4] Jacob & Youngs Inc. v. Kent, 129 NE 889 [1921].

[5] H Dakin & Co. Ltd. v. Lee [1916] 1 KB 566, 579.

(*nachfrist*),同时,违约方补救标的物瑕疵的权利也受到严格限制。若瑕疵履行在履行时间到期前已经提交履行(tender of performance),允诺人可以在履行期限内再次提交履行,这实际上就是一种修补瑕疵的机会。守诺人应当接受该履行,除非第一次履行已经构成毁约导致其发生依赖因而可以终止合同。

五、提交履行

提交履行(tender of performance),是英美合同法中的术语,意指负有履行义务的一方试图进行履行(attempted performance)。这一术语适用于两种情况,结果也不同,分别是允诺某种行为的履行以及为允诺付款,在这两种情况下,合同履行都因对方行为而遭到阻止。[1]

(一)提交履行的行为

若合同一方依合同需要履行诺言,但对方拒绝其提交履行,则允诺人可以解除合同义务并要求赔偿。另外,若受诺人对允诺人起诉要求其为不履行承担责任,则允诺人可以对方拒绝提交履行作为有效抗辩,但允诺人不能视为已经履行其义务。若对方拒绝提交履行构成毁约,则允诺人可以选择终止合同并要求赔偿。尽管此种拒绝不一定总有此效果,但若拒绝属于绝对、无限制的情况,允诺人有权选择解除合同义务。例如,根据英国《1979 年货物买卖法案》(the Sale of Goods Act 1979)第 37 条的规定,若卖方意图准备交货并要求买方接货,买方必须在合理时间内接货,否则就要为过失造成卖方的损失承担责任。在不接货构成毁约的情况下,这一点并不影响卖方权利。

(二)提交付款的行为

与上述相对应的是,若合同义务是付款,则债务人提交履行行为在为债权人所拒绝的情况下并不终止债务人的付款义务,债务人的义务是联系债权人并到期付款,若债权人仍拒绝提交付款(tender of payment)行为,则债务人仍必须准备付款。在债务人被诉时可以此作为抗辩,但必须将款项转交给法院。若债务人胜诉,则债权人仅可得本金但不得利息或赔偿金,债务人可为诉讼费用获得赔偿,并恢复到提交付款时的状态。提交付款行为必须与合同规定的相关规定一致,如时间、地点、方式等。在现代条件下,任何商业支付手段只要能使收款方立即使用资金都可以成立。

(三)提前提交履行

若允诺人提前提交履行,守诺人可以接受,也可以不接受。但在合同履行期限到期前,允诺人可以在合同期限内另行提交履行以履约,受诺人不能阻止。

---

〔1〕 See J. Beatson, A. Burrows, J. Cartwright, *Anson's Law of Contract*, 30th ed., Oxford University Press, 2016, p. 475.

第十四章　合同终止

第一节　概　　述

依照合同法原理，合同的终止（discharge）主要有四种情况。第一，双方当事人协议终止合同（discharge by agreement）；第二，合同因法定原因（operation of law）而终止；第三，合同落空使合同终止；第四，违约使对方有权要求终止合同的权利。在这几种情况中，第一种情况较为常见，第二种情况较为少见，第三种情况也较为少见，第四种情况实际上属于违约救济的一部分。[1] 本章将集中论述第一种情况和第二种情况，第三种情况和第四种情况在以后章节中论述。

需要注意的是，由于判例法使然，英国法在合同终止问题上一直存在术语混乱的问题，例如，"discharge"一词的准确意思往往就需要视上下文而定，其既可能是终止的意思，也可能是合同履行的意思。此外，"termination"与"rescission"也存在这个问题。一般而言，"discharge"作为终止的意思，是指合同履行因某种原因而结束，但不具有溯及力。而"rescission"是指合同解除后还要恢复原状，即具有溯及力，解除的合同自始无效，法律的意义在于恢复到合同订立前的状态。合同解除一般包括前述合同效力部分中出现的相关诉因，包括欺诈、虚假陈述、胁迫、不正当影响等。"termination"一词往往是指合同一方因某种原因要求终止合同履行，通常是合同的明示权利。这种情况的产生原因在于历史上普通法院和衡平法院各自独立运行，相同的情况下往往术语不同，也没有统一的法典对术语进行精确定义，因此这方面的混乱一直没有被完全消除。在实践中，法院可能根据实际情况而灵活运用，准确含义往往需要具体情况具体判断，因此，合同法中这 3 个词语往往混用，具体含义只能根据

---

〔1〕 See J. Beatson, A. Burrows, J. Cartwright, *Anson's Law of Contract*, 30th ed., Oxford University Press, 2016, p. 481.

具体情况具体分析，并不存在绝对性。

第二节 合同的协议终止

一、协议终止合同的限制

考察合同的协议终止，首先需要考察两个英国合同法基本规则对其的影响。

第一，对价相关规则对合同终止的影响，因为对价原则既然是合同成立的条件之一，当然也是合同终止中的因素之一。[1] 这意味着需要区别两种情况：一是双方合同都处于待履行的状况；二是合同一方已履行的情况。在合同待履行的情况下，协议终止合同中的对价是合同双方均放弃履行的诺言，双方均同意终止合同的诺言，对价因而有效。但是，若合同一方已经履行其义务而对方尚未履行，例如，买卖合同卖方已经交货而买方尚未付款，则买方放弃合同权利以终止合同的诺言就是赠与性（gratuitous）的，因为卖方并未收到任何利益，而买方也没有发生任何损害。这是对价原则强调诺言与对价具有互惠性的后果。在后者情况下，合同双方终止合同的方式必须或是蜡封终止，或是履行合同，或是在合同义务是付款的情况下进行付款。显然，除蜡封方式外，要求合同终止的一方需要提供其他对价以支持合同终止，这就是英国法上的和解清偿协议（accord and satisfaction）。

第二，书面形式作为成立要件或证据的若干类型合同，例如，地产合同与担保合同。这种类型合同的形式要求意味着，合同成立后任何修订原合同的合同也必须满足书面形式要求，但在撤销合同或放弃合同条款的情况下这一规则并不适用。[2] 这就涉及如何在法律上准确界定撤销（rescission）、修订（variation）与弃权（waiver）等术语的准确意思，但英国法在这方面仍存在一定的模糊性，因此历年来判例对这些词的使用具有一定的随意性，造成了类似的案例因用词不一而造成同案不同裁的后果。不过由于要求书面形式合同本身就很少，主要适用在不动产与担保合同中，因此这一问题并不会造成太多问题。

二、蜡封终止

以特定形式（蜡封或者契据，contract under seal or in deed）终止合同的规则源于古老的普通法规则，是中世纪法律重视形式以解决实体问题的历史遗迹。若合同终

---

〔1〕 See J. Beatson, A. Burrows, J. Cartwright, *Anson's Law of Contract*, 30th ed., Oxford University Press, 2016, p. 471.

〔2〕 Morris v. Baron & Co. [1918] AC 1.

止协议以蜡封形式存在,合同是否已经由一方履行并不发生影响,因为形式本身已经表明当事人的意图。若无此形式,则终止合同的诺言必须有对价支持,一旦有对价支持则构成和解清偿协议。这些协议的解释规则与一般合同的解释规则并无二致。

实践中的永久不起诉协议(agreement not sue in perpetuity)构成终止合同协议。在普通法上,一定期间内不起诉协议(agreement not sue in limited period)仅产生损害赔偿的反诉(cross action)权利。在衡平法上,允诺人作出的不起诉承诺在该阶段内有效,以衡平法规则为准,并已经为立法吸收,因此此种协议可以成为有效抗辩。[1]

三、和解清偿协议

所谓和解清偿协议(accord and satisfaction),是英国普通法发展出来的解决对价衍生问题的规则,这一规则要求在原始义务之外必须存在其他对价以使允诺人终止合同的诺言具有约束力。[2] 在某种意义上,提供对价的一方是在以新对价换取允诺人终止合同的诺言,从而至少在表面上形成交易关系,既可以适用合同关系,也可以适用于侵权关系,以解除原始义务。这里的和解(accord)是指义务终止,而清偿(satisfaction)是指使诺言发生效力的对价。[3] 这一规则适用于待履行合同与一方已履行合同,也可以适用于契据形式的合同(contract in deed)。

此处有几个问题需要解释。第一个问题,是待履行的清偿。早期普通法认为,在清偿处于待履行状态下,合同义务或违约诉因不发生终止问题,除非提供新对价的协议得到执行。[4] 这意味着已履行的和解构成清偿,待履行的清偿只是更换了诉因。[5] 目前的普通法已经不再如此简单处理,而是作为合同解释问题来处理,若当事人有明确意图,诺言与实际履行有所区别,可以构成良好的清偿从而终止合同,这会导致原始合同义务或诉请从诺言接受之日起发生终止,若允诺人未能履行其诺言,则受诺人的救济是对此起诉,而不能对原始义务或诉请起诉。[6] 但是,经典判例平内尔案[7]所设立的规则并没有发生变化,即以较小数额清偿较大债务的诺言仍不具有约束力,因为没有对价支持该诺言,这在普通法上仍旧不能构成合同终止,与前述的讨论完全不同,并不属于和解清偿协议。例如,买方欠卖方 100 元,若卖方同意减

---

〔1〕 Senior Courts Act [formerly Supreme Court Act] 1981, s. 49.

〔2〕 See J. Beatson, A. Burrows, J. Cartwright, *Anson's Law of Contract*, 30th ed., Oxford University Press, 2016, p. 484.

〔3〕 British Russian Gazette and Trade Outlook Ltd. v. Associated Newspapers Ltd. [1933] 2 KB 616, 643.

〔4〕 Peytoe's Case [1612] 9 Co. Rep 79b.

〔5〕 Lynn v. Bruce [1794] 2 H Bl 317, 319.

〔6〕 Green v. Rozen [1955] 1 WLR 741.

〔7〕 Pinnel's Case [1602] 5 Co. Rep 117a.

免一半并就此终止该合同义务,则此诺言并无约束力,卖方在收到 50 元后并不丧失救济权利,仍旧可以起诉。但是,若买方为此支付了其他对价,则卖方诺言具有约束力,因为诺言具有了交易对象,例如,有争议的诉请所产生的妥协协议(compromise)、与债权人订立的和解(composition)协议、第三方付款等均可以构成例外情况。

第二个问题,是允诺禁反言原则。有和解而无清偿意味着没有合同约束力,至于和解导致一方永久放弃要求对方履行的权利是否可以适用允诺禁反言原则,目前尚无权威判例解释。这是因为在英国法上一般认为允诺禁反言原则只能暂时中止现有权利,而不能消灭既有权利,这一问题仍无明确结论。

第三个问题,是票据中的汇票(bill of exchange)不适用此规则。其原因在于票据交易具有独立性,以汇票进行结算本身就成立,并不需要此种意义上的清偿。对此,英国《1882 年汇票法案》第 62 条规定此规则。

四、撤销

对双方都处于待履行状态的合同可以经双方协议而得以撤销(rescission),合同因此对双方均不具有约束力,这构成撤销合同从而导致合同终止,但是属于自始(*ab initio*)撤销还是撤销未履行义务则需要视当事人的约定而定。此类型撤销协议是双方允诺,一方弃权的诺言构成对方弃权诺言的对价,因此对价要求得以满足。[1]

若双方在很长一段时间内不作为而形成延迟,则法院可以认为推定发生合同放弃(abandonment),但须有证据表明一方行为表明对方可以合理假设合同发生放弃。[2] 在一些情况下,法院有可能以沉默状态而推定认为发生合同放弃,但仍需积极行为作为证据。

合同撤销的另一个方法是合同替换,即合同条款发生变化从而构成新合同,新合同一成立原合同即告解除,或以合同条款发生更新(novation)或合同当事人发生变化为由推定认为新合同成立。

经典判例　莫里斯诉巴隆公司[3]

在该案中,原告与被告订立布匹买卖合同,其后发生争议。在案件一审前,双方口头同意一项新安排,主要内容是双方撤回起诉与反诉,卖方给予买方信贷,金额是原合同价格,原合同已规定但未交付的剩余货物变更为一项不可撤销选择权(firm

---

〔1〕 See J. Beatson, A. Burrows, J. Cartwright, *Anson's Law of Contract*, 30th ed., Oxford University Press, 2016, p. 487.

〔2〕 Paal Wilson & Co. A/S v. Partenreederei Hannah Blumenthal, the Hannah Blumenthal [1983] 1 AC 854.

〔3〕 Morris v. Baron & Co. [1918] AC 1.

offer),由买方自由决定是否购买。其后双方发生争议。上议院判决认为,该案案情表明双方决定废除原合同而替代成立了新合同,原合同不再具有约束力,因此终止。

与此类似的是,假设甲与乙在和丙订立合同后,乙与丙同意丙从合同中撤出,则甲当然可以坚持乙和丙承担合同责任,但若甲在知道丙已经撤出后只与乙发生交易,则甲的行为表明其已经接受了以乙为对方的新合同,甲就不得再要求丙来承担原合同责任。在合伙关系中,若一名合伙人退出合伙,又有新合伙人加入合伙,原合伙的债务在三方当事人都同意的情况下可以转移给新合伙来承担,这种同意若没有言语或书面文件来证明,可以通过行为来推定认为其存在。

至于撤销合同协议的形式问题,普通法上的原有规则是蜡封合同必须以蜡封形式来撤销。但在衡平法上,撤销协议没有蜡封也可以构成对契据诉讼的抗辩。由于19世纪司法改革的影响,衡平法规则优先,因此契据形式的合同既可以口头撤销,也可以通过契据来撤销。至于口头合同或简式合同,无论是否有书面支持,都可以书面或口头的续后协议(subsequent agreement)来撤销。即使原协议按法律要求应当是书面形式或有书面证据,如不动产合同或担保合同,书面形式的要求也不适用于撤销协议。

五、合同变更

合同当事人可以同意修改合同条款,从而发生合同变更(variation),而不是撤销合同或替代合同。合同也可以规定一方当事人可以单方面变更合同义务,[1]例如,价格调整条款(price variation clause),但这一权利在消费者合同中为立法所限制。[2]

合同变更的形式相对比较自由。[3]蜡封合同可以由口头合同来撤销,当然也可以由口头合同来变更。简式合同无论是书面还是口头,都可以由续后协议来变更,续后协议的形式也没有绝对要求。此规则与口头证据规则(parol evidence rule)排斥修改书面协议内容的外部证据并不矛盾,因为口头证据规则的目的是确定当事人的原始目的,其后发生的变更并不在其中。若法律有特殊形式要求,则从其规定。

合同变更涉及合同义务发生变化,因此必须有对价支持。在大多数情况下,合同变更的对价是合同双方同意放弃原有权利或提供新的利益。[4]或者对价也可以由

---

〔1〕 British and Beningtons Ltd. v. North Western Cachar Tea Co. ,Ltd. [1923] AC 48.

〔2〕 Unfair Terms in Consumer Contracts Regulations 1999(SI 1999 No. 2083).

〔3〕 See J. Beatson, A. Burrows, J. Cartwright, *Anson's Law of Contract*, 30th ed. , Oxford University Press, 2016, p. 488.

〔4〕 Re William Porter & Co. Ltd. [1937] 2 All ER 361.

发生的额外义务或增加的损失来构成。另外，若一方承担了合同额外义务而对方仅仅是履行原有义务，那么对价原则的后果是使合同变更不成立。在例外情况中，法院会确定存在承担额外义务的一方存在“实际”（practical）利益因而合同变更可以成立。若合同一方仅是同意不要求对方执行合同条款，那么对价就不存在，因而不成立合同变更。这种性质的协议可以作为弃权而拥有约束力，在衡平法上可能成立。

六、弃权

若合同一方自愿同意放弃合同所规定的履行方式或时间等条款，那么法院有可能判决该方弃权，因此不能再坚持按约履行。但是“弃权”（waiver）一词有很多含义，导致其具体含义并不十分清晰，也可能是指在互相矛盾的权利之间选择。当合同形式存有问题或缺乏对价导致合同不发生变更时，弃权规则就具有适用性。[1] 普通法适用弃权的原因，是其可以回避英国《1677 年欺诈法案》所要求的形式需求，但由于在现代社会书面形式的要求已经大大降低，这一规则的适用性也大大降低，但对不动产合同与担保合同仍有较大的意义。

弃权有可能有形式要求。若合同必须是契据形式或由书面文件证明，那么口头弃权协议有可能为对方合同已发生变更的抗辩而对抗，因此新合同没有约束力或不符合书面形式要求。换言之，同意合同变更的一方若遭到对方起诉，可以提出抗辩指出对方从未准备履行原合同义务。该方因此不能依赖对方的口头承诺，因为该承诺构成合同变更，由于不具有书面形式而不具有约束力。[2]

这种情况就提出了一个问题，即如何区别合同变更与弃权，以避免书面形式要求成为欺诈的“遮羞布”。若合同变更必须是书面形式，则口头弃权尽管不符合书面要求也属于有效。这是法院为了实现实质正义而采取的不同用词以回避逻辑上可能存在的问题。在这一问题上，一般认为合同变更与弃权需要视当事人的意图而定，合同变更是指当事人决定永久性改变合同义务，而弃权是指当事人暂时性地放弃权利但仍保留继续执行合同的意图。这一说法虽然清楚，但在实务中难以准确适用，因此很大程度上又是一个解释问题，在商业合同中比较重要。之所以适用弃权规则，是因为这种情况在商业合同中很容易出现，而普通法中的对价原则与书面形式要求很容易使合同变更不成立，法律逻辑的适用与实际情况出现了脱节。因此，英国法院用弃权来解释这一情况，从而回避了对价原则与书面形式要求所产生的问题，发生弃权的一

---

〔1〕 See J. Beatson, A. Burrows, J. Cartwright, *Anson's Law of Contract*, 30th ed., Oxford University Press, 2016, p. 490.

〔2〕 Plevins v. Downing [1876] 1 CPD 220, 225.

方因此不能言而无信,在表示弃权后还继续要求对方履行合同。[1] 但是,若情况是合同一方同意延迟履行,但没有规定延迟履行期限,则该方可以向对方发出通知要求合同在一定期限内履行,合同必须在此期间内履行。[2] 在其他合同条款弃权的情况中,弃权方在发出合理通知后可以要求对方继续按照合同履行,但不得否认弃权的后果。

经典判例　潘诺托斯诉纽约雷蒙德公司[3]

在该案中,原告从被告处购买数千吨面粉,被告负责分批将货物运往希腊。合同付款条件是原告负责开具以被告为受益人的信用证,原告按约开具了信用证,但未经银行确认。被告发出几批货物后收到了信用证下的付款。其后,被告终止履行剩余的合同,理由是信用证不符合合同约定,原告因此起诉。法院判决认为,被告接受未确认信用证付款的行为表明其默示对此条款发生弃权,原告因此胜诉。但这并不意味着被告直到合同履行完毕为止都必须接受该信用证,被告可以在发出合理通知后仍旧要求原告按约履行,但无权擅自取消合同。

一旦合同一方就某些合同条款发生弃权,则合同对方也受此约束。若该方要求推迟合同履行,须自行承担风险。[4] 例如,若该方其后拒绝接收货物,而货物市价相比应当被接收的日期的价格已经发生变化,则延迟损害赔偿应当将其计算其中。

上述的弃权规则属于普通法规则,目的是规避英国《1677 年欺诈法案》所要求的书面形式要求,但在法理上并未有权威判例解释为什么赠与性诺言(gratuitous promise)应当具有约束力。这一问题其实在衡平法中存在解释,这就是前文所述的允诺禁反言(promissory estoppel)规则,弃权规则在某种程度上是禁反言规则的一种,目的是使没有对价支持的诺言也具有约束力,保护的利益是诺言引发的信赖利益。这是衡平法为了匡正普通法对价原则逻辑上正确但是不符合商业实践的问题而作出的调整。[5] 就此而言,放弃对方按约履行的一方不能自食其言,在诺言引发对方合理依赖的情况下不得坚持自己的合同权利,必须在发出合理通知的情况下才可以要求对方继续履约。需要注意的是,将弃权类比作禁反言也并不十分准确,因为允

---

〔1〕 Leather Cloth Co. v. Hieronimus [1875] LR 10 QB 140.

〔2〕 Charles Rickards Ltd. v. Oppenhaim [1950] 1 KB 616.

〔3〕 Panoutsos v. Raymond Hadley Corporation of New York [1917] 2 KB 473.

〔4〕 Hickman v. Haynes [1875] LR 10 CP 598.

〔5〕 See J. Beatson, A. Burrows, J. Cartwright, *Anson's Law of Contract*, 30th ed., Oxford University Press, 2016, p. 493.

诺禁反言的范围相对更窄,其要件之一是允诺引发对方发生依赖从而改变自己的地位。但在弃权发生时,核心是双方的交易关系以及受不利影响方是否因此发生损害(prejudice),这两个因素使弃权方自食其言变得不公平。换言之,弃权规则并不以发生依赖为要件之一,[1]但关于合同履行时间的弃权通常会产生依赖。

弃权还可能产生如何判断弃权方选择相互矛盾权利的问题。法律通过考察该方的言语、行为和是否知情来判断其选择。[2] 一旦作出选择,那么就意味着该方已经放弃其他选项。弃权可以适用的情况包括先决条件、合同一方以对方毁约为由撤销合同、根据合同条款终止合同等。若合同一方选择确认合同因而对终止合同发生弃权,则其不能被视为放弃损害赔偿权,除非弃权在禁反言意义上得到确立。另外,合同一方可以不经对方同意放弃要求对方严格执行仅对自己有利的合同条款。就选择而言,弃权意味着永久放弃,不能以通知来恢复之前已经放弃的权利。这一点不同于禁反言意义上的弃权,这种弃权只是暂时弃权。在选择使用弃权规则时,并不要求发生依赖与损害作为要件,但对弃权方的言语与行为仍需要具体判断。在禁反言意义上使用弃权规则时,并不需要受诺人知情,但受诺人最终应当知晓允诺人作出选择的事实。

七、约定终止

合同可以自行规定终止条件,既可以是明示的,也可以是默示的,以规定若干情况下如何确定合同解除或发生终止。[3] 法律一般不要求合同一方在决定行使约定终止权时必须合理行为,例外的情况是格式合同、[4]消费者合同和随意剥夺对方权利。合同双方可以在合同中明文规定在若干情况发生时,合同或自动终止,或一方选择行使取消权。

合同可以规定因若干事件而自动终止,这些事件一般是当事人无法控制也并非其造成的,那么此性质条款一般有效。[5] 若合同规定以违约为终止条件,法院一般会对这种条款进行解释,在判决合同终止前要求守约方作出选择,目的是不允许违约方以自己违约作为解约理由,即不允许过错方利用自身过错逃约,一般不构成独立规则,而是一种对双方意图的解释,可以由合同明文规定而修改。进一步而言,即使导

---

[1] WJ Alan & Co.,Ltd. v. El Nasr Export and Import Co.,Ltd. [1972] 2 QB 189.

[2] United Australia Ltd. v. Barclays Bank Ltd. [1941] AC 1,30.

[3] See J. Beatson, A. Burrows, J. Cartwright, *Anson's Law of Contract*, 30th ed., Oxford University Press, 2016, p. 494.

[4] Unfair Contract Terms Act 1977, s. 3(2)(b)(ii).

[5] New Zealand Shipping Co. v. Société des Ateliers et Chantiers [1919] AC 1,15.

致合同自动终止的事件不是违约行为,若合同一方有错误行为导致自动解约条款所针对的事件发生,则该方也不得利用合同条款来终止合同。

合同也可以规定由合同一方或双方来选择通过通知来终止合同。这种终止权可以因一方违约(无论是否构成毁约)而发生,或以特定事件发生与否来确定,或由当事人自由决定。默示终止权或行业惯例也可以产生该终止权。例如,在普通法中,雇佣合同可以由任意一方以合理通知而终止,通知时间视雇佣性质与工资发放周期而定,但目前的立法有其他规制。即使书面合同的履行期间并不确定,法院也可以从合同性质推定出存在默示终止条件,特别是固定价格合同或商业合同,例如,合伙协议可以通知方式来终止。解约通知应当满足基本要求,例如,条款规定明确,通常具有一定的书面形式,或在一定期限内发出等,否则通知无效。[1] 除这些基本要求外,法院在解释解约条款时会考察商业目的。

第三节 合同的法定终止

在不少情况下,当事人的意思自治不足以终止合同,因此合同还需要外部干预来终止,这就是法定终止原因,但相对少见。

一、合同因合并而终止

合同可因合并(merger)而发生法定终止。[2] 例如,若合同双方订立了一个金额较低的担保合同后又订立了一个金额较高的担保合同,在合同双方未明确规定的情况下,则金额较低者可以合并到金额较高的合同中,就此发生合同的法定终止。再如,若合同双方订立简式合同(simple contract)之后又订立了契据合同(contract in deed),则简式合同可以终止并合并到以后的转让中,这种情况一般发生在房地产合同中。这种合并一般要求两份合同之间具有相同的标的与相对方,例外情况是票据的独立性导致票据之间并不能发生合并。

还有一种情况是,合同权利与义务通过转让或其他方式最终由一人所有与负担(vesting),在这种情况下合同因为没有相对性或交易关系而发生合并。例如,在票据关系中,若票据到期后最终是承兑人(acceptor)成为持票人,则票据失效。同理,如房屋的承租人在租约期间获得继承权,则租约自然失效。

---

〔1〕 Avofos Shipping Co. SA v. Pagnan [1983] 1 WLR 195.

〔2〕 See J. Beatson, A. Burrows, J. Cartwright, *Anson's Law of Contract*, 30th ed., Oxford University Press, 2016, p. 556.

二、合同因书面文件变动而终止

若书面契据合同因文字发生变动而改变,则合同可因此发生终止,但对作出变动表述或同意该改变的一方并不终止。该规则的目的是防止欺诈,作出变动增减的一方须承担合同终止的不利后果。这一规则的限制条件包括:(1)受诺人或其代理人意图作出该变动,若文件处于受诺人保管中则第三人所作变动仍有同样效果;(2)该变动必须是合同相对方不同意的,否则就成为新合同而对双方有约束力;(3)该变动必须具有实质性,这里的实质性标准取决于文件性质,一般而言是增加了允诺人的责任。[1]

若受诺人故意取消书面文件,合同也可以终止,但文件不存在影响的是证据问题,而非合同本身的法律关系。

在票据法上,根据英国《1882 年汇票法案》第 64 条的规定,对正当持票人(holder in due course)来说,即使汇票发生实质性改变,票据效力仍然存在,条件是改变并不明显,持票人可以根据期限要求执行票据。若票据本身发生灭失,则持票人可以在提供补偿的情况下要求出票人再提供一张票据。

三、合同因破产而终止

一般而言,合同一方发生破产并不必然导致合同终止,但在破产法框架下可以导致债务与责任的法定终止。这方面的问题需要参照英国《1986 年破产法案》的有关规定。

---

〔1〕 See J. Beatson, A. Burrows, J. Cartwright, *Anson's Law of Contract*, 30th ed., Oxford University Press, 2016, p. 558.

第十五章 合同落空

第一节 概　　述

一、合同落空概述

很多国家的法律体系都承认合同情势一旦发生变更（changes of circumstances），如继续坚持按原合同履行会造成不公正时，合同可以进行修订。相比之下，英国法倾向于认为修订合同会破坏稳定性，改变双方订约时的风险分配，因此，只有在订约后发生的情势变更致使合同不可能履行或成为非法的情况下，才能允许合同终止。[1]在英国法中，这一原则就是合同落空（frustration）。在早期普通法中，这一原则仅适用于海事合同，但近代以来这一原则已经被推广到所有合同，订约后若出现双方不能控制的突发事件（supervening event），就可以终止合同。这一原则的适用范围不仅限于订约后发生不可能履行的情况（supervening impossibility），若情势变迁使合同商业目的不能实现且合同履行与合同约定相差极大，那么合同落空也可能成立。[2] 合同落空的后果是合同就此终止，尽管合同在事实上仍可能履行。

合同争议中以合同落空为由要求终止合同义务是一种常见免责理由。但对于已经合法订立、处于履行过程中的合同来说，英国法院一般不会轻易接受落空事件或情势变化的请求，[3]这些请求一般会强调合同履行发生灾难性变化或根本性的改变。为了逃约，合同一方在发现合同难以履行或没有利润后很容易会援用合同落空以无责任解约或作为抗辩，但法院对此持严格态度，引用虽多但成功率很低。[4]

---

〔1〕 See J. Beatson, A. Burrows, J. Cartwright, *Anson's Law of Contract*, 30th ed., Oxford University Press, 2016, p. 497.

〔2〕 Joseph Constantine Steamship Line Ltd. v. Imperial Smelting Corp Ltd. [1942] AC 154.

〔3〕 See Edwin Peel, *Treitel on the Law of Contract*, 14th ed., Sweet & Maxwell, 2015, para. 19 – 002.

〔4〕 Tsakiroglou & Co., Ltd. v. Noblee Thorl Gmbh [1960] 2 QB 318 at 370, CA.

二、合同落空的发展

早期普通法不允许当事人以合同订立后发生的阻碍合同履行的意外事件作为不履约免责理由,但有三种例外情况:一是政府行为致使履约违法;二是需特定人履行的合同中特定人死亡或丧失能力;三是因上帝的行为(Act of God)致使标的物丧失。在这三种情况下当事人合同义务可以免除。第三种情况在实践中得到了广泛适用。[1] 到 19 世纪,由于合同自由原则的盛行,法院曾一度很不愿意干涉双方当事人自由订立的合同,即使客观事件导致当事人权利义务关系严重失衡。[2] 在 1863 年之前,普通法认为合同各方一旦订约即负有绝对义务履行合同义务,即使履行成为不可能也不能免除履约责任,否则就必须承担违约责任。[3] 下面是一个古典判例。

经典判例　帕拉迪恩诉简[4]

在该案中,原告、被告之间订立租约,原告因被告未支付租金而起诉,被告的抗辩是一名德国王子带兵侵入该土地并驱逐被告,导致被告无法获得收益。此抗辩的核心是被告无法控制的战争或冲突导致财产遭到没收,这一情况显然与被告无关,被告也没有能力阻止其发生。尽管如此,法院仍判决抗辩不成立,合同中并无此规定,因此合同义务不能免除,被告败诉。显然,这一判决在现代看来明显有失严苛,但这种观点在古典时代是主流观点。

在古典时代,若当事人想回避此问题,就有必要在合同中明文规定终止条件。法院也可能通过解释合同来判决合同中有默示解约条款,在双方都没有过错的情况下若出现使合同完全不能履行的客观情况,合同可以终止。

经典判例　泰勒诉卡德维尔[5]

在该案中,被告向原告出租一座音乐厅与花园用于娱乐表演。在履行日之前,一场大火摧毁了音乐厅。原告因此起诉被告要求其承担违约责任。法院判决被告不承担违约责任,因为合同的默示条件是合同在违约前标的物仍然存在,而标的物的灭失导致履行变为不可能,合同当事人不承担责任。该合同中的履行基础是合同标的物

[1] See Edwin Peel, *Treitel on the Law of Contract*, 14th ed., Sweet & Maxwell, 2015, para. 19 – 002.

[2] See J. Beatson, A. Burrows, J. Cartwright, *Anson's Law of Contract*, 30th ed., Oxford University Press, 2016, p. 497.

[3] Taylor v. Caldwell [1863] 3 B & S 826, 833.

[4] Paradine v. Jane [1647] Aleyn 26 and Style 47.

[5] Taylor v. Caldwell [1863] 3 B & S 826.

存在构成合同的基本前提,若标的物消失自然导致合同不可能履行,因此,在合同未明文规定的情况下,法律可以认定存在此性质的默示条款。

该案是英国普通法中有关合同落空的经典判例,自此英国法院接受了这一原则,愿意将合同履行解释为相对义务,而非绝对义务。后来,合同落空规则也从海事领域中不可能履行的情况逐步拓展到其他领域。早期的判例大多与租船合同的延迟履行有关,后来各种类型的合同都可以适用这一规则。

合同落空规则的目的,是减轻早期普通法坚持按约履行的严酷性,以避免严格坚持按约履行所可能造成合同一方负担过重而导致的不公正。[1] 由于这一规则会导致合同终止,因此法院对其一直采取比较慎重的态度,适用范围比较狭窄,基本要件是合同当事人无法控制的外在事件引发的后果,不能与当事人行为有关系,提出该诉请的一方不能有过失等。[2]

经典判例　戴维斯承包公司诉法汉姆[3]

在该案中,承包商订立总包价格合同负责建造78栋房屋,工期为8个月,投标附件中有一封信说明投标条件是拥有足够数量的劳工进行施工,但法院认为该信件不构成合同文件。结果施工进行中出现了未预料到的劳工和材料短缺,尽管工程从未停工,但短缺仍旧造成工程延期到22个月才完工,导致承包商多支付了17,000英镑的成本。承包商因此起诉要求业主进行补偿。法院认为,这些事实并不能支持合同落空,承包商必须自行承担所有损失,尽管在某种意义上合同基础(足够的劳工和材料)已经不存在,但是法院还是认为合同预期没有实现不一定会导致合同落空,工程延期对承包商造成的风险应当由承包商承担。该判例在以后的判例中得到了普遍遵循。对于合同落空,上议院在该判例中认为,当合同任何一方都没有违约行为但合同仍无法得到履行,原因是履行合同所要求的情势与订立合同时的情势存在重大区别,法律应对此予以承认。在决定合同是否已经发生落空时,需要考虑合同的条款和解释,这需要结合当时的情况考虑,另外还要考察已经发生的事件。但这并不意味着艰难情势、履行困难或重大损失等情形本身就可以使合同落空成立,而是必须出现使义务发生重大变化导致合同义务与订立合同时的义务完全不同的后果。因此,尽管合

〔1〕 See M. Furmston, Cheshire, *Fifoot and Furmston's Law of Contract*, 16th ed., Oxford University Press, 2012, p. 667.

〔2〕 See J. Beatson, A. Burrows, J. Cartwright, *Anson's Law of Contract*, 30th ed., Oxford University Press, 2016, p. 499.

〔3〕 Davis Contractors v. Fareham [1956] AC 696, HL.

同落空是一个法律问题,但其实经常是一个程度问题与解释问题,需要考察合同难以履行的原因达到什么程度会导致合同落空成立,核心问题就会成为法律和事实的混合体。在有些案件中,有可能很快确定该原则是否成立;但在另外一些案件中,如存在合同义务履行出现延期的情况,就需要考察具体事件以确定实际延期或未来延期是否能够造成合同落空。

总之,这一原则在英国普通法中有比较长的发展历史,目前所适用的范围比较广泛。为了应对落空事件对合同的可能影响,目前很多商业合同尤其是格式合同,一般都会规定不可抗力条款(force majeure clause),目的是在特定事件发生的情况下部分或全部终止一方或双方的义务,这种条款有可能会覆盖或超越合同落空事件的原有范围,其救济比全部解约可能更为灵活,例如,可以规定暂停履行、延期履行或补偿等,但不得强迫双方根据合同新背景来重新谈判合同条款,否则合同会丧失确定性。

第二节　合同落空的理论基础

合同落空的理论基础一直存有争议,因为合同落空会对原合同的权利义务关系与风险分配产生重大影响,由此产生了原则性与灵活性之间的矛盾。[1] 对此,英国上议院有一系列判例对这一理论问题进行阐述,但其中不乏互相矛盾之处,学界也提出了一系列观点以解释这一问题。目前,有 4 种主流理论对此问题进行了阐述。

一、默示条款

曾经有一段时间,司法的主流观点为,合同履行中存在默示条款(implied term)是合同落空的基础。若合同履行违反了默示条款,则合同落空因此成立。[2] 但这一理论显然不能解释因为法律变化而产生的合同落空情况。这一理论比较模糊,所谓的默示条款含义并不清楚,在很大程度上是当事人的主观观点,因此,法官怎样看待当事人订约时的意思就成了关键问题。反对这一理论的观点指出:第一,很难认为当事人在订约时会默示规定他们根本不曾预料的情况;第二,即使当事人想到了这一点,他们也不太可能同意合同因此终止,而应当是在合同中作出风险分配,[3] 例如,实务中经常使用的不可抗力条款就是如此。另外,可以从合同默示条款的客观性来

---

〔1〕 See Edwin Peel, *Treitel on the Law of Contract*, 14th ed., Sweet & Maxwell, 2015, para. 19 – 114.

〔2〕 See J. Beatson, A. Burrows, J. Cartwright, *Anson's Law of Contract*, 30th ed., Oxford University Press, 2016, p. 509.

〔3〕 Denny, Mott & Dickson Ltd. v. James B Fraser & Co., Ltd. [1944] AC 265.

解释合同落空，例如，在落空事件发生时，作为合理人(reasonable person)的当事人应当在合同加入默示条款来应对落空事件的后果。但这一方法也很难合乎逻辑，所谓的合理人不过是虚拟的人，是司法技术的拟制，说到底合理人不过就是法院自己，是法院以他人的口吻说明自己的观点，并不一定符合当事人的真实意思。由于上述瑕疵，默示条款理论对此问题的解释力逐渐丧失普遍支持。

二、公正与合理结果

另外一种理论认为，合同落空的理论基础并非由于当事人的真实或推定意图所致，而是其法定性(operation of law)，其目的是缓和合同义务绝对性所造成的艰难情势，在特殊情况下法律可以为当事人提供"公正与合理结果"(just and reasonable result)。[1] 法院在这一例外中发挥积极作用，在当事人意思不足以平衡权利义务关系时进行必要的干预。因此，有法官(如丹宁勋爵)认为这一规则的基础是法院在例外情况下实现"公正与合理结果"所必需。但按照此逻辑，法院还有权在其认为有公正与合理结果的情况下解除当事人的合同义务，即使订立后发生的落空事件仅仅使合同履行经济负担更重。这与法院在实务中很少允许合同落空的情况并不相符。显然，这一理论也缺乏足够的确定性，因此有内在缺陷，并未得到广泛认同。

三、合同基础

还有一种观点认为，合同落空的基础在于合同订立与履行中都有一些基础要素，若发生合同基础缺失(disappearance of the foundation of contract)，那么考察重点就是事件的性质与范围是否达到了导致合同基础消失的程度。一旦合同基础因客观情况已不复存在，合同落空就可以成立。[2] 合同基础理论可以在一定程度上解释合同落空的原因，但其含义仍旧比较模糊，在很大程度上是一个解释问题，即合同基础到底是什么意思，这一问题只能根据案件事实来确定。另外，该理论也很难解释标的物灭失以外的情况。因此，英国上议院在后来的判例中并不接受这一理论。[3]

四、合同义务重大变化

目前，经过一系列判例的不断发展，英国合同法中有关合同落空的理论基础一般公认为合同义务重大变化理论(radical change in the obligation)，意思是指，在合同情

---

〔1〕 Hirji Mulji v. Cheong Yue ss Co. Ltd. [1926] AC 497, 510.

〔2〕 See J. Beatson, A. Burrows, J. Cartwright, *Anson's Law of Contract*, 30th ed., Oxford University Press, 2016, p. 512.

〔3〕 National Carriers Ltd. v. Panalpina [Northern] Ltd. [1981] AC 675.

势发生重大变化导致合同义务相比订约时情况发生重大变化的情况下，合同落空可以成立。[1] 拉丁法谚是“*Non haec in foedera veni*”，意为“这不是我所承诺的”，其在近来的若干判例中得到确认。该理论强调的是订约后发生了当事人没有过错与合同并未规定的事件，导致未履行合同义务（一般不是履行费用增加）相比订约时当事人可以合理预测的义务发生重大差别，继续要求合同当事人按约履行变得不再公正，因此各方可以终止合同义务。显然，这一理论本质上也是一种解释论，因为法院在适用中需要解释合同条款的性质与订约的环境，必须首先确定当事人所承担的原合同义务，然后再与事件发生后当事人的实际履行义务进行比较，以确定二者之间是否发生重大变化。一般的价格波动或履约困难当然无法构成这种重大变化，必须是合同约定义务与实际义务相差甚大。在很大程度上取决于法院的自由裁量权。

此种性质的规则在适用上难度较大，所谓“说起来容易做起来难”就是这种情况。若当事人在合同中规定了发生何种情况下如何处理合同义务，当然不发生合同落空。但在合同未明文规定的情况下，就必须比较新情况与合同约定之前的差异以确定其程度，方法是假设合同继续约束当事人的情况下当事人权利义务关系在事件未发生的情况下会是什么情况。这在不同种类的合同中存在区别。例如，在雇佣合同中，需要考察的情况包括合同条款、工作性质与期限，过去雇佣的时间长度，员工患病的性质与持续时间以及康复的可能性等情况。在运输合同中，需要考察的情况包括货物运输中可能发生的货损或变质情况，货物的季节性市场、轮船适航性等。合同落空若要成立，就意味着事件影响下的合同义务与原义务相比出现重大（radical）或根本（fundamental）变化，这些概念都比较模糊，很难以非常准确的标准来判断，在很多情况下就是一个程度问题。[2] 相比之下，长期合同发生合同落空的可能性相比一次性合同而言较小。

第三节　合同落空的若干情况

经过大量判例的不断阐释，有关合同落空的适用问题一定程度上得到了司法之明确，下面列举一些典型情况。

---

〔1〕 See J. Beatson, A. Burrows, J. Cartwright, *Anson's Law of Contract*, 30th ed., Oxford University Press, 2016, p. 513.

〔2〕 Pioneer Shipping v. BTP Tioxide, The Nema [1982] AC 724.

一、标的物灭失

合同落空比较清楚的情况是合同标的物发生灭失导致合同履行不再可能。[1] 例如,前述判例中,音乐厅因火灾而损毁。再如,若买卖双方同意由卖方在买方工厂场地上负责供应与安装机械设备,但火灾突然毁坏了工厂场地,则合同发生落空。[2] 但如果是机械设备发生灭失,场地并未发生损毁,卖方还有可能获得机械设备,则卖方义务并不解除。[3] 同理,在特定货物买卖合同中,若合同风险转移给买方之前双方都没有过失,货物灭失则导致合同撤销。[4]

二、重大自然灾害

一般而言,重大的火灾、水灾、泥石流、气候灾难等也可以构成合同落空的理由,但在合同已经分配风险的情况下也并不一定可以使合同落空成立。[5] 例如,在工程合同中,承包商以总价承诺负责工程的整体施工,一旦工程标的为火灾、水灾或其他灾难所摧毁,除非合同有明文规定,否则承包商不能解除其完工责任,合同落空也不成立。[6]

经典判例　王氏诉中化投资公司[7]

在该案中,原告与被告订立合同,由被告为原告承建楼盘工程。施工中发生大规模山体塌方事故,导致一幢13层的公寓楼和数百吨泥土倾泻在施工现场并彻底摧毁了工程,这场事故最终导致67人死亡,工期无限期拖延。原告蒙受巨大损失,因此起诉被告要求赔偿。法院最终判决此事件是施工的主要障碍,根本性地改变了合同履行的性质和时间,因而合同落空成立,被告因此可以免责。显然,一般性质的自然灾害难以使合同落空成立,因为合同往往会对这类情况作出规定,但在发生当事人所不能合理预料的重大自然灾害的情况下,合同落空也可能成立。

另外,恶劣天气和暴风雨一般不能构成合同落空的理由,因为履行义务的一方在

---

[1] See J. Beatson, A. Burrows, J. Cartwright, *Anson's Law of Contract*, 30th ed., Oxford University Press, 2016, p. 501.

[2] Appleby v. Myers [1867] LR 2 CP 651.

[3] Sale of Goods Act 1979, s. 7.

[4] See Edwin Peel, *Treitel on the Law of Contract*, 14th ed., Sweet & Maxwell, 2015, para. 19 – 011.

[5] See J. Beatson, A. Burrows, J. Cartwright, *Anson's Law of Contract*, 30th ed., Oxford University Press, 2016, p. 502.

[6] Appleby v. Myers [1867] L. R 2 C. P. 651.

[7] Wong Lai Ying v. Chinachem [1978] 13 BLR 81, PC.

订立合同时应当能够考虑这些问题。但如果出现不同一般的降雨或降雪、洪水或地震,或其他无法合理预见的气候现象,也可以构成意外事件。这本身还不能免除合同违约的责任,但根据对合同的解释,合同双方可能认为意外事件可以使合同终止。

三、死亡或丧失能力

个人服务合同中合同义务的履行往往依赖个人能力,若允诺人发生死亡或丧失能力(incapacity)情形则合同落空成立。但在雇佣合同中,疾病造成的缺勤不一定就可以成立合同落空,法院考察这类型合同的因素包括:合同条款规定、工作性质与期限,过去雇佣的时间长度,疾病的性质与持续时间以及康复的可能性。有些判例的结果对合同一方略显严苛。在一个判例中,[1]一名雇员心脏病突发导致不能再继续工作,这导致雇佣合同自动终止,雇主无须承担终止合同前发出通知的合同义务,也无须承担在通知期限内的法定支付工资义务。

四、法律变化

法律变化也会使合同的基础发生重大变化造成合同落空成立,例如,合同可能因立法或执法变化等原因而成为在法律上无法执行的合同。这些问题的原因一般都是政府特定政策变化所致。[2] 从要件上来说,致使合同发生落空的法律变化必须具有根本性,仅仅暂停合同履行或构成部分履行障碍的法律变化并不能构成合同落空的理由。[3] 例如,政府限制令在只影响小部分合同条款的情况下不能使一个为期 9 年的合同发生落空。[4] 再如,一家荷兰银行支票的收款人不因德国入侵导致提示支票成为非法情况就丧失票据权利。[5] 若合同条款明确规定如何处理相关合同风险,合同落空不能成立。

在实务中,建设工程与房地产项目开发合同经常发生该问题,因为该行业政府监管繁多,工程项目必须符合各种法律和法规的要求,这可能导致发生巨额费用。如果在订立合同之后,工程施工永久被法律禁止,合同落空即告成立。但如果法律禁止不是永久性的,就需要根据法律对工程的影响时间是否足够长以至于即使复工也会破坏合同履行来作出判断。

---

〔1〕 Notcutt v. Universal Equipment Co. (London) Ltd. [1986] 1 WLR 641.

〔2〕 See Edwin Peel, *Treitel on the Law of Contract*, 14th ed., Sweet & Maxwell, 2015, para. 19 - 045.

〔3〕 See J. Beatson, A. Burrows, J. Cartwright, *Anson's Law of Contract*, 30th ed., Oxford University Press, 2016, p. 504.

〔4〕 Cricklewood Property and Investment Trust Ltd. v. Leighton's Investment Trust Ltd. [1945] AC 221.

〔5〕 Cornelius v. Banque Franco-Serbe [1942] 1 KB 29.

经典判例　联合投资与地产公司诉沃克父子公司[1]

在该案中，原告与被告协商商业地产买卖合同。被告在广告中声称地产适合再开发，被告对原告进行再开发的意图也了解。双方协商时原告曾经询问被告，这些地产是否具有历史意义而属于保护建筑，被告否认。实际上这些地产已经列入历史遗产，导致再开发需要满足很多严格条件，但双方对此均不知情。双方订立合同次日，政府部门通知被告地产已经成为历史遗产，导致地产价值减值，原值170万英镑减少了20万英镑。双方发生争议，原告起诉要求因错误而撤销合同，或因此事发生合同落空。上诉法院判决认为，该案不属于共同错误，因为共同错误必须是在订约之前发生的，而该案情况是订约之后；涉案地产虽然发生减值，但并未达到合同不能履行之程度，因此也不成立合同落空。原告败诉。

五、战争

在英国合同法上，除非发生不合法的情况，例如，合同一方与成为敌人的对方进行交易，一般而言宣战本身不能阻止合同履行。战争有关的行为也可能阻止合同履行，需要结合个案进行判断。这往往是一个公共政策问题，合同有可能发生全部落空，即使当事人规定合同履行可以推迟也并不能防止落空发生。[2]

六、通货膨胀

在经济正常发展中，通货膨胀（inflation）对商业的影响一般并不是十分严重，可以通过涨价等方法来消化。但在有些极端情况下，通货膨胀有可能造成重大影响，导致双方的利益出现严重不平衡。因此，法院不会轻易允许以通货膨胀为由成立合同落空。

经典判例　史塔福郡地区医疗局诉南史塔福水务公司[3]

在该案中，双方于1929年订立合同，由被告负责向原告供水，价格是每1000加仑7便士，没有供应期限。到1978年，实际供水价格已经增加了20倍左右，被告要求加价遭到拒绝因而拒绝继续供水。原告因此起诉。民事上诉法院判决被告可以通过合理通知来终止。丹宁勋爵在判决中则认为，由于半个世纪以来的通货膨胀，合同履行出现了根本性差别，合同落空因此成立。但大多数法官并不同意这一观点，而是

---

〔1〕 Amalgamated Investment & Property Co. Ltd. v. John Walker & Sons Ltd. [1977] 1 WLR 164.

〔2〕 Ertel Bieber & Co. v. Rio Tinto Co. Ltd. [1918] AC 260.

〔3〕 Staordshire Area Health Authority v. South Staordshire Waterworks Co. [1978] 1 WLR 1387.

坚持传统观点,即货币贬值风险原则上由债权人承担。债权人可以合同约定来抵销这一风险。例如,租赁合同中经常有价格调整条款以对冲通货膨胀风险。显然,若当事人订立的合同对己不利,就不能以合同落空作为终止合同的正当理由,该案成立合同落空的原因在于履行时间很长且价格差距过大,而且没有规定必要的价格调整条款,属于实务中很少见的情况。

七、特定事件

若合同是以特定事件发生作为合同履行的基础,则该事件未发生就会导致合同落空成立。[1]

经典判例　科奈尔诉亨利[2]

在该案中,被告从原告承租一套公寓,租期为2日,合同并未规定目的,但原告打广告说该公寓可以用来观看英国国王爱德华七世的加冕仪式,被告阅读广告后订立合同。但其后因为国王生病导致仪式取消,被告支付了1/3的租金,但未付余款。原告因此起诉。法院判决该合同的基础是加冕仪式,仪式取消导致合同落空成立,原告不能要求付款,虽然合同在理论上仍旧可以履行。

但是,该判例并不意味着导致当事人订立合同的关键因素在履行前消灭就必然可以成立合同落空,因为法院有可能认为当事人订约时会期待发生特定事件,即当事人是在冒险订约,这意味着特定事件的发生并不是合同的基础,已自愿承担风险的一方不能以合同落空主张权利。

经典判例　赫尼湾汽船公司诉哈顿[3]

在该案中,原被告订立租船合同,被告承租一艘轮船负责运输游客参与英国国王的海军检阅仪式,并参观英国舰队。其后,国王生病导致仪式取消,但舰队仍可以参观。英国民事上诉法院判决认为,合同不能终止,部分原因是仍可以参观舰队,被告承担了合同风险,在风险已经分配的情况下就不能以风险发生为由而终止合同。该案表明,若特定事项的状态仅是订约的诱因或动机,一般并不构成合同基础,因此不能使合同落空成立。易言之,合同基础一般是指合同订立前的事实,而非动机。有趣

---

〔1〕 See J. Beatson, A. Burrows, J. Cartwright, *Anson's Law of Contract*, 30th ed., Oxford University Press, 2016, p. 502.

〔2〕 Knell v. Henry [1956] AC 696, HL.

〔3〕 Herne Bay Steamboat Co. v. Hutton [1903] 2 KB 683.

的是,该案法官与上一个判例是同一人,但该案判决与前案判决却截然不同。

八、海运合同

英国法中合同落空的典型例证是租船合同。在战时,轮船经常发生政府征用的情况。若存在租船合同,那么就会产生征用是否导致合同发生落空的问题,从而影响船东与承租人的法律关系。[1]

经典判例　坦普林汽船公司诉盎格鲁墨西哥石油制品公司[2]

在该案中,租船合同的标的物是一艘名为 FA Tamplin 的轮船,租期为 5 年,从 1912 年 12 月 4 日到 1917 年 12 月 4 日。在 1915 年 2 月,英国政府决定征用该船作为运兵船,并为此改装该船。承租人愿意继续支付租金,但船东认为征用导致合同发生落空,因为他们希望从政府获得更高的补偿。上议院在判决中认为,合同应当继续履行,因为征用期限不定,该船在 5 年的租期中仍可以用于商业运输,因而当事人继续履行合同是合理的。显然,上议院认为,在征用期间未定的情况下不能认为租船合同就一定发生落空,船东实际上可能是想逃约,因此判决合同落空不能成立。

上议院的这些判例表明,合同落空往往是法律与事实问题的混合体,往往取决于法官对事实的认定,很难设定绝对的标准。除此之外,还有一系列事件可能导致租船合同发生合同落空,例如,轮船搁浅、[3]外国政府禁令导致轮船不能离港、战争[4]以及扣船等。比较复杂的问题是阻碍装船作业的罢工事件。承租人一般在合同中会规定在一定期间内进行装船或卸货作业,在违约时应当向船东支付滞期费(demurrage)。若在港口发生罢工事件导致无法装卸货,若无合同明文规定,承租人不能解除滞期费的付款义务。[5] 但是,若罢工持续时间很长,导致合同实际履行与约定之间相距甚远,在例外情况下可以使合同落空成立。同理,若航线发生阻碍导致轮船航行发生延迟,那么也可能成立合同落空,但著名的苏伊士运河案中对此有严格限制。

---

〔1〕 See J. Beatson, A. Burrows, J. Cartwright, *Anson's Law of Contract*, 30th ed., Oxford University Press, 2016, p. 504.

〔2〕 FA Tamplin Steamship Co. v. Anglo-Mexican Petroleum Products Co. Ltd. [1916] 2 AC 397.

〔3〕 Nickoll v. Ashton Edridge & Co. [1901] 2 KB 126.

〔4〕 International Sea Tankers Inc v. Hemisphere Shipping Co., Ltd. [1983] 1 Lloyd's Rep 400.

〔5〕 Budgett & Co. v. Binnington & Co. [1891] 1 QB 35.

经典判例 苏伊士运河案[1]

在历史上,英法两国于1956年为争夺苏伊士运河的控制权而入侵埃及,这一事件导致运河关闭,引发了不少货物运输合同的赔偿问题,承运人的抗辩之一就是合同发生落空。在该案中,原告向被告出售一批农产品,始发地是苏丹,目的港是汉堡,运输期间是1956年11月、12月。1956年11月2日苏伊士运河因战事关闭,持续时间达5个月。该批货物的汉堡CIF价格以运河运输为准,但合同中并未明确规定航线。原告拒绝履行合同,理由是运河关闭导致合同落空。上议院判决认为合同落空不成立,因为轮船仍有可能经好望角航线运达汉堡,这一航线在本质上与运河路线并无重大不同,仅是增加了运输费用。上议院还指出,合同是货物买卖合同,对买方而言运输没有相关性。但是,上议院还指出,若货物属于易损性质或合同规定了履行日期,那么该案中的合同落空可能会成立。显然,上议院对合同落空仍然持谨慎态度,目的是防止合同随意终止,因此在履行费用大幅度增加的情况下仍然拒绝合同落空的抗辩。但此判例一直存有争议,有观点认为该判例规则过于严苛。

九、建筑合同

在建筑合同中经常出现合同落空问题,因为该类型合同履行时间一般较长,很容易出现订约时未预料到的情况影响承包商的施工义务。一般而言,未预料到的施工困难和资金困难往往难以得到法院支持,承包商很难以此为理由来逃避合同义务。[2] 因此,承包商不能以下列理由请求法院支持合同落空请求:对土地缺陷不知情,业主就工程量清单、计划和规格的准确性拥有默示担保义务,工程可以招标邀请中规定的方式进行履行等。[3] 针对这些问题,承包商应当自行开展调查,或明文限制自身施工范围。另外,未预计的、完全非正常的价格起落或货币贬值不能影响合同履行,除非这类事件性质非常严重。[4]

工程合同的另外一个问题是合规性问题。建设工程施工需要符合各种法律和法规的要求,但这可能导致产生巨额费用。例如,在工程施工地基开掘以后可能才发现地基作业费用大增,才能满足法规要求。在这种情况下,有些判例表明巨额费用与以前的预算相比可能差距太大而导致合同落空成立。[5] 但证明这一点非常困难,法院

---

〔1〕 Tsakiroglou & Co. ,Ltd. v. Noblee Torl GmbH [1962] AC 93.

〔2〕 See J. Beatson, A. Burrows, J. Cartwright, *Anson's Law of Contract*, 30th ed. , Oxford University Press, 2016, p. 507.

〔3〕 Thorn v. London Corp [1876] 1 App. Cas. 120, HL.

〔4〕 British Movietonews Ltd. v. London & District Cinemas Ltd. [1952] AC 166, HL.

〔5〕 Walton Harvey v. Walker and Homfrays Ltd. [1931] 1 Ch. 274, CA.

对其一般也持谨慎态度。如果在订立合同之后,若工程施工永久为法律所禁止,合同落空即告成立。如果法律禁止不是永久性的,就需要判断该情况对工程影响是否时间足够长以至于即使复工项目也丧失意义。

经典判例 大都市水务局诉迪克公司[1]

在该案中,承包商在1914年7月订立合同以总价承建水库,工期为6年。不久后第一次世界大战爆发,英国政府于1916年2月禁止该项目继续施工并没收和出售了承包商的工厂和材料,到1918年,上议院审理该案时政府仍然禁止该工程。法院判决合同终止,尽管合同规定工程师在"发生任何困难、障碍、阻碍、反对的情况下"仍旧有权"未来或溯及性"地延长施工时间。显然,政府禁止该工程的持续状态构成该合同发生落空的根本原因。

十、不动产合同

不动产,尤其是土地买卖或租赁合同中能否适用合同落空存在不少争议。[2] 长期以来英国法倾向于认为,土地租赁合同不可能出现合同落空的情况,原因在于土地租赁合同不仅是一份合同,往往还涉及承租人享有的各种权益,合同一经订立目的就已经实现,土地本身一般不存在灭失,其用途是多样化的,承租人对此承担了交易风险,因此不存在合同落空的适用问题。[3] 但这一规则也充满争议。

经典判例 全国运输公司诉泛亚班拿(北方)公司[4]

在该案中,原告从被告处承租一处仓库,期限为10年,从1974年1月1日起算。合同中规定,在未获被告同意的情况下原告除仓储外不得将仓库用于其他用途,也不得转让、转租或脱离占有。在1979年5月,当地政府临时关闭街道,导致只能用汽车来进出该仓库。街道关闭持续时长是20个月,该仓库因此不能按约使用。原告因此拒付租金。被告起诉,原告的反请求是合同发生落空,要求终止合同。上议院判决合同落空不成立,考察的因素包括阻碍的性质与时间、阻碍对合同履行的影响程度等。大部分法官认为合同落空在理论上可以适用于租约,如海岸崩塌、泥石流等自然灾害等,但尚未有土地租约发生合同落空的权威判例。部分原因是土地具有永久性特征,

---

[1] Metropolitan Water Board v. Dick, Kerr & Co., Ltd. [1918] AC 119.

[2] See Edwin Peel, *Treitel on the Law of Contract*, 14th ed., Sweet & Maxwell, 2015, para. 19 – 057.

[3] See J. Beatson, A. Burrows, J. Cartwright, *Anson's Law of Contract*, 30th ed., Oxford University Press, 2016, p. 508.

[4] National Carriers Ltd. v. Panalpina (Northern) Ltd. [1981] AC 675.

部分原因是土地租约一般都会规定落空事件的处理方法，承租人因此承担其中的风险。

还有一种情况是，在土地买卖合同中，在合同订立后履行完成前发生情势变更，如发生火灾，在一般情况下由买方来承担风险，往往通过保险来分散风险。在标的土地为法律命令所强制购买[1]或标的土地成为历史遗迹[2]而导致不能开发的情况下，合同都不发生落空。

第四节 风险分配对合同落空的影响

合同落空与当事人的风险分配直接相关。由于任何交易本身都存在一定的风险，因此合同本身就体现了当事人对风险分配的意思自治，而合同落空会从根本上影响风险分配的结果，导致当事人的权利义务关系产生重大变化。因此，在法院适用合同落空规则来具体审理案件时，就必须确定合同是否已经分配了风险，已经分配完毕的风险原则上不属于合同落空事件，否则合同的严肃性就不能得到保证。[3] 因此，合同履行费用增加一般不能成为合同落空的正当理由，即使费用增加的原因是落空事件造成的价格剧烈波动。可见，风险分配对合同落空有重大影响，在实务中会造成一些疑难案例，法院在这种情况下往往需要平衡各种因素。

一、合同规定与合同落空

合同规定与合同落空显然存在相关性。除一些非法合同的判例外，当事人总是可以在合同中规定在特定事件发生时合同应当继续履行或暂停履行或分配事件带来的风险，而不是解除合同。在合同规定完备的情况下，法院当然不能判决合同落空成立。若合同未明确规定，则法院可以判定是否成立合同落空，例如，合同规定在特定事件发生的情况下给予一方终止履行或继续履行的选择权。[4] 另外，当事人还可以规定合同在没有发生落空的情况下仍可以暂停履行或终止履行。法院在这种情况下需要考察合同条款与落空事件的关系，在二者中取得平衡。

---

〔1〕 Hillingdon Estates Co. v. Stonefeld Estates Ltd. [1952] Ch. 627.

〔2〕 Amalgamated Investment & Property Co. Ltd. v. John Walker & Sons Ltd. [1977] 1 WLR 164.

〔3〕 See J. Beatson, A. Burrows, J. Cartwright, *Anson's Law of Contract*, 30th ed., Oxford University Press, 2016, p. 515.

〔4〕 Metropolitan Water Board v. Dick, Kerr & Co. Ltd. [1918] AC 119.

经典判例 CTI 集团公司诉传斯克里公司[1]

在该案中,原告与被告订立货物买卖合同,采购大批水泥。2004 年 5 月双方订约,原告采购数万吨水泥,船上交货。由于在一个港口不能交货,因此双方又订立合同改在另一个港口交货,合同条款与前一个合同基本相同,但交货地不同。结果被告仍然不能提供轮船装货。原告因此申请仲裁,要求被告赔偿原告为了购买替代货物而租船运输所造成的损失,被告抗辩合同发生落空。仲裁庭查明,被告公司数次未能寻找运货轮船的原因是当地生产商集体抵制。这种情况导致原告只能另找其他航线才能运输,与当事人的合同期望存在根本差别,因此合同发生落空。原告上诉到法院,法院判决合同落空并不成立,因为被告应当承担未能按预期供货的风险,由于供货及其来源均为特定渠道,因此被告有其他选择,不能以此免责。

经典判例 坦德里航空公司诉航空玩具商店[2]

在该案中,双方订立合同进行飞机交易,原告向被告出售一架飞机,被告须支付 300 万美元定金,余款在飞机交付时结清。2008 年原告交付飞机时发生金融危机,被告拒绝收货,原告因此行使权利终止合同,并要求没收定金,因此在法院起诉。被告的辩称是不可抗力条款,因为全球金融市场的剧烈波动导致出现双方不可预见的灾难性市场暴跌,因此要求免除责任。法院判决认为,经济或市场环境的变化会影响合同盈利,但不构成不可抗力事件。该案中的不可抗力条款规定宽泛,其中并无经济环境的具体推定,因此被告不能以不可抗力对抗。

二、可预测性与合同落空

订约时当事人可以预测的事件发生时合同落空是否可以成立也是一个问题。合同落空的判例中经常以“未预见”(unforseen)或“未考虑”(uncontemplated)的事件来作为合同落空成立的理由,订约时当事人可以预测的风险原则上应当自行承担。[3] 但由于落空事件并不能抽象规定,因此在可预测事件发生时,合同是否继续有效实际上又成为需要解释的问题,在合同没有规定的情况下该问题往往没有答案,因此法院仍可以合同落空作为分配风险的理由。

---

[1] CTI Group Inc. v. Transclear SA [2007] EWHC 2070, QBD.

[2] Tandrin Aviation Ltd. v. Aero Toy Store [2010] EWHC 40(Comm).

[3] See J. Beatson, A. Burrows, J. Cartwright, *Anson's Law of Contract*, 30th ed., Oxford University Press, 2016, p. 516.

经典判例　海天使号案[1]

在该案中，一艘油轮在港口搁浅并断裂，救助公司与原告订立标准救船合同，承租原告工程船救助，期限为20日。作业进行到17日后，由于油轮可能涉及漏油清污问题，港口当局要求救助公司交付保证金，缴纳之前拒绝让原告工程船离港。救助公司先通过协商解决未果，再向法院起诉，港口当局收到法院判决后才予放行，结果造成原告轮船遭扣押达108日，原告请求救助公司支付租金，后者主张合同发生落空要求免责。一审法官判决被告败诉，因为当事人义务并未发生根本变化足以导致合同发生落空。二审维持原判，原因是海难救助中普遍存在港口当局扣押救助船的可能性，这是该行业的常识，标准救助合同已经明确规定了这种可能性，救助公司的相关处理表明这种风险具有可控性，救助公司还可以要求油轮予以补偿相关费用，在风险分配上较原告占有优势。

三、当事人意图与合同落空

还有一个问题是，在合同一方意图使合同履行因落空事件而不能履行的情况下合同落空是否成立，这往往也是合同解释问题。

经典判例　布莱克班里诉埃伦父子公司[2]

在该案中，被告同意向原告出售与运输一批木材，但因为战争导致其无法供货。原告并不知道这批木材需要从发货港运输到目的港，供货商事实上在目的港并没有存货。原告因此起诉，被告以战争作为合同落空的抗辩。英国民事上诉法院判决合同落空不成立，因为落空事件使被告的供货义务事实上变得不可能，但在合同没有约定的情况下，终止被告义务就必须证明以正常方式运输货物是双方都已预料的事项。由于原告对此不知，因此该风险由被告承担，合同落空不成立。该案中合同落空不成立的根本原因在于原告订约时并不知道被告的若干情况，法院认为这种信息不对称意味着被告为此承担风险，因此不能以战争为由来逃约。

四、履行迟延与合同落空

诉讼中经常出现的问题是履行延迟是否影响合同落空成立。合同订立后有可能在履行期间发生延迟导致损失。但这种情况在商业合同中应当说是正常现象，也是

[1] The Sea Angel [2007] EWCA Civ 547, [2007] 2 Lloyd's Rep 517.

[2] Blackburn Bobbin Co. Ltd. v. TW Allen & Sons Ltd. [1918] 2 KB 467.

当事人一般可以预测的情况。因此,延迟一般不能成立合同落空,[1]除非延迟使事件发生后的履行与原合同义务出现重大变化(absolutely nugatory, unreasonable),这是一个程度问题,也是一个全面证据的判断问题,只能是临案而决。即使表面(*prima facie*)上发生了延迟足以使合同落空成立,但若合同规定了风险分配,合同落空也不能成立。[2]

五、当事人造成的落空事件

在一般情况下,合同一方存有过失或与意外情况(self-induced frustration)而影响合同履行时,该方不得引用合同落空作为抗辩。易言之,合同一方在合同落空中不能存在故意或过失情况。[3] 合同一方的过失不能使合同落空成立,这一规则看似明确。但在一些情况下,这个问题会变得比较复杂。例如,合同一方订立了若干合同,落空事件的发生导致有些合同可以履行,而其他合同不能履行,这时候合同落空是否成立就存疑。

经典判例 超级仆人二号案[4]

在该案中,被告与原告在1970年订立合同负责从日本运送钻井平台到荷兰鹿特丹港,有1号船与2号船备选。被告还与第三方订立了两个合同,内容基本一致,一个在原被告合同之前,一个在其后。被告在其内部时间表中准备使用2号船来履行其与原告的合同,1号船来履行其他合同。但在履行时间到来前,2号船沉没。被告通知原告其无法履约,双方同意在不影响合同权利的情况下以其他更为昂贵的方式来运输。其后发生争议,原告起诉,被告的反请求是2号船沉没构成合同落空,要求免除责任。英国民事上诉法院判决认为合同落空不成立,即使2号船的沉没与当事人并无干系,被告仍有可能通过其他方式来履约。因此,在部分履行有瑕疵的情况下,当事人必须依靠不可抗力条款来保护自己,合同落空很难成立。显然,法院认为,只要合同有可能通过其他方式履行,则合同落空就难以成立。宾汉(Bingham)勋爵总结了该判例的基本规则:第一,合同落空目的在于缓和普通法的僵化,因为普通法要求严格按照合同字面履行绝对承诺。合同落空就是要实现公正和合理的结果,避

---

[1] See J. Beatson, A. Burrows, J. Cartwright, *Anson's Law of Contract*, 30th ed., Oxford University Press, 2016, p. 519.

[2] Paal Wilson & Co. A/S v. Partenreederei Hannah Blumenthal [1983] 1 AC 854.

[3] See J. Beatson, A. Burrows, J. Cartwright, *Anson's Law of Contract*, 30th ed., Oxford University Press, 2016, p. 520.

[4] J Lauritzen AS v. Wijsmuller BV, The Super Servant Two [1990] 1 Lloyd's Rep 1.

免严格遵循逻辑导致的不公正。第二,合同落空的后果是合同自动终止,解除合同义务,该规则只能在有限范围内适用,不能随意扩大。第三,合同落空不能归咎于当事人的行为或选择,落空事件必须是某种外部事件或者情况发生外部变化。显然,该案合同落空不能成立的关键因素在于被告另有选择,合同已经为风险设置了分配机制,被告不能以合同落空来逃约。

另一种情况是过失行为。若主张合同落空的当事人行为存在过失或过错,合同落空一般不成立,但由于过失本身范围广泛而难以全面规定,因此仍需要结合具体案情判断。

第五节 合同落空的后果

在英国合同法上,一旦合同落空成立,合同双方义务原则上就此自动终止,但争议解决条款的效力仍然有效。易言之,合同主义务从合同落空之日起终止,但争议解决条款仍然有效。

一、普通法上的后果

一般而言,除了当事人一方或双方共同可以终止合同,合同落空也可以使合同自动得到确认(determined automatically),[1]这意味着,合同的权利义务关系就此得到确定。合同落空还可以使事件发生时未履行合同义务就此终止。[2] 但落空事件发生前的已存在的合同权利与义务并不因合同落空而改变。

经典判例 阿克辛纳诉巴伯[3]

在该案中,三审被告与原告(一家波兰公司)订立合同生产若干机械设备并负责运输到目的港,付款条件是预付1000英镑,原告依约付款。后来,第二次世界大战爆发导致被告无法生产,原告因此要求返还预付款,被告拒付,理由是已经进行了若干作业并发生费用。依照前案,预付款显然不得返还。但上议院判决认为原告胜诉。有观点认为,在这种情况下的诉讼已经不再是合同之诉,而是对价全部失败后的返还之诉(action in restitution)。上议院指出,在这种情况下的"对价"(consideration)一词

---

[1] See J. Beatson, A. Burrows, J. Cartwright, *Anson's Law of Contract*, 30th ed., Oxford University Press, 2016, p. 523.

[2] Ibid., p. 524.

[3] Fibrosa Spolka Akcyjna v. Fairbairn Lawson Combe Barbour Ltd. [1943] AC 32.

并不是合同成立意义上的对价，而是已履行合同义务的意义，已经付款但未收到合同利益的一方可以要求返还，因为此处对价全部失败。

二、立法上的后果

英国规制合同落空的相关立法是《1943 年法律改革(合同落空)法案》[Law Reform (Frustrated Contracts) Act 1943]。该法案的出现主要是因为英国普通法上的判例始终没有完全解决相关问题，且在不少地方存在模糊与矛盾之处，因此议会试图通过立法来规制这一问题。[1] 普通法始终没有解决的问题包括：应当返还预付款的一方在履行中已经发生的若干费用如何计算，或合同失败后该方拥有的货物在失去价值后如何处理，普通法中的对价要求意味着要求返还的对方在对价(无论大小)存在的情况下无法要求返还。该立法就是针对这些问题而制定的。[2] 就此而言，该立法的核心目的，是防止合同落空发生时合同一方因此而获得不当得利，而非在当事人之间分割落空事件造成的损失。[3] 但需要注意的是，该立法不具有强制性，在合同有明文相反规定的情况下，根据该法案第 2 条第 3 款该立法不能适用。

(一)已付或应付的款项

根据《1943 年法律改革(合同落空)法案》第 1 条第 2 款，“在合同义务解除前为执行合同而已支付或应支付的款项，在已经付款的范围内合同一方应当返还，对方所付款项也应当返还，在应支付的范围内应当停止支付，条件是已收款或应收款的一方在解除之前已经为合同履行发生费用，法院在此情况下可以综合考量各种因素以允许在费用范围之内保留此款项或获得此款项的返还”。此规定的目的是体现前述阿克辛纳案[4]的规则，但无须证明对价彻底失败。举例而言，若甲向乙负责生产与发送一批货物，乙同意支付预付款 1000 英镑，完工时支付余款，若甲将部分货物发给乙后发生落空事件，则乙可以要求返还预付款，如果没有付款，付款义务停止。

(二)收款人费用

对于收款一方来说，法院根据《1943 年法律改革(合同落空)法案》有自由裁量权来判定收款方可以要求抵销对方已付或应支付的款项，但不超过收款人在落空事件发生前为履约而发生的相关费用。在前述举例中，若甲方已经发生 500 英镑费用，法院可以允许甲方保留或要求返还其所支付的全部或部分费用，以落空事件发生前

[1] See Edwin Peel, *Treitel on the Law of Contract*, 14th ed., Sweet & Maxwell, 2015, para. 19 – 092.

[2] See J. Beatson, A. Burrows, J. Cartwright, *Anson's Law of Contract*, 30th ed., Oxford University Press, 2016, p. 526.

[3] BP Exploration (Libya) Co. Ltd. v. Hunt (No. 2) [1979] 1 WLR 783, 799.

[4] Fibrosa Spolka Akcyjna v. Fairbairn Lawson Combe Barbour Ltd. [1943] AC 32.

已发生或将发生的费用为限。

（三）非金钱利益

《1943年法律改革（合同落空）法案》第1条第3款规定的是如何调整各方经济利益："在合同任何一方因对方行为或履约而在落空事件发生前获得利益（不包括前款规定的款项），对方可以要求返还，但不得超过所获得利益，法院可以考察所有相关情况，特别是：(a)落空事件发生前或为履约目的受益方发生的任何费用金额，包括该方为履约而已支付或应支付的任何费用以及对方所保留或返还的费用；(b)就前述利益而言，导致合同落空的事件的后果。"按此条款，法院可以就任何一方给予对方的利益判决提供补偿。

法院在适用这一条规定时需要分两步：第一步是确认利益的价值；第二步是计算给予利益方提供利益的具体数值。[1] 第一步中如何确认利益有三种情况值得注意：一是落空事件发生但并未影响标的物价值。在这种情况下，利益的价值按照上述举例而言就是乙方在落空事件发生日所收到的价值，可能大于或小于甲方的生产费用，此种利益是指甲方所提供的最终产品的价值。二是落空事件发生导致供应的货物发生损害，导致乙方没有获得利益，剩余部分也无须继续履行。在这种情况下，需要考察落空事件的效果，此情况下的利益是指服务所产生的最终产品，灭损的风险由提供利益方来承担，在标的物已经灭失的情况下不得返还。三是甲方所提供的是纯粹的服务，并没有产品，其利益就是服务本身，考察该利益必须区分所得利益的返还以及一方依赖对方而提起的补偿要求，若要求服务的一方并未获得利益，则不应当允许返还。第二步是法院如何计算提供利益方提供利益的具体数值，以不超过利益数值为限。这种计算的目的，是防止对方发生不当得利，计算金额为合理价格或部分合同价格。

（四）除外情况

如前所述，《1943年法律改革（合同落空）法案》并不适用于所有合同，除外情况包括海运合同或租船合同。其原因在于，在这两种合同中船东与保险人之间形成的行业惯例是已预付或应预付的运费不发生返还问题，即使船舶航行发生合同落空。[2]

其他的除外情况是若干类型货物买卖合同与保险合同。《1943年法律改革（合同落空）法案》的适用范围不包括若干类型的特定货物买卖合同，在落空事件是货物

---

〔1〕 See J. Beatson, A. Burrows, J. Cartwright, *Anson's Law of Contract*, 30th ed., Oxford University Press, 2016, p. 528.

〔2〕 Ibid., p. 530.

灭失的情况下适用。这一点为该法案第2条第5款(c)项所规定。[1] 这一条款所涉及的合同主要是风险在转移给买方之前货物发生灭失的情况,当事人都没有过错的情况下货物发生灭失就需根据英国《1979年货物买卖法案》第7条来作为撤销处理,而不能依据该法案来处理。货物买卖合同中的风险承担规则是货物所有人负担风险,拉丁法谚是"物主承担风险"(*res perit domino*),这一点为英国《1979年货物买卖法案》第20条所规定。在特定物买卖中,货物所有权在合同订立时转移给买方,因此买方要承担风险。但这一点不适用于消费合同,消费合同中在交付前风险由卖方承担,这一点为英国《1979年货物买卖法案》第20条第4款确认。

前述的除外情况仅适用于特定物买卖,根据英国《1979年货物买卖法案》第61条第1款的规定,所谓特定物是指"订约时货物得到确认与同意"的情况。在订约时未得到确认的货物不属除外情况,在这种情况下合同落空成立的可能性本来就很小。例如,假若甲乙双方订立货物买卖合同,即使甲知道如何获得货物,这一假设并非双方的假设,合同在任何时候都可以履行,甲必须如期供货,否则就是违约。若货物虽未确定,但有确切来源,在落空事件发生时即使发生灭失,但其能否属于该法案范围之内仍旧存疑。法院可能判决货物不属于英国《1979年货物买卖法案》第52条规定的特定物。总之,货物买卖合同作为英国《1943年法律改革(合同落空)法案》的除外情况,仅适用于货物灭失情况下的合同落空问题,其他情况与之无关。

---

〔1〕 See Edwin Peel, *Treitel on the Law of Contract*, 14th ed., Sweet & Maxwell, 2015, para. 19 – 110.

第十六章　违约与合同终止

一般而言,合同一方违反合同义务就构成违约(breach),其形态可能是不履行(non-performance)、履行方式或时间不符合合同规定等。在此问题上,英国合同法并不像德国法一样按照违约的不同原因的进路来规定救济方式,而是以救济来考虑问题的,这是英国法从司法造法而形成的思路与方法。在普通法中,一旦违约,违约方的法律义务就转化为损害赔偿,属于普通法义务。另外,违约还可以赋予守约方终止合同的选择,从而从根本上结束合同。[1] 如前文所述,这也是终止合同的一种方式。本章的核心问题是什么样的违约可以导致合同终止,英国法对合同终止也持谨慎态度,只有严重违约才可以使守约方要求终止合同,即或是违约后果严重(毁约,repudiation),或是违反合同条件(condition,即合同的根本性条款,与合同担保相对应),[2]一般的违约并不能使合同发生终止。

另外,终止合同权利往往对违约方与第三方产生重大不利影响,因此有其限制,守约方可能因为弃权(waiver)、确认(affirmation)、接受(acceptance)以及法定原因等而丧失终止合同的权利。另外,英国法上的禁反言(estoppel)也可能导致合同终止权利丧失。

第一节　合同因守约方选择而终止

合同法中经常的说法是合同因违约而终止,但这一说法在逻辑上并不严谨。违约本身在严格意义上并不一定造成合同终止,而是赋予守约方选择终止合同的权利,

---

〔1〕 See J. Beatson, A. Burrows, J. Cartwright, *Anson's Law of Contract*, 30th ed., Oxford University Press, 2016, p. 533.

〔2〕 详见本书第六章的论述。

因此违约本身并不能导致守约方的合同义务自动终止解除，守约方有权选择继续履行合同或因对方违约而终止合同。当然，守约方终止合同的意思表示必须明确、清楚，一旦选择不能撤销。[1] 若违约继续或发生新违约，守约方会拥有新的选择权来终止合同。

一、守约方要求继续履行

若守约方不接受毁约，则其有权要求继续履行，合同仍然有效。但是，从商业实践出发，继续履行合同在很多情况下并非合理选择。例如，若合同必须依赖违约方合作才能继续履行，那么若违约方拒绝合作，守约方的唯一救济就是损害赔偿，而不是要求合同价金，因为法律原则上不能强迫违约方违反自己意愿而必须合作。在雇佣合同中，若雇员为雇主所错误解雇，救济只能是损害赔偿，而不能以雇员能够履约为由要求雇主支付解雇后的工资，因为继续工作需要雇主的同意和配合。另外，若违约方可以证明守约方要求继续履行合同并无正当性，则原告只得请求损害赔偿。鉴于此，这一救济适用的可能性相对较小，在很多情况下坚持该救济是弊大于利。但守约方不接受毁约还有其他后果，守约方在自己可以履行合同的情况下可以该毁约作为抗辩以对抗违约方的请求。

二、守约方确认合同

若合同一方未履行涉及合同根本，合同也没有因违约导致实际上不能履行，守约方可以认为合同仍有约束力，或接受有瑕疵的履行。[2] 这种情况构成确认（affirm）合同，实际上就是守约方选择放弃终止合同作为救济，但并不放弃损害求偿权。[3] 合同确认（affirmation）可以是明示，也可以是默示。若守约方行为表明目的是继续履行合同而不考虑违约或不行使撤销权，在违约方知晓的情况下合同确认可以默示成立。确认合同必须是全部确认，守约方不能确认部分合同而撤销另一部分，因为这实际上是订立新合同，不属于合同终止。

确认合同一般是自发行为，以知情为条件。传统上的要求是守约方只需要知晓产生确认权或终止权的事实就可以使确认或否认成立。现代的判例要求，除非守约

---

〔1〕 Motor Oil Hellas (Corinth) Refneries SA v. Shipping Corp of India, The Kanchenjunga [1990] 1 Lloyd's Rep 391, 398.

〔2〕 See Edwin Peel, *Treitel on the Law of Contract*, 14th ed., Sweet & Maxwell, 2015, para. 18 – 024.

〔3〕 See J. Beatson, A. Burrows, J. Cartwright, *Anson's Law of Contract*, 30th ed., Oxford University Press, 2016, p. 536.

方知道拥有选择权,否则不能要求守约方作出选择或视其作出选择。[1] 但也有判例表明,即使守约方不知道违约事实,也可能被剥夺撤销合同权,例如,守约方引导违约方相信其不会行使终止权,就有可能因为禁反言而不能行使撤销权。

三、守约方选择接受违约的后果

若守约方决定接受违约,违约方的未履行义务就此全部终止。但是,对于违约方而言,首要义务结束后并不免除次要义务,损害赔偿义务仍然存在。[2]

经典判例　莫奇诉莱普飞机服务公司[3]

在该案中,案外公司对被告负有债务,金额是4万英镑,并同意向被告每周清偿不低于6000英镑的金额。为此,原告向被告提供担保,以保证案外公司的清偿。案外公司从第一次清偿起就发生违约,支付了1万英镑后停止付款。被告因此认为发生毁约并接受,案外公司后来进入清算程序。被告因此起诉原告要求承担担保责任。原告抗辩认为,由于毁约已经为被告所接受,因此其后的分期付款义务就此结束,因此担保责任也得以终止。上议院判决否决该项抗辩,认为原告的担保责任并未解除。因为在接受毁约的时候,案外公司的首要义务已经转化为次要义务,损害赔偿义务并不免除,因此原告抗辩不成立。

另外,如合同一方拒绝继续履行合同,但并未提供合理理由或理由错误或不足,那么在对方违约的情况下提起的诉讼仍然继续。[4] 例如,如雇主错误解雇雇员而没有提供任何理由,若在解雇发生前应当可以发现该雇员存在不诚信行为导致雇主本来就可以解雇,那么雇主的解雇行为仍然有效。同样地,若货物买方以质量瑕疵的错误理由拒收货物,其后发现货物确实存在不符合合同之处导致拒收正确,那么买方拒收仍然合法。但该规则存有争议,因为当事人可以利用这一点来牟利。

另外,若合同一方的意图是接受违约以终止合同,而违约在法律上并无此效果,那么该方就要承担自己发生毁约的风险,但只要这种意图属于诚信行为,法院在通常情况下不会判决该方承担毁约风险。

---

〔1〕 Peyman v. Lanjani [1985] Ch. 457.

〔2〕 See J. Beatson, A. Burrows, J. Cartwright, *Anson's Law of Contract*, 30th ed., Oxford University Press, 2016, p. 537.

〔3〕 Moschi v. Lep Air Services Ltd. [1962] AC 413.

〔4〕 Taylor v. Oakes Roncoroni & Co. [1922] 127 LT 267, 269.

四、消费者合同

在合同是消费者合同的情况下，不符合合同的货物存有一个特殊救济，即允许消费者若干情况下要求修理、更换、减价或撤销合同。[1] 因此，消费者在发现货物违反英国《1979 年货物买卖法案》第 13 ~ 15 条有关货物说明、质量或样品等的严重违约情况下可以拒绝货物或行使上述救济。

第二节 导致合同终止的违约

如前所述，不是所有违约都可以使合同解除，下面探讨可以使合同解除的违约及其定性。此类型的违约共有三种：一是违约方毁弃(renounce)合同，或称为毁约(repudiation)；二是违约方行为导致无法履行合同；三是违约方不履行诺言。前两种既可以发生在履行中，也可以发生在合同全部义务处于待履行状态，后一种情况下属于"预期违约"(anticipatory breach)，最后一种违约只能发生在合同履行过程之中。

一、毁约

毁约(renunciation or repudiation)发生在合同一方表明其不愿意履行合同义务的情况中。[2] 若合同一方明确表明拒绝履约，毁约即告成立，可以通过行为来推定。[3]

(一)行为毁约

若违约方并未明确表明毁约意图，那么行为也可以成为推定毁约，标准是合理人能否得出结论认为其不准备履行合同义务。[4] 若推定认为发生毁约，无论积极行为还是消极行为，守约方可以要求终止合同。若守约方以推定行为毁约为由要求合同终止，则须证明对方有不受合同约束的意图。因此，毁约行为需要根据具体情况具体判断，有些情况下的违约属于实质性违约，而非毁约。[5]

经典判例 达尔凯公用事业公司诉凯尔特技术公司[6]

在该案中，双方当事人签订合同，原告为被告设计建造热电厂，合同期限为 15

---

〔1〕 Sale of Goods Act 1979, Part 5A; Supply of Goods and Services Act 1982, Part 1B.

〔2〕 See M. Furmston, Cheshire, *Fifoot and Furmston's Law of Contract*, 16th ed., Oxford University Press, 2012, p. 674.

〔3〕 See J. Beatson, A. Burrows, J. Cartwright, *Anson's Law of Contract*, 30th ed., Oxford University Press, 2016, p. 540.

〔4〕 Universal Cargo Carriers Corp v. Citati [1957] 2 QB 401, 436.

〔5〕 See Edwin Peel, *Treitel on the Law of Contract*, 14th ed., Sweet & Maxwell, 2015, para. 17 – 050.

〔6〕 Dalkia Utilities Plc v. Celtech[1962] AC 413.

年，被告按月分期付款。合同规定，若被告不能按期付款，原告有权终止合同。后来被告连续3个月未付款，并表示继续付款会导致其破产。原告主张终止合同，因为被告已经实质性违反合同并发生毁约。法院判决认为，被告违约行为及其破产的可能性导致实质违约成立，但并不构成毁约，毁约意味着当事人违反合同条件或者严重违反合同以至于完全剥夺了守约方的合同利益，而该案尚没有达到这种程度。

经典判例　飞机广告公司诉班彻乐豌豆公司〔1〕

在该案中，双方签订合同，由原告驾驶飞机带着被告产品的横幅在空中飞行做广告。合同规定，飞行员每天须打电话给被告确认行动安排。但在第一次世界大战停战纪念日时，飞行员未经被告同意就起飞做广告，正好与当地的纪念仪式默哀环节相冲突，导致参加的群众非常反感，很多人写信给被告表示抵制，严重影响被告产品销量，被告因此拒绝付款。原告起诉，被告抗辩认为有权终止合同并要求损害赔偿。法院判决被告胜诉，因为原告违约行为虽然并不影响合同继续履行，但已经造成被告严重受损，继续履行合同违反商业常识。该案表明，法院看待是否发生毁约重视的是客观后果，而非具体金额。

（二）意图毁约

违约方的毁约意图，是指完全拒绝履约的意思表示，其程度超过仅表示拒绝的意思表示。〔2〕在司法实践中，这一问题很多情况下是一个判断问题，或者说是意图解释问题。

经典判例　默西钢铁公司诉班浓公司〔3〕

在该案中，原告向被告出售5000吨货物，从1881年1月开始发货，每次1000吨，在收到运输文件后3天内付款。原告在1月仅交付了部分货物，在2月又交付一批货物。在付款日到期前，有人对原告提出破产清算申请，被告因得到错误咨询而拒付货款。原告告知被告这是违约，但被告表示仍准备继续提货并准备付款。双方就此发生争议。上议院判决原告无权认为其已经解约，被告行为并未构成毁约，其真实意图仍然是继续履行合同。显然，该案的核心问题是如何看待被告行为是否足以表明其毁弃合同的意图。法院在缺乏足够证据支持的情况下并不愿意判决被告行为构成毁约。

---

〔1〕 Aerial Advertising Co. v. Batchelors Peas[1938] 2 All. E. R. 788.

〔2〕 See J. Beatson, A. Burrows, J. Cartwright, *Anson's Law of Contract*, 30th ed., Oxford University Press, 2016, p. 541.

〔3〕 Mersey Steel and Iron Co. v. Naylor, Benzon & Co. [1884] 9 App Cas 434.

(三)预期违约

完全待履行合同(wholly executory contract)的各方在合同履行期限终结前所拥有的权利除按约履行外还包括维持关系。在履行期限终结前,合同一方的毁约并不直接终止合同,但这种预期违约可以使对方拥有选择权,或选择解除合同并立即起诉,或选择等待履行期限终结。[1] 因此,合同的权利与义务关系在订立时就已经产生,并不是从履行期限才开始时产生。但是,这一术语虽然已经使用很久,但在逻辑上实际上有自相矛盾的嫌疑。有时具有误导性。该术语从表面上看来似乎意味着未来会发生违约情形,好像是守约方可以预见此情形。但判例表明,一旦预期违约的情况属于毁约,毁约即告成立,守约方可以立即起诉要求对方赔偿其受损利益,但需要减去守约方可以合理减损的部分。[2] 这一规则还可以适用于非固定期限的合同情况之中。

显然,该规则的着眼点是保护合同履行期限终结前的期待利益,正当性在于可以使守约方立即起诉从而减少因对方违约而蒙受的损失,因而在公共政策上具有合理性。[3] 需要注意的是,发生预期毁约的毁约方在相对方接受毁约后不得撤回,即使该毁约方在原履行期限内提供履行而且相对方并未因毁约而发生地位改变。但是,受诺人可以拒绝接受毁约从而坚持继续履行合同。若作此选择,受诺人丧失对预期违约的主张权利,合同仍旧为双方利益存在,风险也仍旧存在。若以后发生其他解除事由,则允诺人在毁约依旧遭拒绝的情况下可以此起诉。[4]

经典判例 圣克拉拉号案[5]

在该案中,双方订立货物买卖合同,约定于3月1~7日交货,货物装载完毕后卖方应立即向买方交付提单。但到了3月9日,货物还未完成装载。3月8日原告向被告发出电报,告知其因交货延迟而终止合同。3月11日被告回电告知原告装船已在3月9日完成。此后,双方在几个月内都未发生联系。3月15日被告已经将该批货物转售。到了8月9日,被告向原告起诉,要求其赔偿合同价格与转售价格之间的差额。根据合同规定,该争议提交仲裁,仲裁庭裁决原告构成毁约,而被告事后的行为构成对毁约的接受,因此被告可以要求原告赔偿。原告对此起诉。法院判决

---

[1] See J. Beatson, A. Burrows, J. Cartwright, *Anson's Law of Contract*, 30th ed., Oxford University Press, 2016, p. 541.

[2] See Edwin Peel, *Treitel on the Law of Contract*, 14th ed., Sweet & Maxwell, 2015, para. 17-074.

[3] See J. Beatson, A. Burrows, J. Cartwright, *Anson's Law of Contract*, 30th ed., Oxford University Press, 2016, p. 544.

[4] See Edwin Peel, *Treitel on the Law of Contract*, 14th ed., Sweet & Maxwell, 2015, para. 17-075.

[5] Vitol SA v. Norelf Ltd. (The Santa Clara) [1996] 3 WLR 107.

认为,不履行合同义务可以构成对逾期毁约的接受,仲裁庭有权判决被告接受原告的毁约。由于合同终止属于事实问题,不属于法院审查范围,因此原告无权起诉,驳回起诉。

需要注意的是,预期违约针对的情况一般是根本违约,即只有违约根本性地破坏了尚未到期的合同义务,才可能成立预期违约。这一规则的目的,是限制预期违约的适用,防止合同因微小的预期违约而遭到终止,从而破坏合同的稳定性。[1]

经典判例 阿弗沃斯航运公司诉潘格南[2]

在该案中,双方订立租船合同,为期 27 个月,承租方对时间有选择权,合同规定租金每半个月支付一次。承租方一直按合同约定准时付款,但银行发生错误操作导致一笔付款发生延迟,船东因此以预期违约为由要求终止合同并收回轮船。法院判决,船东不能要求终止合同。法院在判决中指出:该租船合同的第 5 条的前半部分规定,承租方首要义务是按约准时每半个月支付一次租金,租期内承租人至少付款 42 次,最多 54 次。因此,一次付款延迟不能构成根本违约,因为一次迟延不会实质性地剥夺船东合同在 21 ~27 个月内所能获得的全部利益。租船合同第 5 条的后半部分,则规定在承租人违反准时按期付款义务时船东可以收回轮船。但这一点并不能转化为根本违约,而预期违约仅针对根本违约适用。

(四)履行中的毁约

在合同履行期间,合同一方以言语或行为无条件地拒绝履行合同义务,则相对方有权解除自己的待履行合同义务并起诉。这一问题很大程度上仍属于事实解释问题。

二、一方导致合同不能履行

若合同一方的行为或违约导致合同在商业上成为不能履行的情况,那么即使该方并未以言语或行为表明毁约,法院仍然会判决相对方合同义务终止。相较而言,毁约在举证责任上更容易一些,因为守约方的证明责任是证明允诺人行为导致合理人有理由相信允诺人没有意图履行合同义务,而证明合同履行不可能需要证明合同事

---

〔1〕 See Edwin Peel, *Treitel on the Law of Contract*, 14th ed., Sweet & Maxwell, 2015, para. 17 – 075.

〔2〕 Afovos Shipping Co. SA v. Pagnan [1983] 1 WLR 195.

实上因允诺人违约而发生不能履行情形。[1] 后者情形是一个独立的解约理由，相对少见。

经典判例 环球货运公司诉西塔尼[2]

在该案中，原告将船舶出租给被告，被告同意在固定日期前指定船舶锚位，承运人提供货物。在履行期限到期前3日，被告没有履行任何合同义务。尽管被告在能履行的情况下仍然愿意履行，原告仍旧取消合同并另行订约，并就此起诉。法院判决被告并未毁约，但由于被告履约会造成迟延导致合同目的发生落空，原告仍有权视此为终止理由而胜诉。

这一诉因有两种情况值得注意。一是履行期限到来前的不能履行情形，即预期违约的情形。如果允诺人行为或违约导致合同履行期限到达前履行成为不可能，则其效果与允诺人毁约并无二致，此种情况不一定是故意造成的。就此而言，预期违约的目的并非敦促违约方信守诺言，而是在合同处于不稳定的情况下解除合同义务以保护守约方利益。这一规则并不仅限于任何特定的违约方式，而是覆盖所有违约形式。可见，预期违约的要点是使守约方获得立即起诉的权利，从而减轻其可能发生的损失。

二是合同履行中发生的履行不能情况。在一个判例中，[3]原告是一名英国公民，被告是日本政府所有军舰上的船长，被告雇用原告负责军舰消防工作，原告在工作期间因英国法律禁止而停止工作并下舰，其后起诉要求被告支付未付的工资。法院判决原告胜诉，因为原告的雇主的行为导致合同不能履行。该案表明，合同因违约而解除不仅可能发生在一方因故不能履行合同的情况中，还可能发生在对方阻止合同履行的情况中。在这种情况下，法院可能会认为存在一个默示条款，要求相对方有义务进行合作以保证合同履行。当然，若合同本身并未规定，一般不能认为存在一般意义上的默示合作义务，也不能以此为由要求合同一方从事其不能从事的行为。但法院为审理方便经常会认为存在默示条款，以要求合同双方能够完成有利于合同履行的必要义务。在一个判例中，货物出口需要办理出口许可证，由于买方未能向卖方提供相关信息来办理证件，导致合同违约，卖方不供货并不构成违约。[4] 在有些情

---

〔1〕 See J. Beatson, A. Burrows, J. Cartwright, *Anson's Law of Contract*, 30th ed., Oxford University Press, 2016, p. 545.

〔2〕 Universal Cargo Carriers Corporation v. Citati [1957] 2 QB 401.

〔3〕 O'Neil v. Armstrong [1895] 2 QB 418.

〔4〕 Kyprianou v. Cyprus Textiles Ltd. [1958] 2 Lloyd's Rep 60.

况下,若合同履行被受诺人阻止,法院会认为合同义务已经得到履行,允诺人因此可以要求得到全部价金。但在大多数情况下,允诺人能够起诉的只是违约损害赔偿,因为合同在违约方不配合的情况下一般难以履行。

三、合同未履行

合同未履行,无论是全部未履行还是部分未履行,是导致守约方终止合同的常见原因。[1] 但这并不意味着,一方未履行就必然导致对方可以要求终止合同。法院在裁判这种情况时需要考虑以下一系列因素,以防止合同轻易终止而破坏商业关系的稳定性,这也是司法政策维护交易稳定性的根本取向。

(一)诺言的独立性

在若干情况下,合同各方订立的合同义务互相独立,因此任何一方均不能以对方未履行合同义务为由而要求解除合同义务。换言之,合同一方可以要求对方履行其合同义务,即使该方并未履行合同义务。例如,在租约合同中,承租人支付房租的义务独立于房东提供维修服务的义务,因此房东未进行房屋维修并不能构成承租人拒付房租的理由。在货物买卖合同中,由于涉及第三方提供信用证,买方在卖方提交运输文件时的付款义务也独立于卖方提供符合合同货物的义务。但是,法院在解释合同时一般不会如此行事,除非当事人有此性质的明确意图,因为这种解释往往会导致合同双方法律保护变得不足。

(二)合同义务的可分解性

有些合同中的义务是整体性(entire)义务,有些则是可分解(divisible)义务,前者意味着一方的义务以对方义务全部完成为条件,后者意味着义务可以进行分开处理。根据前者,若合同一方同意以对方全部完成合同义务为付款条件,则任何少于全部履行的情形都可以导致该方付款义务解除,而无须考虑何种原因造成不能全部履行,例如,故意放弃合同履行、过失行为或者意外事件。[2] 但这一规则受到实质性履行原则(doctrine of substantial performance)的限制。由于这一规则的适用过度严厉,这种情况相对少见。[3] 一般双务合同中的义务都可以分解,这意味着违反一项或多项义务并不能构成解约理由。合同义务可能含有多个义务;或者是由一系列连续的行为构成;或者是履行中出现部分履行不足。这种情况下,一方未能完全按照约定履行可

---

〔1〕 See J. Beatson, A. Burrows, J. Cartwright, *Anson's Law of Contract*, 30th ed., Oxford University Press, 2016, p. 547.

〔2〕 Ibid., p. 548.

〔3〕 See M. Furmston, Cheshire, *Fifoot and Furmston's Law of Contract*, 16th ed., Oxford University Press, 2012, p. 668.

以造成使对方拥有损害赔偿的权利,但并不一定能使对方拥有终止的权利。

(三)合同条款性质

若合同义务是可分解义务,那么下一个问题就是何种违约可以造成违反合同条件(condition)。这里的合同条件并非指合同条款的意思,在英国合同法中专门指合同中的重要条款,违反此性质条款会导致对方拥有解约权利。若违约违反的是合同担保(warranty,不是中国法中的担保含义,而是指合同的次要条款)条款,则守约方仅得损害赔偿救济,而不得要求解除合同。从历史上看,守约方是否可得解约救济取决于其违反的是否属于合同先决条件(condition precedent)。[1] 具体论述,请参考本书第五章、第六章的论述。目前,英国法院对合同条款的条件性质一般做比较窄的解释,只有立法、司法判例以及当事人自行规定合同条款属于条件的性质时,法院才会认为合同条款属于合同条件,一方违反会导致对方可以要求解除合同。

经典判例　英联邦控股公司诉夸德莱斯控股公司[2]

在该案中,原告和被告对一家公司的控股权发生争夺。为此,双方达成一项协议,规定被告撤销出价,此举会为原告获得公司控制权提供便利。作为补偿,原告获得公司控股权后,应将该公司的批发代理部门出售给被告。在1985年1月25日,被告未能得到足够融资来收购该部门。原告为此发出通知,告知被告必须于2月28日前履行合同,但被告未能按期履行。原告因此起诉要求损害赔偿。被告则抗辩认为,时间并不构成合同的根本条款,并反诉原告违约造成迟延。一审法院判决原告胜诉。上诉法院维持原判,并阐述了衡平法方面的规则。根据衡平法,时间通常不是合同条款的根本因素,这一规则已经取代普通法的规则,并为立法所确认。但在三类案件中,时间在衡平法上仍具有实质重要性:一是合同中明确规定时间是核心要素;二是通过解释可以认为履约时间是根本条款;三是一方发出有效的履行通知。有效通知的条件是:一是守约方已准备履约,且有能力履约;二是对方在收到通知前已经发生不合理迟延;三是通知应当规定合理履约期限。本案中,原告行为显然符合规则,故而胜诉。

(四)违约后果

若合同一方违反的不是合同条件性质的合同条款,而是中间条款(intermediate

---

[1] Pordage v. Cole [1669] 1 Wms Saund 319.

[2] British and Commonwealth Holdings Plc v. Quadrex Holdings Inc. [1989] 3 WLR 723.

term),则守约方是否能够终止合同就取决于违约的性质与后果,即以客观后果来判断。[1] 英国法院在判例中对这一情况有多种说法,例如,将其形容为违约是否触及合同的根本(the root of the contract),[2]或者是违约是否具有根本性(fundamental),或是"影响到了合同的实质(essence)",或是"挫败商业目的"等,这些说法散见于大量判例之中,实际意思相差不大,根本出发点都是考察违约是否在效果上足够严重以至于可以让守约方要求解约。

在分期付款货物买卖合同中,若卖方在一次或几次供货中存在瑕疵,或买方存在付款延迟或拒绝收货等情形,在一般情况下法院不会允许守约方解约,核心问题是违约是否构成对合同整体上的毁约还是可以进行分解,前者是解约的理由,后者则仅是要求损害赔偿的理由。若违约构成明确或默示的毁弃合同情形,则法院会判决合同终止,但如果仅构成违约,则法院会考察是否触及合同的根本。这本质上是证据以及解释事实的问题。

经典判例　洪考克诉穆勒[3]

在该案中,原告与被告订立合同购买货物,合同规定交货日期是1879年11月,或在11月、12月、1月分3次送货。在合同履行中,原告没有在11月收到货物,但在12月与1月分别收取了1/3的货物。被告以此为由终止合同,原告因此起诉。法院判决原告败诉,理由是违约已经达到足以使合同解除的程度。

从该判例可以看出,在货物分期送货或付款合同中,法院判决合同是否可以解除的标准:一是违约部分与合同整体上的比例关系;二是违约再次发生的可能性。在第二点中,若根据违约性质与情形可以得出合理推论认为以后也会发生类似的违约,那么合同终止的可能性就会增加,法院据此可以判断违约是否足以影响整个合同的存在。[4]易言之,合同一方履行合同义务的程度越高,相对方要求终止合同的可能性就越小。就此而言,解约权是随着守约方在合同项下利益的丧失而增大。

(五)合同终止条款

合同各方为了防患于未然,很可能在合同中规定终止条款(termination clause),即自行规定合同一方在何种情况下可以对方违约为由而解除合同。此种性质的合同

---

[1] See J. Beatson, A. Burrows, J. Cartwright, *Anson's Law of Contract*, 30th ed., Oxford University Press, 2016, p. 549.

[2] Mersey Steel & Iron Co. v. Naylor, Benzon & Co. [1884] 9 App Cas 434.

[3] Honck v. Muller [1881] 7 QBD 92.

[4] Millar's Karri and Jarrah Co. v. Weddel [1909] 100 LT 128, 129.

条款可以明确规定特定条款为合同条件,从而使守约方有权依此终止合同。[1] 合同各方还可以规定违约救济(包括守约方的终止权利),从而自行安排相关权利义务的分配关系。若有诉讼,则依赖该条款的一方必须能够证明其有权终止合同,若此性质条款规定不清则法院不会认为其可以排除普通法权利。根据终止条款行使终止权一般不能构成对合同的确认(affirmation),也不能剥夺守约方所享有的普通法救济。当然,由于这类条款对双方权益影响巨大,因此法院也会酌情判决,不允许一方因对方轻微违约而随意终止合同。

经典判例　莱斯诉大雅茅斯镇委员会[2]

在该案中,双方订立合同,原告负责管理和维护被告地方政府拥有的若干公共设施,包括运动场、公园、花园等设施,为期4年。合同条款规定,若原告违反合同义务,被告有权终止合同。其后原告履行合同时出现若干瑕疵,被告依据终止条款要求终止合同,原告向法院起诉。上诉法院终审判决原告获胜,认为不能机械地对终止条款作文义解释,原告管理和维护公共设施涉及广泛而复杂的义务,稍有瑕疵就终止合同会导致合同履行十分困难,导致合同失去商业价值,因此被告不能随意终止合同。

第三节　合同终止的后果

一、合同待履行义务终止

守约方若因对方违约而有权选择并确实选择终止合同,则不需要继续履行未完成合同义务。守约方因此无须再接受货物或支付价款。违约方在合同项下的义务也发生终止,但违约责任仍然存在。[3] 一般而言,合同终止是自始解除(rescinded *ab initio*),但本章中的终止并不是自始解除的意思。英国法中这种性质的后果往往称为合同撤销,或称为终止(come to an end, or cease to exist)。但这些说法有时候具有误导性,更准确的说法是合同待履行义务解除(absolved from future performance),但上述说法由于沿用多年,得到普遍适用,含义与前文所述“错误”或“虚假陈述”等诉因产生的救济并不一致,此处并不发生自始解除问题。

---

[1] See J. Beatson, A. Burrows, J. Cartwright, *Anson's Law of Contract*, 30th ed., Oxford University Press, 2016, p. 552.

[2] Rice v. Great Yarmouth Borough Council [2003] TCLR 1.

[3] See J. Beatson, A. Burrows, J. Cartwright, *Anson's Law of Contract*, 30th ed., Oxford University Press, 2016, p. 553.

二、已履行义务仍存在

在双方待履行义务均告结束的情况下，已履行义务所产生的权利并未解除。部分履行所产生的权利与义务以及违约所产生的违约责任并不受合同终止影响。[1]例如，船舶期租合同在承租方毁约导致终止的情况下，船东仍然可以请求对方支付接受毁约时已到期但未支付的租金。又如，若工程付款是分期支付，承包商可以要求合同终止时已到期但未支付的工程款。至于已履行合同义务是对守约方有利还是对违约方有利，则在所不问。例如，若雇员对雇佣合同发生毁约，其可以就毁约发生前应得工资起诉要求雇佣方支付工资。同理，在合伙协议结束后，合伙人对合伙企业的债务仍然承担责任，但此债务必须是守约方在合伙人期间内发生的。

另外，若合同一方已经向对方付款，而付款所相对应的对价发生全部失败，则该相对方可以不当得利（unjust enrichment）为由要求返还付款。但是，按照一般原则，已经发生的责任在解除后仍然可以执行。终止的标的是合同的主要义务（primary obligations），主要义务结束后的次要义务（secondary obligations）仍然存在，主要是指损害赔偿义务。但有些种类的主要义务仍然在终止后存在，例如，仲裁条款与争议解决条款。还有其他条款只有在合同终止之后才能得到适用，例如，违约金条款（liquidated damages clause）、定金（retainer）条款、代理人向本人报告信息条款等。

经典判例　斯托克亚诉盖尔伯克控股公司[2]

在该案中，双方当事人订立造船合同，原告为被告建造三艘轮船，被告按约定时间分期付款。合同规定，原告若不能如期交船，被告有权终止合同。原告做若干建造准备后并没有履约，被告因此主张原告毁约，提起仲裁要求按合同终止合同、返还预付款及其利息并要求损害赔偿。仲裁机构判决原告败诉。原告不服仲裁裁决并起诉，主张被告行使合同权利终止合同导致其丧失普通法损害赔偿的权利。上诉法院维持原判，认为当事人行使合同权利终止合同并不等于自动排除其普通法权利，若无特别约定，普通法权利仍然存在。

三、返还之诉

对于合同解除时尚未到期的付款而言，守约方可提起返还（restitution）之诉，要

---

〔1〕 McDonald v. Dennys Lascelles Ltd. [1933] 48 CLR 457,476.

〔2〕 Stocznia Gdynia v. Gearbulk Holdings Ltd. [2009] EWCA Civ 75.

求对方支付货物或劳务的合理价格(*quantum meruit*),或者在合同违约之诉中合并计算。[1] 违约方是否可以起诉取决于合同性质是整体性合同还是可分解合同:若是前者,则不能起诉;若是后者,违约方可以就已完成履行起诉,但对方可以违约损失作为反诉请求。

---

〔1〕 See J. Beatson, A. Burrows, J. Cartwright, *Anson's Law of Contract*, 30th ed. , Oxford University Press, 2016, p. 553.

第六部分　违约救济

第十七章　普通法救济

第一节　概　　述

英国合同法虽然内容庞杂，但其核心目的都是为合同提供救济，这是由英国合同法的历史发展路径所决定的。由于英国普通法是由司法判例累计而成，其注意点从来就是解决个案争议，并通过先例来发展相关规则，走的是从具体到一般的归纳方式，而不是像立法一样更重视整体性、逻辑性与结构性。因此，在英国法中，无论合同法的各种问题如何复杂，核心问题仍是如何提供救济。在这方面，由于历史产生的路径依赖，英国普通法所提供的唯一救济就是损害赔偿（damages），[1]衡平法则提供实际履行（specific performance）、禁令（injunction）、修正（rectification）等救济。虽然19世纪70年代的司法改革已经将普通法院与衡平法院合并为统一的司法系统，但普通法与衡平法的这种历史性区别仍然具有重大影响。一般而言，合同法最为重要的救济就是损害赔偿，衡平法救济相对较少，条件更为严格。

按照合同严格履行的基本原则，一旦产生违约，自然产生违约责任。守约方可以选择以下三种救济：(1)损害赔偿（damages），这是所有守约方都应得到的救济，目的是赔偿违约造成的经济损失；(2)在特定情况下，守约方可以获得实际履行（specific performance）救济，或禁令救济，或合同价金（contract price）救济；(3)在特定情况下，合同各方可得返还（restitution）救济，这在英国法中属于独立的法律部门——返还法或不当得利法，在严格意义上并非合同法救济。在例外情况下，守约方也可能获得违约方所得利益的救济（accounting）。

在损害赔偿方面，英国合同法中最为著名的判例当属磨坊案（the Hadley Rule），

---

〔1〕 See J. Beatson, A. Burrows, J. Cartwright, *Anson's Law of Contract*, 30th ed., Oxford University Press, 2016, p. 563.

此案影响十分深远，在整个英美法系中具有核心地位。

经典判例 磨坊案[1]

在该案中，原告的磨坊因设备机轴发生断裂而停工，必须将机轴送到厂家按样品来制作。被告负责承运这一部件，所知道的信息是运输标的物是破损机轴，原告是磨坊主人。由于被告在运输过程中发生过失导致延迟，原告磨坊的开工时间比原本可以开工的时间要迟一些，原告产生了利润损失，因此起诉。该案的核心问题是原告的利润损失能否计入损害赔偿之中。在处理这一问题时，法院引用了可预见性理论与法国《民法典》第 1149 ~ 1151 条的相关理论，认为可得赔偿的损失包括："我们应当考虑像本案这样的案件的适当的规则：在一方当事人违反由双方当事人订立的合同时，他方当事人应当获得的违约损害赔偿应当是可公平和合理考虑到的该违约自然产生的，如根据事务的通常过程，或者可合理认为已经是在订立合同时双方当事人考虑到的违约可能结果。现在，如果合同订立的特殊情况由原告告知被告，而且因此为双方当事人所知，那么他们所合理考虑的由违约产生的损害，就是在这些已知的特殊情况下所自然产生的损害的数量。但是另一方面，如果这些特殊的情况完全不为违约方所知，最多，他只能被认为已经考虑一般情况下违约所产生的损害的数量。"根据这一阐述，被告在该案中并不知道存在第二种的特别损害，因此不承担赔偿利润损失的责任，此项下的损失原告不得赔偿。

这一判例的规则至今仍然在英美合同法中具有基础性作用。这一阐述可以总结为两个规则：第一，受害方有权获得可合理和公平考虑到的通常情况下由违约所自然产生损害的赔偿；第二，如果间接损失是当事人在缔约时应合理考虑到的结果，而且该结果具有较大的可能性，受害方有权获得该间接损害的赔偿，即使该损害并非自然产生。可见，该规则其实将损害分为两种：一是一般或直接损害；二是特别或间接损害。原告若要求第二种损害的赔偿，必限制其为损害情形是当事人订约时实际知道的损失，原告必须将损害告知被告，且应当是违约所造成的。这就是损害赔偿的一般性规则。

总体而言，现代英国合同法在救济范围方面越来越扩大，所承认的损失种类也越来越多，目的是确保守约方的各种损失能够得到法律保护。随着合同类型越来越多，各种有形或无形损失的计算问题也越来越复杂，导致损害赔偿问题也越来越复杂，也导致衡平法救济适用的可能性相应增大。同时，侵权与合同的竞合问题也越来越多。

---

〔1〕 Hadley v. Baxendale [1854] EWHC J70.

第二节 损害赔偿的性质

一、赔偿损失

合同法上损害赔偿的基本性质是赔偿守约方因对方违约而产生的各种损失或损害。[1] 若发生违约但没有产生实际损失,守约方仍拥有诉权,仅得名义上的损害赔偿(nominal damages),并无实际意义,仅是对权利的象征性法律保护。[2] 相较而言,侵权法中的损害赔偿所赔偿的往往是实际损失(physical loss),而合同法中的损害赔偿所针对的往往是商业(经济)损失(commercial or financial loss)。但是,合同法损害赔偿范围已经扩大,并不局限于商业损失,也可能包括实际损失或精神损失(stress or disappointment)。这其中有大量的竞合问题,造成守约方可以选择诉因进行起诉。

经典判例 考布拉尔诉武威克建筑协会[3]

在该案中,原告在被告处开设有储蓄账户,他准备将该账户转变为经常账户,并就个人信息作出相关陈述。在货物买卖交易中,他开出支票,受益人为另一家公司,该公司要求付款时遭到被告错误拒付。被告承认对错误拒付负有责任。双方因赔偿金额发生争议,原告因此起诉。一审法院判决原告可得损害赔偿为5500英镑及其利息。原告提起上诉,主张还可获得特殊损害赔偿,即该笔交易以及随后的10次交易的利润损失。被告同时提出反诉,主张原告仅应得名义赔偿。二审法院维持判决,理由是原告未能完成举证责任,这属于"磨坊案"第二个规则的要求。显然,该案中原告要求的利润损失并无事实证据。

二、赔偿不得具有惩罚性

英国合同法中,损害赔偿的基本目的是赔偿守约方的损失,而不是惩罚违约方。因此惩罚性损害赔偿(punitive or exemplary damages)在合同法中极为少见,较常见于侵权或证券法领域。法律拒绝惩罚违约方的原因在于:[4] 第一,惩罚性赔偿违背损害赔偿的基本原则,即补偿性质的赔偿。惩罚性赔偿可能给受害方从中获益的机

---

〔1〕 See J. Beatson, A. Burrows, J. Cartwright, *Anson's Law of Contract*, 30th ed., Oxford University Press, 2016, p. 564.

〔2〕 See Edwin Peel, *Treitel on the Law of Contract*, 14th ed., Sweet & Maxwell, 2015, para. 20 – 004.

〔3〕 Kophraror v. Woolwich Building Society [1939] 3 All ER 577.

〔4〕 See J. Beatson, A. Burrows, J. Cartwright, *Anson's Law of Contract*, 30th ed., Oxford University Press, 2016, p. 565.

会,在没有履行合同义务的情况下仅因对方违约而不劳而获(windfall),导致其在合同发生违约的情况中境况比合同得到履行时的状态还要好(better-off),容易造成鼓励诉讼的后果。第二,惩罚性赔偿会具有较大的不确定性,合同争议的高额赔偿往往缺乏直接证据,计算难度较大,惩罚性损害赔偿只会加剧这一问题,不利于商业的健康发展。第三,惩罚性损害赔偿可能产生不公正。英美法中刑事与民事司法中的举证责任有明显不同,民事责任的证明标准是优势证据(preponderance of evidence),在举证责任相对低的情况下允许惩罚性损害赔偿可能产生更多问题。[1]

在很多判例中,判定违约并不困难,但计算损害赔偿往往比较复杂,但原告不因计算困难而丧失此权利,除非损害赔偿计算具有猜测性(speculative)。[2] 在一个判例中,[3]原告因被告违约而丧失了在展览会上展出商品的机会,尽管该案的损害赔偿计算非常困难,但法院仍判决原告可得救济。在另一个判例中,[4]原告参加一个选美比赛,在通过预选阶段后未被允许与其他 49 人一起参加决赛,决赛中只能有 12 人胜出,因此起诉。法院判决被告违约,并因原告丧失参赛机会而判决数目客观的赔偿金。这种机会丧失的计算往往取决于各种或然性的种类与可能性。[5]

经典判例　萨瑞市委会诉布莱德奥房屋公司[6]

在该案中,原告作为地方政府将一块土地出售给被告开发房地产项目,合同规定开发商可以根据开发许可修建 72 套房屋。其后,被告又获得新的规划许可准许他修建 77 套房屋。于是被告违反合同修建了 77 套房屋,并获得巨额利润。原告起诉被告违约并要求赔偿。一审法院驳回原告请求,判决原告只能得名义损害赔偿。上诉法院维持原判,认为损害赔偿的目的是补偿守约方蒙受的损失,而不是要剥夺违反合同当事人取得的利润,并转给受害当事人。易言之,原告仅得赔偿,而不是与违约相关的利润。由于原告并无实际损失,因此只能获得名义赔偿。

三、损害赔偿的计算日期

损害赔偿起算日期一般为违约发生的日期。但最近以来,英国法院开始采用更为灵活的方法来确定日期,计算日期可以推迟一些,以便更准确地计算损害赔偿。在

---

[1] See Edwin Peel, *Treitel on the Law of Contract*, 14th ed., Sweet & Maxwell, 2015, para. 20 - 019.

[2] See J. Beatson, A. Burrows, J. Cartwright, *Anson's Law of Contract*, 30th ed., Oxford University Press, 2016, p. 565.

[3] Simpson v. London and North Western Railway Company [1876] 1 QBD 274.

[4] Chaplin v. Hicks [1911] 2 KB 786.

[5] Ministry of Defence v. Wheeler [1998] 1 WLR 637.

[6] Surrey CC v. Bredero Homes Ltd. [1993] 1 WLR 1361.

一个判例中,[1]双方订立一个为期7年的租船合同,3年后承租人发生毁约,15个月后伊拉克战争爆发。根据合同的战争条款,承租人可以此为理由选择终止合同。从案情来看,若合同仍然在履行之中,承租人会如此行事。该案中的问题是损害赔偿的计算日期从何时起算,是以违约日起算(不考虑战争因素)从而按4年计算,还是考虑战争因素从而按15个月计算。上议院最终以3∶2判决以后者为准,理由在于这可能更精确地反映原告损失。

四、不便或精神损害的赔偿

合同法中的损害赔偿不仅包括实际损失,还包括因违约而导致的实际不便(physical inconvenience or discomfort)所造成的损失,这是合同法与侵权法发生竞合之处。一般而言,合同法中的损害赔偿一般不包括精神损害(mental distress)赔偿,例如违约引发的抑郁、挫败、焦虑、不舒服、紧张等情况,即使双方订约时预计到违约有可能造成这些问题。精神损害赔偿存在很多困难,有很强的个人性与主观性,难以准确衡量而且举证往往有困难。[2] 但此一般规则有两个例外:一是违约造成的实际不便所直接造成的精神损害;[3]二是合同目的之一是提供精神愉悦或防止不良情绪。[4] 例如,在运输合同中,一个家庭因运输错误导致下错车而不得不在恶劣气候中步行几公里,法院判决承运人应当赔偿其因此发生的不便的损失。[5] 在另一个判例中,[6]因被告律师没有采取措施收回房屋,导致原告不得不与家人挤在一起很不舒服地居住2年,法院判决被告应当赔偿该损失。当然,一般商业合同中并不存在这种情况。

经典判例　贾维斯诉天鹅旅行公司[7]

在该案中,原告是一名律师,每年享有两个星期带薪休假的待遇,他与被告订立了为期半月的瑞士旅游度假合同,被告提供的手册中描述了多种娱乐项目,包括聚会、滑雪、下午茶、点心等。但原告在酒店时,第一周仅有13名客人,第二周仅剩下他

---

[1] Golden Strait Corporation v. Nippon Yusen Kubishika Kaisha, The Golden Victory [2007] UKHL 12, [2007] 2 AC 353.

[2] See J. Beatson, A. Burrows, J. Cartwright, *Anson's Law of Contract*, 30th ed., Oxford University Press, 2016, p. 567.

[3] Perry v. Sidney Phillips & Son [1982] 1 WLR 1297.

[4] See Edwin Peel, *Treitel on the Law of Contract*, 14th ed., Sweet & Maxwell, 2015, para. 20 - 082.

[5] Hobbs v. L & SW Ry [1875] LR 10 QB 111.

[6] Bailey v. Bullock [1950] 2 All ER 1167.

[7] Jarvis v. Swans Tours Ltd. [1973] QB 233.

一个人,各种项目质量低劣,导致原告大为扫兴。原告因此起诉,要求被告提供精神损害赔偿。英国民事上诉法院判决原告胜诉,赔偿额为合同价格以及精神赔偿60英镑。在该案中,法院虽然承认精神赔偿的正当性,但对其赔偿金额仍然持谨慎态度,防止原告漫天要价。

五、名誉损失

一般而言,关于名誉损失的案例属于侵权法范围,因此合同法中一般不为此提供救济。但在英国合同法中,若违约造成名誉经济损失,也有相关判例认为原告可得救济。[1]

经典判例　马立克诉国际商业信贷银行[2]

在该案中,原告与其他人都是被告的高级员工,在被告破产后成为冗员。原告声称,被告破产导致其无法在金融业再就业,原因是受被告公司恶劣名声拖累。原告因此起诉要求被告赔偿。此案的基本假设是被告业务中存在大量腐败与欺诈行为导致其臭名远扬,原告无辜受到牵连导致再就业困难,并蒙受经济损失。上议院判决认为,雇佣合同中包含默示条款,公司业务不应当有腐败或欺诈情形,因此合同之诉中涉及名誉方面的经济损失也可得赔偿。因此,理论上原告可得赔偿,但如何证明损失具体金额在证据规则上存在困难,原告所说的损失显然具有一定的或然性。

该案是近年来较为新颖的规则,其要旨是认为在雇佣合同中存在相互信任的默示义务(implied obligation of mutual trust and confidence),该默示义务产生赔偿责任。[3] 但是,该规则仍不适用于错误解雇的情形,因为后者有相关立法来规制,不是普通法的范畴。总体而言,英国普通法目前对违约之诉中各种非经济损失的赔偿越来越倾向于判决赔偿,这是合同法与侵权法相互交融的一个例证,但也导致这一问题的复杂性提高。

---

〔1〕 See J. Beatson, A. Burrows, J. Cartwright, *Anson's Law of Contract*, 30th ed., Oxford University Press, 2016, p. 569.

〔2〕 Malik v. Bank of Credit & Commerce International SA [1998] 1 AC 20.

〔3〕 See Edwin Peel, *Treitel on the Law of Contract*, 14th ed., Sweet & Maxwell, 2015, para. 20–090.

第三节　损害赔偿的计算

一、期待利益的赔偿

违约损害赔偿的目的在于补偿损失，因此其出发点是在经济补偿的范围之内将原告置于假若合同得到履行的情况中。[1] 原告因此获得的赔偿范围包括违约剥夺的可得利益(gains)，这是原告订约的主要目的。例如，在运输合同中，若货物未发货或未按时到货，则收货人可得的赔偿包括利润。[2] 但是，利润作为赔偿并不局限于合同之诉中，在侵权法中也有这种赔偿。但合同法的保护范围更为广泛，原告可以要求交易损失的赔偿，即交易中因违约而损失的特定利益，就是所谓的期待利益损失(expectation or performance loss)，以合同假若得到履行原告可以得到的利益作为计算标准。[3] 具体而言，损害赔偿可以根据以下基础来进行计算。

(一)根据合同条款来计算

合同体现的是当事人自行决定的利益分配，当然也意味着首先需要尊重当事人的意思自治。因此，计算损害赔偿必须首先根据合同条款来计算，法院不能考虑合同一方没有义务的情况下对方的期待利益有多少，即使这种利益在第三人看来是合理的，这意味着不能以客观情况来代替主观分配。例如，在雇佣合同中，雇员在被错误解雇的情况下不能要求雇主支付福利性质的合同损失，除非雇主明文承担这种法律责任。在被告有两种履行方式时，损害赔偿的需要以最少法律义务的标准来计算，即对被告负担较少而对原告获益也较少者为准。

经典判例　金色胜利号案[4]

在该案中，双方于1998年签订租船期租合同，原告将船租给被告，期限7年。合同规定，租期内若特定国家之间发生战争，承租人可以解除租约。合同履行开始后，2001年被告单方违约将船返还原告，双方同意终止租约，原告依租约申请仲裁。仲裁庭支持原告的请求，但在计算赔偿金额前爆发了第二次海湾战争，双方对赔偿金产生争议。原告主张赔偿额应当是剩余租期内租约租金与市场租金的差额，被告则认为只应当赔偿战争爆发前给原告造成的租金损失。上议院判决认为，损害赔偿的基

---

[1] Robinson v. Harman [1848] 1 Exch 850, 855.

[2] See Edwin Peel, *Treitel on the Law of Contract*, 14th ed., Sweet & Maxwell, 2015, para. 20 – 020.

[3] See J. Beatson, A. Burrows, J. Cartwright, *Anson's Law of Contract*, 30th ed., Oxford University Press, 2016, p. 570.

[4] The Golden Victory [2007] 2 AC 353.

本原则是赔偿守约方的实际损失，而非让其获利。当事人违约后、实际计算赔偿额之前明确发生的事情，即使违约时并不确定，仍然可以成为赔偿金额的影响因素，法院不能无视违约后发生的事情。因此，该案被告应当赔偿其违约到战争爆发期间给原告造成的租金损失，而不是全部剩余租期的租金。

(二)根据差额或修补费用来计算

在多数情况下，原告所得利益损失的计算以合同价值与实际履行价值的差额(difference in value between the performance received and that promised)为准。[1] 但这一标准并不一定准确，在有些情况下，损害赔偿可以修补费用(cost of cure)作为计算标准，[2]即原告请第三方来修补的费用为准。在服务合同中，若合同履行成果未发生或质量低于约定条件，在可能的情况下，原告可以要求以第三方提供替代或修复的成本作为计算标准，除非这一请求并不合理，例如，修补费用与实际结果之间相差过大，或原告并无继续履行的意图。

经典判例　莱克斯电气建筑公司诉福赛斯[3]

在该案中，根据合同约定，被告在原告的花园中承建一个游泳池，跳水区深7英尺6英寸，价格为17,000英镑。实际建成的游泳池跳水区深为6英尺9英寸，并不符合约定，但仍旧可以使用，对其市场价值也没有影响。修复该瑕疵的费用为21,000英镑。原告要求被告支付修复费用为基础的损害赔偿。上议院判决认为，原告此请求不合理，因为一审中法院发现即使原告得此赔偿也不会进行修复，而且修复也不合理。但是，因为原告因违约而无法拥有约定深度的游泳池，法院判决原告可得2500英镑的赔偿，没有判决修复费用的赔偿。显然，这一赔偿看起来更像是精神损害赔偿而非经济利益赔偿，表明合同法所保护的利益范围得到扩充，不再局限于经济损失。其中原因在于，合同中包含的利益不仅局限于经济利益，承认这种利益的正当性对于维护“有约必守”(*pacta sunt servanda*)的基本道德准则与法律原则都是有利的。

(三)获得利润的机会

还有一种比较复杂的情况是如何计算获得利润的机会。双方从事交易，在很多

---

〔1〕 Sale of Goods Act 1979, ss. 50(3), 51(3), 53(3).

〔2〕 See J. Beatson, A. Burrows, J. Cartwright, *Anson's Law of Contract*, 30th ed., Oxford University Press, 2016, p. 571.

〔3〕 Ruxley Electronics & Constructions Ltd. v. Forsyth [1996] 1 AC 344.

情况下不是一次性(one-off)交易,而是发生多次交易,有可能一次违约就导致以后的合作不能继续,从而不仅造成一个合同的未来期待利益不得实现,而且未来可能的多次交易都无法实现。合同法计算损害赔偿一般以一个合同违约为准,但特殊情况下也要考察未来交易可能性因违约所发生的损失,这属于补偿获得利润机会。[1] 显然,这种估算具有一定的主观性与随意性,因此需要谨慎对待。

经典判例 单纳德诉库伯有限合伙[2]

在该案中,原告与他人设立一家公司并参与融资项目。在融资谈判中,原告与被告对公司进行估值,被告估值额为510万英镑,原告因此同意以550万英镑将公司出售给第三人,其后第三人以更高价格将公司转售他人。原告感觉售价过低,因此起诉被告估值错误,要求赔偿损失。原告认为,若得到准确估值,则原告就不会出售公司,而是等待更高价格。被告抗辩引用协议的责任限额,该限额为100万英镑。法院审理查明,被告估值确有错误,但公司出售时买方立场强硬,而原告又急于出售,因此原告才决定出售并蒙受损失。根据案情,法院认为,原告将价格提高100万英镑的概率为75%,而原告的股份占57%,据此判定,被告应当赔偿原告的损失为42.75万英镑。显然,法院判决具有一定的猜测性,但也很难准确计算。

二、信赖利益的赔偿

计算损害赔偿的另一标准是原告应为信赖损失(reliance loss)而得到赔偿,即原告为准备履行或部分履行而发生的费用获得赔偿,这些费用因违约而丧失意义,从而导致原告蒙受损失。[3] 这其中一般包括订约之前所发生的准备费用,只要这些费用是双方可以预计到因违约而会遭到浪费。赔偿信赖利益的原因在于原告有些情况下难以证明合同得到履行其可得预期利益,因此就会选择以浪费成本作为赔偿计算标准。[4]

经典判例 安格利亚电视台诉瑞德[5]

在该案中,原告聘请被告出演一部电视剧,因此订立合同。原告为拍摄做了若干

---

〔1〕 See Edwin Peel, *Treitel on the Law of Contract*, 14th ed., Sweet & Maxwell, 2015, pp. 20 – 022.

〔2〕 Dennard v. Price Waterhouse Coopers LLP [2010] EWHC 812(Ch.).

〔3〕 See Edwin Peel, *Treitel on the Law of Contract*, 14th ed., Sweet & Maxwell, 2015, para. 20 – 038.

〔4〕 See J. Beatson, A. Burrows, J. Cartwright, *Anson's Law of Contract*, 30th ed., Oxford University Press, 2016, p. 573.

〔5〕 Anglia Television v. Reed [1972] 1 QB 60.

准备工作,但在开拍前被告毁弃合同,原告又找不到他人替代,导致整个项目作废。原告起诉被告违约,要求被告补偿已经发生的费用 2750 英镑,之所以没有要求利润是因为影视作品具有很大的不确定性,原告难以估算可能的利润。被告抗辩只应对订约后发生的 854 英镑费用承担责任。上诉法院判决原告获胜。上诉法院认为,既然原告请求补偿已发生的费用而非利润,被告毁约就应当补偿原告已发生费用,被告可以预见毁约所必然造成的费用损失。本案的判决表明,守约方可以选择期待利益还是信赖利益,但不可二者兼得。

另外,若被告可以证明原告即使在合同得到履行的情况下也不可能获得经济利益,原告不得以违约为由通过损害赔偿来逃避不利合同的后果。易言之,若原告订立合同对其原本不利,则不能选择以浪费成本作为信赖利益来得到赔偿,这样做显然是在转嫁负担。在这种情况下,信赖损失是因为订立不利合同所致,而非被告违约所致,二者之间因果关系不成立。另外,原告在获得信赖利益损失赔偿的同时也不得另行要求期待利益损失赔偿,以避免一个损失得双重赔偿。所以,原告如果请求利润损失,就不能要求信赖利益的赔偿,因为信赖利益产生的目的本来就是获得交易利润,是应当发生的履行成本。

在英国合同法中,传统观点认为信赖利益是计算期待利益困难时的替代方法。但有学者认为,前述的两个规则,即原告不得否定不利合同的后果与可得交易前费用赔偿,表明该方法更多的是一种计算原告期待利益的方法。因为在原告发生信赖费用的情况下,原告拥有一个可反驳的假设(rebuttable presumption),因此免于证明期待利益的举证责任,从而减弱了原告的诉讼难度与举证责任。[1]

三、损害赔偿利息的计算

在司法实务中,损害赔偿中的一个重要问题是利息的计算。普通法中的传统规则是法院不会判决延期付款产生的金钱使用损失(利息)。因此,原告要求利息的法律基础或者是明示或默示的合同利息条款,或者是《1981 年高级法院法案》第 35A 条所规定的债务与损害赔偿的利息求偿权。[2] 该法案允许高级法院在判决中包括利息(不包括复利),利率由法院确定,可以是判决金钱的全部或部分,其间从诉因发生时起算至判决日期为止。若债务人在诉讼开始后判决前清偿债务,法院可以判定期

---

〔1〕 See Andrew Burrows, *Remedies for Torts and Breach of Contract*, Oxford University Press, 3rd ed., 2004, Chapter 5.

〔2〕 See J. Beatson, A. Burrows, J. Cartwright, *Anson's Law of Contract*, 30th ed., Oxford University Press, 2016, p. 597.

间从诉因发生时起算至支付日期为止。但是，上议院在最近的一个判例中全面推翻了普通法之前的规则，[1]该判例导致法院可以判给损害赔偿的利息（包括复利），条件是原告可以证明利息损失，并受到因果关系遥远性规则与减损规则的制约，在一定程度上增大了违约方的违约成本。

第四节　损害赔偿中的因果关系

一、因果关系的复杂性

原告要求被告提供赔偿的另一个基本条件是必须证明违约造成损失，即违约与损失之间存在因果关系，上文中的磨坊案是此规则的重要起点。[2] 英国法中通常使用的必要因果（but for test，意思是若没有违约就不会产生损失）标准并不足以成立损害赔偿上的因果关系，因为这一因果关系过于宽泛，而是违约必须是损失的有效（effective）原因。若违约仅造成了损失发生的机会，因果关系并不足以成立。[3] 例如，若违约损失发生时，若有其他事件在其中发挥作用，则违约发生后该事件仍然会可能（likely）发生，那么违约与损失的因果关系仍可以成立。易言之，因果关系不要求唯一性，违约是损失的一个有效原因就可以成立因果关系。另外，违约与损失之间的因果关系还必须持续存在，若中间发生其他事件导致因果关系断裂，则因果关系难以成立。

经典判例　盖洛公司诉马瑞[4]

在该案中，原告聘请被告提供审计服务，被告提供的审计报告存在不实之处，导致原告会计账目出现重大错误。原告蒙受经营损失，因此要求被告赔偿。上诉法院判决认为，被告出错的事实仅仅是原告公司经营亏损的可能性之一，并没有实际致使损失发生，所以原告不得此赔偿。显然，上诉法院认为二者之间的必然因果性较弱，因此判决原告败诉。从常识出发，公司财务审计与公司经营亏损之间确实缺乏必要因果联系。

相较而言，德国法采用“相当因果关系理论”（adequate causation）来对待因果关

---

[1] Sempra Metals Ltd. v. IRC. 1 [2007] UKHL 34, [2008] 1 AC 561.

[2] See Edwin Peel, *Treitel on the Law of Contract*, 14th ed., Sweet & Maxwell, 2015, para. 20-095.

[3] See J. Beatson, A. Burrows, J. Cartwright, *Anson's Law of Contract*, 30th ed., Oxford University Press, 2016, p. 574.

[4] Galoo Ltd. v. Bright Grahame Murray [1994] 1 WLR 1360.

系问题。依据德国法,受损方可获赔偿的损失与违约人的违约行为之间必须存在法律上的因果关系,即相当因果关系。但所谓的相当在概念上十分抽象。按照《德国民法典》的规定,期待利益的损失中的因果关系是指“所失利益指依事务通常进程,或依特殊情况,特别是依已采取的措施或准备,可得预期的利益”。因此,判断某种利益是否“可得预期”,一是要考察事物的通常进程,即在一般情况下按照常识和以往的经验通常可获得的利益;二是若受损方能证明确实有可能获得某种特殊利益,即使该特殊利益不是依事物通常进程产生的结果,仍可获得赔偿。总体而言,德国法中强调从客观角度判断事物发展的结果和可能性,以客观规律为依据来辨识因果关系。尽管理论上存在不同,在通常情况下英国法与德国法对因果关系的判断在结果上来说是对一个问题不同角度的阐述,结果往往趋于类似。显然,无论是客观还是主观,作出判断者都是法官,法官会依据当事人的陈述与自身经验来作个案判断,而不是纯粹地依照逻辑来判断。

需要注意的是,尽管因果关系看起来是个纯粹的法律问题,但在某种程度上与案件的事实问题往往有牵连关系。就此而言,因果关系不仅是一个纯粹的理论问题,而是和大量案情结合在一起的,因此英国法院有很多方法来判定这一问题,最后往往是以法官的常识(common sense)来判定,使其在很大程度上成为事实解释问题。因此,这一方面的规则难以形成精确的体系,往往是就事论事的讨论。这也是此问题历来存在很多争议的原因之一。

二、因果关系的遥远性

(一)因果关系的遥远性

在因果关系存在后,被告所承担的赔偿责任并不当然覆盖原告的所有损失。[1]在损失因果链条较为遥远(remoteness)的情况下,被告不承担赔偿责任,前文所述的磨坊案就是这方面的例证。这一规则在另外一个著名判例“洗衣房案”中也得到阐述。

经典判例　洗衣房案[2]

在该案中,原告是洗衣店主,意图扩大经营规模,因此与被告订立合同购买新锅炉。被告同意在6月5日送货,但原告准备收货时得知锅炉已经损坏而无法运输,直

〔1〕 See J. Beatson, A. Burrows, J. Cartwright, *Anson's Law of Contract*, 30th ed., Oxford University Press, 2016, p. 575.

〔2〕 Victoria Laundry (Windsor) Ltd. v. Newman Industries Ltd. [1949] 2 KB 528.

到11月才送到。因为该延迟,原告丧失了本可以获得的利润,特别是可以从一个大客户获得利润很高的大额订单。原告起诉要求获得此项赔偿。一审法官认为原告不能获得延迟期间的任何利润损失赔偿。上诉法院王座法庭推翻原判,指出被告在订约前知道原告的情形,锅炉是准备立即使用的。从被告的技术背景与双方的商业关系来看,可以推断认为被告已经预见延迟会造成利润损失。但在不知道特别情形的情况下,可以推断认为被告不能合理预见原告可以接到大额订单。上诉法院最终将该案转给其他争议解决机构(official referee)来负责估算损害赔偿。

尽管前述中"磨坊案"规则将损失分成两种,但这两种损失共同构成了损害赔偿的一个原则,即守约方所得赔偿必须是订约时可以合理预见(reasonably foreseeable)的违约造成的损失,至于何为可合理预见的损失,上述的"洗衣房案"对此有比较清晰的论述。该案法官阿斯奎斯(Asquith)勋爵指出,两种损失的赔偿原则都是守约方可得赔偿必须是订约时可合理预见的违约造成的实际损失,所谓的合理预见的情况取决于当事人的知情与否,特别是违约方的情况。这里的知情有两种:一是推定知情;二是实际知情。第一种情况是所有人,作为合理人,都应当知道事情的通常过程(ordinary course of things),因此也应当知晓通常过程中违约所造成的损失,因此无论违约方是否实际知情。第二种情况是在推定知情之外,考察被告是否知晓特别情形,即通常过程之外发生的特别情形导致违约造成更多损失,这种损失也是可以得到赔偿的。在这两种情况中,都无须考察违约方是否应当查实过违约所造成的损失,只要可以认为违约方作为合理人可以确定损失会发生就可以成立。

经典判例　鹭号案(第2号)[1]

在该案中,被上诉人(一审原告)是商人,从上诉人(一审被告)处承租了一艘轮船(the Heron)负责运输货物。运输过程中,轮船未经允许偏离航线,导致货物发生延迟。由于货物价格在此期间大幅下降,被上诉人被迫降价出售,比货物按时到达的价格少收入3800英镑,因此起诉。一审法院判决被上诉人胜诉,上诉人因此提起上诉,理由是其对货物价格的季节性波动并无特殊知情。上议院判决认为,应当推定认为船东知道价格在商品市场中会有波动,因此上诉败诉。

在另一个判例中,[2]上议院重申,因果关系遥远性考察的时间是订约时被告是

---

[1] Koufos v. C Czarnikow Ltd. ,The Heron Ⅱ[1969] 1 AC 350.

[2] Jackson v. Royal Bank of Scotland Plc.[2005] UKHL 3,[2005] 1 WLR 377.

否知情，而非违约时是否知情，原因在于在订约时双方都有机会对特殊情形给予重视从而可以避免责任。易言之，当事人应当在订约时合理分配风险，法院对此安排原则上应当尊重。[1]

经典判例 “阿喀琉斯号”案[2]

在该案中，双方订立船舶租约，被告作为承租人应当于2004年5月2日将船交还给船东，但被告发生违约，直到5月11日才交还。原告已经与第三方订立合同约定于5月8日将船交付于第三方。由于被告违约，导致原告也发生违约，并在租金下降的情况下不得不同意调低价格，每天的租金降低8000美元。原告因此起诉，要求被告赔偿1,364,584英镑，计算期间是原告违约的整个期间。被告认为，其所应承担的责任是5月2日～11日市价与合同价格的差额，因此总金额是158,301英镑。上议院判决原告所得赔偿为158,301英镑，原告所要求的赔偿金额因过于遥远而未为法院所认可。上议院两位法官认为，核心问题是订约时双方是否考虑了下一个租约发生延迟履行所造成的损失，这是遵循传统的判定标准而得出的结论。另外，两位法官得出相同结论但理由有所不同，即被告承担原告所要求的责任的条件之一是其接受损失的赔偿责任，本案中被告并未接受，因为航运业的一般规则是承租人仅为延期负责，而不为超出控制范围、难以量化的损失负责，但后者的观点目前仍存争议。

这方面值得注意的一个问题是，遥远性规则在合同法与侵权法中的标准是否一致。一般而言，在侵权法中遥远性规则的标准更宽松一些，因为侵权法的目的是保护固有利益而非期待利益，这一问题在实务中比较复杂。

经典判例 帕森斯(牲畜)公司诉英格汉公司[3]

在该案中，被告负责为原告在原告农场中供应与安装饲料储存器。设备安装完毕之后，被告由于过失而未能保证储存器顶部打开以保证通风，导致饲料变质，一批猪因食用变质饲料而死亡。原告因此起诉。一审中，法院判决损失不在双方可以预见的被告违约造成损失范围之内，因此被告不承担责任。上诉法院推翻原判，丹宁勋爵认为这一原因可以适用于要求利润损失的情况中，但不能适用于该案中的人身或财产损失以及各种费用损失。在该案情况中，因果关系规则在合同法与侵权法应当

---

〔1〕 See J. Beatson, A. Burrows, J. Cartwright, *Anson's Law of Contract*, 30th ed., Oxford University Press, 2016, p. 578.

〔2〕 Transfeld Shipping Inc. v. Mercator Shipping Inc., The Achilleas [2008] UKHL 48, [2009] 1 AC 61.

〔3〕 H Parsons (Livestock) Ltd. v. Uttley Ingham & Co., Ltd. [1978] QB 791.

是一样的，被告应当为此承担责任，即其应当为订约时所能合理预见的任何可能性损失负责，即使这种可能性较小。该案所反映的问题实际上是合同与侵权发生竞合时遥远性如何解释的问题。

（二）通常进程中发生的损失

前述的磨坊案的规则总体上是一个规则，也可以细分为两个部分，分别针对被告知情的两种情况。第一项规则是通常进程中所自然发生的合理情况，即根据案件的通常情况违约会造成的损失。对此损失的判定取决于双方的推定知情（presumed knowledge），而不是实际知情，这也涉及遥远性规则。下面讨论其中的若干情况。[1]

第一个问题是双方的正常商业地位（normal business position）。若损失是因为双方的正常商业地位所产生的，则遥远性规则不能适用，法院在这种情况下会假定双方都知情，这意味着被告不能以不知情作为抗辩理由，法院会考察合理商人是否可以预见违约会导致某项损失产生，这里所谓的合理商人实际上是法院所设定的通常标准，从而不再考察案件中的实际情况，一般情况下以行业整体情况为准。

第二个问题是不履行或延迟履行。磨坊案的第一个规则适用于卖方不履行或延迟履行的情况。在这种情况下，守约方可以获得利润损失赔偿，利润必须是可以合理预见的。在运输合同中，若承运人发生违约导致货物在运输过程中发生遗失或延迟等情况，则托运人可以获得违约所造成的自然与或然性（probable）损失。若发生货损，计算标准是货物应当到达时的市场价值减去安全运输所应当支付的运费；[2]若发生延迟，计算标准是货物应当到达时的市场价值与实际到达时市场价值的差额。[3]

第三个问题是特别性质的损失。一般而言，由于不具有可预见性，因此特殊性质的损失不属于磨坊案第一个规则所覆盖的范围之内。磨坊案中的利润损失就属于此性质。下面举两个判例说明。

经典判例　英国哥伦比亚锯木公司诉哈利波特[4]

在该案中，被告负责承运一批机器送货到原告厂房，目的是建设一个工厂。被告在履行中未能发送其中一个箱子，但并不知道其中含有一个关键零件，该零件对工厂

---

[1] See J. Beatson, A. Burrows, J. Cartwright, *Anson's Law of Contract*, 30th ed., Oxford University Press, 2016, p. 583.

[2] Rodocanachi v. Milburn [1886] 18 QBD 67.

[3] 104 Wilson v. Lancs & Yorks Ry [1861] 9 CBNS 632.

[4] British Columbia etc Saw-Mill Co., Ltd. v. Nettleship [1868] LR 3 CP 499.

建设至关重要,没有该零件就无法施工。原告起诉,要求被告赔偿替换损失零件的费用,以及其他设备因缺乏该零件只能长期搁置导致停工而产生的损失。法院判决认为,此案的赔偿基础是原告所在地替换损失零件的费用,而不包括其他损失,理由是被告是承运人,并不是货物生产商,订约时不知道的损失不能由他来承担,可得赔偿的损失必须是订约时被告所可以合理预见并明示或默示表示同意的。因此,订约时被告不是实际知道或推定知道的利润损失不属于赔偿范围,这些损失的因果关系因过于遥远而不成立。

第四个问题是合同双方未预料到违约是否对损害赔偿计算产生影响。在一般情况下,合同双方未预料到会发生违约对计算损害赔偿没有影响。这里的标准显然是推定的应当知道,并不考虑是否实际知晓。[1]

经典判例　葡萄牙银行诉华特鲁父子公司[2]

在该案中,被告同意为原告印刷一批纸币。由于过失,被告将一批纸币错误运输到了犯罪集团手中,导致这批纸币进入葡萄牙货币流通之中。原告发现市场上有欺诈后就设法将此批货币从流通中撤出并替换成其他批次。原告因此起诉,要求被告赔偿所替换货币的价值以及印刷的成本等。上议院判决原告胜诉,理由是损失是双方商业地位中违约造成的自然结果,尽管难以认为违约结果是订约时双方可以预见的情况。

第五个问题是可以推定认为属于当事人订约时考虑的损失。"磨坊案"的第二项规则是被告应当赔偿的损失必须是订约时其已经考虑的特殊情形,这种特殊情形不是事物的一般情况发展出的结果,但造成了更多损失。判断该问题需要考察双方订约时是否可以合理考虑违约很可能造成该损失。关于此问题,有观点认为,仅知道特殊情况就可以使违约方承担责任。但也有观点认为,这一标准不够,应当是违约方明示或默示地为特殊情况损失承担合同责任才可以。[3] 据此,将此特殊情形告知被告是不够的,原告还必须证明合同条款可以表明被告需要承担责任。因此,特殊情形必须披露,因而可以合理推断认为双方都考虑该特殊损失是违约很可能造成的结果。[4]

---

〔1〕 See J. Beatson, A. Burrows, J. Cartwright, *Anson's Law of Contract*, 30th ed., Oxford University Press, 2016, p. 585.

〔2〕 Banco de Portugal v. Waterlow & Sons Ltd. [1932] AC 452.

〔3〕 Patrick v. Russo-British Grain Export Co., Ltd. [1972] 2 KB 535, 540.

〔4〕 See Edwin Peel, *Treitel on the Law of Contract*, 14th ed., Sweet & Maxwell, 2015, para. 20-099.

经典判例　贝亚蒂诉多克兰轻轨公司[1]

在该案中,原告建筑商与他人订立合同承建工程。被告是当地电力公司,原告工程施工中需要在一段时间内连续灌注水泥,因此需要连续供电而不中断。原告施工过程中被告中断电力供应,导致原告工程出现瑕疵必须重建。原告因此起诉,要求被告赔偿相关损失。双方对该案事实均无异议,主要争议点是被告赔偿责任是否为重建成本。上议院判决认为被告不承担重建成本的赔偿责任,因为不能假设合同双方都知道对方的业务活动,该案中的施工是复杂作业,不能推定认为被告作为电力企业应当知道这一事实,被告因此不应当赔偿重建成本。当然,若供电合同中有明确规定,或原告在施工前特意告知被告,则结果会完全不同。

三、损害赔偿中的共同过失

(一)普通法上的共同过失

在早期普通法上,若原告损失的原因部分是被告违约、部分是原告过失,即发生共同过失(contributory negligence),损害赔偿并不因此减少,[2]除非原告行为打破了因果关系,或原告没有进行减损,或自己本身也构成违约。[3]

(二)立法中的共同过失

英国《1945 年法律改革(共同过失)法案》对此问题进行了规制,该法案主要针对侵权诉讼,目的是减少前述普通法上不能减少赔偿的规则。[4] 减少的损害赔偿需要按比例减少,需要考察的因素包括因果关系以及各方的过失程度。对于违约之诉而言,这一法案中涉及的"过失"(fault)导致诉讼出现三种分类,即(1)纯粹合同之诉;(2)违反合同约定的注意义务诉讼(但不涉及侵权责任);(3)违反合同约定的注意义务诉讼而产生过失侵权诉讼中的责任竞合。这一法案并不涉及前两种情况,但对第三种诉讼有所影响。这意味着法院可以据此分割赔偿责任,原告所要求的赔偿额度因共同过失的存在而减少,从而在某种程度上改变了约定的风险分担。

第五节　减损规则

作为公共政策,守约方在蒙受违约损失的情况下必须采取合理措施减少违约所

---

〔1〕 Balfour Beatty v. Docklands Light Railway [1996] 78 BLR 42.

〔2〕 Quinn v. Burch Bros [Builders] Ltd. [1966] 2 QB 370.

〔3〕 See Edwin Peel, *Treitel on the Law of Contract*, 14th ed., Sweet & Maxwell, 2015, para. 20 – 122.

〔4〕 See J. Beatson, A. Burrows, J. Cartwright, *Anson's Law of Contract*, 30th ed., Oxford University Press, 2016, p. 594.

造成的损失,以避免社会公共资源无端浪费,这就是减损规则(mitigation of loss)。若损失是由于守约方未能采取合理措施而发生,违约方对此不承担赔偿责任。此公共政策显然不是当事人意思自治之结果,而是合同法对当事人意思自治的一种限制。[1] 需要明确的是,该公共政策不能作为法律义务来解释,本身不能构成单独诉因,而只能作为抗辩适用,若原告未能满足该要求,被告可以据此减少其赔偿额。上议院在1912年的一个判例中确定此规则,以体现公共政策。[2]

一、守约方应当合理减损

按照这一规则,守约方在对方违约的情况下仍应当采取合理措施以减少违约造成的损失,而不能任意扩大损失并要求对方赔偿。[3] 例如,货物买卖合同中若卖方拒绝送货,则买方应当购买替代货物,而不能任由损失扩大并要求对方赔偿。同样,雇员在遭到错误解雇的情况下必须采取合理措施来获得替代工作,而不能坐等对方赔偿,否则仅得名义赔偿。但这一规则要求的是合理的减损行为,并非绝对。至于合理的程度与内容,往往是个案解释问题,需要结合案情来具体理解。因此,守约方合理行事并不意味着就必须接受质量低劣的货物,或冒着损害商誉的风险行事,或陷入复杂的商业诉讼等,当然这也不意味着原告必须采取超出其经济能力的措施,而是视情况量力而行。[4] 原告若未能够采取合理措施,则其不能要求被告为此承担损失。另外,采取合理步骤减轻损失的过程中发生的进一步损失或者费用,原告可以请求被告予以补偿,这是减少浪费鼓励减损的应有之义。

经典判例　凯恩(英国)公司诉奥斯特瑞奇公司[5]

在该案中,原告与被告订立石油买卖合同,原告是买方,价格为每桶18.48美元,当年9月交货。6月18日下午被告告知原告合同到期时无货可供,原告得知后接受了被告的预期违约。随后,原油价格波动剧烈,原告直到6月29日才在期货市场购买到替代货物,但价格是每桶19.30美元。原告起诉要求被告赔偿合同价与实际购买价格的差额,被告抗辩认为原告应当在6月26日购买到替代品,因为当日市场价

[1] See J. Beatson, A. Burrows, J. Cartwright, *Anson's Law of Contract*, 30th ed., Oxford University Press, 2016, p. 587.

[2] British Westinghouse Electric Co. Ltd. v. Underground Electric Rys Co. of London Ltd. [1912] AC 673, 689.

[3] See J. Beatson, A. Burrows, J. Cartwright, *Anson's Law of Contract*, 30th ed., Oxford University Press, 2016, p. 587.

[4] See Edwin Peel, *Treitel on the Law of Contract*, 14th ed., Sweet & Maxwell, 2015, para. 20 – 116.

[5] Kaines (UK) Ltd. v. Osterreichische [1993] 2 Lloyd's Rep 1.

格低于合同价格,原告本不应该发生损失,所以只能获得名义赔偿。上议院判决,应当按照6月19日市场价格确定赔偿数额,因为原告应当采取合理步骤减轻损失,在得知被告预期违约当日余下的交易时间里(当日还有5小时交易时间)或次日购买替代品,才能视为合理减轻被告违约造成损失,因此赔偿基准日应当是6月19日的市场价格,该价格高于合同价格但低于6月29日的价格。该案的背景是石油市场,产品价格历来变化不停,时有剧烈波动,因此法院认为原告购买替代品时间不合市场惯例,所以科以减损义务。

二、减损利益可以减少赔偿

若原告采取合理减损义务并从中获益,则被告的赔偿可因此减少,条件是该获益是违约与减损的直接结果,而不是其他的间接或附带利益。[1] 例如,在机器不符合合同规定造成损耗增加的情况下,原告使用效益更高的机器所带来的资源节省可以减少被告的赔偿额。相反,若增益与违约和减损行为之间没有直接因果关系,则被告的赔偿责任并不减少。

第六节　违约金条款

一、违约金条款的性质

合同双方为了约束对方以及减少争端经常约定违约时违约方需支付的损害赔偿金,即违约金条款(liquidated damages)。违约金条款的目的在于提高合同的确定性。[2] 在商业合同的背景下,法院一般认为各方都能保护自己,因此倾向于认为双方在已经有约定的情况下应当尊重其约定,而不是对其采用过度严厉的审查标准以避免破坏合同约定。[3]

但是,违约金条款不得违反损害赔偿基本目的是补偿实际损失(actual loss)的公共政策。至于具体的合同违约金条款是否属于罚金条款而无效,则需要视个案情况来解释。若违约金条款之目的是增加合同确定性以减少计算损害赔偿的复杂性,则该条款具有合法性。不允许违约金条款成为罚金(penalty)的规则来自衡平法,目的是将罚金减少为原告的实际损失,其后为普通法所吸收,并在立法中得到强化。若认为违约金条款数额是违约所可能造成损失的真实预估(genuine pre-estimate),法院会

---

〔1〕 See J. Beatson, A. Burrows, J. Cartwright, *Anson's Law of Contract*, 30th ed., Oxford University Press, 2016, p. 588.

〔2〕 Ibid., p. 598.

〔3〕 See Edwin Peel, *Treitel on the Law of Contract*, 14th ed., Sweet & Maxwell, 2015, para. 20 – 129.

接受该条款的约束力,其核心问题在于如何解释特定合同的具体条款以及内在背景。若违约金条款不是违约预估,但各方已经确定赔偿金额而该金额低于损失金额,法院也可以接受。若违约金条款的目的是恐吓(*in terrorem*)违约方以迫使其履行合同,则条款属于罚金条款,因而不可执行。

经典判例　克莱德班克电气与造船公司诉卡斯塔尼达〔1〕

在该案中,上诉人同意为被上诉人西班牙政府建造4艘军舰,合同规定交货迟延将按照每周500英镑的费率支付罚金。买方支付货款,但卖方发生交货迟延,买方因此向法院提起诉讼,要求卖方支付迟延交货的违约金。一审判决买方获胜。对此,上诉人提出抗辩,认为该条款属于罚金因而无效。二审法院判决认为,判断金额是否过高并没有普适性的抽象规则,须考察个案的案情和具体环境来确定,若违约金与实际损失基本相当,则不能以条款名称作为标准,本案中没有证据证明该规定属于惩罚性质,因此维持原判。

除了前述的普通法规则,英国立法中还规定有消费者保护的相关法律。根据英国《2015年消费者权益法案》的规定,法院可以判决此性质条款因对消费者不公而无效,例如,违约金条款要求消费者因未履约情况而支付超出正常比例的赔偿。在此种情况下,该立法规定会被法院解释为与普通法一致,从而反映了违约金不得为罚金的公共政策。

二、违约金条款的解释

违约金条款在现实情况中千差万别,没有统一的模式。因此,其合法性基本属于解释问题。〔2〕英国普通法中有不少判例对此问题进行了解释。

经典判例　邓洛普轮胎公司诉新车库与汽车公司〔3〕

在该案中,上诉人向被上诉人出售汽车轮胎与配件,被上诉人同意其转售价格不低于上诉人的目录价格,若有违反则每项需支付5英镑的违约金。被上诉人的一次转售价格低于目录价格,因此遭到上诉人的起诉。上议院判决该金额为违约损失的真实预估,而不是罚金,因此具有合法性。上议院在此案中提出了判断违约金条款是

〔1〕 Clydebank Engineering and Shipbuilding Co. v. Castaneda [1905] AC 6.

〔2〕 See J. Beatson, A. Burrows, J. Cartwright, *Anson's Law of Contract*, 30th ed., Oxford University Press, 2016, p. 600.

〔3〕 Dunlop Pneumatic Tyre Co., Ltd. v. New Garage and Motor Co., Ltd. [1915] AC 79.

否具有惩罚性的相关规则:“(1)若规定金额相比能够证明的违约最大损失是过度的(extravagant)且不公平的(unconscionable),则其为罚金而不可执行;(2)若合同条款规定,在违约仅是不付款而支付金额超过应付金额,则为罚金条款;(3)若违约方需要为一次或多次违约付款,其中一些造成微小损失而另一些造成严重损失,则可以推定认为其是惩罚性条款;(4)若违约金是损失的真实预估,则违约后果导致预估难以准确并不构成障碍。”

经典判例　卡文迪什广场控股公司诉马克德赛;帕克爱公司诉毕维斯[1]

这两个判例是英国最高法院对违约金与罚金条款做的最新解释。在第一个判例中,原被告订立合同,被告同意出售一家公司的控制权给原告,合同价金分期支付,被告承诺不与该公司发生竞争,若出现竞争则不再要求原告付款,原告还可以收购剩余股权。被告发生违约,原告要求不再支付未支付价金并购买股权。一审法院判决原告胜诉,二审法院推翻该判决。原告上诉到最高法院,认为合同条款不是惩罚性条款,因为双方都是商人且具有平等的谈判能力。在第二个判例中,被告将其汽车停在原告拥有与管理的停车场内,规则是前两小时免费,之后收85英镑。被告停车达3小时并拒付停车费,原告因此起诉,被告抗辩认为该规则是惩罚性质,因而无效。被告败诉后上诉到最高法院。最高法院将这两个案件合并审理,核心问题是确定相关条款是否具有惩罚性。最高法院认为,这一问题需要考察该条款义务是主要义务还是次要义务,若违约金条款是次要义务,则应当成立。基于此,最高法院认为这两个判例中的违约金条款都成立。

罚金条款最为常见的例证是高利贷,若其中规定借贷方在未按期偿还债务的情况下支付给出借方额外金额(超额利息),则为无效条款。但是,分期付款合同与租赁合同中常见的加速付款条款(accelerated payment clause)一般不是惩罚性条款,因其性质是加速既存义务的付款速度而不是惩罚违约方。[2] 在一个判例中,[3]合同中规定若借贷方发生违约,则贷款利息要增加1%,法院判决认为这反映了出借方的经营风险,因而并不属于罚金条款,其中的判断标准为订约时违约金条款功能是阻止违约还是补偿守约方损失,可以根据违约金金额与违约损失的比例关系来考察。

若合同规定单一的赔偿金数额,而不是规定按违约严重程度来计算(如延迟履

---

〔1〕 Cavendish Square Holding BV v. Talal El Makdessi; ParkingEye Ltd. v. Beavis [2015] UKSC 67.

〔2〕 Protector Loan Co. v. Grice [1880] 5 QBD 529.

〔3〕 Lordsvale Finance Ltd. Plc v. Bank of Zambia [1996] QB 752.

行中按日计算赔偿金),则法院会推定认为该条款为惩罚性条款,原因是最轻微的违约也有可能造成高额违约金。但是,若单一赔偿金的目的是针对单一义务所对应的若干违约方式,则此条款仍属合法,常见的是工程合同中未完工的各种情况。在估算损失困难导致一项违约损失可能超过其他项的违约时,法院有可能认为这种赔偿金条款的违法性可以反驳从而具有合法性;或者是合同一方可以证明此性质条款的目的是分配所有违约所造成的损失,但不能相差太多。例如,在前述邓洛普轮胎公司诉新车库与汽车公司案中,合同约定的 5 英镑赔偿金必然是损失的大致估计,目的是防止生产商利益遭经销商损害。总而言之,前述的所有规则都不是决定性规则,而是司法判例中阐述的当事人意图的推定规则,因此可以通过举证来反驳。

三、违约金条款的适用

在普通法中,违约金条款的法律性质需要以发生违约为条件,即只有发生违约时才能考察违约金条款是否能够适用。[1] 因此,若合同规定付款义务是订约时支付预付金或是履行合同义务的真实替代方式,则其合法有效。但有判例表明,在"提货或付款"合同中,买方承诺不论是否实际取货都需支付最低货款,此条款有可能属于罚金无效情形,尽管表面看起来该条款不是罚金条款。[2] 另外,在租购(hire-purchase)合同中,违约金条款的合法性也产生了一系列判例。金融公司在合同中有时候会约定,一旦合同终止,不仅有权取回出租货物并没收已付款项,承租人还要支付一定的赔偿金以赔偿利润损失。在承租人发生违约导致租约终止的情况下,法院会判定此性质条款为恐吓性质因而无效。若承租人自愿终止,或因死亡或破产而导致合同终止的情况下,因为没有违约,因此并不产生违约或罚金的问题。[3] 这一规则产生的问题是,普通法中一旦承租人终止合同会导致相比毁约负担更重,但法院在一般情况下不会适用普通法规则,以尊重立法的相关规定。在违约金条款没有瑕疵的情况下,原告可以获得规定赔偿金额,而无须证明损失与实际损失,即使损失金额少于规定金额。但若实际损失大于违约金金额,则原告不得要求实际损失的赔偿。[4]

---

〔1〕 Export Credits Guarantee Department v. Universal Oil Products Co. [1983] 1 WLR 399.

〔2〕 M & J Polymers Ltd. v. Imerys Minerals Ltd. [2008] EWHC 344 [Comm], [2008] 1 Lloyd's Rep 541.

〔3〕 Bridge v. Campbell Discount Co. Ltd. [1962] AC 600.

〔4〕 See J. Beatson, A. Burrows, J. Cartwright, *Anson's Law of Contract*, 30th ed., Oxford University Press, 2016, p. 603.

经典判例 默里诉悠闲玩乐公司[1]

在该案中,原告为被告所聘任担任经理职位。雇佣合同规定,若公司错误终止合同,须向原告支付相当于一年薪金的违约金。其后被告错误解雇原告,原告起诉。一审法官判决合同规定为罚金条款,因为该条款未考虑合同终止后原告另找其他工作以减轻损失的义务,所以无效。原告不服提起上诉,上诉法院判决该条款对原告有利,但性质为违约金条款,因此有效。

若法院判定违约金条款为罚金条款因而不具有约束力,则损害赔偿金额只能根据一般的方式来计算,其金额往往低于罚金金额,但原告获得的赔偿额度有可能是大于罚金金额的实际损失金额。在这种情况下不能认为该条款具有惩罚性。当然,违约金条款的合法性需要以订约时的情况作为判定依据。

经典判例 飞利浦香港公司诉香港政府[2]

在该案中,香港当局雇用原告公司为道路和隧道等设施负责设计与安装计算机监控设备。合同违约金条款规定,原告应当及时完成若干关键作业,以便其他承包商能够推进施工,保证整个工程顺利完工,若原告未能及时完成作业,则对于整个工程未能按期完成须支付额外违约金。原告后来未能按约履行合同,被告起诉,原告的抗辩是该条款为罚金,因而无效。香港一审法院和上诉法院均判决原告胜诉,被告不服并向英国枢密院上诉。枢密院驳回上诉并维持原判。枢密院认为,判定合同条款是罚金还是违约金,法院不能依靠不太可能发生的假设情形,这会导致违约金条款金额与任何损失都不成比例,合同条款必须根据订约时的客观情况而加以判断,以后的实际情况也可以证明当事人订约时所预期的合理损失。

第七节 价金之诉

一、概述

价金之诉是历史上普通法上令状所演化而来的,一般适用于卖方要求买方提供合同价金的特定情况中,是关于支付确定金钱金额的债务诉讼。[3] 尽管此诉讼格式中法院会判决被告履行合同规定的支付价金义务,因此看起来类似实际履行,但其本

---

〔1〕 Murray v. Leisureplay Plc [2005] EWCA Civ 963.

〔2〕 Philips Hong Kong Ltd. v. Attorney-General of Hong Kong [1993] 61 BLR 41.

〔3〕 See Andrew Burrows, *Remedies for Torts and Breach of Contract*, 3rd ed., Oxford University Press, 2004, Ch. 19.

质并非实际履行，因此衡平法相关要求并不适用于该类型诉讼。同时，该诉讼也有别于损害赔偿之诉(damages)，因为原告在此诉讼中并不需要证明违约造成损失，相关的因果关系与减损等抗辩理由也因此不存在。因此，此诉与损害赔偿之诉是并列关系，互相可以共存，原告可以要求被告支付合同价金以及提供赔偿。[1]

合同价金之诉的前提是存在合同付款义务，无论是明示义务还是默示义务。在货物买卖合同中，根据英国《1979年货物买卖法案》第49条第1款、第49条第2款的规定，除非合同另有规定，卖方支付合同价金的条件是货物所有权转移给买方或付款义务到期。若货物并未发货，卖方要求价金的请求就取决于其是否已经准备好履约。付款与收款义务可以在订约时成立，如土地买卖合同中合同一旦订立买方就需要支付定金；也可以在履约中发生，如租船合同中支付租金；也可以按进度支付，如工程合同中按工程进度支付工程款。

若付款是合同价金的预付款而非适当履约的担保金，要求付款权取决于最终履约完毕。若合同在履行完毕之前发生解除，付款义务停止，守约方可以要求损害赔偿。若付款是合同定金或其他的担保金，一般而言合同解除时仍应当支付。无论合同义务是有利于守约方还是违约方，这方面的区别都不大，违约方请求可为守约方的损害赔偿请求所抵销。

二、价金之诉与毁约

在付款义务到期前，若付款方发生毁约，可以适用合同解除规则。一个判例所规定的规则是，守约方在无须对方配合就可以履行的情况下可以视合同仍然存在并履行，到期时要求付款，[2]除非守约方没有正当利益要求履行合同。因此，法院的一般倾向仍旧是守约方要求合同继续履行必须有其他条件限制，在损害赔偿足以补偿的情况下原则上不能要求继续履行合同。但该限制属于少数情况。易言之，英国合同法对救济仍然倾向于损害赔偿，这是普通法的传统，也是大量司法判例所总结的经验与做法所致。

第八节　诉讼时效

在普通法上，合同权利不因时间而受影响。但在司法实务中，诉讼时效显然是必要的，以防止诉讼迁延过久而造成不必要的证据以及执行等方面的复杂问题。因此，

---

〔1〕 See Edwin Peel, *Treitel on the Law of Contract*, 14th ed., Sweet & Maxwell, 2015, para. 21-001.

〔2〕 White and Carter [Councils] Ltd. v. McGregor [1962] AC 413.

英国《1980年时效法案》(Limitation Act 1980)以立法形式对此问题进行了规制,以弥补普通法与衡平法在此方面的若干缺陷。诉讼时效一旦经过,则通过司法解决争议的途径也随之消灭,但并不消灭合同的实体权利,当事人自行履行仍属有效。

一、英国《1980年时效法案》

根据英国《1980年时效法案》第5条与第8条的规定,简式合同(simple contract)的诉讼时效为6年,契据合同(contract in deed)的时效为12年,起算日期为诉因(cause of action)发生之日。合同之诉中诉因发生的时间是违约发生日期,[1]在预期违约中则是守约方选择解除合同之日。[2]

需要注意的是,应当区别一次性(once and for all)违约与持续性(continuing)违约。持续性违约的典型情况为在长期服务合同中,允诺人义务是持续性的,在一段时间内有效,直到义务履行完毕,在此期内违约处于持续状态。因此,原告可以在诉讼提起前违约发生后的6年或12年内对违约提起诉讼。另外,若原告不知道或无法知道违约诉因,诉讼时效一旦过期,则时效抗辩有效。

若诉讼为不当利益返还之诉,诉讼时效也是6年,从原告诉因发生时起算,一般是指被告获得不当得利时。[3]

二、影响诉讼时效的若干因素

(一)原告特殊情况对时效的影响

根据英国《1980年时效法案》第28条的规定,若诉因发生之日,原告有特殊情况,包括失去能力(disability)、未成年(minor)或存在精神问题(unsound mind),则诉讼时效起算时间是原告不再有残疾或死亡之时起算6年之内。若失去能力情形是在诉因发生后才出现,或连续失去能力情况对原告产生影响但其中存在能力间隔,则该规则并不适用。[4]

(二)欺诈、隐瞒以及错误对时效的影响

根据英国《1980年时效法案》第32条的规定,若诉讼是因被告欺诈(fraud)而发生,[5]或被告故意向原告隐瞒(concealment)诉因相关事实,或诉因涉及错误

---

[1] Battley v. Faulkner [1820] 3 B & Ald 288.

[2] See J. Beatson, A. Burrows, J. Cartwright, *Anson's Law of Contract*, 30th ed., Oxford University Press, 2016, p. 638.

[3] Kleinwort Benson v. South Tyneside MBC [1994] 4 All ER 972.

[4] Purnell v. Roche [1927] 2 Ch. 142.

[5] Beaman v. ARTS Ltd. [1949] 1 KB 550.

(mistake),诉讼时效都是从原告发现或应当发现欺诈、隐瞒或错误情形时起算。另外,若故意违反义务的情形表明原告难以发现此情形,则违反义务的事实情况构成隐瞒。例如,若建筑商故意使用有瑕疵材料来施工而不披露,或房屋卖方在知情的情况下没有对买方提出必要的警告,则诉讼时效的起算日期是从原告发现或应当发现该隐瞒情况时计算。

(三)债务承认与部分付款对诉讼时效的影响

若债务人对债务发生债务承认(acknowledgment of a debt)或部分付款(part payment),则诉讼时效可以因此延迟。[1] 根据《1980 年时效法案》第 29 条第 5 款的规定,权利从承认之日或付款之日发生,而不是之前。例如,若甲对乙因货物买卖而欠款 1 万元,则乙方的诉讼时效是在付款到期日 6 年之内。但是,若甲方在此期间内承认债务并付款或者发生部分付款,则诉讼时效起算日期从债务承认或部分付款日起算,因此若多次发生债务承认或部分付款的话则诉讼时效可以多次延期。但是,若诉讼时效过期,则其发生永久消灭,不能恢复。根据《1980 年时效法案》第 29 条第 7 款的规定,作为生效条件,债务承认必须是书面形式,并由债务人或其代理人签字;或者债务承认或部分付款必须对起诉的债权人或其代理人作出。

(四)英国《1980 年时效法案》对实体权利的影响

诉讼时效针对的是诉讼权利,而非实体权利。因此,《1980 年时效法案》并不消灭实体合同权利,而是消灭合同救济权利。易言之,诉讼时效针对的是程序权利,而非实体权利。因此,即使诉讼时效导致诉权灭失,债务人自愿承担债务责任仍属有效,不能要求返还。若债务属于部分时效过期或部分没有过期,则债权人有权将债务人的任何付款归入时效过期部分,从而可以对未过期的部分要求付款,除非债务人在付款时明确表明清偿针对的是仍旧可以起诉的部分。

---

[1] See J. Beatson, A. Burrows, J. Cartwright, *Anson's Law of Contract*, 30th ed., Oxford University Press, 2016, p. 640.

第十八章 衡平法救济

英国合同法关于救济的判例虽然数量众多,但大多数判例的核心问题是上一章所述的损害赔偿,这是由普通法的发展路径所决定的。在实践中,大多数合同争议通过损害赔偿就可以解决,核心问题就是违约与损害赔偿。但在有些情况下损害赔偿并不足以补偿守约方的损失,执行合同对守约方而言更为重要,[1]例如,继续履行合同标的(performance),或发布禁令(injunction)禁止被告从事违约行为,或要求被告采取紧急措施补救违约后果,或要求撤销(rescission)合同、或要求修订(rectification)合同等。[2] 这些问题在大陆法中是请求权问题。而在英国合同法中则是历史上各种令状(writs)所产生的问题。由于撤销合同与修订合同在合同效力章节中已经论述,因此,本章集中讨论实际履行与禁令这两个衡平救济(equitable remedy)。这两个救济是针对人的救济,并不针对财产,当事人不遵守法院发布的救济命令就构成藐视法庭罪,可能被判处监禁和罚金。因此,对当事人的威慑力较大。另外,这两个救济都属于法院的自由裁量权范围之内,法院权力很大,但也有很多影响因素,因此并不能随意适用。目前,由于英国法院系统已经统一,因此法院可以根据案情提供所有救济,但普通法与衡平法的区别仍然具有很大的影响力,对原告选择诉因与所得救济存在重要影响。

第一节 实际履行

一、概论

如前所述,由于英国法的历史发展路径所致,实际履行之诉历来属于衡平法院管

---

〔1〕 See Edwin Peel, *Treitel on the Law of Contract*, 14th ed., Sweet & Maxwell, 2015, para. 21 – 001.

〔2〕 See J. Beatson, A. Burrows, J. Cartwright, *Anson's Law of Contract*, 30th ed., Oxford University Press, 2016, p. 606.

辖,因此在法理上而言是为了补充与匡正普通法的不足之处。这与德国法理论中以实际履行为主要救济方式的理论存在区别,但在实际中区别并不如理论差别那么大。如本书第一章所述,由于历史上衡平法院有自己的诉讼程序与相关要求,因此原告获得实际履行救济的难度相对较大,但这一情况在现代条件下已经发生一些变化。但是,由于实际履行涉及一系列执行合同义务的实际问题,因此法院在考察时需要注意一系列因素。在一个判例中,[1]法院认为是否发布实际履行令应当考虑下列因素:(1)法院能否充分确定实际履行要求当事人必须从事的行为,若不能确定,则不能发布实际履行命令;(2)法院发布实际履行令迫使当事人服从(包括积极行为或消极行为),是否对法院监督提出过度要求,即法院是否有能力进行监督以保障命令的执行;(3)法院发布实际履行令给双方当事人带来的损害情形,若实际履行带给当事人不适当损害,则不能发布此命令。显然,这种判断不是纯粹抽象性的推理,而必须与具体案情相结合,因此有一定的主观性与或然性。

就具体情况而言,普通的货物买卖合同、借贷合同、证券买卖合同等合同类型中,法院一般不会发布实际履行令,原因是这些合同类型中标的物容易找到替代品,存在活跃市场,计算损害赔偿较为容易,因此损害赔偿就足以赔偿守约方的损失。另外,在不动产买卖合同、特定物(如特定船舶)租赁合同、特定物(如具有特殊历史意义或纪念意义的物品)买卖合同,或损害赔偿难以计算的合同中,法院更可能判决发布实际履行令,原因是这些情况下损害赔偿难以补偿守约方的损失。当然,具体情况仍然是视情况而定的,并无绝对性规则。

二、损害赔偿救济是否充足

(一)损害赔偿的充足性

一般而言,若损害赔偿足以提供救济,则法院不会判决实际履行。[2] 该原则决定了实际履行的局限性。损害赔偿不足以提供足够救济的根本原因是金钱难以补偿守约方的损失,也不能代替合同标的,因此只有要求被告履行合同才具有实际意义。[3] 例如,分期付款合同中被告发生根本违约的情况下,原告只能在每次付款到期后才能提起损害赔偿之诉,而这显然不足以补偿原告的损失。因此原告要求被告执行合同能够更好地维护其利益。法院在这种情况下可以判决被告继续履行合同义务。

---

〔1〕 Posner v. Scott-Lewis [1986] 3 All ER 513.

〔2〕 Harnett v. Yielding [1805] 2 Sch & Lef 549,553.

〔3〕 See Edwin Peel, *Treitel on the Law of Contract*, 14th ed., Sweet & Maxwell, 2015, para. 21 – 017.

经典判例 法尔克诉格雷[1]

在该案中,原告从被告处承租房屋,租期半年,期满后原告按合同可以作价购买房屋中的若干家具与用品,其中有一对花瓶。原告购买花瓶前,双方聘请估价师估值,估价师不能提供估值。被告说该花瓶曾经定价100英镑,原告谈判后以40英镑成交。在交付前,有人愿意出价200英镑购买,被告因此拒绝交付,原告因此起诉,要求获得实际履行的救济。法院判决驳回原告起诉,因为损害赔偿足以补偿原告损失,而且原告价格并不适当,衡平法不能执行对价并不相当的交易。

可见,尽管实际履行有其优点,但这并不意味着实际履行之诉可以成为首选救济。[2] 其中原因有两点:一是实际履行容易造成很多司法实务操作上的问题,而损害赔偿的计算因为法律的发展而不断完善,因此在操作性上显然更具有优势,法院当然也会选择执行上更为容易的选择;二是实际履行中不需要考察原告减损(mitigation of loss)因素,因此轻易判决实际履行会削弱减损规则的适用。

(二)货物买卖的实际履行

在货物买卖诉讼中,若卖方未供货,则买方可以购买替代性货物,因此损害赔偿足以解决问题。因此,除非合同标的具有独特性或唯一性,例如,货物具有特殊的价值或稀缺性导致无法获得替代货物,法院在一般情况下不会判决卖方继续履行。根据英国《1979年货物买卖法案》第52条的规定,在关于特定物或已确定货物(specific or ascertained goods)的诉讼中,法院可以判决合同实际履行,被告因此不能以支付赔偿来试图保留合同标的。但这一立法规定并未改变实际履行的司法实践,法院不会仅仅因为货物是特定物而判决被告继续履行,也不一定因为货物是种类物(generic goods)就一定判决被告提供损害赔偿,而是会根据案情具体裁量。这也体现了法院在衡平法管辖权方面的自由裁量权。[3]

(三)不动产买卖

与货物买卖不同,不动产买卖中法院更愿意判决实际履行,[4] 对卖方与买方均是如此。对于卖方而言,传统上认为不动产具有独特性,难以在市场上找到替代品,因此应当判决被告继续履行合同。对于买方也是如此,实际履行的意义更为重要。当然,由于衡平法法理使然,法院在这方面拥有较大的自由裁量权。

---

[1] Falcke v. Gray [1859] 4 Drew 651.

[2] See J. Beatson, A. Burrows, J. Cartwright, *Anson's Law of Contract*, 30th ed., Oxford University Press, 2016, p. 608.

[3] See Edwin Peel, *Treitel on the Law of Contract*, 14th ed., Sweet & Maxwell, 2015, para. 21-030.

[4] Sudbrook Trading Estate Ltd. v. Eggleton [1983] 1 AC 444, 478.

三、实际履行是否具有互惠性

在判断是否应判决实际履行时，法院会考察合同双方之间是否存在互惠性(mutuality)。若一方需要依约履行合同义务，而对方合同义务并未得到履行，则有可能导致不公平，双方履行之间缺乏互惠性。[1] 易言之，法院判决实际履行时需要考察双方合同义务的平衡性，不能造成利益严重失衡。这一规则意味着，若原告没有履行合同的义务也不能要求其继续履行未完成的合同义务，法院就需要考察是否缺乏互惠性。若不存在互惠性，法院也可以在自由裁量权范围内判决合同继续履行，条件是原告通过损害赔偿足以赔偿被告损失。

经典判例　普莱斯诉斯俊奇[2]

在该案中，1966 年被告将她的公寓转租给原告，该合同应当于 1971 年到期，但到期后原告继续支付租金。1974 年 2 月被告口头同意原告以更高价格续租，原告也口头同意对公寓内外进行必要维修。原告支付了约定租金，被告接受。原告依约对公寓内部进行维修，但尚未进行外部维修时，被告撕毁协议并自行付费对公寓进行外部维修。其后的 5 个月里，被告仍收取原告支付的租金。其后发生争议，原告因此起诉要求实际履行双方口头租赁协议。一审法院驳回原告请求，理由是双方的权利缺乏互惠性，原告已经不能履行维修公寓义务。原告提起上诉，上诉法院判决原告可得实际履行救济，原因是原告完成了部分合同维修义务，不能完成其他合同义务是因为被告行为阻止，而被告权益也可以通过租金来获得足够保护。易言之，若互惠性因一方行为而无法完成，在双方利益都可以得到保护的情况下仍旧可以运行实际履行。

四、服务合同中的实际履行

一般而言，法院不会判决个人服务性质合同继续履行，防止给被告造成过重负担。[3] 例如，在雇佣合同中，强迫劳动者违背意愿继续服务不符合公共政策与社会道德，在某种程度上将服务合同转化为奴役，这方面的问题已经得到立法的规制。[4] 但这一点并不适用于雇主，法院在一些判例中判决雇主必须恢复雇员的职位，这也是实际履行的例证，目的是保护雇佣关系中的弱者。在例外情况下，法院还可以发布禁

---

〔1〕 See J. Beatson, A. Burrows, J. Cartwright, *Anson's Law of Contract*, 30th ed., Oxford University Press, 2016, p. 611.

〔2〕 Price v. Strange [1977] 3 WLR 943.

〔3〕 See J. Beatson, A. Burrows, J. Cartwright, *Anson's Law of Contract*, 30th ed., Oxford University Press, 2016, p. 612.

〔4〕 Trade Union and Labour Relations [Consolidation] Act 1992, s. 236.

令以禁止雇主解除雇员的职务，这实际上也是实际履行。但是，若服务合同义务未造成过重负担或不属于明确的个人服务合同，则法院仍可能判决实际履行。[1]

五、实际履行的不确定性

法院在考察是否判决实际履行时，需要考察合同的细节，这会造成很多的不确定性。例如，若合同起草很差，或合同执行标的本身难以准确定性，法院有可能会考虑实际执行的可能性而拒绝提供该救济。一般而言，合同标的越复杂，合同就应当更详细，缺乏明确规定的合同往往难以得到实际履行救济。

执行成本对实际履行有可能产生重大影响。该问题虽非理论问题，但对法院如何看待救济问题影响巨大。若法院发布的实际履行救济要求其持续进行监督，就很有可能会拒绝提供实际履行救济，原因在于持续的司法监督本身不属于司法事务，成本过高导致法院不愿意提供实际履行救济。[2] 一般而言，若执行标的具有较高的复杂性或持续性，导致被告进行实际履行会产生各种问题，则法院往往会谨慎对待这种情况，否则很容易导致被告在执行中发生藐视法庭(contempt of court)的后果，从而造成被告负担过重而有失公允。[3]

经典判例　联合保险协会诉阿盖尔商店控股公司[4]

在该案中，原告与被告订立合同，由被告承租原告所有的购物中心的部分场地经营超市。租约中规定，被告在租赁期内应保持超市在正常营业时间里进行营业。由于经营不善，被告决定在租赁合同到期前关闭超市，因此发生违约。被告承认违约并同意法院对损害赔偿额进行计算，原告则要求继续履行合同。一审法院判决被告承担损害赔偿责任，但上诉法院推翻一审法院判决，判决被告实际履行并发出终局性禁令，命令被告在剩余的19年合同期限内继续经营超市，除非发生转租或者转让。被告不服因此提出上诉。上议院推翻上诉法院判决，认为实际履行对于被告而言负担过重，继续经营会造成双方争议不必要持续，因此会浪费社会资源。最终，被告承担损害赔偿责任，而不是继续履行合同。

因此，若实际履行要求被告一次性履行完毕，则其负担相对就比较适当；若实际

---

〔1〕 See Edwin Peel, *Treitel on the Law of Contract*, 14th ed., Sweet & Maxwell, 2015, para. 21 - 036.

〔2〕 See J. Beatson, A. Burrows, J. Cartwright, *Anson's Law of Contract*, 30th ed., Oxford University Press, 2016, p. 613.

〔3〕 See Edwin Peel, *Treitel on the Law of Contract*, 14th ed., Sweet & Maxwell, 2015, para. 21 - 031.

〔4〕 Cooperative Insurance Society v. Argyll Stores (Holdings) Ltd. [1997] 3 All ER 297.

履行意味着持续性义务,则其负担就可能过重。因此,法院判决实际履行需要考察合同内容的确定性,合同义务是否具有持续性导致监督困难,或者被告负担是否过重等因素。若这些因素并不造成太多困难,则实际履行不失为适当的救济方式。损害赔偿之所以成为一般的救济方式,在很大程度上就是因为这些因素的复杂问题相对较少,执行上具有便利性。

六、实际履行的公平性

如前所述,实际履行是衡平法救济,因而在法理上属于法院的自由裁量权范围(discretionary remedy),而非守约方的普通法权利。这决定了法院在审理中具有较大的自由裁量权,但并不意味着法院可以随意裁决(arbitrary or capricious),而是要考察到案情的公平问题。这也是衡平法的精神所在,即所谓的"求助于衡平法者自身必须清白"(He who comes to equity must come with clean hands)。因此,法院会考察要求实际履行的原告行为是否具有欺诈性或不公平性,或原告是否利用被告的错误;也会考察被告实际履行是否对其造成了过重负担。[1] 若被告行为恶劣,例如,故意违反诚信或以不履行义务作为要挟,则法院也会判决实际履行。这些因素都可能影响法院的判决,但在普通法中则不存在。

经典判例　联合飞鹰公司诉成就公司[2]

在该案中,上诉人与被上诉人订立房屋买卖合同,上诉人购买了一套住房并按照约定支付定金。合同规定,双方应当在 1991 年 9 月 30 日下午 5 时之前办理交割手续,且规定该时间为合同条件。上诉人在 1991 年 9 月 30 日下午 5 时 10 分要求付清房款,但卖方拒绝接受,宣布买方违约,并因此撤销合同并没收定金。上诉人起诉要求继续履行合同,一审法院驳回起诉,上诉人继续上诉。民事上诉法院维持原判,理由是合同约定清楚明确,没有必要适用衡平法。易言之,在合同约定清楚的情况下尊重当事人意思是首选,衡平法规则没有其他情况不能用来干涉合同约定,否则就是干涉合同自由,对商业运作反而不利。

第二节　禁　　令

禁令一般是法院发布的禁止性(prohibitory)或强制性(mandatory)命令,前者是

[1] Malins v. Freeman [1837] 2 Keen 25.

[2] Union Eagle Ltd. v. Achievement Ltd. [1997] 2 All ER 215.

命令被告不得从事合同规定的行为,后者是要求被告从事某项行为,如恢复原状。[1]

一、禁止性禁令

禁止性禁令一般针对的对象是限制被告违反合同或合同条款规定的消极义务。[2] 这里的所谓消极义务是指允诺人同意不从事某项行为的诺言,例如,不从事某种商业业务、不在土地上建房、不转租房屋等。消极义务可以是明示的,也可以是默示的,如独家销售协议中不能销售某种商品。

禁令可以分为永久(permanent)禁令与临时(interim)禁令。[3] 永久禁令,是在一般诉讼程序已经明确了当事人的权利之后,由法院根据判决所发布的禁令,通过禁止被告采取某种行为而终局性地解决当事人之间的纠纷,但这并不意味着其永久有效。临时禁令,是暂时性禁令,目的是等待案件的审理或是由法院发布进一步禁令,主要适用于当事人权利未得到最终确定的情况,因此是临时性的,可能根据最终判决而发生变化。

法院可能会发布禁令以禁止被告发生违反合同的消极行为,但若原告要求实际履行合同中约定的积极行为,法院可能会酌情拒绝。这是因为禁令尽管在概念上区别于实际履行,但在实际效果上有可能等同于实际履行。这样二者很可能并无区别。在一个判例中,[4]被告同意从原告处获取所有电力供应,法院认为这一约定意味着被告不能从其他处获得电力,发布禁令要求被告不得另行购买电力,这和执行合同并无差异。因此,禁止性禁令有可能构成实际履行导致合同事实上得到强制执行,往往在个人服务合同中引发争议,因为在公共政策上个人服务原则上不能发生实际履行,法院会根据自由裁量权进行酌情裁决。

经典判例　拉姆利诉瓦格纳[5]

在该案中,被告同意在原告剧场进行表演,且不在其他地方演出。后来,被告又和其他人订约演出,并拒绝为原告演出。原告因此起诉,要求实际履行该合同,但法院拒绝提供该救济,但允许原告提出的禁令,即禁止被告为他人出演。显然,法院不提供实际履行救济的原因是不愿意强迫被告为原告服务,但为了尊重合同而退而求

---

〔1〕 See J. Beatson, A. Burrows, J. Cartwright, *Anson's Law of Contract*, 30th ed., Oxford University Press, 2016, p. 615.

〔2〕 See Edwin Peel, *Treitel on the Law of Contract*, 14th ed., Sweet & Maxwell, 2015, para. 21 – 052.

〔3〕 See J. Beatson, A. Burrows, J. Cartwright, *Anson's Law of Contract*, 30th ed., Oxford University Press, 2016, p. 615.

〔4〕 Metropolitan Electric Supply Co. Ltd. v. Ginder [1901] 2 Ch. 799.

〔5〕 Lumley v. Wagner [1852] 1 De GM & G 604.

其次地禁止被告从事其他演出。

此案规则有两个限制:一是法院一般仅会为明示义务发布禁令,且被告确实发生违约行为,一般不会为默示义务发布禁令,防止违约方义务模糊不清;二是若禁令会造成被告负担过于沉重,法院不会允许,例如,禁令会迫使被告或者履行个人服务合同或者不能从事任何业务,法院会认为禁令会使被告无法谋生,因此不会允许。在一个判例中,[1]被告是拳击手,与原告订约由其负责在7年内安排所有赛事活动,后来被告拒绝原告作为他的经纪人。该合同中没有消极义务条款,因此法院拒绝为原告提供禁令救济,以防止禁令的实际效果是实际履行合同。另外,若雇佣合同涉及特殊性质,则法院有可能发布禁令,以禁止被告从事类似工作。

经典判例　华纳兄弟电影公司诉纳尔逊[2]

在该案中,被告是一名演员,订约为原告工作3年,合同规定被告3年中不为其他任何人工作并且不从事任何其他工作。其后,被告又同意为另一家电影公司工作,原告因此起诉要求法院发布禁令。法院判决禁止被告为其他人进行演出活动,但拒绝禁止被告从事任何其他工作,因为这样会实际上执行合同条款,被告因此只能为原告进行演出工作,但可以在其他工作中为他人工作。因此,禁令是鼓励被告为原告工作,但不禁止被告从事其他职业的工作。当然,该案的判决对于被告而言仍旧是比较严厉的,但并不剥夺被告谋生的基本权利。

二、强制性禁令

禁令也可能是强制性禁令,目的是恢复原状,即要求被告将合同恢复到假若没有发生违约的情况,例如,要求被告允许遭驱逐的租客返回房屋。[3] 相比禁止性禁令,此类型禁令相对更少,[4]原告需要证明被告对原告权利造成严重损害,不发布强制性禁令不足以维护原告的利益。至于要求是否妥当,由法院酌情裁定。

第三节　诉讼时效

英国《1980年时效法案》是英国专门为诉讼时效进行的立法,因此与该法案不一

---

〔1〕 Mortimer v. Beckett [1920] 1 Ch. 571.

〔2〕 Warner Brothers Pictures Incorporated v. Nelson [1937] 1 KB 209.

〔3〕 See Edwin Peel, *Treitel on the Law of Contract*, 14th ed., Sweet & Maxwell, 2015, para. 21 - 054.

〔4〕 See J. Beatson, A. Burrows, J. Cartwright, *Anson's Law of Contract*, 30th ed., Oxford University Press, 2016, p. 617.

致的普通法判例规则原则上都需要参照该法案来修订。由英国法的结构所致，衡平法还存在若干有关时效的规则。

根据英国《1980 年时效法案》第 36 条第 1 款的规定，该立法与合同相关的时效规则不适用于衡平法救济，即不适用于实际履行、禁令以及其他救济，除非法院以类推规则（by analogy）进行适用。法院适用类推规则的情况比较少见，一般见于普通法（at law）与衡平法（in equity）判例之间存在类似情况，衡平法提供的救济类似于普通法可得救济。例如，案情中存在对违反信义义务的情况，则立法可以对此情况类推适用衡平法赔偿，法院就有可能判决最终禁令，只要案中的实体权利并未为诉讼时效所阻止。

但是，衡平法中本身也包含有诉讼时效的规则，这就是懈怠（laches）规则，用词虽不一致，但原理并无不同。衡平法历史上对陈年旧案（stale claims）就持排斥态度，当事人进行诉讼延宕过久就足以剥夺其要求实际履行或禁令的权利。在一个判例中，[1]法院指出，衡平法院的懈怠原则并非随意设定的技术规则，而是针对司法实践中的问题发展出来的规则，因为在司法实践中确实会出现无法提供救济的情况，例如，当事人一方行为构成弃权（waiver），或其过失（neglect）导致救济造成相对方处于不合理的境况之中，最为重要的就是长时间过失。衡平法对此必须设定时效性质的规则，以鼓励原告尽快提起诉讼，防止争议久拖不决并最终影响司法公正。

因此，延迟会导致衡平法救济受阻，包括实际履行（specific performance）、撤销合同（rescission）、修正合同（rectification）以及临时禁令（interim injunction）等。因此，原告应当及时起诉，表明准备维护权利的积极态度，否则时限一过则懈怠原则就会阻止原告起诉。

---

〔1〕 Lindsay Petroleum Co. v. Hurd [1874] LR 5 PC 221,239.

第十九章　返还救济

除上文所述的损害赔偿与衡平法救济外，原告在已经向被告付款或供货或提供服务的情况下，若合同因违约而终止（discharge），则原告可以选择要求被告返还（restitution），或价金返还，或折价返还（*quantum valebat*），还可提起合理价格（*quantum meruit*）之诉。[1] 这些救济均属于返还救济，不仅可以适用于守约方，还可以适用于违约方。[2] 另外，若合同效力存在瑕疵致使合同无效，返还救济也可以视情况适用，例如，无效或非法合同、合同落空导致合同终止等。这些情况尽管涉及合同关系，但在诉因上属于不当得利（unjust enrichment）之诉，与合同之诉是并列关系，因此不是合同之诉，但二者关系紧密。选择返还救济时对原告的一个优势是可以规避原本对其不利的合同，[3]这一点在合同之诉中往往难以实现。

在例外情况下，原告可能因违约而获得违约利润的返还救济（account of profits），目的是剥夺被告违约所得利益。这在期待利益难以得到补偿或难以证明损失的情况下对原告更为有利，但该救济较为罕见，属于法院自由裁量权的范围。

第一节　价金返还

一、守约方可得返还

若对方违约导致一方可以终止合同从而不再履行合同义务，则该方已支付合同价金可以返还，条件是付款所对应的对价发生失败。该规则所要求的是对价全部失败（total failure），但实践中法院往往会以解释方法降低该要件的严格性，尽可能实现

---

〔1〕 See Edwin Peel, *Treitel on the Law of Contract*, 14th ed., Sweet & Maxwell, 2015, para. 22-001.

〔2〕 See J. Beatson, A. Burrows, J. Cartwright, *Anson's Law of Contract*, 30th ed., Oxford University Press, 2016, p. 620.

〔3〕 BP Exploration Co. [Libya] Ltd. v. Hunt [No. 2] [1979] 1 WLR 783.

返还。下面分别叙述。

（一）对价全部失败

对价全部失败的情况下，守约方可以要求返还已支付的合同价金。普通法提出此要件的目的有两点原因。一是反对分割对价，部分原因是很多合同中收款方义务不具有均等价值，合同价金也不是次第产生。例如，在房屋建造合同中，地基作业的难度与花销比其他部分的作业要大很多，在这种情况下很难精确分割合同并进行对应计算，因而只能整体计算。二是很多合同中付款方从部分履行中获得的收益往往难以精确计算，在服务合同中尤为常见。易言之，很多合同本身就难以准确分割，因此部分履行的价值也就难以计算，导致当普通法规定此要件以防止合同终止时买方返还请求在部分履行情况下计算出现困难。[1] 显然，该规则是对司法经验的总结。

可以发现，对价全部失败是指诺言相对应的义务完全没有得到履行，即收款人的义务完全没有得到履行。这一规则的逻辑结果必然是收款人一旦履行部分义务后就会使付款人不得返还救济，这显然会限制返还救济的适用性。[2] 因此，法院会根据具体情况具体解释，以灵活运用返还救济解决争议，但也不可避免地造成一定的主观性，继而导致双方利益难以完全平衡。例如，在货物买卖或租购合同中，若卖方未按立法规定的默示条款转移货物所有权，可以构成对价全部失败，但是否合理则可能产生问题。

（二）对价部分失败

尽管普通法在上述规则中为返还设置的条件是对价全部失败，但这一规则并不完全合理，有可能造成不公平，因此法院在裁判中，在可能的情况下对合同进行分解，以减轻该规则的不合理后果。例如，英国相关立法在关于合同落空（frustration）的要件中已经不再要求对价全部失败，[3] 因此即使对价只是部分失败，守约方也可以要求价金返还。在合理价格返还之诉中，若原告要求被告为服务付款，那么法院也可以对服务内容进行估价，以确定返还金额。

在英国法已经承认不当得利（unjust enrichment）之诉与地位改变抗辩（defense of change of position）后，仍要求返还之诉中对价必须全部失败显然难以完全成立。鉴于此，英国枢密院司法委员会在一个判例中放松该要求，[4] 允许合同分解，此案中可

---

〔1〕 See Edwin Peel, *Treitel on the Law of Contract*, 14th ed., Sweet & Maxwell, 2015, para. 22 - 003.

〔2〕 See J. Beatson, A. Burrows, J. Cartwright, *Anson's Law of Contract*, 30th ed., Oxford University Press, 2016, p. 622.

〔3〕 《1943 年法律改革（合同落空）法案》第 1 条第 2 款。

〔4〕 Goss v. Chilcott [1996] AC 788, 798.

以分解的是贷款的本金(principal)部分与利息(interest)部分,因此出借人获得利息并不能阻止其要求本金返还。这是对原有的普通法规则进行的必要修正,以适应商业的实际情况,而非拘泥于严格的法律逻辑。另外,守约方要求返还并不能阻止违约方要求返还。

二、违约方可得返还

违约方应当因违约对守约方承担责任,但也可能要求守约方返还预付款。是否能够得到返还部分取决于合同解释与付款目的,此处需要区分预付款(advance payment)与起担保作用的定金(deposits)等付款。[1]

(一)预付款

若付款不是定金性质,也不作为合同义务的担保,合同文本也没有明示或默示地排除返还,违约方可得返还救济。[2] 一般而言,普通法的一般规则仍旧是付款所对应的对价必须全部失败,才能发生返还。因此,若违约方在合同解除前从合同标的物中获得利益,则不能获得部分返还,但衡平法对此另有规则。例如,在工程合同中,若合同规定分期付款,承包商随工程进度获得付款,若对方在完工前发生毁约,承包商有权保留已支付款项,因为守约方已提供的服务在合同履行开始后应被视为合同履行的一部分,因此并没有发生对价全部失败,违约方不能要求返还,[3]但此规则受"琐事不理"(*de minimis*)原则的制约。

(二)定金或担保付款

商事交易中买方经常向卖方支付部分定金作为合同履行的担保。按照定金规则,一旦违约则定金不发生返还。[4] 同样,若合同规定一旦违约则已支付的分期付款不得返还,法院也不会判决返还。[5]

但是,定金不能返还的普通法规则还受立法制约。例如,根据英国《1925 年财产法法案》(Law of Property Act 1925)第 49 条第 2 款的规定,法院拥有自由裁量权可以决定土地买卖合同中买方是否可以要求定金返还以实现公正。另外,根据《2015 年消费者权益法案》的规定,若消费合同规定卖方或供应方有权在消费者不履行合同的情况下保留已支付金额,而没有规定消费者在卖方或供应方取消合同的情况下可

---

〔1〕 See J. Beatson, A. Burrows, J. Cartwright, *Anson's Law of Contract*, 30th ed., Oxford University Press, 2016, p. 624.

〔2〕 See Edwin Peel, *Treitel on the Law of Contract*, 14th ed., Sweet & Maxwell, 2015, para. 22 – 019.

〔3〕 Hyundai Heavy Industries Co. Ltd. v. Papadopoulos [1980] 1 WLR 1129.

〔4〕 Howe v. Smith [1884] 27 Ch. D 89.

〔5〕 See J. Beatson, A. Burrows, J. Cartwright, *Anson's Law of Contract*, 30th ed., Oxford University Press, 2016, p. 624.

以获得相应金额补偿,则此种条款可能构成不公平条款而成为无效情形。另外,若没收条款具有惩罚性质,收款人保留该金额就属于显失公平,付款人可以获得衡平法救济要求返还。因此,若买方以分期付款来购买货物或不动产,或出租货物以获得租金,在其发生付款违约的情况下,他可以获得衡平法救济上的返还以防止发生没收(forfeiture)。该规则类似防止没收条款和违约金条款,在法律上这属于不同情况。在定金中,不存在违约金条款中适用的要件——对损害的真实预估;防止没收规则是在守约方要求没收的情况下考察双方各种情况而定。

需要注意的是,防止没收的规则在判例中具有一定的不稳定性。这一规则对强调速度与确定性的商业合同有可能并不适用,法院防止没收的立场更倾向于针对财产(proprietary)或占有(possessory)利益而非纯粹的合同利益。[1] 但在合同具有实际履行的可能性从而可以产生衡平法权利时,违约方可以要求此救济。

衡平法救济中需要考察的因素还包括:发生没收的款项是否远超违约造成的损失;要求救济的一方是否已经收到大部分付款所对应的对价;是否发生欺诈或不诚信行为;表面(*prima facie*)上可以要求没收的一方接受其他救济是否合理;提供救济是否会有利于因合同不利而逃约的一方。这些因素互相影响并无绝对性,导致法官的自由裁量权很大,判决确定性下降。

第二节 服务或货物的返还

一、概述

在很多情况下,当事人提起合理价格之诉,但其本质是合同之诉。[2] 在这种情况下救济针对的情况是卖方允诺提供服务或货物,但没有确定合同价格。提供服务方在普通法上的权利是要求对方按照服务实际价值支付合理价格(reasonable sum)。[3] 这一规则在货物买卖合同中的依据是英国《1979 年货物买卖法案》第 8 条第 2 款以及《1982 年货物与服务供应法案》第 15 条第 2 款。

但是,并不是所有的合理价格之诉都属于合同性质,在一些情况下这种诉讼的本质是返回之诉,即不当得利的返还,包括原告对被告言语或行为发生的合理依赖,并没有发生明示或默示的诺言。本节所探讨的就是后者的情况。

---

〔1〕 Scandinavian Trading Tanker Co. AB v. Flota Petrolera Ecuatoriana, the Scaptrade [1983] 2 AC 694.

〔2〕 See Edwin Peel, *Treitel on the Law of Contract*, 14th ed., Sweet & Maxwell, 2015, para. 22 – 020.

〔3〕 See J. Beatson, A. Burrows, J. Cartwright, *Anson's Law of Contract*, 30th ed., Oxford University Press, 2016, p. 627.

二、守约方要求返还

若合同违约致使守约方可以终止合同,守约方可以要求对方支付合理价格,以得到合同项下工作的合理价值返还,这是合同损害赔偿质之诉的替代救济。这种情况是返还之诉,而非合同之诉。

经典判例 普朗什诉科尔伯恩[1]

在该案中,原告与被告订立合同为一本期刊创作一本书,主题是古代习俗,由被告负责出版,原告在完成后可获得100英镑。原告在工作过半时,被告放弃了该书的出版计划。原告因此起诉,法院判决原告可得50英镑的返还。法官指出,若双方订立有合同原告本不能提起合理价格之诉,但在该案中由于被告放弃出版计划导致合同已经终止,双方也没有订立新合同,因此原告可要求工作价值的返还。

在该案中,法院之所以判决返还,根本原因在于原合同已经终止,难以根据合同来确定原告所得赔偿。若合同没有终止,则守约方不能提起合理价格之诉,而只能提起损害赔偿之诉,这属于合同之诉。在原告提起合理价格之诉的情况下,返还的计算方法有别于违约损失赔偿之诉,所得赔偿金额也不一致。例如,若原告为被告提供服务,条件是完成后付款,被告在原告进行到一半时毁约,原告选择终止合同。在这种情况下原告不能提起价金之诉,因为原告并没有完成合同义务。在损害赔偿之诉中,原告所得救济为合同价金减去其应当支付的履行成本。在返还之诉中,原告所得救济为其已经完成工作的价值,一般为被告不当得利的返还。一般而言,原告可能会选择损害赔偿之诉,因为法院会判决被告赔偿原告的可得利润。但在特殊情况下,例如,合同价金低于实际价值,或者工作价值在订立合同后大幅增加,则原告会选择返还之诉以获得更多赔偿,因为返还的价格不需要根据合同价金来确定,而是按照实际价值计算。[2] 尽管此救济在某种程度上会改变合同原有的风险分配,但由于商业合同中计算问题很复杂,很多费用难以按比例精确计算,因此该救济也有其合理性。

另外,若根据合同价格来计算损害赔偿,尽管在实用性上有其优点,但有可能会给予违约方合同项下的部分利益,即使合同已经终止。此外,按合同来计算也会对两种情况造成不利:一是守约方在合同解除前只完成一小部分合同义务导致合同价金之诉难以成立;二是守约方已经完成合同主要义务导致合同价金之诉可能适用。总之,法院在考察救济时需要确定相对被告而言服务的真实价值,合同价金在低于市价

---

[1] Planche v. Colburn [1831] 8 Bing 14.

[2] Lodder v. Slowey [1900] 20 NZLR 321,358; [1904] AC 442.

时有一定的参考价值。

三、违约方要求返还

若合同义务是整体性义务(entire obligation),违约方不能为已发生履行要求返还救济,除非对方接受履行标的。在一个判例中,[1]法院判决违约方可以获得留在工作现场的材料的价值返还,被告可以选择是否继续使用材料来完成合同,但这一点不适用于合同标的没有完成的情况。在守约方已经获得大部分合同利益且没有因违约蒙受损失的情况下,这一规则对违约方会产生重大不利影响。尽管如此,若守约方已经表明除完全履行之外并无其他途径,法院一般不会判决违约方可通过合理价格之诉而得救济,[2]以尊重当事人的意思自治。

第三节　利润返还

一、概述

利润返还(account of profits)是一种比较罕见的救济。在合同违约中,违约方(被告)有可能从违约中获利,例如,开发商建造房屋超过原来合同规定金额并从中牟利,也有可能因节省成本而获利,例如,放弃为原告履行义务而节省大量费用。在传统的损害赔偿之诉中,违约方所获利益不是损害赔偿的计算基础,而是守约方因对方违约而发生的损失,否则守约方就会得双重赔偿,损害赔偿的补偿性质就会发生变异。[3] 另外,若补偿性损害赔偿不足以实现公正,则被告从违约中所获利益也可能成为衡量损害赔偿的基础。[4] 在土地买卖合同中,被告所获利益可被计入损害赔偿,因为此性质合同的目的在于实现买方获得土地的衡平法利益,因此原告有权获得卖方向第三方错误出售土地所得收入。[5] 另外,若合同关系中发生违反信任关系(duty of confidence)或信托关系(fiduciary duty)的情况,则法院也可能判决以被告所获利益为赔偿基础。[6]

---

〔1〕 Sumpter v. Hedges [1898] 1 QB 673.

〔2〕 Wilusznynski v. Tower Hamlets LBC [1989] ICR 493.

〔3〕 See Edwin Peel, *Treitel on the Law of Contract*, 14th ed., Sweet & Maxwell, 2015, para. 22-021.

〔4〕 See J. Beatson, A. Burrows, J. Cartwright, *Anson's Law of Contract*, 30th ed., Oxford University Press, 2016, p. 631.

〔5〕 Lake v. Bayliss [1974] 1 WLR 1073.

〔6〕 Reading v. A-G [1951] AC 507.

二、利润返还的新发展

由于利润返还有别于合同的一般救济，因此这方面的判例相对较为罕见。除了上文所述判例，英国上议院还在一个著名判例中考察了这一救济的合理性。

经典判例　英国政府诉布莱克[1]

在该案中，被告是英国情报机构工作人员，在入职时与情报机构订立了保密协议，同意保守工作中所知悉的相关秘密。后来，被告脱离情报机构并出版自传，其中透露了大量机密信息。因此英国政府提起诉讼，要求获得被告从出版社处所得的相关利益。英国上议院判决认为，损害赔偿计算标准一般是原告损失，但在特殊情况下，若损害赔偿、实际履行以及禁令都不足以弥补损失或不能执行，法院可以要求被告计算因违约行为而获得的利润，即使违约并没有损害或干涉原告的财产。在考察这一救济时，法院需要考察的因素包括合同的标的物、违反合同条款的目的、违约发生的背景、违约后果以及救济的合理性。法院在该案中特别考察了本案的特殊案情，认为本案中原告有合法理由阻止被告的牟利行为，可以要求得到被告所获利益的返还，主要是因为本案中被告透露的机密信息对原告造成了巨大损失，一般性的赔偿显然不足以补偿原告的损失。另外，上议院还指出，这一救济的特殊性决定不能因为以下理由就提供该救济：(1)被告故意违约；(2)被告因违约而另行订立了利润更高的合同；(3)因订立新合同导致被告不再有能力履行与原告订立的合同。另外，上议院并不同意民事上诉法院在其他判例中认为返还救济还可以适用的两种情况：一是服务商提供的服务少于合同约定的情况，这种情况可以通过补偿差额来提供救济；二是被告从事了合同明文禁止的行为，此情况过于宽泛而不能适用返还。被告被判返还利润后，计算以被告违约所获纯利润为准，法院需要考虑被告所提供的服务与技能。

该判例尽管影响很大，但与之类似的判例极少出现。也就是说，法院在一般情况下并不愿意以被告违约收入作为补偿原告的计算基础。但是，在赔偿涉及双方的信任或信托关系的情况下，法院更愿意以返还作为救济，但其用语可能仍是遵照传统的损害赔偿的说法。总体而言，案情本身的特殊性以及法院的自由裁量权在该救济中起关键作用，本质上是就事论事，是个案审查使然。

---

〔1〕 Attorney-General v. Blake [2001] 1 AC 268.

第七部分　其　　他

第二十章　合同第三方

合同第三方所考察的问题是在合同合法成立后权利义务的范围。在英国普通法上，合同仅对合同各方具有约束力，非合同方在合同项下既无权利也无义务，这就是合同相对性原则(privity of contract)。[1] 这是合同法与财产法的根本区别之一。但是，这一规则随着社会的发展出现了很多例外，保险合同、委托合同等各种涉他合同类型不断扩展，导致这一方面的问题日趋复杂。

进一步来说，这一方面的问题可以分解为以下两种：[2]一是第三方在合同项下享有的权利；二是第三方在合同项下所承担的义务。针对第一个问题，英国已经以立法进行规制，这就是英国《1999年合同(第三方权利)法案》[Contracts (Rights of Third Parties) Act 1999]，其规定第三方在合同当事人有意图的情况下可以享受合同权利。尽管该法案构成了合同相对性原则的重大例外，但相对性原则总体上仍旧有效，诸多判例规则并没有为该法案所改变。这种立法与司法并存的情况导致英国法在此问题上的规则很多，而且例外也很多，因此，原告依照普通法主张权利有可能要优于依照该法案来主张权利。而在商事交易中，合同相对性原则的例外情况很多，当事人可以利用这些例外来排除该法案的适用。至于第二个问题，一般规则为合同不能为第三方设定义务，这一条规则总体有效，《1999年合同(第三方权利)法案》没有改变这一规则。

---

〔1〕 See Edwin Peel, *Treitel on the Law of Contract*, 14th ed., Sweet & Maxwell, 2015, para. 14-002.

〔2〕 See J. Beatson, A. Burrows, J. Cartwright, *Anson's Law of Contract*, 30th ed., Oxford University Press, 2016, p. 647.

第一节 第三方在合同中的权利

一、普通法规则

在普通法上,若甲与乙订立合同为丙之利益而作出承诺,则三方都有可能同意丙可以是合同的实际当事人。[1] 因此,甲可以允诺为丙付款或提供服务;也可以同意不起诉丙,这都可以构成合法的诺言。这种情况显然并不违反公共利益,因此若干国家的法律制度都承认当事人这一意图的合法性。但是,英国普通法的传统立场偏于保守,由于第三方不是合同的一方当事人,因此不能就此起诉,也不能依赖于合同中的抗辩。[2] 这与现实显然存在不一致之处。这也是英国《1999 年合同(第三方权利)法案》诞生的原因。

普通法上的传统规则在 19 世纪中叶得到确立。在早期判例中,曾经在有些情况下允许第三方要求允诺人履行其诺言,该第三方往往是受诺人的亲属,三方之间往往存在牵连关系。但普通法在此点上并未形成统一的规则,因此,合同相对性的原则仍旧维持。另外,当时合同相对性原则与对价原则往往没有严格区分。[3] 一般认为,合同第三人能否获得合同权利可以根据合同相对性原则与对价原则来判断,后果往往一致。依据前者,只有合同的当事人即受诺人才能强制执行合同允诺。依据后者,对价必须由受诺人提供。无论如何解释,结果并无二致。但是,这两个原则各有侧重,法院往往根据情况选择一个适用,相对性原则决定合同责任的范围,对价原则针对的是合同能否成立因而具有强制执行力。[4]

经典判例 贝西克诉贝西克[5]

在该案中,原告是一位商人的遗孀,该商人在世时同意将其业务转移给被告,被告是其侄子。该商人同意聘请被告为其终身业务顾问,死后向原告支付每周 5 英镑的年金。该商人死后,被告停止向原告付款,原告因此以合同受益人与遗产管理人的双重身份起诉被告要求其付款。依据英国《1925 年财产法法案》第 56 条的规定,即使一个人不是财产转让文件或契据的当事人,他仍可以获得财产上的直接或间接权

---

[1] Dowrick [1956] 19 MLR 374.

[2] See M. Furmston, Cheshire, *Fifoot and Furmston's Law of Contract*, 16th ed., Oxford University Press, 2012, p. 563.

[3] See Edwin Peel, *Treitel on the Law of Contract*, 14th ed., Sweet & Maxwell, 2015, para. 14 – 004.

[4] See J. Beatson, A. Burrows, J. Cartwright, *Anson's Law of Contract*, 30th ed., Oxford University Press, 2016, p. 647.

[5] Beswick v. Beswick [1968] AC 58.

益。在上诉法院审理时,丹宁勋爵认为这一规则实际上否定了合同的相对性原则,原告可以依据该条以其个人名义起诉。但这一理由遭到了上议院否决。上议院认为,议会的立法意图并不是取消合同的相对性原则,只是取代了之前的立法,该条的适用仅限于与土地相关的财产,而不能扩展成为合同法的一般规则。基于这种保守立场,上议院以合同相对性原则为由判决原告不能作为合同受益人的诉讼要求被告付款,但可以作为遗产管理人起诉,因此原告可以享有诉权。显然,上议院在该案中仍旧坚持合同相对性的严格性。

总体而言,合同相对性原则在英国法中得到确立经历了一个过程,至今普通法仍旧坚持传统立场。[1] 从相对性原则与对价原则的关系来看,相对性原则看起来似乎是对价原则的具体应用,即诺言与对价必须互相对应,若无对应则合同不能成立。但是,在上述判例中,法院认为相对性原则与对价原则并非一体,而是两个逻辑上并不相同的规则。相对性原则针对的问题是谁享有诉权,而对价原则针对的问题是何种诺言具有执行性。但是,这两个规则在一些情况下逻辑与表述不同,而在另一些情况下结果类似。

二、受诺人的救济

尽管按照前述规则,第三方不能要求执行合同,但订立合同的双方并不能以此拒绝执行合同。若允诺人未能履行合同,受诺人可为第三方利益要求执行合同。但是,若受诺人不愿意为第三方利益起诉允诺人,则无法强制要求受诺人为第三方利益提起诉讼。[2] 因此,受诺人可得的诉权并不一定可以确保第三方也可以得到救济。但是,若受诺人要求救济,也会产生一些比较复杂的问题,主要在于如何计算损害赔偿方面。

(一)损害赔偿救济

一般而言,受诺人要求救济的基础是其损失。在为第三方利益而订立的合同中,若允诺人发生违约指向第三方,则受诺人可得的损害赔偿仅是名义性损失(nominal damages)。若允诺人违约造成受诺人蒙受实质性损失,可能是因为受诺人没有完成对第三方的义务所致,也可能是因为违约导致受诺人对第三方承担责任所致,这种实质性损失可以得到救济。另外,受诺人可获得赔偿的条件包括:(1)受诺人对第三方

---

〔1〕 See J. Beatson, A. Burrows, J. Cartwright, *Anson's Law of Contract*, 30th ed., Oxford University Press, 2016, p. 649.

〔2〕 See Edwin Peel, *Treitel on the Law of Contract*, 14th ed., Sweet & Maxwell, 2015, para. 14 – 019.

负有道德上的赔偿义务,但这不是法律义务;(2)自愿为补救瑕疵而发生费用。[1] 例如,若甲方聘请乙方负责为丙方提供运输服务,乙方在中途停止履行,则甲方可以要求乙方为其发生的若干损失承担责任,比如,甲方为丙方另行安排的运输所发生的费用,无论是丙方自行付费还是甲方付费。与之相反,若第三方因允诺人违约而蒙受损失,则其无权要求救济。

经典判例　达林顿镇委会诉威尔特北方公司[2]

在该案中,原告计划建造一个工程项目,由于政府财政存在很多限制,因此原告雇用了一家金融公司出面与被告公司订立合同。依据合同的附属协议,该金融公司向被告公司进行工程付款,其后再由市政府补偿该金融公司,该公司将向市政府转让所有其对被告公司的各种权利。在工程标的转让之后,出现了严重的工程质量问题,市政府因此起诉要求被告承担赔偿责任。法院判决原告可得损害赔偿。本案是工程合同中的常见情况,原告并非工程合同的一方,但其是实际业主,发生实际损失;金融公司是工程合同的一方,但并不发生实际损失。因此,若依照逻辑推理,原告本无诉权,而金融公司仅得名义性损害赔偿;这一结果显然不符合实际情况,被告会发生不当得利。因此,英国法院为这种情况创设了特殊的行业性规则,即允许本非合同一方的实际业主对被告要求损害赔偿,从而导致被告对其承担合同义务。

因此,总体而言,英国法在这一问题上的态度仍然强调近代以来形成的规则,总体上第三方在合同项下并不享有诉权,只有在例外的情况下才能获得救济。[3] 这些例外情况包括:财产法中受托人可以就受益人的损失获得赔偿;代理人可以就未披露本人(undisclosed principal)的损失获得赔偿;对财产拥有有限权益的人在投保的情况下可以获得全额赔偿;海上货物运输合同中发货人在出售货物后不承担风险的情况下也可以获得赔偿,条件是双方无意让承运人与以后的货主发生合同关系。后两种例外属于商业关系,合同中各方的意图是货物的财产权利在合同订立后、违约损失出现前发生转移。这一例外也进一步扩展到土地开发合同中。当然,原则大于例外,合同相对性原则的约束力仍旧起主要作用。

---

〔1〕 See J. Beatson, A. Burrows, J. Cartwright, *Anson's Law of Contract*, 30th ed., Oxford University Press, 2016, p. 651.

〔2〕 Darlington Borough Council v. Wiltshier Northern Ltd. [1995] 1 WLR 68.

〔3〕 See M. Furmston, Cheshire, *Fifoot and Furmston's Law of Contract*, 16th ed., Oxford University Press, 2012, p. 572.

（二）实际履行救济

受诺人也可以要求实际履行救济，要求允诺人履行诺言，使第三方获益。[1] 在前文所述的贝西克案中，上议院允许原告作为死者的财产管理人而要求实际履行，使其作为第三方受益。该案中法院判决原告获胜的原因有四个：一是损害赔偿不足以赔偿第三方的损失，因为是名义性损害赔偿；二是违约方已经收到对方履行带来的利益，因此具有互惠性；三是若业务没有发生转移，允诺人也可以获得实际履行救济；四是实际履行对于一系列付款合同更为适合，这比在每一笔付款到期后都要提起损害赔偿更为适合。显然，实际履行救济在很大程度上是视个案情况而定的，这一判例的结果实因案情特殊。

（三）合同价金之诉

若合同双方订约由允诺人向第三方付款，则受诺人一般而言不能要求允诺人向自己进行付款。因此，受诺人不能发起合同价金之诉（action for the agreed sum）。[2] 但是，受诺人可以起诉要求允诺人对第三方付款，即要求允诺人继续履行合同以履行诺言。

（四）禁令

若允诺人明示或默示地允诺不对第三方发起诉讼，第三方不是合同方，因此不能依靠此合同作为抗辩以对抗允诺人。[3] 但受诺人可以获得禁令以禁止允诺人提起诉讼，或者要求法院宣布该诺言对允诺人具有约束力。

（五）返还之诉

若双方为第三方利益订立合同，受诺人已向允诺人支付金钱而允诺人没有履行其义务，受诺人有权要求返还已支付金钱，条件是对价全部失败（total failure）。但在允诺人发生部分履行的情况下，受诺人不得提起该诉讼，因为对价没有全部失败。该救济往往比损害赔偿或实际履行保护范围更小一些。

三、普通法规则的利弊

普通法之所以不允许第三方根据合同享有诉权，在传统上是基于以下几个原因。[4] 其一，对价原则的影响，即第三方并未对允诺人提供任何对价，因此在逻辑上自然不能赋予其诉权；其二，允许第三方提起合同之诉但不允许其被诉有违公正；其

---

〔1〕 See J. Beatson, A. Burrows, J. Cartwright, *Anson's Law of Contract*, 30th ed., Oxford University Press, 2016, p. 654.

〔2〕 Ibid., p. 655.

〔3〕 [1973] QB 87.

〔4〕 参见何宝玉：《合同法原理与判例》，中国法制出版社2013年版，第153页。

三,若第三方可为自身利益起诉,则会影响合同当事人修改或终止合同的权利;其四,让允诺人为受诺人与第三方同时承担两个诉讼导致允诺人责任过大而造成权利义务关系的失衡。[1]

但是,这些理由并不十分充分,一直存在争议。因此在实践中判例法与立法都出现了若干例外规则以规避这一原则可能造成的不公正性。因此,第三方既可以选择依靠立法来规避,也可以选择以其他诉因根据普通法来规避,例如,依靠财产法、侵权法等规则来起诉。合同法本身也有不少例外,例如,平行合同(collateral contract)、合同转让(assignment)、代理合同等。这种情况显然使法律规则本身高度复杂化,并不利于司法实践。[2]

鉴于此,一直有观点认为,有必要修订合同相对性原则,以适应社会实际与司法实务的需求。对这一原则的合理性有诸多质疑:[3]第一种观点认为,这一原则作为司法政策而言并不合适;第二种观点认为,该原则产生时是程序性规则因此不应当影响实体合同权利;第三种观点认为,该原则挫败了合同当事人的本意与第三方的合理期待,因此影响了交易的安全性;第四种观点认为,其与商业实践不符合;第五种观点认为,这一原则适用的结果并不合理,会导致受损失的第三方不能起诉,而没有损失的受诺人可以起诉但仅得名义性损害赔偿;第六种观点认为,在合同是为第三方利益订立的情况下,这一原则导致合同并不具有执行性……种种批评,不一而足。至于该原则的各种例外与规避性规则,某种程度上不仅没有解决法律规则本身的复杂性,反而加剧了这一问题,因此不利于法律规则的清晰与简明,对当事人而言也是一种负担,当事人在没有进行专业法律咨询的情况下容易出现各种误判。

与英国法相比,苏格兰法与美国法早已承认合同在为第三方订立的情况下第三方享有诉权,其他不少普通法国家或地区也已经通过司法判例来废除了这一规则。但是,由于英国法固有的保守性所致,英国法院仍然希望这一重大修订由立法机关来完成。英国法院拒绝修订该规则的另一个原因是其在合同法的历史上具有标志性意义,是诸多规则的起点,一旦在普通法中大幅度修订就会影响在其基础上发展起来的其他规则,包括信托、代理以及禁反言等。

因此,围绕这一原则产生了不少争论,焦点问题在于赋予第三方诉权的范围到底是什么,最困难的问题是如何确定可执行利益、抗辩理由以及合同双方是否有权修改或取消合同。这些问题最终由立法来提出解决方案。

---

〔1〕 Trident General Insurance Co. Ltd. v. McNiece Bros Pt. Ltd. [1988] 165 CLR 107.

〔2〕 See J. Beatson, A. Burrows, J. Cartwright, *Anson's Law of Contract*, 30th ed., Oxford University Press, 2016, p. 656.

〔3〕 See Edwin Peel, *Treitel on the Law of Contract*, 14th ed., Sweet & Maxwell, 2015, para. 14 – 015.

四、英国《1999 年合同（第三方权利）法案》

由于前述普通法中存在的混乱格局，最终英国议会决定以立法来规制这一问题，这就是《1999 年合同(第三方权利)法案》。该法案的立法目的是在一定程度上简化与统一普通法规则，并在若干情况下赋予第三方权利以对合同提起诉讼，第三方根据该法案就可以根据合同条款起诉以维护自己权利，并以合同的免责或限制责任条款作为抗辩。[1] 因此，该法案在很多情况下实际上废除了合同相对性原则的第一个规则，即合同的第三方在合同项下不能起诉。[2] 因此，合同当事人可以据此自行决定是否赋权第三方及其权利范围，第三方的权利取决于合同当事人的约定，但与受诺人的权利有所区别。但是，普通法上的很多例外规则并没有为《1999 年合同(第三方权利)法案》所完全废除，这些例外规则赋予第三方的权利在有些情况下大于该法案的规定。就此而言，该法案在澄清与统一了不少第三方权利规则的同时，似乎也没有降低法律规则的复杂性，该领域仍旧是普通法与立法犬牙交错之处。[3]

(一)英国《1999 年合同(第三方权利)法案》管辖范围

《1999 年合同(第三方权利)法案》于 2000 年生效，作为规制合同第三方权利的一般性法律，对特定类型的合同并不适用。第一，根据英国《2006 年公司法案》第 33 条的规定，公司章程(company constitution)的普通法规则并不受《1999 年合同(第三方权利)法案》影响。第二，雇佣合同(contract of employment)以及涉及雇员、工作人员或代理工作人员等特定的身份合同不能为第三方创设《1999 年合同(第三方权利)法案》下的权利，这方面的合同由其他立法来规制。第三，汇票、本票以及其他商业票据中的第三方权利由票据法的相关立法来调节，票据中只有持有票据的第三方持票人(holder)才享有诉权。第四，运输合同则由专门立法(如《1992 年海上货物运输法案》)与相关国际公约来调节，其中的第三方在享有合同权利的同时也负担义务，这与《1999 年合同(第三方权利)法案》的规定有所区别。例外的情况是，第三方在运输合同中可以引用合同的免责条款或限制责任条款作为抗辩，但租船合同仍适用《1999 年合同(第三方权利)法案》。此外，在运输合同中，一旦诉权转移给第三方，则受诺人不再拥有诉权，这与《1999 年合同(第三方权利)法案》的规定显然不同。

(二)英国《1999 年合同(第三方权利)法案》中第三方的权利

《1999 年合同(第三方权利)法案》为合同中涉及第三方权利规定了两项实体权

---

〔1〕 See Edwin Peel, *Treitel on the Law of Contract*, 14th ed., Sweet & Maxwell, 2015, para. 14 - 091.

〔2〕 See J. Beatson, A. Burrows, J. Cartwright, *Anson's Law of Contract*, 30th ed., Oxford University Press, 2016, p. 659.

〔3〕 See M. Furmston, Cheshire, *Fifoot and Furmston's Law of Contract*, 16th ed., Oxford University Press, 2012, p. 578.

利,体现在第1条中。该条规定:

“1.第三方实施合同条款的权利

“(1)根据本法规定,非合同当事方(第三方)也可享有实施合同条款的权利,若:该合同明示规定其享有这样的权利,或根据下文第2款的规定,该合同有关条款赋予第三方以某种权益。(2)若基于适当基础之上的合同,当事人没有将合同条款扩展适用于第三方的意思,则以上第1款(b)项不予适用。(3)第三方名称必须在合同中明示加以界定,或确定其为某群体的一员,或表述出其为特定的种类,但在缔约时其不必实际存在。”

1.明示规定

根据英国《1999年合同(第三方权利)法案》第1条第1款(a)项的规定,在合同明确规定的情况下,第三方获得执行合同的权利。该法案第1条第3款则要求第三方必须在合同中明确规定,可以是名字、类别或描述等方式,谈判过程中的确认并不成立,但第三方在合同订立时并非必须存在。因此,合同一方现有与未来的雇员与分包商可以是第三方,胎儿也符合要求。符合该法案第1条第1款(a)项规定的第三方可以要求执行合同条款(包括免责条款与限制责任条款),即使其并非条款的受益人。因此,该规制一旦满足,则第三方的权利就可以受到该法案的保护,使第三方具有诉权。

2.意图将利益赋予可确认第三方的合同条款

另外,根据该法案第1条第1款(b)项与第1条第2款的规定,若合同条款意图(purport)将权益赋予第三方,则可以推定认为第三方在合同项下享有权利。此推定可以通过合同解释(construction)予以反驳(rebuttable),包括合同背景。可以看出,这两条规定是扩大了第三方可能具有权利的可能性,目的是赋予法院一定的自由裁量权以解释合同条款的真实含义,在合同条款规定不明确时赋权第三方,但允许被告提供证据进行反驳。例如,责任保险合同会为被保险人的利益提供保险以对抗第三方可能提起的诉讼,因此,一般保险事由出现,被保险人可以获得保险赔付,但合同条款是为第三方提供利益。因此可以说,合同条款意图是确保合同订立时不确定第三方可以在合同项下享有利益。但是,在有些情况下并非如此。例如,若甲与乙订立合同由甲在乙的土地上承建公路,这一施工对丙方的邻近土地会构成事实上的增益。在这种情况下,丙方在事实上构成合同的第三方并享有利益,但在法律上并非合同意图规定的第三方,因此不享有合同项下权利,当然也不能起诉。同样,任何经过该公路的人也不能成为合同的第三方。下文是这一规定可能适用的若干典型情况。[1]

---

〔1〕 See J. Beatson, A. Burrows, J. Cartwright, *Anson's Law of Contract*, 30th ed., Oxford University Press, 2016, p. 662.

第一,在前述的贝西克案中,[1]合同规定原告拥有推定权利要求被告付款,因为被告作为允诺人在合同中承诺赋予原告一定利益。因此,若此案依照该法案来裁决,则原告可以获胜。

第二,被告为一家公司提供保险,保险范围包括公司员工的医疗费用,保险合同条款规定保险赔付会直接付给生病的公司员工,或者由公司决定支付给员工的医疗机构。若原告作为一名员工发生医疗费用,而公司此时已经无处可寻,原告可以作为受益人要求被告提供保险赔付,除非合同存在相反规定,原因在于公司已经允诺将利益赋予原告,原告作为公司员工的身份也可以得到确认。例如,甲保险公司为乙公司的土地承保,在保险事项发生后向乙公司及其子公司、承包商以及分包商等提供赔付。丙是乙的承包商,若施工时发生事故,丙方作为保险合同的受益人要求甲赔付,在没有规定的情况下,丙方可以提起诉讼要求赔付,因为合同已赋权于丙。

第三,乙公司作为土地所有人与甲保险公司订约,由甲为乙公司及其子公司、承包商、分包商负责承保。丙是乙公司的承包商,在施工时发生责任,作为受益人要求甲公司提供保险赔付。若合同无相反规定,丙享有诉权,丙作为群体成员而享有起诉资格。

第四,乙公司为甲公司提供个人事故保险,其中包括甲公司的员工,合同约定保险赔付需要向乙公司支付。丙是甲的员工,发生工伤事故后乙公司发生破产,丙方遂起诉要求乙方对其直接付款。依据《1999 年合同(第三方权利)法案》,在这种情况下丙作为第三方能否获得保险利益存在疑问,因为合同规定由乙公司获得保险赔付。但是,按照信托原理,乙公司在此情况下是为丙之利益而持有保险金,因此合同意图是赋予丙利益,保险金支付给乙方的条款并不能证明合同各方意图不允许丙方提起诉讼,因为此付款条件是合同管理条款。但是,在有些情况下合同第三方不能依据《1999 年合同(第三方权利)法案》第 1 条第 1 款(b)项获得合同项下权益。第一种情况是合同明确规定第三方不能享有权利;第二种情况是乙方不知道合同中含有赋予第三方权利的意图,后者的例证是合同偶然性地赋予第三方权利。

第五,在男女双方结婚时,亲戚乙从甲公司处购买了礼品。礼品发货至乙,乙又将礼品送给该夫妻。使用一段时间后,礼品发生质量瑕疵。在这种情况下该夫妻作为第三方不能依据该法案起诉甲公司,因为合同中没有赋予该第三方任何权益,合同中也没有确定第三方的身份。但如果乙在合同中明确向甲方说明该礼品的用途而且甲方将货物发给乙,则应当视甲方将合同权益赋予第三方,因为合同中已经确认第三方的身份。

---

〔1〕［1968］AC 58.

第六,在一个判例中,[1]甲律所与乙订立合同为其起草遗嘱,以丙为受益人。由于甲的过失,该遗嘱一直未得到起草。尽管遗产受赠人(legatee)已经明确被指定为受益人(beneficiary),但合同没有按照遗嘱设立人的要求赋予第三方利益,而是使乙赋予第三方利益。因此,该合同的受益人是遗嘱设立人,其目的是赋予第三方在其死后的财产利益,而不是律师起草遗嘱的利益。这种情况不属于《1999 年合同(第三方权利)法案》第 1 条第 1 款(b)项的规定。因此,第三方在合同项下不享有诉权,但可以依据侵权法对甲方起诉。

第七,丙是财产所有人,与乙订立合同,由其承建工厂。合同允许丙方指定分包商,乙因此与甲订约由其承建部分工程。甲提供的履行存在瑕疵,在这种情况下即使甲方合同义务是赋予丙第三方权利,丙在合同中得到明确规定,丙方也没有权利根据《1999 年合同(第三方权利)法案》第 1 条第 1 款(b)项起诉甲方,因为甲方可以反驳的理由是甲的合同是一系列合同链的一部分,甲在违约的情况下丙需要向乙主张权利,而不是绕过主合同直接对甲主张权利。

第八,若甲方从零售商处购买货物,若货物生产商违反了其与零售商之间的合同,则甲一般不能依据《1999 年合同(第三方权利)法案》第 1 条第 1 款(b)项起诉货物的生产商。

(三)英国《1999 年合同(第三方权利)法案》中的相关权利

1. 第三方权利

第三方权利的来源是合同表明的双方意图,对第三方根据普通法与立法所享有的权利形成补充。但是,在涉及抗辩、合同更改、取消等问题方面,根据《1999 年合同(第三方权利)法案》享有诉权的第三方并不享有受诺人的地位,因此不能被视为合同的直接当事方。[2]

根据《1999 年合同(第三方权利)法案》第 1 条第 4 款的规定,第三方权利有一项重要的制约,即第三方无权要求执行根据其他合同相关条款不能执行的条款。因此,尽管该法案没有改变合同不能对第三方设定义务的一般规则,若合同双方为第三方享有的权益设置条件,则第三方也受其限制。这里需要注意的问题是如何区别设置义务与附条件提供利益(conferral of a conditional benefit),前者需要第三方履行一定义务,后者中所设置的条件并不要求第三方进行任何履行,例如,以年龄作为享受利益的条件或合同规定允诺人的责任限制。但是,在有些情况下,合同设置的到底是义

---

〔1〕 White v. Jones [1995] 2 AC 207.

〔2〕 See J. Beatson, A. Burrows, J. Cartwright, *Anson's Law of Contract*, 30th ed., Oxford University Press, 2016, p. 666.

务还是附条件提供利益可能存疑，该法案如此规定的目的是防止第三方因要求执行合同条款而发生总体利益受损(worse-off)，在这种情况下第三方受约束的基础是允诺人可以特定条件作为对抗第三方诉请的抗辩或抵销理由。

另外，根据《1999年合同(第三方权利)法案》第1条第5款的规定，有权执行合同条款的第三方可以就违约起诉，条件是若其是合同一方的情况下也享有起诉权。因此，尽管第三方可以为自己的损失请求损害赔偿、合同价金、实际履行以及禁令等救济，该法案并不允许其终止(terminate)合同，因为终止合同是自力救济(self-help remedy)，也不允许其提起返还之诉或合理价格之诉，后者并非违约之诉救济。[1] 同时，第三方提起的损害赔偿之诉会受合同抗辩的对抗，包括因果关系、减损义务、第三方发生的实际损失等。

2. 受诺人权利

由于受诺人是合同的相对方，因此其权利与第三方在合同项下的权利有很大差别。《1999年合同(第三方权利)法案》第4条规定其第1条的规定不能影响受诺人执行合同条款的权利。易言之，受诺人的权利一般要大于第三方的权利，因为受诺人是合同的一方。[2]

3. 防止双重责任

除非合同另有约定，否则受诺人与第三方均同时有权对允诺人起诉，因此就可能形成允诺人的双重责任(double liability)问题，法律必须保护允诺人以避免承担双重责任。[3] 若受诺人诉请的是名义性损害赔偿或是第三方利益，则实际履行并不存疑；在第三方获得损害赔偿救济时问题也不大，因为受诺人在这种情况下没有发生损失需要补偿。但在一些情况下，若受诺人蒙受与第三方损失没有关系的个人损失，则受诺人应当有权以自己名义就此起诉。这就有可能造成受诺人获得若干赔偿后第三方又依据《1999年合同(第三方权利)法案》第1条起诉的情况。对此，《1999年合同(第三方权利)法案》第5条规定在第三方起诉的情况下，法院或仲裁庭可以减少第三方所得赔偿，其金额需参考受诺人可得赔偿来参考确定。易言之，该法案并不承认双重责任。

4. 允诺人的抗辩

一种情况是，允诺人可对受诺人提出的抗辩。《1999年合同(第三方权利)法案》第3条第2款规定，第三方权利受允诺人可得抗辩或抵销请求的限制，抗辩或抵

[1] See Edwin Peel, *Treitel on the Law of Contract*, 14th ed., Sweet & Maxwell, 2015, para. 14-092.

[2] Ibid., para. 14-121.

[3] See J. Beatson, A. Burrows, J. Cartwright, *Anson's Law of Contract*, 30th ed., Oxford University Press, 2016, p. 667.

销必须由合同产生或与其有关。允诺人不拥有反诉(counterclaim)权利,因为反诉可能超过第三方请求的金额从而造成其承担义务。抗辩的事项包括合同无效(如错误)、可撤销(如虚假陈述)与合同解除(如根本违约或合同落空)。但是,对受诺人的个人抗辩事项,例如,衡平法抗辩或减损义务抗辩,不能自动适用于第三方的请求。前述是一般的规则。但合同双方可以在合同中订立条款,或用于扩大允诺人可得的抗辩以包括所有与合同有关或无关的抗辩理由,或用于排除允诺人对第三方提出任何抗辩。

另一种情况是,允诺人可对第三方提出的抗辩。根据《1999 年合同(第三方权利)法案》第 3 条第 4 款的规定,在第三方拥有诉权的情况下,第三方的诉请仍受允诺人提出的抗辩、抵销与反诉(与合同无关)的对抗。当事人仍然可以通过合同明文规定以不受此限制。根据该法案第 3 条第 5 款的规定,合同双方还可以在合同中约定此性质抗辩、抵销与反诉等不得对抗第三方诉请。

5. 合同更改与撤销

第三方权利中比较困难的问题是在合同发生协议更改与撤销的情况下,如何确定第三方的权利。这里的问题是需要平衡两种利益:一是合同双方的合同自由权利;二是保证合同第三方根据合同约定获得的权利具有一定的确定性。一般而言,由于第三方在接受(adopt)合同之后会对合同产生信赖利益,因此,合同双方更改与撤销合同的权利应当发生在第三方接受合同之前,一旦第三方接受合同则合同双方更改与撤销的权利就要受到必要限制,若第三方因信赖(reliance)合同而实质性地改变地位,则合同双方就不能再随意更改与撤销合同。因此,第三方是否发生信赖是确定合同能否更改与撤销合同的核心要件,但在有些情况下还需要进一步扩展第三方的权利,在第三方未发生依赖但已经通知合同双方的情况下仍然享有权利。

根据《1999 年合同(第三方权利)法案》第 2 条第 1 款的规定,合同双方更改或撤销合同的权利在两种情况会丧失:一是第三方对合同条款发生依赖且允诺人知情或应当知晓第三方会发生依赖,第三方须证明其对合同发生依赖;二是第三方已经以言语或行为通知合同双方其对合同表示同意,仅通知受诺人并不足够,还必须通知允诺人,而且通知以到达为准,而不是以发出为准。

另外,为维护合同双方的权利,《1999 年合同(第三方权利)法案》第 2 条第 3 款还允许合同双方明文修改法案的前述规定,双方可在合同中明确保留未经第三方同意而更改或撤销合同的权利,无须考虑第三方是否发生依赖;或者双方可以规定更改或撤销合同需要第三方同意的特定情况。

在司法实务中,若双方协议更改与撤销合同需要第三方的同意,则法官或仲裁庭有权在三种情况下决定无须第三方同意也可以更改与撤销合同。一是因无法找到第三方而无法获得其同意;二是第三方因精神问题无法表示同意与否;三是无法合理确定第三方是否对合同条款发生依赖。这是该法案为防止合同双方因第三方因素被锁定在合同之中而赋予裁判者的自由裁量权。

6. 英国《1999 年合同(第三方权利)法案》与《1977 年不公平合同条款法案》之间的协调

第三方在合同中享有权利的情况下,若合同中订有排除责任条款或限制责任条款,则允诺人的责任限制就会对第三方产生影响。根据英国《1977 年不公平合同条款法案》的规定,理论上这些条款可能因英国《1999 年合同(第三方权利)法案》而成为无效情形。为防止这一情况发生,英国《1999 年合同(第三方权利)法案》第 7 条第 2 款规定,《1977 年不公平合同条款法案》第 2 条第 2 款并不适用于此种情况,目标是保证合同当事人的意思自治。

(四)其他例外规则

除上述情况外,对合同相对性原则发生影响的情况还包括代理(特别是不披露本人的代理)、合同权利转让、允诺人死亡或破产时的转让以及合同权利信托等。

五、保险合同中的第三方权利

除前述英国《1999 年合同(第三方权利)法案》规定的例外情况,保险合同是第三方权利经常出现的合同类型。由于保险属于金融行业,因此英国出现了大量立法进行规制,导致保险法实际上已经独立成为金融法的一部分。[1] 就此意义而言,保险合同作为合同的一个类型也已经相对独立于普通的合同法,大量规则都具有行业性特点。[2]

(一)交通事故保险

根据英国《1988 年道路交通法案》第 148 条第 7 款的规定,其为第三方死亡或伤害提供保单的保险人所承担保险责任的对象不仅包括投保人,还包括保单承保的任何人或任何类别的人。因此,汽车所有人与保险公司订立的保单的承保范围还包括汽车驾驶员,事故中受伤的第三方也因此可以向保险公司起诉要求获得保险金。该法案还禁止保险公司援用被保险人可以援用的抗辩作为对抗理由。另外,对于交通肇事逃逸案件(hit and run cases)与司机没有购买保险案件中的受害者,英国政府还提供一定程度的公共保险。

---

〔1〕 See Edwin Peel, *Treitel on the Law of Contract*, 14th ed., Sweet & Maxwell, 2015, para. 14 - 124.

〔2〕 See J. Beatson, A. Burrows, J. Cartwright, *Anson's Law of Contract*, 30th ed., Oxford University Press, 2016, p. 675.

（二）《1930 年第三方(对保险人权利)法案》

根据《1930 年第三方(对保险人权利)法案》的规定，若被告为第三方购买保险，被告在事故之前或之后发生破产，则第三方可以起诉保险人。但是，第三方在对保险人拥有诉权之前必须证明其对被告也拥有求偿权。[1] 为了节省诉讼程序造成的各种成本，2010 年《1930 年第三方(对保险人权利)法案》进行修订，第三方据此可以在一个诉讼程序中解决相关问题，保险人的信息披露义务也得到扩大。

（三）寿险合同

根据《1882 年已婚妇女财产法案》(the Married Women's Property Act 1882)第 11 条的规定，丈夫可以为其妻子与子女利益购买寿险，妻子也拥有同样权利，此性质保险为保单标的创设信托，不构成被保险人的遗产。保单上写明的受益人有权根据《1999 年合同(第三方权利)法案》来执行合同权利。

（四）产险合同

保险合同的主要保险标的之一是财产。对财产拥有有限权利的人也可以起诉，即使他们不是购买产险合同的当事人。例如，在海上保险中，若多人对货物拥有权益，则任何一方都可以为他人与自己购买保险。在土地买卖中，若甲将土地出售给乙，交易完成前土地上的财产发生损坏或灭失，则甲所得保险金是甲为乙之利益而持有的信托。同样地，房屋承租人也可根据房东投保的火险来获得保险金；反之亦然。

六、土地合同中的第三方权利

由于土地的特殊性质，土地交易中的第三方权利需要得到法律保护。因此，土地所有人与承租人所订立的合同中的利益与负担在转让(assignment)与恢复权利(reversion)时都会继续具有约束力，但个人利益与负担除外。[2] 另外，根据判例法规则，[3] 自由持有土地(freehold lands)的卖方可以为土地未来用途附加限制性条件(restrictive covenant)，以后的土地买方受此条件约束，条件是限制性条件是为邻近土地利益而设定的，以后的买方都可以要求执行此限制性条件，但需要证明土地合同规定的利益已经添附成为土地的一部分，或利益已经转让给他，或根据建筑规划已经归其所有。第三方据此在其不是合同相对方的情况下也可以获得合同权利。

---

[1] Bradley v. Eagle Star Insurance Co. Ltd. [1989] AC 957.

[2] See J. Beatson, A. Burrows, J. Cartwright, *Anson's Law of Contract*, 30th ed., Oxford University Press, 2016, p. 677.

[3] Tulk v. Moxhay [1848] 2 Ph. 774.

七、免责条款对第三方权利的影响

在商业交易中,甲方可以利用免责或限责条款(exemption clause)来限制乙方就甲方雇员或分包商提出的索赔责任。甲方的雇员及分包商与乙方没有合同关系,但可能对乙方承担责任,若其不能以免责条款来对抗乙方的诉请,则有可能要求甲方来提供补偿。即使没有索赔权存在,甲方还可能同意提供补偿,特别是就甲方雇员而言。如此一来,责任最终仍旧属于甲方,导致免责条款的意义因此丧失。[1] 无论甲方是否承担责任,允许乙方成功索赔会破坏合同原有的风险分配模式与保险安排,因为甲方与其雇员和分包商本来是希望乙方购买保险以对抗相关损失,而不是自己来承担赔偿责任。尽管如此,在英国《1999 年合同(第三方权利)法案》之前,第三方在诉讼中依赖免责条款来避免责任的观点一般难以获得认同,因为甲方的雇员或分包商并非合同当事人,以此作为抗辩难以成立。这就反映了合同相对性原则与当事人通过合同安排风险分配之间的紧张关系,在法律上处理难度很大,有不少相关判例。有些判例中法院认为被告不能依赖免责条款,有些判例中法院则愿意绕开合同相对性原则来为第三方提供保护。

随着英国《1999 年合同(第三方权利)法案》得到通过,免责条款也受到该法案的管辖,因此各方在合同中达成的多方安排作为各方合理期待的体现也得到法律承认,免责条款因此也可以依据该法案对未签署合同的第三方提供权利依据。[2] 例如,在海上运输合同方面,喜马拉雅条款(Himalaya Clause)起到相同作用,该条款又称"分立契约、赔偿和抗辩、免责事项及责任限制条款"(Sub-contracting, Indemnity and Certain Defenses, Exemptions and Limitations Clause),源自下文的著名判例。[3]

经典判例　安德乐诉迪克森[4]

在该案中,原告是一名游客,搭乘一艘名为"喜马拉雅号"的游轮出行,在下船时因舷梯断裂而摔伤,由于原告持有的船票上载有承运人的过失免责条款,故原告转而以侵权行为对船长和水手提起诉讼。船长和水手认为,作为公司雇员,他们有权享受船票上关于承运人免责的规定。法院判决认为,船票上的免责条款是船公司和乘客之间签订的,有权援引该条款的只能是该契约的当事人。公司雇用的人员无权享有不是由他签订的合同中免责条款的权利,结果原告胜诉。为规避该风险,目前海运合

---

〔1〕 See Edwin Peel, *Treitel on the Law of Contract*, 14th ed., Sweet & Maxwell, 2015, para. 14-058.

〔2〕 See J. Beatson, A. Burrows, J. Cartwright, *Anson's Law of Contract*, 30th ed., Oxford University Press, 2016, p. 681.

〔3〕 See Edwin Peel, *Treitel on the Law of Contract*, 14th ed., Sweet & Maxwell, 2015, para. 14-062.

〔4〕 Adler v. Dickson [1954] 3 All ER 397.

同中通常会明确规定承运人的免责和限制赔偿金额的权利同样适用于雇用人员和代理人,这一条款也得到权威判例的确认,[1]这就是所谓的喜马拉雅条款。海商法领域内的两个国际公约《维斯比规则》和《汉堡规则》都承认了喜马拉雅条款的合法性。但是,喜马拉雅条款有其限制:一是该条款不能排除司法管辖权,但可以约定法院管辖;二是过失行为人如果是海上货物运输人,则该条款无效,此点为国际公约所规制,当事人不能约定免责。尽管如此,该法案并没有完全替代普通法在此方面的判例规则,因此这方面的法律问题比较复杂。

除英国《1999 年合同(第三方权利)法案》之外,普通法在这方面也有一系列判例,导致合同相对性原则可以被规避,法院对此的态度则并不完全一致。但是,若免责条款意在免除过失方的一般法律责任,则法院一般情况下并不会认同这种条款的效力,但海运合同构成例外。

总体而言,出于对合同意思自治原则与当事人自行分配交易风险的尊重,法院通过两种方式来规避合同相对性原则的适用:一是通过"直接合同关系"(direct contractual relationship);二是通过"否定侵权责任"(negating the tortious duty)。前者是法院通过解释等方法确认原告与第三方直接存在合同关系导致合同相对性原则不能适用;后者是根据免责条款确认原告在其与一方的合同中承担了被告的过失责任风险,导致其注意义务存在限制或完全不存在。因此,若合同中的免责条款可以解释为原告作出允诺不起诉第三方被告,则受诺人是在介入程序中来保护被告,法院在此情况下可以中止诉讼或驳回起诉。

八、其他立法中的第三方权利

除上述英国《1999 年合同(第三方权利)法案》以及保险合同外,还有一些立法规定构成合同相对性原则的例外情况。

一是流通票据(negotiable instruments)与提单(bill of lading)是合同相对性原则的重要立法例外,属于票据法的管制范围,不属于英国《1999 年合同(第三方权利)法案》的管辖范围。

二是消费者合同中的特定情况,例如,旅游合同中的打包假日合同(package holiday),即消费者为家人或他人一起订立度假合同,合同中的受益人按照相关立法规定享有直接起诉权。[2]

---

[1] The Eurymedo n [1975] AC 154; The New York Star [1981] 1 WLR 138.

[2] Package Travel, Package Holidays and Package Tours Regulations 1992 (SI 1992 No. 3288).

第二节　合同为第三方设定的义务

一、概述

一般而言，由于合同是当事人之间意思自治的结果，因此双方不能通过合同为第三方设定义务。[1] 例如，在工程合同中，若业主聘请承包商负责施工，承包商一般会将部分施工作业分包给分包商。在这种情况下，分包商在施工费用与材料方面对业主没有诉权，因为业主并非分包合同的当事人。即使在行业惯例中，经常出现的情况是业主会指定分包商负责分包施工并因此受益，业主对分包商也没有付款义务，也不存在合同相对性的情况。反之，业主对分包商也没有诉权，因为分包商并非主合同的当事人。合同中的免责条款也是如此，非合同方不受其约束。[2]

但是，这一逻辑上合理的规则并不意味着第三方就不受合同影响。易言之，第三方没有签署合同不等于合同不为其设定义务。[3] 例如，故意干涉合同权利的一方可能需要承担"经济侵权"；合同设定的财产权利对与财产有关系的第三方往往会有影响；保密协议可能导致第三方为违反信任关系而承担衡平法责任。因此，合同不能为第三方设定义务的一般规则存在若干例外，导致第三方在未订立合同的情况下也可能承担责任，主要情况包括代理、破产与死亡导致的转让等。本节则探讨几种范围狭窄的例外情况。

英国《1999 年合同（第三方权利）法案》并不影响合同不能为第三方设定义务的一般规则。需要注意的问题是，必须区分其与附条件赋予第三方利益，这二者之间性质完全不同，附条件赋予第三方利益并不是为第三方设定义务。

二、土地合同中第三方的义务

在有些情况下，土地合同规定的义务对第三方具有约束力，无论第三方是否接受通知。例如，若甲将土地租赁给乙使用，双方之间存在相对性，租赁合同不仅对甲乙双方有约束力，对租赁的受让方或返还后的一方也有约束力。因此，双方通过合同为土地设定的负担会继续约束以后的当事人，即合同为第三方设定义务，这是不动产合

---

〔1〕 See Edwin Peel, *Treitel on the Law of Contract*, 14th ed., Sweet & Maxwell, 2015, para. 14 – 134.

〔2〕 参见何宝玉：《合同法原理与判例》，中国法制出版社 2013 年版，第 176 页。

〔3〕 See J. Beatson, A. Burrows, J. Cartwright, *Anson's Law of Contract*, 30th ed., Oxford University Press, 2016, p. 687.

同的特点。[1]

经典判例 塔尔克诉莫科斯内[2]

在该案中,原告拥有若干房屋,将一片房屋中间的花园出售给另一方,该方在合同中同意保持该花园现状而不增添其他建筑物。其后,几经转手,该花园由本案被告购买,被告知晓原合同中的条款。被告意图在花园增建其他建筑物,原告因此起诉要求法院发布禁令。法院支持原告并发布禁令,被告因此不能以不符合原合同的用途来使用该花园,其中的关键问题是被告知道原合同中的限制性条款。

在该案之后,普通法又发展出一系列规则来处理这种情况,有判例要求原告必须证明限制性条款是为相邻土地的利益而设置的,且利益已经为受益方所享有。[3] 如此一来,享有该利益的一方的权利已经具有财产法性质,属于衡平法利益,因此可以为第三方设定义务,以后的第三方即使没有签署合同仍然受其约束。

三、动产合同中第三方的义务

动产合同中能否为第三方设定义务一直存在争议。有判例认为,若一方通过赠与或购买从对方获得了财产,在该方知道之前合同为该财产设定义务的情况下,且交易合法并由第三方提供对价,若之前合同为如何使用该财产设定了特定用途或方式,则之后一方使用的用途与方式不得损害第三方利益,也不得违背之前合同设定的用途或方式。[4] 这在一定程度上承认了合同可以为第三方设定义务。[5]

经典判例 港口船务公司诉本船务汽船公司[6]

在该案中,一艘轮船的船东将该船租赁给了原告,租期为30个月,从1955年3月起算。在1956年2月,船东将该船转售给了该案被告,合同规定被告应当立即将船回租给船东,以便船东继续履约,但第二份租约中规定若船被征用,则租船合同终止。第一份租约中无此规定。该船在1956年被政府征用,因此原告不能使用该船,

---

〔1〕 See M. Furmston, Cheshire, *Fifoot and Furmston's Law of Contract*, 16th ed., Oxford University Press, 2012, p. 584.

〔2〕 [1848] 2 Ph. 774.

〔3〕 London CC v. Allen [1914] 3 KB 642.

〔4〕 De Mattos v. Gibson [1858] 4 De G & J 276, 282.

〔5〕 See J. Beatson, A. Burrows, J. Cartwright, *Anson's Law of Contract*, 30th ed., Oxford University Press, 2016, p. 688.

〔6〕 Port Line Ltd. v. Ben Line Steamers Ltd. [1958] 2 QB 146.

其与原船东的诉讼已经和解,但其又对被告起诉,要求获得被告从政府处获得的全部或部分补偿。法院判决,原告没有诉权,因为被告在订立合同时并不知道第一份租船合同的条款,这种知情只有在被告是实际知情(actual knowledge)的情况下才能使被告受到约束,即使原告能够证明被告知情,还需要证明被告确实发生违约才可以。因此,法院判定原告并无诉权要求被告提供补偿。

因此,英国法目前对于动产合同为第三方设定义务的情况仍然持谨慎态度,合同双方因此不能为之后的第三方设定义务,这是动产与不动产之间的区别所决定的。[1]

四、免责条款对第三方的约束力

一般而言,免责条款只对当事人有效,因此不能剥夺第三方的索赔权利。[2]

经典判例　哈斯戴恩诉道文子公司[3]

在该案中,房东雇用被告公司作为工程师负责修理电梯,被告发生过失导致电梯损害,造成原告(访客)在乘坐电梯时因电梯跌落而受伤。原告因此起诉,法院判定被告需要承担过失责任。被告在诉讼中提出的抗辩之一是合同中的免责条款,但法院判决此免责条款不能对抗原告,原告并非合同的当事人。

上述一般规则的例外情况是保管合同(bailment),保管合同中的免责条款对第三方也有约束力。保管合同的特征是寄存人(bailor)将财产的占有(possession)转移给保管人(bailee),由后者为前者利益或根据其指示负责保管,保管期限结束后保管人需返还财产。保管交易中经常出现的问题是发生多级保管,若次级保管人丢失或损坏财产,则寄存人与保管人订立合同中的免责条款是否对次级保管人承担责任就成了焦点问题。若寄存人提起侵权诉讼,则合同中的免责条款可以成为次级保管人的抗辩,这实际上是为寄存人设定了义务。

---

〔1〕 See Edwin Peel, *Treitel on the Law of Contract*, 14th ed., Sweet & Maxwell, 2015, para. 14 – 134.

〔2〕 See J. Beatson, A. Burrows, J. Cartwright, *Anson's Law of Contract*, 30th ed., Oxford University Press, 2016, p. 693.

〔3〕 Haseldine v. Daw & Son Ltd. [1941] 2 KB 343.

第二十一章　合同转让

合同项下的利益在若干情况下可以转让给第三方，即合同权利让与。因此，合同乙方可以将其对甲方享有的合同权利通过协议转让给丙方，而无须甲方同意。其中，乙方为让与人，丙方为受让人，甲方为债务人。[1]

第一节　合同权利让与

一、普通法规则

在传统普通法上，合同利益不能发生让与，因此受让人不能以自己名义起诉，此即古典规则“诉讼财产不能转让”（a chose in action is not assignable）。[2] 这是普通法从诉讼角度来看待这一问题的结果。这里的诉讼财产（chose in action），是指只能通过诉权来获得的任何个人财产权利，即原告不占有该物，因此只能通过诉讼解决，属于无形个人财产，范围不仅包括债务与合同权利，还包括侵权损害赔偿、知识产权、信托中的衡平法权利等，该概念的范围及含义与大陆法系中的概念区别很大，大陆法系中并没有对应概念。另外，英国封建时代的主要法律是财产法，财产的转移是相对重要的交易类型，而合同转让涉及无形财产，在当时的社会生活中并不重要。与诉讼财产相对应的概念是“占有财产”（chose in possession），是指处于占有中的有形个人财产，并不一定需要诉讼就可以获得。普通法设立此规则的原因是法院认为允许转让会破坏合同相对性原则，也可能造成滥诉或帮讼（champerty）。[3] 但这一规则并不意味着合同权利让与在法律上就绝对不能成立。但是，这种规则会对商业与生活

---

〔1〕 参见何宝玉：《合同法原理与判例》，中国法制出版社2013年版，第183页。

〔2〕 See J. Beatson, A. Burrows, J. Cartwright, *Anson's Law of Contract*, 30th ed., Oxford University Press, 2016, p. 696.

〔3〕 See Edwin Peel, *Treitel on the Law of Contract*, 14th ed., Sweet & Maxwell, 2015, para. 15 – 002.

造成诸多不便。

在这一规则的影响下，出现了若干规避方法。第一个规避方法是通过代理（agency），即合同双方可以指定代理人，第三方作为代理人就可以起诉债务人。第二个规避方法是合同当事人可以允许第三方以当事人名义起诉债务人，第三方需要支付相关诉讼费用。第三个规避方法是在债务人同意与合作的情况下，当事人可以通过合同更新（novation）来订立替代性协议，从而实现合同权利让与。由于这些方法本身属于规避性规则，因此仍旧造成了诸多不便。

二、衡平法规则

由于前述普通法规则显然存在不足，因此英国法上用衡平法规则来规制权利让与，体现了衡平法补充与匡正普通法的功能。衡平法中的合同权利让与针对诉讼财产，包括债权与其他合同权利，普通法与衡平法上的诉讼财产都可以成为其标的。[1]

（一）衡平法规制的范围

所谓衡平法诉讼财产（equitable chose in action），是指历史上由衡平法院所管辖的类型案件中只能通过诉讼来确定权属的财产，例如，信托基金份额、遗产、遗嘱中的恢复权利等。若存在衡平法诉讼财产的让与，受让人可以其自己名义来起诉，但只能有一名让与人成为让与合同的当事人。[2] 这是衡平法院在古代为这一情况创设的规则，目的是弥补普通法的缺陷。若权利让与不符合英国《1925 年财产法法案》的相关要求，那么在衡平法上仍旧可以成立。因此，立法的相关规则并未减损衡平法的规则。但是二者之间仍有区别，立法规则的结果是受让人获得标的物的普通法财产权（legal title），而衡平法规则的结果并不能使其获得该权利。因此，根据立法规则起诉的受让人无须将让与人加入诉讼之中，但根据衡平法起诉的受让人则有可能需要将让与人加入诉讼，从而增大了诉讼的复杂性与成本。

（二）让与人加入诉讼程序

按照衡平法规则进行诉讼，则让与人一般会加入诉讼（joinder）。若诉讼财产（chose in action）是衡平法性质的，受让人有权起诉但不能被加入诉讼之中，除非让与人在诉讼中仍存有利益，[3] 例如，若让与人与受让人之间仍有债务未了结，或让与中的信托基金中存在担保。在这种情况下，利益相关方就必须成为诉讼一方，法院可以据此对所有相关问题进行判决，从而一次性解决问题。

---

〔1〕 See J. Beatson, A. Burrows, J. Cartwright, *Anson's Law of Contract*, 30th ed., Oxford University Press, 2016, p. 701.

〔2〕 See Edwin Peel, *Treitel on the Law of Contract*, 14th ed., Sweet & Maxwell, 2015, para. 15 – 006.

〔3〕 Brandt's Sons & Co. v. Dunlop Rubber Co. Ltd. [1905] AC 454.

若诉讼财产是普通法性质的,受让人一般不能在让与人不加入的情况下起诉,让与人可以作为共同原告或共同被告来参与程序。另外,部分债务的让与人在受让人不加入的情况下所获余额不能超过该部分债务。显然,这些规则都使相关规则复杂化,并不一定有利于当事人的相关利益,但限于判例法的发展特点,这一情况难以发生改变。

(三)让与形式

衡平法下的让与不需要特定形式,一般而言不需要书面让与,但根据英国《1925年财产法法案》第53条第1款进行的让与应当是书面形式。让与通知须发给债权人或受让人,须表明让与的实质内容。[1]

(四)让与通知

就法律而言,合同权利让与中不必通知债务人,让与在让与人与受让人订立合同时成立。[2] 但是,在实务操作中对债务人发出通知仍有必要,其原因如下:其一,让与在债务人收到通知时才对其生效,无论是口头还是书面的;若债务人收到通知前对债权人清偿债务,则清偿有效,若收到通知后再清偿,则该清偿不得对抗受让人。其二,对债务人的通知可以确立优先次序,先通知的让与优于后通知的让与。其三,通知债务人可以防止债务人设置新的衡平法权利,这些权利在通知到达后可能已经成立,有可能构成权利冲突。

(五)对价

让与中让与人与受让人之间是否需要对价一直是难点问题。衡平法的格言是"衡平法不帮助志愿者"(equity will not assist a volunteer),按照此推理则可以说衡平法上的让与中应当有对价,没有对价则不存在衡平法上的让与。但这一规则与社会现实生活显然不符合。因而导致这方面出现了不少难点,法院因此发展出一系列判例来限制对价对让与的影响。对价在让与中是指任何可以支持简式合同的对价。例如,若甲方将合同利益让与乙方以清偿其对乙方的债务,则对价成立;同理,若让与是为现存债务而设立担保以使受让人不提起诉讼,对价因此成立,从而可以使受让人对债务人拥有诉权。因此,在受让人提供对价的情况下,对价一般不会对让与造成影响。但是,若让与是纯粹赠与性的,对价可能造成问题。

---

[1] See Edwin Peel, *Treitel on the Law of Contract*, 14th ed., Sweet & Maxwell, 2015, para. 15 – 007.

[2] See J. Beatson, A. Burrows, J. Cartwright, *Anson's Law of Contract*, 30th ed., Oxford University Press, 2016, p. 703.

经典判例　三叉戟美人号案[1]

在该案中，原告请求被告返还租船（"三叉戟美人号"）而预付的一笔租金。被告是轮船船东公司受让人，有权接受租船合同下的收益。被告作为投资者的代表为船东公司提供融资而获得此权利。原告没有向船东公司起诉要求返还，因为他认为此性质诉讼没有实际意义，因而以对价完全失败为由起诉被告，认为轮船在已付租金的租期内完全不能使用，因此有权得到返还。法院驳回原告起诉，认为两个法律关系互相独立，船东因轮船不能使用而退还租金的责任是一项合同义务，不是合同权利或利益，并不能被当然包含在收益转让中。原告不能仅因有利就选择事实上与其没有关系的被告起诉，原告无权起诉。

若双方仅对诉讼财产达成协议，则必须有对价支持；若让与是赠与性的，则在法律上不可执行。[2] 因此，有关未来诉讼财产的让与必须要求对价的支持，因为未来的诉讼财产仅仅是期待，并不一定会成立，因此必须有对价支持。未来的诉讼财产包括特定条件下支付的信托基金份额、未决诉讼可能判决的损害赔偿、未订立合同可能发生的付款等，这些情况下只有在标的物存在时才能发生让与，因此必须有对价才能使让与成立。

但是，以赠与形式进行让与仍旧具有可能性，条件是转让（无对价支持）必须满足该诉讼财产的相关要求，但让与必须是完整与全部（complete and perfect）的让与，若赠与人仍有未完成部分，则赠与不能成立。衡平法不会为不完整的赠与提供保护。如此一来，衡平法让与中的对价问题就转化为让与人是否还有未完成行为以完成让与的问题，因此让与人应当努力履行完毕。[3] 若标的物是衡平法诉讼财产，当让与人明确表达诉讼财产归属受让人的意图，让与即告完成，该表示可以非正式方式进行。[4] 据此，受让人可以要求执行该让与的标的物，此让与在没有对价支持的情况下不仅是当事人之间的协议，还是衡平法权利的真实转让。但是，若标的物为普通法诉讼财产，衡平法让与能否构成完全交易就会成为问题，尤其是在立法已经允许受让人以自己名义起诉的情况下。但在这种情况下，受让人无须要求法院强迫让与人作为原告提供共同诉讼，因为让与人可以作为被告出庭。结果是普通法诉讼财产的衡

---

〔1〕 Pan Ocean Shipping Co. ,Ltd. v. Creditcorp Ltd. ,The Trident Beauty [1994] 1 All ER 470.

〔2〕 Re McArdle [1951] Ch. 669.

〔3〕 Fortescue v. Barnett [1834] 3 My & K 36.

〔4〕 Voyle v. Hughes [1954] 2 Sm & G 18.

平法受让人可以对债务人要求执行合同让与权利，无须受让人或法院的介入。[1] 在这种情况下，即使没有对价支持，让与人也已经完成其义务，没有必要否定让与的效力。因此，对价是否存在对让与的影响相对较少。

显然，英国历史上普通法与衡平法的分类导致让与规则始终无法统一，实体规则在一定程度上因程序规则而变得复杂，法律规则本身的复杂性无疑不利于当事人进行利益分配。

三、立法规则

鉴于前述普通法与衡平法的判例规则较为复杂，且与社会生活脱节，因此英国《1925 年财产法法案》第 136 条第 1 款创设了合同权利让与规则，以补充判例法规则。该条让与的构成条件包括以下几点。[2]

第一，让与必须是绝对的让与，此为该法条的实质要件。[3] 判定一项转让是否为绝对转让，法院通常的判断标准是转让人是否无条件地将针对债务人的全部权利转让给受让人。若无条件，则转让就是绝对的。相反地，若债务人不检查转让人会计账目就不能说明他到底是向转让人还是受让人支付款项，则不构成绝对转让，而只是设定债务负担。实务中是否构成绝对转让，需要考察相关的具体用词。法院解释这些文件时一般要整体考察其意思，"针对债务人"之类的用词很重要，因为它并不涉及转让人是否与受让人达成了某些私人协议，以便债务人支付债务后对债务进行处理。因而，受让人将债务收入或者超过一定数量的多余收入放入信托，为转让人的利益而持有的，并不影响转让的绝对性质。一般认为，下列三种情形不构成绝对转让：(1)仅设定债务负担。(2)附条件转让。转让人在转让时附设一定的条件，或者依据一定的条件保留对债务的某些权利，则表明其仍然期望转让后能够分到债务收入，转让就不是绝对的。(3)部分债务转让，转让人意图转让部分债务，这导致转让部分与数量可能并不确定，因而不能构成绝对转让。部分债务的转让之所以不能构成立法所认可的转让，一方面，是造成债权切割会形成很多单独的诉因，从而造成债务人负担加重；另一方面，是若关于债务是否存在、权益到底为何等方面不清楚会造成判决出现矛盾。因此，部分转让不能为立法所认可。

第二，让与必须采用书面的形式，且须采用书面的形式通知债务人。让与后受让

---

〔1〕 See J. Beatson, A. Burrows, J. Cartwright, *Anson's Law of Contract*, 30th ed., Oxford University Press, 2016, p. 705.

〔2〕 Ibid., p. 699.

〔3〕 See Edwin Peel, *Treitel on the Law of Contract*, 14th ed., Sweet & Maxwell, 2015, para. 15 - 011.

人有权以受让人自己名义起诉债务人,无须在诉讼中要求加入让与人;[1]书面通知可以任何方式,只要其能证明让与发生。通知以债务人收到为准。

第三,合同权利让与不需要考察对价因素,受让人无须提供对价就可以使让与成立。

第四,合同权利让与的对象必须是可以让与的权利,这包括普通法权利与衡平法权利,因此范围比较广泛。[2]

显然,立法中的合同转让与衡平法中的合同转让存在一些区别。[3] 其一,就程序而言,立法转让的受让人可以直接起诉债务人,衡平法转让的受让人则必须将让与人加入诉讼程序。其二,就形式而言,立法转让的受让人可以口头形式将其权利再转让给他人,衡平法转让中的受让人只能以书面形式再转让合同权利。其三,就权利内容而言,立法转让将法律权利转让给受让人,衡平法转让是将衡平法权利转让给受让人。其四,在某些情况下,两种转让的后果可能存在区别。

若合同让与未能按照前述立法要求进行,那么转让就会发生问题。若让与人未提出书面转让通知,在衡平法上仍然可能有效,条件是让与人已经满足转让所需要件,通知则可由受让人告知债务人。若转让没有使用书面形式,而是采取口头形式,若让与标的属于衡平法权益或信托性质,则转让仍旧有效;若让与属于普通法诉讼财产,则必须有对价支持才能成为衡平法上的让与。若转让不是绝对性质的而是通过设定债务负担而发生的,其有效性取决于是否有对价支持。若转让部分债务或者是附条件转让,则需视具体情况而定。

四、抗辩理由

无论是衡平法让与还是立法让与,受让人的权利都受到债务人对让与人衡平法抗辩的对抗(subject to equities)。因此,合同权利让与的受让人应当确定权利的性质与范围,因为受让人获得的权利并不多于让与人的权利,让与人减损或否定交易就必然会限制受让人的权利。[4]

(一)合同抗辩

债务人对受让人可以主张的抗辩包括合同直接引发的抗辩或让与标的物交易所

---

〔1〕 Warner Bros Records Inc. v. Rollgreen Ltd. [1976] QB 430.

〔2〕 See Edwin Peel, *Treitel on the Law of Contract*, 14th ed., Sweet & Maxwell, 2015, para. 15 – 008.

〔3〕 参见何宝玉:《合同法原理与判例》,中国法制出版社 2013 年版,第 193 页。

〔4〕 See J. Beatson, A. Burrows, J. Cartwright, *Anson's Law of Contract*, 30th ed., Oxford University Press, 2016, p. 706.

引发的抗辩,无论是在让与通知发出前还是发出后所发生。[1] 债务人在合同转让前可以针对让与人提出的抗辩,在合同转让后还可以针对受让人提出。抗辩主要包括,转让人曾经发生虚假陈述、合同时效期限届满、合同非法、债务人依合同免责条款应被免除责任等。同时,因为受让人的权利不能优于转让人,所以债务人能对转让人提出的其他抗辩,当然也能向受让人提出。

经典判例　斯托达特诉联合信托[2]

在该案中,被告因受他人欺诈而订立合同购买报纸,金额为1000英镑,其中200英镑立即支付,其余分期支付。该欺诈方将余款800英镑让与本案原告,原告不知其中欺诈。被告发现欺诈后拒绝付款,原告因此起诉,被告的抗辩是其损失已经超过800英镑,因此拒绝付款。民事上诉法院判决该抗辩无效,被告不能以其损害赔偿作为对原告请求的抗辩。法院认为,该抗辩是被告可以对欺诈方提出的个人请求(personal claim),因此不能用来对抗原告。

(二)其他抗辩

债务人可得抵销权。受让人如果起诉债务人,债务人就享有抵销权,因此,该项权利会影响让与人准备转让的债务数额或者价值,受让人以后的诉讼就可以因被债务人所得请求抵销而减少。[3] 关于抵销的范围,根据上议院的判例,[4] 债务人在收到债务通知前发生的债务(无论在此之前是不是应付债款)、与转让的债务出自同一合同的债务,以及与合同有密切关系的债务,均可以对受让人抵销。其他债务,即使产生于同一份合同,并且是在转让之前发生的,也不能抵销。这一判决的理论依据是,债务人收到转让通知后,他就不能再做任何事情来剥夺、减少受让人在通知之时所享有的权利。不过,债务人针对受让人的直接请求权可以抵销,但不得针对转让人。

这里需要注意抵销与反请求的区别。反请求是独立诉因,与原告请求并无关系,但为了便于审理并节省费用,法院往往可以在一个案件中同时处理请求与反请求。抵销权不是诉因,而是一种抗辩,用于否定请求或者减少请求数额,必须与诉讼请求本身有直接联系。

---

〔1〕 See Edwin Peel, *Treitel on the Law of Contract*, 14th ed., Sweet & Maxwell, 2015, para. 15 - 037.

〔2〕 Stoddart v. Union Trust [1912] 1 KB 181.

〔3〕 See J. Beatson, A. Burrows, J. Cartwright, *Anson's Law of Contract*, 30th ed., Oxford University Press, 2016, p. 707.

〔4〕 Business Computers v. Anglo-African Leasing [1977] 2 All ER 741.

(三)受让人权利范围

受让人从诉讼中所获利益不能超过让与人的所得利益,因为让与人不能让与自己不拥有的权利,这与票据法的规则显然存在根本区别。

但是,这一规则在工程合同争议中造成不少争议,损坏或有瑕疵的建筑物相关的合同或侵权诉权一并出售时会发生问题。但在这种情况下损害赔偿因此减少的问题已经为民事上诉法院最近的一个判例所解决。根据该判例的规则,受让人所得赔偿的金额需要参照让与人在假设没有让与和土地转让的情况下所得的赔偿,据此,在让与人同时或让与之前出售土地给受让人的情况下,受让人可获得大额赔偿。在任何情况下,法院可以规避该问题,法院承认第三方成为有瑕疵财产的所有人,这可以构成一般规则的例外,所谓的一般规则就是合同一方仅能为自己损失要求损害赔偿。在该例外适用的情况下,让与人有权获得第三方(受让人)蒙受的损失,若受让人起诉也可以获得大额赔偿,所得赔偿可能多于其自己蒙受的损失。

经典判例 奥弗豪尔诉拉克斯道公司[1]

在该案中,被告购买了一处土地用于项目开发。该土地卖方聘请了专业公司进行土地情况调查,该专业公司报告中说土地没有瑕疵。被告因此投入巨资进行开发,但之后发生了土地塌方导致原告受损。原土地卖方已经通过契据将检查报告权益转让。被告因此要求专业公司承担责任,因为该公司的检查中并未发现问题。专业公司的抗辩是土地转让合同价格适当,并未蒙受损失。上诉法院判决认为,该专业公司不能主张受让的诉讼权利,被告可以要求专业公司承担赔偿责任。显然,被告受让的权利包括违反合同时尚未显示出来的损失,这种责任可能在土地转让给被告之后才出现。

五、优先顺序

实务中有可能出现的问题是让与人把同一诉讼财产多次让与给不同的受让人。若诉讼财产不足以满足所有清偿请求,则各次让与之间的顺序就会成为问题。确定顺序的一般规则是以通知顺序(priority of notice)为准,不同受让人的地位按照让与人对债务人发出的通知来确定,而不是债权人将合同权利让与给受让人的日期,此为早前的判例所确定。[2] 其原因在于,若不通知债务人,则第一个受让人为让与人进

---

〔1〕 Offer-Hoar v. Larkstore Ltd. [2006] EWCA Civ 1079 [2006] 1 WLR 2926.

〔2〕 See J. Beatson, A. Burrows, J. Cartwright, *Anson's Law of Contract*, 30th ed., Oxford University Press, 2016, p. 708.

行第二次让与提供了机会,这可能构成欺诈。因此,即使让与时间上第一个让与人优先,但仍需要以通知作为确定顺序的依据。但是,第一个让与人在顺序上只劣后于发出通知的再次让与,条件是在第一次让与时第二次让与的受让人并不知道发生过让与,已经知晓发生让与的第二次让与的受让人不能被视为受到欺诈。

就让与通知的形式而言,除让与标的物是土地或个人财产的衡平法利益必须为书面通知外,确定优先顺序并不需要以让与通知为特定形式。让与通知应当明确无误地向债务人表明让与存在,口头通知也可以。

六、不能让与的权利

需要注意的是,尽管合同可以发生让与,但并非所有诉讼财产都可以发生让与,也不是所有合同权利都可以进行让与,这对立法与衡平法中的让与同等适用。[1]

首先,合同可以禁止让与,这种条款可以有效保护债务人,因此若合同有此明文规定,则债务人不受让与的约束。但此让与合同在让与人与受让人之间仍可能有效,受让人可以起诉让与人发生违约。但是,这种条款不能阻止法院判决合同权利作为信托为第三方设立。

经典判例　林登花园信托诉莱恩斯塔污染处理公司[2]

在该案中,原告与被告签订合同,由被告负责处理有毒建筑垃圾,并进行维修。合同规定,未经对方同意任何一方当事人都不得转让合同权利。工程尚未开始,原告在没有告知被告的情况下把合同权益转让给第三人。其后,被告施工存在瑕疵,因此原告与受让人共同起诉被告。上议院判决认为,根据对合同禁止转让条款的解释,该条款具有合法商业目的,以确保合同原始当事人不与第三人发生直接合同关系,该合同权益因此不得转让,转让无效。易言之,转让对被告无效,但转让人可以为受让人利益而请求损害赔偿。

其次,若当事人之间存在个人信任关系(relationship of personal confidence),或个人资格是订立合同的基础,则合同一方不能将合同权利进行让与,否则会导致合同性质与权利内容发生变化。[3] 个人性质合同不能让与的最典型例证为雇佣合同(contract of employment)。在普通法中,雇主转让业务时若未经同意,则其不能将其

---

[1] See J. Beatson, A. Burrows, J. Cartwright, *Anson's Law of Contract*, 30th ed., Oxford University Press, 2016, p. 709.

[2] Linden Gardens Trust v. Lenesta Sludge Disposals [1993] UKHL 4.

[3] See Edwin Peel, *Treitel on the Law of Contract*, 14th ed., Sweet & Maxwell, 2015, para. 15 - 051.

与雇员订立的雇佣合同下的权利让与他人。但这一普通法规则已经为立法所改变,[1]在发生业务转让、其他业务处理或破产时,所有雇佣合同项下的权利、义务与责任在雇主与受让人之间发生让与,除非雇员发出通知告知其拒绝为受让人所雇佣。

还有其他情况也可能导致转让不能发生。[2] 在一个判例中,[3]法院判决一名蛋糕生产商在企业合并时不能将供应商一年内向其供应鸡蛋的权利让与他人,供应商所承担的义务是提供该生产商所生产的全部鸡蛋,而不是他人所需求的鸡蛋,而该生产商还承诺不从其他地方获得鸡蛋,若让与发生会导致供应商利益被剥夺。因此,法院认为该案中二者存在个人关系,因此不能发生让与。同理,汽车保单在出售汽车时也不能被让与给买方,除非保险公司同意该让与,否则该转让违背保险公司意志。另外,若合同性质表明其中并无个人因素,债务人向谁履行合同义务都不影响其义务,则合同权利就可以发生让与。但是,合同不可让与的性质并不能阻止合同作为信托利益而使第三方成为受益人。

经典判例 陶尔赫斯特诉联合波特兰水泥公司[4]

在该案中,被告所有土地上有一个矿场,被告将部分土地出售给一家公司进行生产,被告与该公司订约负责供应矿物,期限 50 年,还规定以后根据该公司的需求而提高供应量。后来,该公司结束业务并将合同转让给原告。原告是一家企业,接受该公司业务后要求被告继续履行合同,被告拒绝履行,认为原告无此权利。原告因此起诉,上议院判决原告获胜,原告有权享有合同利益,原因在于:第一,被告的责任是根据让与人公司的生产能力计算的,该公司不能提供无限量供应,因此该转让并未增加被告的负担;第二,被告与该公司订立的是长期合同,应当可以合理预期在有效期限内合同利益很可能发生转让,在合同没有禁止转让的情况下,合同约束力延续到转让之后,原告公司因转让而成为合同的一方当事人,因此有权起诉。

再次,纯粹的诉权(bare right of action)不能发生让与,此规则的目的是防止滥讼与帮讼(champerty and maintenance),这是司法公共政策。[5] 但是,财产权产生的附属诉权可以与财产一同发生让与。因此,不动产买方可以就卖方与承租方所发生的

---

〔1〕 Transfer of Undertakings(Protection of Employment)Regulations 2006(SI 2006 No. 246).

〔2〕 参见何宝玉:《合同法原理与判例》,中国法制出版社 2013 年版,第 201 页。

〔3〕 Kemp v. Baerselman [1906] 2 KB 604.

〔4〕 See Tolhurst v. Associated Portland Cement Manufacturers [1900] Ltd. [1903] AC 414.

〔5〕 See J. Beatson, A. Burrows, J. Cartwright, *Anson's Law of Contract*, 30th ed., Oxford University Press, 2016, p. 710.

违约起诉,有判例表明土地买方可以就铁路对土地造成的损害提起赔偿之诉。另外,债务可以发生让与,因为债务并不是纯粹的诉权,否则常见的债务收购与收债业务(debt collection)就不能存在。由于债务收购业务的迅速发展,英国上议院在判例中认为若受让人在让与中拥有真实的商业利益,则纯粹诉权的让与也可以成立。[1] 同理,保险公司在保险理赔后也成为债务受让人,有合法理由要求保险事故责任人提供赔偿,此为保险合同中的代位求偿权。另外,为交易提供融资的受让人在交易发生诉讼后也拥有合法的商业利益,条件是诉讼的唯一目的是使受让人可以得到赔偿。另外,若受让人是纯粹为了利润而进行让与则属于帮讼,此让与不具有合法性。但是,若受让人拥有真实商业利益,在让与人无法负担诉讼费用导致受让人接受让与并起诉的情况下,让与并不违反公共政策,除非受让人真实利益与其从让与中的所得发生严重不相称的情况。

最后,政府官员工资、社保款项、抚养费用等均不能发生让与,这是公共政策与相关立法的要求,这些情况均有立法专门规制。

第二节 合同债务承担

一、概述

合同债务未经对方同意不能发生债务承担。合同一方有权选择履行合同义务的相对方,这是合同得以订立的原因之一,因此受诺人不得因允诺人与第三方的协议而被强迫接受债务,允诺人对允诺必须承担责任。[2] 转让或者免除合同当事人的义务,必须征得对方当事人的同意,因为每个人都有权选择合同相对方来订约,任何人未表示同意,都无义务接受他人施加的合同责任。相应地,未经对方同意,原则上不能通过转让合同负担来解除合同当事人的义务。

二、替代履行

尽管合同债务未经对方同意不得由第三人承担,但这一规则并不是绝对的。若甲方承诺为乙方履行债务,该义务不需要特殊技能,甲的个人资格也不是合同成立的要件,则甲可以将合同义务交由具有同等技能的第三方来承担,乙方无权对此提出疑问,这就是替代履行(vicarious performance)。在这种情况下,原合同方仍对合同承担

---

〔1〕 See Edwin Peel, *Treitel on the Law of Contract*, 14th ed., Sweet & Maxwell, 2015, para. 15 - 058.

〔2〕 See J. Beatson, A. Burrows, J. Cartwright, *Anson's Law of Contract*, 30th ed., Oxford University Press, 2016, p. 711.

责任,也是唯一可以要求对方付款的当事人。本书在第十三章中已经阐述,此处不再赘述。

第三节　合同转让的其他形式

一、合同更新

合同项下的权利或义务发生转让的另外一种方式是合同更新(novation),这种方式要求所有相关方都要合作以使合同转让能够成立。例如,若甲方欠乙方一笔钱,乙方也欠丙方一笔钱,则三方可以约定由甲方代替乙方向丙方付款,从而使乙方的债务归于消灭。其中,甲方对丙方付款的对价是丙方同意解除乙方的债务,乙方解除甲方债务的对价是甲方的付款,丙方解除乙方债务的对价是乙方解除甲方对丙方的清偿。[1] 因此,此法律关系中的核心是撤销一个合同并用新合同替代,各方都履行了同等行为,因此被称为合同更新。该合同转让需要三方协议并有对价支持,因此不能强制进行。因此,若债权人通知债务人向第三方付款,即使债务人承认债权人有此权利,也不意味着第三方就可以向债务人起诉要求付款,必须是第三方明确承诺提供对价才能使债权人不再对第三方承担债务。这方面的大多数判例都涉及公司合并和合伙关系的变化,这类案件中的常见问题是与公司、合伙达成协议的当事人是否接受由新公司、新合伙人取代原来的公司、合伙人作为他们的债务人。为了完成这一变更,就需要以合同更新的方式来彻底厘清关系。

概括而言,合同更新与合同转让的区别主要是:第一,合同更新必须经合同双方当事人及第三人全体同意方为有效,而合同转让是合同当事人的一种权利,当事人行使转让权利无须征得对方及第三人同意。第二,合同更新既包含合同权利的移转,也包括合同义务的移转,而合同转让只限于合同权利的移转,合同义务原则上不能转让。第三,合同更新的实质是用一份新合同取代原合同即当事人的旧合同,而合同转让中第三人取得合同权利,双方当事人之间的合同可能仍然有效,转让人仍要对原合同义务承担责任。第四,合同更新产生的新合同必须有对价支持,而合同转让即使没有对价也可以有效成立。

二、流通票据

如前所述,合同转让有通知要求,且受让人并不能取得优于让与人的权利,第三方对让与人的抗辩仍然可以对受让人主张,因此这种转让对第三方来说仍然具有一

---

〔1〕 See Edwin Peel, *Treitel on the Law of Contract*, 14th ed., Sweet & Maxwell, 2015, para. 15 – 078.

定的风险,必然导致合同权利转让存在种种困难。为了提高合同权利的流通性与便利性,流通票据(negotiable instruments)就此诞生,票据在流通中不需要通知债务人,且受让人所取得的权利不受债务人对其前手的权利抗辩,从而大大提高了流通效率。[1] 相关规则逐渐演变成为票据法,记载于票据表面的合同权利因此获得了巨大的流通性。

票据具有流通性的要件包括:第一,票据权利一旦交付即告转移,若票据凭指示交付,则收款人可以通过背书(endorsement)交付。第二,票据中的书面承诺赋予持票人诉权,但允诺人可能并不知道持票人持票的事实。第三,支付对价的善意持票人(bona fide holder for value)在未被通知的情况下不受让与人权利的抗辩。第四,票据必须是法律所承认的票据种类。但是,流通性也有其限制,并不是所有票据在流通状态中都具有流通性。若票据表面的记载表明其不具有流通性,则该票据仅对当事人有效。

票据流通性法律规则所注重保护的利益是商业交易的便利性、效率性以及善意持票人的正当利益,这些利益优于原所有人的利益,体现了商法的定位与特征,与合同法存在一定区别。

三、法定合同转让

在通常情况下,合同转让是按照当事人的意思发生的。但在有些情况下也会发生法定转让(assignment by operation of law)。

一是因当事人死亡而发生的合同转让。若合同当事人一方死亡,则合同项下的权利与义务转让其代表,该代表可以为此合同起诉或被诉。[2] 但此规则有一例外,若合同履行以当事人的个人服务或技巧为条件,则合同相对方不能要求其代表人进行履行,但可以要求返还已支付的款项。代理合同与个人服务合同在其中一方死亡时终止。

二是破产(bankruptcy)。破产的主要立法依据是英国《1986 年破产法案》(Insolvency Act 1986)。债权人或债务人可以依据英国《1986 年破产法案》第 264 条至第 272 条的规定向法院提起破产申请(filing of a petition for bankruptcy order)。法院一旦接受破产申请就可以按规则推进相关程序,债务人可以提出自愿安排以统筹债务,债权人可以组成债权人会议进行研讨。若债权人不接受债务人债务安排,则法

---

〔1〕 See Edwin Peel, *Treitel on the Law of Contract*, 14th ed., Sweet & Maxwell, 2015, para. 15 – 046.

〔2〕 See J. Beatson, A. Burrows, J. Cartwright, *Anson's Law of Contract*, 30th ed., Oxford University Press, 2016, p. 713.

院发布破产令并指定受托人负责相关事宜,破产财产因此归受托人负责管理。破产法的立法目的是确保破产人拥有利益能够为债权人利益而处理财产。破产中关于转让的核心规则包括:(1)若破产人财产的任何部分包括诉讼财产,则其视为已经转让给受托人;(2)受托人可以否定不利合同,实际上是解除合同;(3)破产人个人性质的待履行合同不发生转让;(4)受托人不得为合同违约导致的个人损害案件而起诉,如对名誉或信誉的损害。破产受托人作为破产人破产财产的法定受让人,其地位优于普通的受让人。若破产人在破产发生前转让诉讼财产,则转让对受托人有可能无效。

三是货物海运合同。根据英国《1992 年海上货物运输法案》(Carriage of Goods by Sea Act 1992)的规定,海上货物运输法律关系中一方可能成为合同权利的受让人,即使其并非原合同当事人。例如,提单的合法持有人可以成为提单规定的合同权利,该持有人若取货或要求取货还有可能承担原合同规定的债务,但原合同当事人仍然承担合同债务。

四是土地合同。若买方通过购买或租赁获得土地权益,合同条款中要求该方遵守土地的相关使用条件,则任何一方将土地权益进行转让,则原合同中的限制性条款对受让人仍有约束力。

参考书目

一、英文参考书目

1. J. Beatson, A. Burrows, J. Cartwright, *Anson's Law of Contract*, 29th ed., Oxford University Press, 2016.

2. J. Beatson, A. Burrows, J. Cartwright, *Anson's Law of Contract*, 30th ed., Oxford University Press, 2010.

3. Edwin Peel, *Treitel on the Law of Contract*, 14th ed., Sweet & Maxwell, 2015.

4. M. P. Furmston, Cheshire, *Fifoot and Furmston's Law of Contract*, 16th ed., Oxford University Press, 2012.

5. Evan McKendrick, *Contract Law*(*Macmillan Law Masters*), 12th ed., Red Globe Press, 2017.

6. Hugh Beale(General Editor), *Chitty on Contracts*, 30th ed., Vols. 1 &2, Sweet & Maxwell, 2009.

7. Smith, Thomas, *A Casebook on Contract*, 12th ed., Sweet & Maxwel, 2009.

8. D. G. Cracknell, *Obligations*: *Contract Law*: 150 *Leading Cases*, 3rd ed., HLT Publications/Old Bailey Press, 2004.

9. Andrew Burrows, *Remedies for Torts and Breach of Contract*, 3rd ed., Oxford University Press, 2004.

10. Ewan McKendrick, *Contract Law*: *Text*, *Cases*, *& Materials*, 5th ed., Oxford University Press, 2012.

11. Denis Keenan, *Smith and Keenan's English Law*, 15th ed., Pearson

Education Ltd. , 2007.

12. Chris Turner, *Contract Law*(*Key Facts Key Cases*), Routledge, 2014.

13. Emely Finch, Stefan Fafinski, *Contract Law*(*Law Express*), 3rd ed. , Pearson Education, 2014.

14. Atiyah, *the Rise and Fall of Freedom of Contract*, Oxford University Press, 1979.

15. Stephen A. Smith, P. S. Atiyah, *Atiyah's Introduction to the Law of Contract* (*Clarendon Law Series*), 6th ed. , Oxford University Press, 2006.

16. P. S. Atiyah, J. N. Adams, H. L. MacQueen, *Sale of Goods*, 11th ed. , Longman, 2005.

17. Gary Slapper, David Kelly, *English Law*, 3rd ed. , Routledge-Cavendish, 2009.

二、中文参考书目

1. 何宝玉:《合同法原理与判例》,中国法制出版社 2013 年版。

2. 沈四宝、王军编著:《国际商法》,对外经济贸易大学出版社 2016 年版。

3. 王秉乾、谭敬慧:《英国建设工程法》,法律出版社 2010 年版。

4. 解琳、张诤编著:《英国合同法案例选评》,对外经济贸易大学出版社 2004 年版。

5. 李先波:《英美合同解除制度研究》,北京大学出版社 2008 年版。

6. 陈凌云:《英美合同法之违约获益赔偿责任研究》,法律出版社 2017 年版。

7. 原蓉蓉:《英美法中的合同受挫制度研究》,法律出版社 2014 年版。

8. 杨良宜:《合约的解释》,法律出版社 2007 年版。

9. 杨良宜:《国际商务游戏规则——英国合约法》,中国政法大学出版社 1998 年版。

10. 何勤华主编:《英国法律发达史》,法律出版社 1999 年版。

11. 何勤华等主编:《西方法律史》,法律出版社 2006 年版。

12. [英]R. C. 范・卡内冈:《英国普通法的诞生》,李红海译,中国政法大学出版社 2003 年版。

13. 齐树洁主编:《英国证据法》,厦门大学出版社 2002 年版。

14. 董安生主编:《新编英国商法》,复旦大学出版社 2009 年版。